Die systematische Internalisierung in Nichteigenkapitalinstrumenten nach MiFID II/MiFIR

Europäische Hochschulschriften Recht

European University Studies in Law

Publications Universitaires Européennes de Droit

Band/Volume **6087**

Stefan Schrewe

Die systematische Internalisierung in Nichteigenkapitalinstrumenten nach MiFID II/MiFIR

PETER LANG

Bibliografische Information der Deutschen Nationalbibliothek
Die Deutsche Nationalbibliothek verzeichnet diese Publikation in der Deutschen Nationalbibliografie; detaillierte bibliografische Daten sind im Internet über http://dnb.d-nb.de abrufbar.

Zugl.: Lüneburg, Univ., Diss., 2018.

Lün 4
ISSN 0531-7312
ISBN 978-3-631-78520-1 (Print)
E-ISBN 978-3-631-79235-3 (E-PDF)
E-ISBN 978-3-631-79236-0 (EPUB)
E-ISBN 978-3-631-79237-7 (MOBI)
DOI 10.3726/b15732

Peter Lang – Berlin · Bern · Bruxelles · New York · Oxford · Warszawa · Wien

Diese Publikation wurde begutachtet.

www.peterlang.com

Vorwort und Dank

Die vorliegende Arbeit wurde im Wintersemester 2017/2018 von der Universität Lüneburg als Dissertation angenommen. Die Disputation fand am 16. November 2018 statt. Gesetzgebung, Rechtsprechung, Verwaltungspraxis und Literatur sind bis Oktober 2018 berücksichtigt.

Ein besonderer Dank gilt Herrn Prof. Dr. Alexander Schall, M.Jur. (Oxford), welcher die Betreuung meines Promotionsvorhabens übernahm, mir während meines Projekts fortwährend zum Austausch zur Verfügung stand und mir durch seine Anmerkungen eine wertvolle Hilfe war. Weiterhin gilt mein Dank Frau Prof. Dr. Julia Redenius-Hövermann und Herrn Prof. Dr. Tim W. Dornis, J.S.M (Stanford), für die zügige Erstellung des Zweit- bzw. des Drittgutachtens.

Frankfurt am Main, im Januar 2019
Stefan Schrewe

Inhaltsübersicht

Inhaltsverzeichnis

Abkürzungsverzeichnis

a. A.	andere Auffassung
ABL.	Amtsblatt der Europäischen Union
Abs.	Absatz
ABS	Asset Backed Securities
AEUV	Vertrag über die Arbeitsweise der Europäischen Union
a. F.	alte Fassung
AG	Aktiengesellschaft
AGB	Allgemeine Geschäftsbedingungen
Alt.	Alternative
AktG	Aktiengesetz
APA/APAs	Approved Publication Arrangement/Approved Publication Arrangements
Art.	Artikel
AT1	Additional Tier 1
ATS	Alternative Trading System
Aufl.	Auflage
BaFin	Bundesanstalt für Finanzaufsicht
BB	Betriebsberater
BGB	Bürgerliches Gesetzbuch
BGBl	Bundesgesetzblatt
BGH	Bundesgerichtshof
BKR	Zeitschrift für Bank- und Kapitalmarktrecht
BME	Bolsa de Madrid
BörsG	Börsengesetz
BörsO	Börsenordnung
BSK	Börsensachverständigenkommission
BT-Drucks.	Bundestagsdrucksache
bzw.	beziehungsweise
Cats-os	Computer Assisted Trading System
CCP	Central Counterparty
CCZ	Corporate Compliance Zeitschrift
CEA	Commodity Exchange Act
CESR	Ausschuss der Europäischen Aufsichtsbehörden für das Wertpapierwesen
CFB	Corporate Finance Biz.

CFL	Corporate Finance Law
C.F.R.	Code of Federal Regulations
CFS	Center for Financial Studies
CFTC	Commodity Futures Trading Commission
Co-Cos	Contingent Convertible (Bonds)
COFIA	Classes of Financial Instruments Approach
CRR	Credit Requirements Regulation
CSDR	Central Securities Depositories Regulation
CTP/CTPs	Consolidated Tape Provider/Consolidated Tape Providers
DB	Der Betrieb
DDV	Deutscher Derivate Verband
ders.	derselbe
DVO	Durchführungsverordnung
EBLR	European Business Law Review
EBOR	European Business Organization Law Review
ECGI	European Corporate Governance Institute
ECMI	European Capital Markets Institute
ECON	Ausschuss für Wirtschaft und Währung
EEX	European Energy Exchange
EFP	Exchange for Physical
EG	Europäische Gemeinschaft
EHRL	Emissionshandelsrichtlinie
Einl.	Einleitung
EK	Eigenkapitalinstrument(e)
EMIR	European Market Infrastructure Regulation
ESMA	Europäische Wertpapier- und Marktaufsichtsbehörde
et al.	et alii
ETC	Exchange Traded Commodity
ETF	Exchange Traded Fund
ETN	Exchange Traded Note
EuGH	Europäischer Gerichtshof
EURIBOR	Euro Interbank Offered Rate
EUV	Vertrag über die Europäische Union
EuZW	Europäische Zeitschrift für Wirtschaftsrecht
e.V.	eingetragener Verein
EWR	Europäischer Wirtschaftsraum
f./ff.	folgende
FiMaNoG	Finanzmarktnovellierungsgesetz
FS.	Festschrift

FRUG	Finanzmarktrichtlinie-Umsetzungsgesetz
FWB	Frankfurter Wertpapierbörse
G20	Gruppe der zwanzig wichtigsten Industrie- und Schwellenländer
GesKR	Zeitschrift für Gesellschafts- und Kapitalmarktrecht
GmbHG	Gesetz betreffend die Gesellschaften mit beschränkter Haftung
GRUR Int.	Gewerblicher Rechtsschutz und Urheberrecht Internationaler Teil
GVG	Gerichtsverfassungsgesetz
GWR	Zeitschrift für Gesellschafts- und Wirtschaftsrecht
HGB	Handelsgesetzbuch
Herv.	Hervorhebung
Hrsg.	Herausgeber
IBIA	Instrument by Instrument Approach
ICMA	International Capital Markets Association
i.S.d.	im Sinne des
i.S.v.	im Sinne von
ISDA	International Swaps and Derivatives Association
ISIN	International Securities Identification Number
ITS	Implementing Technical Standard
i.V.m.	in Verbindung mit
JIBLR	Journal of International Banking Law and Regulation
JurisPR BKR	Juris Praxisreport Bank- und Kapitalmarktrecht
Kap.	Kapitel
KMRK	Kapitalmarktrechts-Kommentar
KOM	Europäische Kommission
LIBOR	London Interbank Offered Rate
LIS	Large in Scale
LIT.	Littera
MAD	Markets Abuse Directive
MAD-E	Entwurf der MAD
MAR	Market Abuse Regulation
MBS	Mortgage Backed Securities
MiFID	Markets in Financial Instruments Directive
MiFIR	Markets in Financial Instruments Regulation
MiFIR-E	Entwurf der MiFIR
MTF/MTFs	Multilateral Trading Facility/Multilateral Trading Facilities
Müko	Münchener Kommentar
m. w. N.	mit weiteren Nachweisen
NEK	Nichteigenkapitalinstrument(e)

NMS	National Market System
No./No	Number
Nr.	Nummer
NVwZ	Neue Zeitschrift für Verwaltungsrecht
NZBau	Neue Zeitschrift für Baurecht und Vergaberecht
NZG	Neue Zeitschrift für Gesellschaftsrecht
NZI	Neue Zeitschrift für Insolvenz- und Sanierungsrecht
OLG	Oberlandesgericht
OTF/OTFs	Organized Trading Facility/Organized Trading Facilities
OTC	Over the Counter
PRIIP	Packaged Retail and Insurance-based Investment Products
Q&A	Questions and Answers
RdF	Recht der Finanzinstrumente
Repo	Repurchase Agreement
Rn.	Randnummer
RTS	Regulatory Technical Standard
RTS-E	Entwurf eines Regulatory Technical Standard
S.	Seite(n)/Satz (Sätze)
SBW	Sonderbedingungen für Wertpapiergeschäfte
SEA	Securities Exchange Act
SEC	Securities and Exchange Commission
SEF	Swap Execution Facility
SFTR	Securities Financing Transaction Regulation
sic	sic erat scriptum
sog.	so genannte (e/en/er/es)
SSTI	Size Specific to the Instrument
TRACE	Trade Reporting and Compliance Engine
TEHG	Treibhausgas-Emissionshandelsgesetz
UAbs.	Unterabsatz
Urt.	Urteil
U.S./US	United States
VBLR	The Virginia Law & Business Review
VermAnlG	Vermögensanlagegesetz
vgl.	vergleiche
VO	Verordnung
Vol.	Volume
Vor.	Vorbemerkung
WM	Wertpapier-Mitteilungen
WpHG	Wertpapierhandelsgesetz

WpDVerOV	Verordnung zur Konkretisierung der Verhaltensregeln und Organisationsanforderungen für Wertpapierdienstleistungsunternehmen
WpPG	Wertpapierprospektgesetz
z. B.	zum Beispiel
ZBB	Zeitschrift für Bankrecht und Bankwirtschaft
ZfgK	Zeitschrift für das gesamte Kreditwesen
ZGR	Zeitschrift für Unternehmens- und Gesellschaftsrecht
ZHR	Zeitschrift für das gesamte Wirtschafts- und Handelsrecht
ZIP	Zeitschrift für Wirtschaftsrecht
ZPO	Zivilprozessordnung

Erster Abschnitt Einleitung

A. Anlass der Untersuchung

Die Vorschriften der neuen Finanzmarktrichtlinie MiFID II (Richtlinie über Märkte für Finanzinstrumente)[1] und der sie flankierenden Finanzmarktverordnung MiFIR (Verordnung über Märkte für Finanzinstrumente)[2] sind seit dem 3. Januar 2018 anwendbar. Unter dem andauernden Eindruck der Finanzmarktkrise unternimmt der europäische Gesetzgeber damit den Versuch, die Kapitalmärkte widerstandsfähiger, effizienter und transparenter zu machen. Mitunter pathetisch sprechen einige Autoren von Europas neuem Grundgesetz für den Wertpapierhandel und für die Organisation der Marktstruktur[3]. MiFID II/MiFIR sind damit Teil des Aktionsplans der Europäischen Union zur Schaffung einer Kapitalmarktunion, um die Kapitalmärkte in den Mitgliedstaaten zu vertiefen[4]. Der Handel mit Finanzinstrumenten soll hierfür weitestgehend auf regulierten Handelssystemen stattfinden. Vor diesem Hintergrund wurde die durch MiFID I[5] erstmals regulierte systematische Internalisierung einer grundlegenden Novellierung unterzogen. Erwägungsgrund 17 MiFID II formuliert das Ziel, die Kriterien, die bestimmte Handelsaktivitäten von Wertpapierfirmen als systematische Internalisierung qualifizieren, objektiver und effektiver auszugestalten. Daneben werden die Vorschriften zur systematischen Internalisierung, die bislang nur den Aktienhandel betrafen, für den Handel mit einem breiten Spektrum an Nichteigenkapitalinstrumenten erweitert. Systematische Internalisierer unterliegen dadurch Vor- und Nachhandelstransparenzvorschriften für Instrumente wie Anleihen oder Derivate, um sicherzustellen, dass der außerbörsliche Handel eine effiziente Kursfestsetzung und die Schaffung transparenter, gleicher

---

1 Richtlinie 2014/65/EU des Europäischen Parlaments und des Rates vom 15. Mai 2014 über Märkte für Finanzinstrumente sowie zur Änderung der Richtlinie 2002/92/EG und 2011/61/EU (ABL. L 173 S. 349).

2 Verordnung (EU) Nr. 600/2014 des Europäischen Parlaments und des Rates vom 15. Mai 2014 über Märkte für Finanzinstrumente sowie zur Änderung Verordnung (EU) Nr. 648/2012 (ABL. L 173 S. 84).

3 *Gomber/Nassauer*, ZBB 2014, 251.

4 Kommission, Fragen und Antworten zum Aufbau einer Kapitalmarktunion.

5 Richtlinie 2004/39/EG des Europäischen Parlaments und des Rates vom 21. April 2004 (ABL. L 145 S. 349).

Wettbewerbsbedingungen für alle Handelsformen nicht gefährdet (Erwägungsgrund 18 MiFIR). Dies stellt (auch aus einem internationalen Blickwinkel) ein Novum und aus Sicht der zuständigen Aufsichtsbehörden eine der zentralen Herausforderungen der heutigen Finanzmarktregulierung dar[6]. Entsprechend intensiv wurde um den neuen Tatbestand des systematischen Internalisierers sowie um die hiermit verbundenen Folgepflichten im Gesetzgebungsverfahren zwischen den Marktteilnehmern, den Aufsichtsbehörden und den politischen Entscheidungsträgern gerungen[7]. Die Komplexität zeigt sich schon daran, dass die Europäische Wertpapier- und Marktaufsichtsbehörde (ESMA) den Anwendungsstichtag der systematischen Internalisierung bis auf den 1. September 2018 bzw. für bestimmte Klassen von Finanzinstrumenten nachträglich auf den 1. März 2019 verlegt hat[8], nachdem bereits die ursprüngliche Frist für das gesamte MiFID II/MiFIR-Paket vom 3. Januar 2017 um ein Jahr auf den 3. Januar 2018 verschoben wurde. All das gibt Anlass, die neuen Vorschriften zur systematischen Internalisierung kritisch zu untersuchen, zumal die in den §§ 32 ff. WpHG a. F. enthaltenen Vorgängerregelungen während der Geltung der MiFID I nur eine geringe praktische Relevanz erlangen konnten[9]. Dieser Umstand soll sich nach der Zielvorstellung des europäischen Gesetzgebers jedoch von nun an ändern. Für betroffene Wertpapierfirmen, die außerbörslich prominente Handelspositionen halten, stellen sich daher die folgenden Umsetzungsfragen: Sind die zugrunde liegenden Handelsaktivitäten in Nichteigenkapitalinstrumenten für die systematische Internalisierung zu beachten? Finden Handelsaktivitäten mit Nichteigenkapitalinstrumenten in einem Umfang und in einer Häufigkeit statt, die nach neuem Recht als systematische Internalisierung eingestuft werden? Falls ja, genügen die internen Prozesse der Wertpapierfirma den neuen rechtlichen Anforderungen? Diesen Fragen ist in der vorliegenden Arbeit nachzugehen. Hierfür sind die neuen Vorschriften, die die systematische Internalisierung betreffen, rechtlich zu analysieren und mit Blick auf praktische Konsequenzen zu würdigen. Das Augenmerk denkbarer Praxisauswirkungen

---

6 *Ross,* MiFID II – Switching on the light without turning-off the tab, S. 5, in ihrer Funktion als Executive Director von ESMA; siehe auch: *Kalbhenn,* Börsen-Zeitung vom 30. September 2016, S. 5.

7 Siehe dazu nur: DDV, Stellungnahme zu dem Referentenentwurf für ein 1. FiMaNoG vom 16. Oktober 2015, S. 2, oder Kommission, Schreiben an ESMA vom 20. April 2016, mit dem die Kommission Änderungen an dem Technischen Regulierungsstandard für die Transparenzbestimmungen für Nichteigenkapitalinstrumente verlangt.

8 ESMA, Q&A on transparency topics, Abschnitt 7, Frage 1.

9 *Hirte/Möllers,* in: KölnKommWpHG, § 32 Rn. 6; *Gomber/Nassauer,* ZBB 2014, 251, 252. Zu den Ursachen siehe: Zweiter Abschnitt A. V.

soll auf dem Handel mit Anleihen und verbrieften Derivaten liegen. Auch zur Vermeidung von Redundanzen sollen die ebenfalls abgeänderten Regelungen, die die systematische Internalisierung mit Aktien und anderen Eigenkapitalinstrumenten betreffen, nicht unmittelbarer Untersuchungsgegenstand sein. Sie sind dann heranzuziehen, soweit sie zur Auslegung des hier im Mittelpunkt stehenden Regelungskomplexes dienlich sind. Ebenfalls ausgeblendet werden soll der bunte Strauß an Vorschriften, die Wertpapierfirmen aufgrund ihrer allgemeinen Interessenwahrungspflicht einzuhalten haben, welche aber keine internalisierungsspezifischen Probleme aufweisen. Vielmehr soll es letztlich auch das Ziel dieser Arbeit sein, systematisch internalisierenden Wertpapierfirmen rechtlich vertretbare Handlungsempfehlungen und bestehende rechtliche Risiken aufzeigen, die sich aus den für sie relevanten Neuregelungen ergeben. „To be or not to be a systematic internaliser“[10] – diese Frage stellt sich aktuell mehr denn je.

B. Untersuchungsgang

Die Untersuchung gliedert sich neben der Einleitung in sieben Abschnitte. Im zweiten Abschnitt wird, ausgehend vom Regime der Internalisierung vor und nach MiFID I, herausgearbeitet, aus welchen Gründen der europäische Gesetzgeber Regelungsbedarf gesehen hat. In vielen Bereichen lehnt sich der europäische Gesetzgeber im Fall von MiFID II/MiFIR an die bisherige Gesetzeslage der §§ 32 ff. WpHG a. F. an, sodass häufig auf das bisherige Rechtsverständnis zurückgegriffen werden kann. Angesichts der Vielzahl an Publikationen, die bereits im Rahmen der erstmaligen Regelung der Internalisierung erschienen sind[11], erfolgt die Darstellung der alten Rechtslage für diese Zwecke skizzenhaft und soll dem thematischen Einstieg dienen. Sodann wird eine Übersicht über das Rechtsetzungsverfahren gegeben. Die zu untersuchenden Fragestellungen sind anhand der gesetzgeberischen Ziele zu bewerten, welche in diesem Zusammenhang herauszuarbeiten sind. Auch darf ein Blick auf andere kapitalmarktrechtliche Regelungskomplexe nicht fehlen, um die systematische Internalisierung in den Gesamtkontext der aktuellen Kapitalmarktregulierung einordnen zu können.

Um den sachlichen Anwendungsbereich der für systematische Internalisierer vorgesehenen Pflichten zu determinieren, wird im dritten Abschnitt der neue

---

10 Diese Frage stellt sich auch: *Kirby*, Compliance Monitor, Vol. 27 No. 7 vom 13. April 2015.

11 Siehe nur: *Bialluch*, WM 2015, 2033; *Ferrarini/Recine*, in: Investor Protection in Europe, S. 235; *Gobbo*, EBLR 2009, 63; *Mutschler*, Internalisierung der Auftragsausführung; *Stefanski*, Eigenhandel für andere.

Begriff des Nichteigenkapitalinstruments analysiert. Hierfür wird insbesondere eine Abgrenzung zwischen Eigenkapital- und Nichteigenkapitalinstrumenten vorgenommen und zwischen den verschiedenen Nichteigenkapitalinstrumenten differenziert.

Der vierte Teil untersucht den neuen Tatbestand der systematischen Internalisierung im Hinblick auf Handelsgeschäfte mit den zuvor definierten Nichteigenkapitalinstrumenten. Es stellt sich die Frage, wie eine Wertpapierfirma feststellen kann, ob und für welche Finanzinstrumente sie als systematischer Internalisierer auftritt. Anhand der in diesem Kapitel vollzogenen Analyse soll sich auch ableiten lassen, welche Handelsmodelle in den neuen Anwendungsbereich fallen können und wie Wertpapierfirmen die Einstufung als systematischer Internalisierer gegebenenfalls verhindern können. Zum Abschluss des vierten Teils wird der systematische Internalisierer mit den wesentlichen Elementen des durch MiFID II neu eingeführten organisierten Handelssystems sowie der Swap Execution Facility als dessen US-amerikanischen Pendant verglichen.

Die Rechtsfolgepflichten für systematisch internalisierende Wertpapierfirmen sind Gegenstand des fünften Teils. Im Zentrum dieser Analyse stehen die neuen Vor- und Nachhandelstransparenzvorschriften für systematische Internalisierer und die Voraussetzungen, unter denen Ausnahmen bzw. Verzögerungen hiervon gewährt werden können. Dem gesetzgeberischen Anliegen, die Transparenz an den Finanzmärkten zu erhöhen, sind auch die Gefahren, die sich durch übermäßige Transparenz für systematische Internalisierer ergeben können, im Beurteilungsmaßstab gegenüberzustellen. Hierfür gilt es zunächst, die Handelstransparenz als Regelungskonzept der MiFIR in die allgemeinen Regelungsziele des Kapitalmarktrechts einzuordnen. Die in diesem Abschnitt gewonnenen Erkenntnisse sollen vor allem dazu dienen, mögliche Praxisauswirkungen des neuen Transparenzregimes zu demonstrieren.

Auch wenn die Herstellung von Handelstransparenz das Herzstück der neuen Regulierung ist, müssen Wertpapierfirmen, die als systematischer Internalisierer eingestuft werden, weitere Folgepflichten einhalten, die der Gesetzgeber neu normiert hat und die Gegenstand des sechsten Abschnitts der Arbeit sind.

Der Pflichtenkatalog eines systematischen Internalisierers ist unmittelbar verknüpft mit der im kapitalmarktrechtlichen Schrifttum dogmatisch bislang nicht abschließend geklärten Frage, ob die Nichteinhaltung der Vorschriften neben aufsichtsrechtlichen Maßnahmen gegebenenfalls auch zu unmittelbaren Kundenansprüchen gegen die Wertpapierfirma führen kann. Den Adressaten der zu untersuchenden Vorschriften soll im siebenten Abschnitt aufgezeigt werden, welche Sanktionen drohen können. Eine Zusammenfassung in Thesen schließt die Abhandlung ab.

Zweiter Abschnitt
Die systematische Internalisierung in der MiFID-Revision

A. Grundlagen der Internalisierung

Nachstehend werden die ökonomischen Grundlagen der Internalisierung von Aufträgen skizziert. Hierfür wird auf Argumente, die im Rahmen der Internalisierungsdebatte[12] vor der erstmaligen Harmonisierung durch MiFID I formuliert wurden, zurückgegriffen. Daneben werden die typischen Erscheinungsformen von Internalisierungssystemen, die seinerzeit zu dieser Debatte geführt haben, betrachtet.

I. Begriff und ökonomische Grundlagen

Technologische Entwicklungen ermöglichten es außerbörslichen Handelsplattformen, das Kerngeschäft von Börsen, das sogenannte Ordermatching, mit geringem Kostenaufwand selbst zu produzieren[13]. Ein Phänomen der außerbörslichen Ausführung von Wertpapieraufträgen stellte die bilaterale Auftragsausführung dar, deren Problematik in den USA schon seit den 1990er-Jahren, hierzulande aber erstmals um die Jahrtausendwende diskutiert wurde[14]. Bis zur Regelung und juristischen Präzisierung durch MiFID I wurde unter Internalisierung trotz verschiedener Erscheinungsformen[15] allgemein die institutsinterne, also außerbörsliche Ausführung von Kundenaufträgen in Bezug auf Wertpapiere gegen den Eigenbestand des Instituts verstanden[16]. Zivilrechtlich sollte die

---

12 Für eine ausführliche Darstellung dieser Debatte ist zu verweisen auf: *Mutschler,* Internalisierung der Auftragsausführung im Wertpapierhandel, S. 115 ff.

13 *Seitz,* AG 2004, 497, 498; eine eingehende Darstellung zu außerbörslichen elektronischen Handelssystemen findet sich bei: *Gomber,* Elektronische Handelssysteme, 2000, S. 33 ff.

14 Zum alten Meinungsstand: *Mutschler,* Internalisierung der Auftragsausführung im Wertpapierhandel, S. 21 ff.

15 M. w. N.: zu den verschiedenen Erscheinungsformen im Wertpapierhandel: *Mutschler,* Internalisierung der Auftragsausführung im Wertpapierhandel, S. 33 ff.

16 *Köndgen,* in: FS H. Schmidt (2006), 281; *Liersch,* WM 2003, 473; *Schlüter,* Internalisierungssysteme im Wertpapierhandel und Börsenrecht, S. 5; *Seitz,* AG 2004, 497, 498. Vereinzelt wurde unter Internalisierung auch das interne Matching von zwei gegenläufigen Kundenaufträgen verstanden. Diesen Standpunkt vertrat noch das Europäische

Internalisierung der Auftragsausführung entweder durch das Festpreisgeschäft oder durch die Kommission mit Selbsteintritt geschehen[17]. Eine Auftragsausführung erfolgt jedenfalls stets auf eigene Rechnung des Internalisierers, der damit das Preisrisiko des jeweiligen Geschäfts trägt[18]. Die wirtschaftliche Motivation aus Sicht des internalisierenden Instituts liegt zunächst in der Senkung der Transaktionskosten, da infolge der Internalisierung die Ausführungsgebühren eines Handelsplatzes nicht anfallen[19]. Daneben können auch die Clearing- und Abwicklungsgebühren geringer ausfallen[20]. Dem Internalisierer ist es ferner möglich, seine Spanne zwischen dem höchsten Kauf- und dem niedrigsten Verkaufspreis (Spread) unabhängig von dem Börsenpreis festzulegen und diesen Spread gegebenenfalls enger zu stellen[21]. Somit kann der Internalisierer die an den Börsen angebotenen Preisspannen für sich selbst ausnutzen und auch seinem Kunden unter Umständen einen besseren Preis anbieten[22]. Durch die Internalisierung wird dem Anleger also eine Alternative zur Börsenausführung geboten. Dies kann den Wettbewerb in der Handelsplatzlandschaft insgesamt verbessern, was jedoch einen bestimmten rechtlichen Rahmen erfordern soll[23].

Diesen beschriebenen Vorteilen stehen erhebliche Bedenken gegenüber, die von mehreren Autoren geäußert wurden. Es wurde argumentiert, dass die Aufteilung der Wertpapieraufträge auf verschiedene alternative Ausübungsorte zu einem Liquiditätsverlust[24] am Wertpapiermarkt führe, was die Ausführung einer Transaktion erschwere[25]. Allgemein hängt die Aussagekraft eines Marktpreises

---

Parlament in erster Lesung, siehe dazu: Parlament, Art. 3 Abs. 1 Nr. 24 Entwurf zur MiFID I vom 25. September 2003.

17 *Hammen,* WM 2002, 2129; siehe dazu auch: Vierter Abschnitt C. I. b).

18 *Mutschler,* Internalisierung der Auftragsausführung im Wertpapierhandel, S. 62.

19 *Köndgen,* in: FS H. Schmidt (2006), 281, 286.

20 *Köndgen,* in: FS H. Schmidt (2006), 281, 286; *Schlüter,* Internalisierungssysteme im Wertpapierhandel und Börsenrecht, S. 5.

21 M. w. N.: *Schlüter,* Internalisierungssysteme im Wertpapierhandel und Börsenrecht, S. 5.

22 M. w. N.: *Schlüter,* Internalisierungssysteme im Wertpapierhandel und Börsenrecht, S. 5; *Spindler,* WM 2002, 1325, 1326; *Theissen,* Internalisierung und Marktqualität, S. 3 f.

23 Siehe Erwägungsgrund 34 MiFID I, wonach es das Gebot des fairen Wettbewerbs erfordert, dass Anleger in der Lage sein müssen, die Kurse von verschiedenen Handelsplätzen zu vergleichen.

24 Eine hohe Liquidität ist dabei durch einen engen Spread gekennzeichnet und setzt eine große Anzahl unlimitierter Aufträge bzw. marktnah limitierter Aufträge (Marktbreite) sowie ein entsprechendes Auftragsvolumen (Markttiefe) voraus.

25 *Schlüter,* Internalisierungssysteme im Wertpapierhandel und Börsenrecht, S. 5.

von dem Umfang der Angebote und Nachfragen ab, welche er letztlich abbildet[26]. Vor diesem Hintergrund wurde argumentiert, dass die Fragmentierung der Liquidität auf verschiedene Ausübungsorte die an einer Leitbörse für die Zwecke der Preisfindung zur Verfügung stehenden Aufträge reduziere, sodass auch die Qualität der Preisbildung gefährdet sein könne[27]. Insbesondere wenn Kurse oder durch Internalisierer abgeschlossene Geschäfte nicht der Handelspublizität unterlägen, stelle sich diese Gefahr[28]. Bei einer Bedrohung des Preisbildungsprozesses steige auch die Volatilität der Preise und vereinfache deren Manipulierbarkeit[29]. Insgesamt wurde ein Qualitätsverlust der gesamten Marktfunktion befürchtet[30], wovon letztlich auch die Internalisierer betroffen seien, sofern sie die Börsenpreise als Referenzpreise nutzten[31]. Wissenschaftliche Untersuchungen konnten diese Bedenken letztlich nicht einheitlich belegen[32].

II. Historie und typische Erscheinungsformen

Im deutschen Markt hatten sich Internalisierungs- oder Kontrahentensysteme[33] vor allem aus dem Vertrieb von eigenemittierten Wertpapieren in Form von Optionsscheinen[34] und Zertifikaten[35], aber auch fremd emittierten Wertpapieren

---

26 *Güllner,* WM 2017, 938, 940.

27 *Theissen,* Internalisierung und Marktqualität, S. 6 f.; siehe auch: *Köndgen,* in: FS H. Schmidt (2006), 281, 286; *Köndgen/Theissen,* WM 2003, 1497, 1506; *Liersch,* WM 2003, 473, 475.

28 *Liersch,* WM 2003, 473, 475; *Schlüter,* Internalisierungssysteme im Wertpapierhandel und Börsenrecht, S. 5.

29 *Schlüter,* Internalisierungssysteme im Wertpapierhandel und Börsenrecht, S. 5.

30 *Köndgen,* in: FS H. Schmidt (2006), 281, 286, der allerdings auf die Dürftigkeit der empirischen Daten hinweist; ferner: *Köndgen/Theissen,* WM 2003, 1497, 1506; *Schlüter,* Internalisierungssysteme im Wertpapierhandel und Börsenrecht, S. 6.

31 *Schlüter,* Internalisierungssysteme im Wertpapierhandel und Börsenrecht, S. 5.

32 *Gomber/Zimmermann,* Off-Exchange Intermediation, Price Aggressiveness of Systematic Internaliser, S. 16; siehe auch: *Seitz,* AG 2004, 497, 499, der auf verschiedene Studien hinweist.

33 Diesen Begriff verwendete die Börsensachverständigenkommission (BSK) beim Bundesministerium der Finanzen im Rahmen ihrer Empfehlungen zur Regulierung sog. alternativer Handelssysteme im Mai 2001, S. 6.

34 Optionsscheine oder Warrants sind Wertpapiere mit Hebelwirkung, die die Rechtsposition des Optionskäufers aus einem Optionsgeschäft in einer Inhaberschuldverschreibung (§ 793 BGB) verbriefen, siehe dazu: *Binder,* in: LBS, 37. Kap. Rn. 26. Für weitere Nachweise siehe: Dritter Abschnitt C. IV. 2. a).

35 Bei dem Begriff des Zertifikates ist auf die Derivate-Liga zu verweisen. Gemeint sind Inhaberschuldverschreibungen, die das Recht auf Rückzahlung eines Geldbetrags oder

durch Banken entwickelt[36]. Die Internalisierung der Auftragsausführung erfolgt in diesem Modell (auch heute) dadurch, dass Banken für Wertpapiere auf Nachfrage des Kunden Kauf- und Verkaufspreise anbieten, um Liquidität zur Verfügung zu stellen und auf diese Weise immer als Vertragspartner im bilateralen Verhältnis aufzutreten[37]. Deutsche Börsen, denen infolge der Internalisierung von Auftragsausführungen Umsätze verloren gingen, reagierten nach dem Prinzip „if you can't beat them join them"[38]. So errichtete die Deutsche Börse AG das Xetra Best System, das Kreditinstituten die Möglichkeit bietet, auf einer von der Börse bereitgestellten Plattform Kundenaufträge intern auszuführen[39]. Die Frankfurter Börsenordnung sah als Voraussetzung für die Internalisierung eine Preisverbesserung im Vergleich zum Referenzpreis aus dem elektronischen Handelssegment Xetra vor[40]. Einer drohenden Liquiditätsfragmentierung sollte dadurch begegnet werden, dass sich die internalisierenden Institute verpflichten, gleichzeitig in Xetra als „Liquidity-Manager" (Betreuer) tätig zu werden, sodass dem Gesamtmarkt Liquidität zur Verfügung gestellt wird[41]. Im Unterschied zu bankeninternen Systemen unterliegt der Handel in Xetra Best der Börsenaufsicht sowie der Aufsicht durch die unabhängige Handelsüberwachungsstelle[42]. Teilweise wird vertreten, dass Banken, die Xetra Best nutzen, als systematische Internalisierer einzuordnen sind[43]. Da die Ausführung hierbei innerhalb des

---

Lieferung eines Basiswerts in Abhängigkeit von der Entwicklung eines oder mehrerer Parameter verbriefen, siehe dazu: *Fuchs,* in: ders., WpHG, § 2 Rn. 176.

36 BSK, Empfehlungen zur Regulierung alternativer Handelssysteme, S. 11 f.

37 M. w. N.: BSK, Empfehlungen zur Regulierung alternativer Handelssysteme, S. 11 f.; *Fleckner/Vollmuth,* WM 2004, 1263; *Ekkenga/Maas,* in: Recht der Wertpapieremissionen, § 2 Rn. 136a; siehe dazu auch: Vierter Abschnitt D. I.

38 *Theissen,* Internalisierung und Marktqualität, S. 1, welcher im Folgenden auch das BestEX der Börse Berlin-Bremen sowie MaxBlue und den db-PIP-Service der Deutsche Bank AG beschreibt; siehe dazu auch: *Köndgen,* in: FS H. Schmidt (2006), 281, 289.

39 M. w. N. zu Xetra Best: *Hammen,* WM 2002, 2129, 2130; *Theissen,* Internalisierung und Marktqualität, S. 17 ff.

40 *Bialluch,* WM 2015, 2030, 2031 mit Verweis auf § 79 Abs. 1 BörsO FWB in der Fassung vom 1. Juli 2015.

41 M. w. N.: *Theissen,* Internalisierung und Marktqualität, S. 2.

42 *Bialluch,* WM 2015, 2030, 2031. Dennoch stellte sich die Frage, inwiefern Preise in Internalisierungssystemen wie Xetra Best Börsenpreise darstellten, siehe dazu: *Hammen,* WM 2002, 2129, 2130; *Köndgen/Theissen,* WM 2003, 1497.

43 *Kumpan,* in: KMRK, § 2 WpHG Rn. 127.

börslichen Regelwerks stattfindet, liegt aber gerade kein außerbörslicher Handel im Sinne einer systematischen Internalisierung vor[44].

III. Rechtlicher Rahmen vor MiFID I

Bis zur Umsetzung der MiFID I durch das Finanzmarktrichtlinie-Umsetzungsgesetz (FRUG)[45] sah § 22 BörsG a. F. einen Börsenvorrang vor, welcher für Wertpapieraufträge eine Ausführung an der Börse festlegte, sofern der Auftraggeber nicht eine andere Weisung erteilte. Dies erschwerte die Entwicklung von bankeninternen Internalisierungssystemen[46], machte diese aber im Gegensatz zu Jurisdiktionen, die einen Börsenzwang kannten[47], nicht unmöglich[48]. Spezielle Vorschriften zur Regulierung des bilateralen Wertpapierhandels kannte das nationale Recht nicht[49]. Durch das Vierte Finanzmarktförderungsgesetz[50] sollte der Fortentwicklung des Finanzplatzes Deutschland zwar Rechnung getragen werden, indem börsenähnliche Einrichtungen erstmals einem Regelungsregime im Börsengesetz unterworfen wurden und damit auch der Aufsicht durch die Börsenaufsichtsbehörde unterlagen[51]. Börsenähnliche Einrichtungen waren jedoch durch ihre multilaterale Marktplatzfunktion gekennzeichnet und wurden daher von bilateralen elektronischen Handelssystemen abgegrenzt[52]. Für elektronische Handelssysteme, zu denen die bilateralen Systeme zählten, sah § 58 BörsG a. F. lediglich eine Anzeigepflicht vor[53]. Dem Vierten Finanzmarktförderungsgesetz ging ein Gutachten der Börsensachverständigenkommission (BSK)

44 Überzeugend: *Bialluch,* WM 2015, 2030, 2031 f.; dieser Auffassung folgend: *Buck-Heeb,* Kapitalmarktrecht, § 3 Rn. 131.

45 Gesetz zur Umsetzung der Richtlinie über Märkte für Finanzinstrumente und der Durchführungsrichtlinie der Kommission vom 16. Juli 2007 (Finanzmarktrichtlinie-Umsetzungsgesetz), (BGBl. 2007 I. S. 1330).

46 Im Falle von Xetra Best vertrat die Aufsichtsbehörde die Auffassung, dass es sich um Börsenhandel i.S.v. § 22 BörsG a. F. handele, sodass keine gesonderte Weisung benötigt wurde, m. w. N.: *Köndgen,* in: FS H. Schmidt (2006), 281, 292 ff.

47 Hierzu zählten z. B. Frankreich, Spanien und Italien.

48 *Seiffert,* in: Kümpel/Wittig, Bank- und Kapitalmarktrecht, Rn. 4.53.

49 *Fuchs,* in: ders., WpHG, § 2 Rn. 180; *Hirschberg,* AG 2006, 398, 401.

50 Gesetz zur weiteren Fortentwicklung des Finanzplatzes Deutschland vom 21. Juni 2002 (Viertes Finanzmarktförderungsgesetz) (BGBl. I 2002 S. 2010.).

51 *Seiffert,* in: Kümpel/Wittig, Bank- und Kapitalmarktrecht, Rn. 4. 10; *Schwark/Zimmer,* in: KMRK, § 31f WpHG Rn. 6.

52 BT-Drucks. 14/8601, S. 15 f.

53 *Hirte/Möllers,* in: KölnKommWpHG, § 32 Rn. 4; *Seiffert,* in: Kümpel/Wittig, Bank- und Kapitalmarktrecht, Rn. 4.13.

voraus, in dem die Kommission davon ausging, dass es nicht erforderlich sei, bilateralen Systemen den Status einer Börse oder eines regulierten Markts mit vergleichbaren Pflichtenkatalogen zu verleihen[54]. Insbesondere führte die BSK im Hinblick auf mögliche Transparenzvorschriften aus, dass für Kontrahentensysteme die Verpflichtung, ihren Kunden alle nach § 31 Abs. 2 Nr. 2 WpHG a. F. zweckdienlichen Informationen mitzuteilen, ausreichend sei[55].

IV. Regelung der systematischen Internalisierung durch MiFID I

Die am 30. April 2004 mit der Veröffentlichung im Amtsblatt in Kraft getretene und ab dem 1. November 2007 anwendbare MiFID I führte für bestimmte bilaterale Handelssysteme die eigenständige Kategorie der systematischen Internalisierer ein. Neben dem wesentlichen Regelungsgehalt sollen insbesondere die Probleme dieser Vorschriften aufgezeigt werden, die letztlich – neben weiteren Faktoren[56] – zu einer Novellierung der systematischen Internalisierung durch MiFID II/MiFIR führten.

1. Wettbewerb zwischen Ausführungsplattformen

Der europäische Gesetzgeber hatte das Erfordernis erkannt, eine aufkommende Generation von Handelssystemen neben den geregelten Märkten Pflichten zu unterwerfen (Erwägungsgrund 1 MiFID I). Mit der MiFID I sollten sowohl Markteffizienz und Marktintegrität als auch Wettbewerb zwischen den Ausführungsplattformen gewährleistet werden[57]. Trotz Widerständen von Börsen wurde zur Zielerreichung der noch in einigen Ländern vorherrschende Börsenzwang abgeschafft, was dazu führte, dass ein bestimmtes Finanzinstrument gleichzeitig an verschiedenen Ausführungsorten – z. B. über einen systematischen Internalisierer – gehandelt werden konnte[58]. Dies konnte, wie eingangs aufgezeigt, zur Folge haben, dass an einem Ausführungsort nur ein Bruchteil der gesamten Nachfrage und des Angebots zur Verfügung stand[59]. Um den mit dieser Fragmentierung verbundenen drohenden Liquiditätsverlust zu überwinden, stellte

---

54 BSK, Empfehlungen zur Regulierung alternativer Handelssysteme, S. 14.

55 BSK, Empfehlungen zur Regulierung alternativer Handelssysteme, S. 12.

56 Siehe dazu: Zweiter Abschnitt B. I.

57 Siehe zu der Regelungskonzeption von MiFID I: *Ferrarini/Moloney,* EBOR 2012, 557, 565 ff.; *Gomber/Seitz,* Vierteljahreshefte zur Wirtschaftsforschung (74) 2005, 153, 154; *Köndgen,* in: FS H. Schmidt (2006), 281.

58 *Ferrarini,* in: Perspectives in Company Law and Financial Regulation, S. 482.

59 *Baisch/Weber/Baumann,* GesKR 2014, 183, 188 f.

der europäische Gesetzgeber umfassende Transparenzanforderungen her. Dies war für die Orderausführung an geregelten Märkten bereits etabliert, stellte aber für außerbörsliche Plattformen ein Novum dar[60]. Anleger und Marktteilnehmer sollten in die Lage versetzt werden, jederzeit die Konditionen eines von ihnen ins Auge gefassten Geschäfts zu beurteilen und die Bedingungen, zu denen es ausgeführt wurde, im Nachhinein zu überprüfen (Erwägungsgrund 44 MiFID I). Um die Frage, inwiefern auch systematische Internalisierer Transparenzanforderungen unterliegen sollen, wurde rechtspolitisch intensiv gestritten[61]. Die Stimmen, die im Interesse der Börsen die Abschaffung des Börsenzwanges kritisierten, sprachen sich naturgemäß für strenge Transparenzvorschriften und damit für ein „Level Playing Field" zwischen Börsen und systematischen Internalisierern aus[62]. Auf der anderen Seite wurde ein ungerechtfertigter Eingriff in die Geschäftsmodelle der Banken befürchtetet[63].

2. *Begriffsbestimmung*

Durch das FRUG wurde in Umsetzung von Art. 4 Abs. 1 Nr. 7 MiFID I in § 2 Abs. 10 WpHG a. F. die Definition des systematischen Internalisierers eingeführt. § 2 Abs. 10 WpHG a. F. definierte einen systematischen Internalisierer als ein Unternehmen, welches nach Maßgabe der MiFID I Durchführungsverordnung[64] (MiFID I-DVO) häufig, regelmäßig und auf organisierte und systematische Weise Eigenhandel außerhalb organisierter Märkte und multilateralen Handelssystemen (MTF) betreibt. In Abschnitt 4 dieser Abhandlung werden die neuen Tatbestandsvoraussetzungen des systematischen Internalisierers sowie die Änderungen, die sich durch die Revision der MiFID I ergeben haben, ausführlich herausgearbeitet. An dieser Stelle sei lediglich auf die in der MiFID I-DVO vorgenommene Konkretisierung jener Vorgaben verwiesen, die schon während des Komitologieverfahrens kritisiert wurden[65]. Die in Art. 21 Abs. 1 lit. a)–lit. c) MiFID I-DVO vorgesehenen Kriterien sollten bei kumulativem Vorliegen eine gesetzliche Vermutung begründen, dass die Tätigkeit der internalisierenden

---

60 *Gomber/Seitz,* Vierteljahreshefte zur Wirtschaftsforschung (74) 2005, 153, 154; *Seitz,* AG 2004, 497, 503.

61 M. w. N. zum Gesetzgebungsverfahren und zu von den EU-Gesetzgebungsorganen vertretenen Positionen: *Köndgen,* in: FS H. Schmidt (2006), 281, 283 f.

62 M. w. N.: *Ferrarini/Recine,* Investor Protection in Europe, S. 254.

63 M. w. N.: *Ferrarini/Recine,* Investor Protection in Europe, S. 254.

64 Verordnung (EG) Nr. 1287/2006 zur Durchführung der Richtlinie 2004/39/EG des Europäischen Parlaments und des Rates (ABL. L 241, S. 1).

65 *Hirschberg,* AG 2006, 398, 401.

Wertpapierfirma organisiert, häufig und systematisch erfolgt[66]. Hierfür wurde unter anderem vorausgesetzt, dass die Wertpapierfirma ihr Geschäftsmodell nach nicht-diskretionären Regeln und Verfahren ausführt. Das Geschäftsmodell der Internalisierung musste für die Wertpapierfirma daneben eine wesentliche kommerzielle Rolle spielen. Nach Erwägungsgrund 15 MiFID I-DVO sollte eine wesentliche kommerzielle Rolle gegeben sein, wenn die Tätigkeit für die Wertpapierfirma eine bedeutende Einnahme- oder Kostenquelle darstellte[67]. Der wesentliche Kritikpunkt an diesen qualitativ gefassten Vorgaben war, dass sie nicht ausreichend geeignet sein würden, Wertpapierfirmen korrekt als systematische Internalisierer zu qualifizieren[68]. Durch die erfolgsabhängige Regelung bestünde die Gefahr, dass identische Geschäftsmodelle zweier Unternehmen unterschiedlich eingeordnet würden und in der Folge unterschiedlichen rechtlichen Anforderungen unterlägen[69].

3. *Folgepflichten*

Im Ergebnis konnte die bilaterale Orderausführung gegen das eigene Buch nach der Konzeption der MiFID I weiter stattfinden. Sobald eine Wertpapierfirma aber häufig, regelmäßig und auf organisierte und systematische Weise Eigenhandel in Aktien für Kunden betrieb, wurde sie als systematischer Internalisierer und gleichzeitig als Handelsplatz klassifiziert, sodass insbesondere die Folgepflichten der §§ 32 ff. WpHG a. F. eingehalten werden mussten. Für systematische Internalisierer war das zentrale Element dieser Vorschriften die Herstellung von Handelstransparenz. Handelstransparenz lässt sich zeitlich in Vor- und Nachhandelstransparenz unterteilen. Vorhandelstransparenz meint die Veröffentlichung von Informationen über die Auftragslage. Hierzu zählen neben Geld- und Briefkursen, Auftragslimits und Volumina von noch nicht ausgeführten Wertpapierorders Kursofferten von Market Maker und systematischen

---

66 *Bialluch*, WM 2015, 2030, 2031.

67 Dieses Kriterium wurde auf Vorschlag des Committee of European Securities Regulators (CESR) hineingenommen, um einen individuellen Größenmaßstab zuzulassen, sodass selbst eine unbedeutende Menge an internalisierten Wertpapieren für ein kleines Wertpapierhaus eine bedeutende Rolle darstellen konnte, siehe dazu: *Spindler/Kasten*, WM 2006, 1749, 1755 f.

68 *Gomber/Hirschberg*, AG 2006, 777, 780; *Hirschberg*, AG 2006, 398, 401, später auch: *Assmann*, in: Assmann/Schneider, 6. Aufl., § 2 Rn. 188; wohl **a. A.**: *Fuchs*, in: ders., WpHG, § 2 Rn. 181.

69 *Gomber/Hirschberg*, AG 2006, 777, 780.

Internalisierern[70]. Dagegen zielt die Nachhandelstransparenz auf die Veröffentlichung von Informationen über abgeschlossene Geschäfte ab[71]. Zusammen mit der Verpflichtung zur Best Execution bildeten die Vorschriften zur Handelstransparenz den rechtlichen Rahmen[72], der durch MiFID I eingeführt und durch MiFID II/MiFIR nur wenige Jahre später weiter ausgebaut wurde.

a) Vorhandelstransparenz

Im Interesse eines wirksamen Wettbewerbs legte die MiFID I großen Wert auf „umfassende Transparenzregelungen für alle Aktiengeschäfte", unabhängig davon, ob eine Wertpapierfirma diese auf bilateraler Basis oder über geregelte Märkte oder die neu geschaffenen multilateralen Handelssysteme (MTF)[73] ausführte (Erwägungsgrund 44 MiFID I)[74]. Art. 27 MiFID I regelte für systematische Internalisierer die Vorhandelstransparenzpflichten in der Gestalt von verbindlichen Kauf- und Verkaufsangeboten (Quotes). Anders als bei „ordergetriebenen"[75] Handelssystemen, bei denen dritte Handelsteilnehmer durch Kauf- und Verkaufsangebote den Marktpreis bestimmen, wurde der systematische Internalisierer selbst verpflichtet, verbindliche Kauf- und Verkaufsangebote zu veröffentlichen und unter bestimmten Voraussetzungen zu den quotierten Preisen mit seinen Kunden zu kontrahieren[76]. Dies stellte eine Verschärfung zu den Vorhandelstransparenzvorschriften von geregelten Märkten oder MTF dar, die lediglich über die Ausführungsmöglichkeiten auf die in ihren Systemen vorhandenen Kundenorders informieren mussten[77]. Der europäische Gesetzgeber verfolgte damit das Ziel, den durch die interne Auftragsausführung ausgelösten

70 *Schwark,* in: KMRK, § 31g WpHG Rn. 5; *Kumpan,* WM 2006, 797, 798.

71 Jeweils m. w. N. zur alten Rechtslage: *Assmann,* in: Assmann/Schneider, 6. Aufl., § 31g Rn. 5 ff. und Rn. 20 ff.; *Seitz,* AG 2004, 497, 502 ff.

72 *Mutschler,* Internalisierung der Auftragsausführung, S. 5.

73 Als multilaterales Handelssystem gilt der Freiverkehr an einer Börse, obwohl dieser im BörsG und nicht im WpHG geregelt ist, siehe dazu: *Buck-Heeb,* Kapitalmarktrecht, § 3 Rn. 117; *Schwark,* in: KMRK, § 31f WpHG Rn. 11; *Gomber/Hirschberg,* AG 2006, 777, 779.

74 Siehe dazu: *Fleischer,* BKR 2006, 389, 393.

75 Ordergetriebene Systeme basieren auf der Idee, dass die Preise den Orders folgen, m. w. N.: *Kumpan,* Regulierung außerbörslicher Handelssysteme, S. 12 ff.

76 *Fuchs,* in: ders., WpHG, § 32a Rn. 1; *Beck/Röh,* in: KMRK, § 32 WpHG Rn. 1.

77 *Hirte/Möllers,* in: KölnKommWpHG, § 32 WpHG Rn. 3; *Kumpan,* ECFR 2006, 383, 405; *Seitz,* AG 2004, 497, 503.

Liquiditätsverlust zu kompensieren[78]. Dadurch, dass sich die Wertpapierfirma verpflichten konnte, zu den quotierten Kursen ein Geschäft abzuschließen, sollten sich gleichzeitig die Aussagekraft eines Quotes und der Wert für die Marktfunktion erhöhen[79]. Folglich beschränkte sich der Anwendungsbereich der §§ 32 WpHG a. F. auch nur auf solche Aktien und Aktien vertretende Zertifikate, die an einem geregelten Markt zum Handel zugelassen waren[80]. Ferner unterlagen systematische Internalisierer den Bestimmungen der §§ 32 ff. WpHG a. F. nur, wenn sie Aufträge bis zu einer standardmäßigen Marktgröße ausführten. Mit dieser Bestimmung sollte den Geschäftsinteressen von Gegenparteien im Großhandel Rechnung getragen werden, die der Vorhandelstransparenz nicht ausgesetzt sein sollten (Erwägungsgrund 53 MiFID I)[81].

b) Nachhandelstransparenz

Die Nachhandelstransparenz für systematisch internalisierende Wertpapierfirmen war in § 31h Abs. 1 WpHG a. F. geregelt und entsprechend den Vorschriften für geregelte Märkte und MTFs ausgestaltet[82]. Sie sollte Anlegern eine nachgelagerte Kontrolle ihrer getätigten Geschäfte ermöglichen[83]. Der Anwendungsbereich war ebenfalls auf Aktien und Aktien vertretende Zertifikate beschränkt, die an geregelten Märkten gehandelt wurden. Nachhandelstransparenzverpflichtungen waren bereits gelebte Praxis, sodass bezüglich des „ob" keine Kontroversen bestanden[84]. Relevanz hat jedoch (bis heute) die Frage, unter welchen Voraussetzungen eine verzögerte Veröffentlichung bei großvolumigen Geschäften gestattet werden kann[85].

---

78 *Seiffert*, in: KölnKommWpHG, § 32 WpHG Rn. 3; *Kumpan*, ECFR 2006, 383, 405; *Seitz*, AG 2004, 497, 503.

79 *Seiffert*, in: KölnKommWpHG, § 32c WpHG Rn. 1.

80 *Hirte/Möllers*, in: KölnKommWpHG, § 32 WpHG Rn. 1; *Beck/Röh*, in: KMRK, § 32 WpHG Rn. 13.

81 M. w. N. zu der Standardmarktgröße: *Beck/Röh*, KMRK, § 32b WpHG Rn. 1; *Mutschler*, Internalisierung der Auftragsausführung im Wertpapierhandel, S. 233; *Bialluch*, WM 2015, 2030, 2033.

82 *Fuchs*, in: ders., WpHG, § 31h Rn. 2; *Bialluch*, WM 2015, 2030, 2038.

83 *Holzborn*, NJW 2008, 791, 796; *Kumpan*, WM 2006, 797, 798.

84 *Seitz*, AG 2004, 497, 504.

85 Zu der Debatte über diese Voraussetzungen im Gesetzgebungsverfahren m. w. N.: *Mutschler*, Internalisierung der Auftragsausführung im Wertpapierhandel, S. 257 ff. Zum heutigen Streit siehe: Fünfter Abschnitt C. IV.

c) *Best Execution Verpflichtung*

Die Liberalisierung der Ausführungsorte wurde durch eine Best Execution Verpflichtung flankiert, die die Wertpapierfirmen und damit systematische Internalisierer verpflichtete, das bestmögliche Ergebnis für ihre Kunden zu erzielen und somit eine Wertpapierorder zu dem Ausführungsort zu leiten, der dieses Ergebnis gewährleistet[86]. Diese Verpflichtung war darauf ausgerichtet, dass der Wettbewerb zwischen Ausführungsorten auch zu Preisverbesserungen für den Kunden führt[87]. Zentraler Bestandteil dieser in § 33a WpHG a. F. umgesetzten Vorschrift war die Festlegung von Grundsätzen zur Auftragsausführung, welche insbesondere darüber Aufschluss geben sollten, an welchen Ausführungsorten ein Finanzinstrument zur Ausführung durch die Wertpapierfirma weitergeleitet wurde[88]. Dies sollte der Vergleichbarkeit zwischen den verschiedenen Ausführungsorten dienen[89]. Erst ein ausreichendes Maß an Nachhandelstransparenz ermöglicht dem Anleger die Kontrolle, ob sein Geschäft bestmöglich ausgeführt wurde, sodass ein funktionaler Zusammenhang zwischen der Handelstransparenz und der Best Execution besteht[90]. Wurde in den Ausführungsgrundsätzen der Wertpapierfirma eine Ausführung außerhalb geregelter Märkte oder MTFs zugelassen (zum Beispiel über systematische Internalisierer), verlangte § 33a WpHG a. F. die Zustimmung des Kunden. Rechtspolitisch wurde daran kritisiert, dass dies Wertpapierfirmen dazu veranlassen würde, weiterhin Börsen zu bevorzugen[91].

d) *Vorbild in der US-amerikanischen Gesetzgebung*

Bei dem Erlass der vorgenannten Bestimmungen ließ sich der europäische Richtliniengesetzgeber durch anglo-amerikanische Regelungsvorbilder inspirieren[92].

86 Das Best Execution Konzept war bereits in vielen Mitgliedstaaten gelebte Praxis. Durch MiFID I wurden jedoch die bis dato heterogenen Vorschriften harmonisiert, siehe dazu: *Gomber/Jäger,* ZBB 2014, 40, 43.

87 *Zimmermann,* in: Fuchs, WpHG, § 33a Rn. 3; *von Hein,* in: KMRK, § 33a WpHG Rn. 29.

88 *Früh/Ebermann,* in: KölnKommWpHG, § 33a Rn. 97; *Dierkes,* ZBB 2008, 11, 12; *Duve/Keller,* BB 2006, 2477, 2481.

89 *Früh/Ebermann,* in: KölnKommWpHG, § 33a Rn. 97; *Ferrarini,* Capital Markets Law Journal 2007, 404, 407.

90 *Clausen/Sørensen,* ECFR 2012, 275, 292; *Ferrarini,* Perspectives in Company Law and Financial Regulation, S. 480.

91 Siehe dazu: *von Hein,* in: KMRK, § 33a WpHG Rn. 12.

92 Mit einer Rechtsvergleichung der Best Execution Verpflichtung: *von Hein,* in: KMRK, § 33a WpHG Rn. 7; siehe auch: *Ferrarini,* Perspectives in Company Law and Financial Regulation, S. 485; *Gadinis,* VBLR 2008, 311, 333 ff.; *Mutschler,* Internalisierung der

Ein zur systematischen Internalisierung vergleichbares Rechtsinstitut kennt das US-amerikanische Wertpapierrecht zwar nicht[93]. Die Kommission begründete die für systematische Internalisierer vorgeschlagenen Quotierungsverpflichtungen jedoch mit Verweis auf die „Quote Disclosure" des US-amerikanischen National Market System (Regulation NMS)[94]. Zur Herstellung von Markttransparenz verpflichtet die Quote Disclosure Rule nationale Börsen und Wertpapierhändlervereinigungen[95] zur Sammlung und Verbreitung von Kursofferten und Aufträgen von Marktteilnehmern[96]. Broker und Händler müssen ihrer nationalen Börse bzw. der Wertpapiervereinigung zusätzlich ihre jeweils beste Kursofferte und das Quotierungsvolumen mitteilen[97]. Nach Veröffentlichung der Kursofferte entsteht eine Ausführungsverpflichtung gegenüber solchen Personen, mit denen üblicherweise Handel betrieben wird[98]. Diese Pflicht besteht auch für OTC Market Maker. Damit identifiziert die Regulation NMS Wertpapierhändler, die auf kontinuierlicher Basis ihre Bereitschaft anzeigen, auf eigene Rechnung für sogenannte NMS-Wertpapiere Kundenaufträge außerhalb einer Wertpapierbörse auszuführen[99]. Der sachliche Anwendungsbereich der Quotierungsverpflichtung bezieht sich auf „Subject Securities". Im Falle eines Market Makers bezeichnet eine „Subject Security" einerseits börsengehandelte NMS-Wertpapiere, welche das Mitglied als Market Maker betreut und an dessen Handelsvolumen es im letzten Quartal einen Anteil von einem Prozent hatte[100]. Andererseits sind auch nicht-börsengehandelte NMS-Wertpapiere gemeint, für das der Market Maker Kurse veröffentlicht hat[101]. Im europäischen Gesetzgebungsverfahren wurde an der Anlehnung an die amerikanischen Vorgaben

---

Auftragsausführung, S. 222 f.; rechtsvergleichend zwischen MiFID I und Regulation NMS: *Boskovic/Cerruti/Noel*, Comparing European and U.S. Securities Regulations, S. 24 ff.

93 *Boskovic/Cerruti/Noel*, Comparing European and U.S. Securities Regulations, S. 11.

94 Kommission, Vorschlag für eine MiFID I vom 19. November 2002, S. 222; m. w. N.: *Mutschler*, Internalisierung der Auftragsausführung, S. 222. M. w. N. zum National Market System: *Kumpan*, Regulierung außerbörslicher Handelssysteme, S. 124 ff.

95 Dazu gehört vor allem die US-amerikanischen Finra (Financial Industry Regulatory Authority).

96 M. w. N. zur Quote Rule: *Mutschler*, Internalisierung der Auftragsausführung, S. 222; *Stefanski*, Eigenhandel für andere, S. 61.

97 17 C.F.R. § 242.602(b).

98 17 C.F.R. § 242.602(b)(1).

99 17 C.F.R. § 242.600(b)(52).

100 17 C.F.R. § 242.600(b)(73)(ii).

101 17 C.F.R. § 242.600(b)(73)(ii).

kritisiert, dass diese primär an Market Maker ansetzten, während die MiFID erst Wertpapierfirmen zu systematischen Internalisierern mache[102]. Ein weiterer entscheidender Unterschied zum US-Recht besteht darin, dass die Börse oder die Wertpapierhändlervereinigung bei der Veröffentlichung der Kursofferten die Identität des Market Makers nicht offenlegen[103]. Ein systematischer Internalisierer dagegen gibt mit seiner Quotierung auch gleichzeitig seine Identität preis.

V. Weitere Entwicklungen

Nach der Implementierung der MiFID I wurde zwischen einem Drittel und der Hälfte des Handels in europäischen Aktien außerhalb etablierter Börsen durchgeführt[104]. Es wurde vorgebracht, dass MiFID I den Wettbewerb zwischen Handelsplätzen verbessert habe, indem die Transaktionskosten und die Preisspannen verringert worden seien[105]. Insbesondere multilateralen Handelssystemen gelang es, signifikante Marktanteile zu gewinnen[106]. Der systematische Internalisierer als Handelsplatz profitierte dabei zwar von der Abschaffung des Börsenzwangs, wurde aber zugleich strengen regulatorischen Anforderungen, insbesondere in Form der Quotierungsverpflichtungen, unterzogen[107]. Soweit eine Einstufung als systematische Internalisierer erfolgte, wurde dies als Nachteil gegenüber der alten Gesetzeslage gesehen, sodass das Geschäftsmodell für Wertpapierfirmen als unattraktiv bewertet wurde[108]. Tatsächlich wurde während der Geltungsdauer von MiFID I in dem von ESMA geführten Register nur eine spärliche Anzahl von Wertpapierfirmen als systematische Internalisierer geführt[109]. Auch gemäß der nach Art. 21 Abs. 4 MiFID I-DVO durch die Bundesanstalt für Finanzaufsicht (BaFin) zu führenden Liste der in Deutschland als systematische

---

102 *Mutschler,* Internalisierung der Auftragsausführung, S. 223.

103 Siehe dazu: SEC, No Action Letter vom 28. Juli 2006, Limited Exemption from Rule 602.

104 *Happel/Süss,* in: MiFID II/MiFIR, Umsetzung in der Bankenpraxis, S. 229.

105 *Gomber/Nassauer,* ZBB 2014, 251, 253; *Clausen/Sørensen,* ECFR 2012, 275, 277.

106 Dazu zählten MTFs wie Chi-X, BATS oder Turquoise, siehe dazu: *Ferrarini/Moloney,* EBOR 2012, 557, 573; *Happel/Süss,* in: MiFID II/MiFIR, Umsetzung in der Bankenpraxis, S. 229.

107 *Gomber/Hirschberg,* AG 2006, 777, 783.

108 *Duve/Keller,* BB 2006, 2537, 2359; *Ferrarini*/Moloney, EBOR 2012, 557, 573; *Gomber/Hirschberg,* AG 2006, 777, 783; *Kumpan,* ECFR 2006, 383, 406; *ders.,* WM 2006, 797, 805.

109 ESMA, Liste der registrierten systematischen Internalisierer. Im Dezember 2016 waren beispielsweise 12 Institute registriert.

Internalisierer tätigen Wertpapierfirmen war kein Institut registriert[110]. Rechtlich erlangten die Vorschriften im Ergebnis trotz der umstritten geführten Diskussionen im Gesetzgebungsverfahren nur geringe praktische Bedeutung[111]. In ökonomischer Hinsicht konnten aufgrund des niedrigen Handelsvolumens, das durch systematische Internalisierer getätigt wurde, keine wesentlichen Auswirkungen auf die Preisqualität in den Referenzmärkten diagnostiziert werden[112].

1. *Entstehung von Dark Pools*

Einige Börsen führten die geringe Relevanz der systematischen Internalisierung darauf zurück, dass Wertpapierfirmen bewusst eine entsprechende Einstufung umgingen, um nicht den Transparenzvorschriften zu unterliegen und somit als Dark Pools agieren zu können[113]. Unter Dark Pools werden von Wertpapierfirmen betriebene Handelsplattformen verstanden, auf denen Finanzprodukte ohne Vorhandelstransparenz gehandelt werden können[114]. Dark Pools werden naturgemäß im außerbörslichen Bereich betrieben. Sie können aber auch an regulierten Handelsplätzen stattfinden, soweit durch die zuständigen Behörden Ausnahmen von den Transparenzvorschriften gewährt werden[115]. Sofern Wertpapierhäuser beabsichtigten, die Einstufung als systematischer Internalisierung zu vermeiden, kam ihnen jedenfalls der qualitativ gefasste Tatbestand des § 2 Abs. 10 WpHG a. F. nicht ungelegen. Daneben hatten sich weitere Handelsaktivitäten entwickelt, die nicht von den bestehenden Handelsplatzkategorien der MiFID I, also geregelten Märkten, multilateralen Handelssystemen

---

110 Vereinzelt wurde die Auffassung vertreten, dass Banken, die Xetra Best benutzen, als systematische Internalisierer zu betrachten sind, so zumindest: *Kumpan,* in: KMRK, § 2 WpHG Rn. 127; mit guten Gründen dagegen: *Bialluch,* WM 2015, 2030, 2032.

111 *Hirte/Möllers,* in: KölnKommWpHG, § 32 Rn. 6; *Gomber/Nassauer,* ZBB 2014, 251, 252.

112 Statt vieler: *Gomber/Zimmermann,* Off-Exchange Intermediation, Price Aggressiveness of Systematic Internalisers, S. 16, wonach der Marktteil des Gesamthandelsvolumens, welcher durch systematische Internalisierer durchgeführt wurde, im niedrigen einstelligen Prozentbereich lag; siehe auch: *Happel/Süss,* in: MiFID II/MiFIR, Umsetzung in der Bankenpraxis, S. 229.

113 *Hertig,* in: FS Hopt (2010), 1889, 1992.

114 *Baisch/Weber/Baumann,* GesKR 2014, 183, 188 f.; *Kasiske,* BKR 2015, 454; *ders.,* WM 2014, 1933, 1938; jeweils m. w. N. Die Pflicht zur Veröffentlichung nach dem Handel richtete sich nach Art. 28 MiFID I allgemein an Wertpapierfirmen, sodass das „Dark Trading" nur im Bereich der Vorhandelstransparenz relevant ist.

115 *Gomber/Nassauer,* ZBB 2014, 251, 252.

und systematischen Internalisierern, erfasst wurden. Hierzu zählte vor allem die interne diskretionäre Zusammenführung von Kundenaufträgen durch eine Wertpapierfirma, was zwar Handel außerhalb eines geregelten Markts oder MTFs i.S.v. Art. 4 Abs. 1 Nr. 7 MiFID I darstellte. Durch das Matching von Kundenaufträgen wurde aber gerade kein Handel für eigene Rechnung durchgeführt, sodass diese Handelsform dem Tatbestand der systematischen Internalisierung nicht unterfiel[116]. Der gestiegene Anteil des „Dark Trading" trieb die Fragmentierung der Ausführungsorte weiter voran. In der Folge wurden wesentliche Teile des Angebots und der Nachfrage nicht von den Transparenzvorschriften erfasst und konnten nicht zum Preisbildungsprozess beitragen[117].

2. *Transparenzdefizite in Nichtaktienmärkten*

Im Gesetzgebungsverfahren von MiFID I war von einigen südeuropäischen Staaten (u. a. Italien) gefordert worden, die Transparenzvorschriften auch auf andere Finanzinstrumente, insbesondere Anleihen, auszudehnen[118]. Um die Liquidität und den Wettbewerb in diesen Märkten nicht zu gefährden, wurde diese Entscheidung letztlich den Mitgliedstaaten übertragen[119]. Erwägungsgrund 46 MiFID I sah vor, dass die Mitgliedstaaten die Ausdehnung der Transparenzvorschriften auf andere Finanzinstrumente als Aktien beschließen konnten. Da eine solche Ausdehnung bedeutet hätte, die eigenen Wertpapierfirmen einen im Vergleich zu anderen Mitgliedstaaten strengeren regulatorischen Rahmen zu geben, verwundert es nicht, dass dies nur sehr eingeschränkt umgesetzt wurde[120]. Dagegen sprach auch, dass die Transparenzvorschriften auf Aktien zugeschnitten waren. Aufgrund der vergleichbaren Funktionsweise wurde in Deutschland eine Erweiterung nur für Aktien vertretende Zertifikate angeordnet[121]. Eine

---

116 *Clausen/Sørensen,* ECFR 2012, 275, 283; *Ferrarini/Moloney,* EBOR 2012, 557, 578. Es kam allenfalls eine Einordnung als multilaterales Handelssystem in Betracht, wenn die Zusammenführung der Handelsinteressen nach nichtdiskretionären Regeln vollzogen wurde, siehe: Art. 4 Abs. 1 Nr. 15 MiFID I.

117 *Happel/Süss,* in: MiFID II/MiFIR, Umsetzung in der Bankenpraxis, S. 230.

118 *Ferrarini,* Perspectives in Company Law and Financial Regulation, S. 489 ff.; *Röh,* BKR 2006, 348.

119 *Ferrarini,* Perspectives in Company Law and Financial Regulation, S. 489 ff.

120 In Italien wurden die Nachhandelstransparenzvorschriften gemäß Erwägungsgrund 46 MiFID I für Anleihen ausgeweitet, siehe zur Übersicht: BME, Stellungnahme zu dem CESR Technical Advice zur MiFID Revision.

121 Der Anwendungsbereich ist auf Empfehlung des Finanzausschusses des Bundestages hin um aktienvertretende Zertifikate erweitert worden, da beide Instrumente in der

von ESMA im Rahmen der Überarbeitung von MiFID I durchgeführte Untersuchung zeigte zwar, dass geregelte Märkte bereits Transparenzvorschriften für bestimmte Nichteigenkapitalinstrumente in ihren Regelwerken festlegten[122]. Soweit diese Instrumente aber parallel außerbörslich gehandelt wurden, waren die Transaktionen intransparent[123].

B. Revision der MiFID I

Zwischen der Veröffentlichung der Kommissionsentwürfe von MiFID II/MiFIR und ihrem Anwendungsstichtag liegen mehr als sieben Jahre. Diese lange Frist ist neben der Komplexität des neuen Rechtsrahmens auch der hohen Anzahl an delegierten Rechtsakten geschuldet (Erwägungsgrund 5 MiFIR-Änderungsverordnung)[124], was Anlass dazu gibt, einen Überblick über die Meilensteine des Rechtsetzungsverfahrens zu geben. Ausgehend von den Revisionsgründen und der ausgewiesenen Zielsetzung, die Transparenz im Finanzmarktsystem zu verbessern, sollen die wesentlichen Maßnahmen zur Zielerreichung und die damit verbundenen Änderungen bei der systematischen Internalisierung herausgearbeitet werden. Dies schließt auch Interdependenzen mit ein, die zu anderen Gesetzgebungen im „Regulierungszeitalter"[125] bestehen.

I. Gründe für die Überarbeitung

Die zuvor geschilderten Transparenzdefizite traten im Zuge der weltweiten Finanzmarktkrise zutage. Unter dem Eindruck dieser Krise wurde im Rahmen der Londoner Erklärung vom 2. April 2009 eine Transparenzverbesserung bekräftigt, um den Regulierungs- und Aufsichtsmechanismus zu stärken[126].

Handelspraxis gleich behandelt werden, siehe dazu: Beschlussempfehlung des Finanzausschusses vom 28. März 2007, BT-Drucks. 16/4883, S. 12.

122 ESMA, Cost Benefit Analysis vom 28. September 2015, S. 155 ff.

123 Insbesondere für Unternehmensanleihen ist es üblich, dass diese nach ihrer Zulassung an einem geregelten Markt über multilaterale Handelssysteme oder OTC gehandelt werden, siehe dazu: *Ferrarini/Saguato,* Regulating Financial Market Infrastructures, S. 13.

124 Verordnung (EU) 2016/1033 des Europäischen Parlaments und des Rates vom 23. Juni 2016 zur Änderung über Märkte für Finanzinstrumente, der Verordnung (EU) Nr. 596/2014 über Marktmissbrauch und der Verordnung (EU) Nr. 909/2014 (ABL. L 175 S. 1).

125 Diesen Begriff verwendet: *Veil,* ZGR 2014, 544, 563.

126 Londoner Gipfeltreffen – Erklärung der Staats- und Regierungschefs vom 2. April 2009, S. 4.

In das Blickfeld der Politik und der Regulatoren waren vornehmlich die globalen Derivatemärkte gerückt, deren Intransparenz die Verunsicherung an den Finanzmärkten gesteigert hatte[127]. Die Vertreter der G20-Staaten einigten sich schließlich im Rahmen des Pittsburgher Summit am 25. September 2009 auf verschiedene Maßnahmen, um die weltweiten Finanzmärkte zu stärken[128]. Insbesondere sollten hierfür alle standardisierten außerbörslich gehandelten Derivateverträge bis spätestens Ende 2012 an Börsen oder gegebenenfalls elektronischen Handelsplattformen gehandelt werden[129]. Für die Umsetzung der in Pittsburgh gefassten Beschlüsse begann die Kommission die Überarbeitung der MiFID I am 8. Dezember 2010 mit der Einleitung des Konsultationsverfahrens[130]. Die Kommission diagnostizierte, dass sich seit Inkrafttreten der MiFID I die Finanzmärkte deutlich verändert haben[131]. Der rapide technologische Fortschritt, die Komplexität und der Wandel der Finanzmärkte sowie die aus der Finanzkrise zu ziehenden Lehren haben die Unzugänglichkeiten der Richtlinie offenbart und erforderten eine umfassende Überprüfung, um die Effizienz der Märkte zu steigern und den Anlegerschutz zu verbessern[132]. Die Bekämpfung der Ursachen der Finanzmarktkrise ist somit das wesentliche Motiv der MiFID-Revision[133].

II. Überblick über das Rechtsetzungsverfahren

MiFID II/MiFIR wurde im Lamfalussy-Verfahren erlassen, wonach seit 2002 die kapitalmarktrechtliche Rechtsetzung auf europäischer Ebene in einem vierstufigen Prozess erfolgt[134]. Das Lamfalussy-Verfahren ist ein Komitologieverfahren, das eine zügige Rechtsetzung ermöglicht und durch die Einbeziehung von

---

127 *Teuber*, in: Fuchs, WpHG, Vor. §§ 18–20 Rn. 3 mit Verweis auf Erwägungsgrund 4 EMIR.

128 Erklärung G20-Gipfel, Pittsburgh vom 25. September 2009.

129 Erklärung G20-Gipfel, Pittsburgh vom 25. September 2009; m. w. N.: *Teuber*, in: ders., WpHG, Vor. §§ 18–20 Rn. 3.

130 Kommission, Pressemitteilung vom 8. Dezember 2010.

131 Kommission, Pressemitteilung vom 8. Dezember 2010.

132 Kommission, Pressemitteilung vom 8. Dezember 2010.

133 Dies wird von mehreren Autoren betont: *Veil*, in: ders., Europäisches Kapitalmarktrecht, § 1 Rn. 43; *Balzer*, ZBB 2016, 226; m. w. N. zu den diversen Regulierungsaktivitäten: *Gurlit*, WM 2016, 2053, 2058 ff.; *Mülbert*, ZHR 176 (2012), 369; *Parmentier*, EuZW 2014, 45; *Veil/Lerch*, WM 2012, 1557.

134 Siehe veranschaulicht zum Lamfalussy-Verfahren im Rahmen der MiFID I: *Seitz*, AG 2004, 497.

sachverständigen Experten gekennzeichnet ist[135]. Durch die zwischenzeitlich erfolgte primärrechtliche Verankerung in den Art. 290, 291 AEUV wird es der Europäischen Kommission ermöglicht, delegierte Rechtsakte bzw. Durchführungsrechtsakte zu erlassen, wodurch vom Europäischen Parlament und dem Rat im allgemeinen Gesetzgebungsverfahren beschlossene Rahmenrechtsakte inhaltlich konkretisiert werden[136]. Infolge von Änderungen durch das Inkrafttreten des Vertrags von Lissabon und der Errichtung der ESMA wird der geänderte Rechtsetzungsmechanismus auch als Lamfalussy II-Verfahren bezeichnet, in welchem die Position ESMAs gestärkt wurde[137].

1. *Rahmenrechtsakte*

Das Konsultationsverfahren zur Novellierung der MiFID I mündete am 20. Oktober 2011 – und damit vor Ablauf der in der Richtlinie vorgesehenen Überarbeitungsfrist[138] – in einen Vorschlag für einen überarbeiteten Entwurf einer Finanzmarktrichtlinie[139] sowie einer flankierenden Finanzmarktverordnung[140]. Die in das jeweilige nationale Recht umzusetzende Richtlinie sieht dabei im Wesentlichen Vorschriften für die Zulassung von Wertpapierfirmen, die Bedingungen für deren Tätigkeitsausübung und Rechte, die Zulassung von geregelten Märkten und Aufsichtsbefugnisse der Behörden vor. Die unmittelbar geltende Finanzmarktverordnung hat vor allem die Handelstransparenz und die Derivatemärkte zum Gegenstand. Ergänzend zu ihren Ausführungen zu Beginn der Konsultation erklärte die Kommission, dass der gestiegene europaweite Wettbewerb zwischen Börsen und außerbörslichen Handelsplätzen verschiedene Probleme habe zutage treten lassen[141]. Hierzu gehöre, dass die Finanzkrise

---

135 M. w. N. zur Historie und des Ablaufs des Lamfalussy-Verfahrens: *Walla,* in: Veil, Europäisches Kapitalmarktrecht, § 4 Rn. 3 ff.; *Rötting/Lang,* EuZW 2012; *Seitz,* AG 2004, 497.

136 Aufgrund der Vielzahl von Ermächtigungsgrundlagen werden teilweise Bedenken geäußert, ob im Lamfalussy-Verfahren eine ausreichende parlamentarische Kontrolle gewährleistet werden kann, siehe m. w. N.: *Hemeling,* ZHR (181) (2017), 595, 600.

137 *Walla,* in: Veil, Europäisches Kapitalmarktrecht, § 4 Rn. 6.

138 Nach Art. 64a MiFID I hatte die Kommission zum 1. Dezember 2011 bestimmte Artikel der MiFID zu überprüfen und neue Gesetzgebungsvorschläge zu unterbreiten.

139 Kommission, Vorschlag für eine MiFID II vom 20. Oktober 2011. M. w. N. zu den Entwürfen der Kommission: *Veil/Lerch,* WM 2012, 1557.

140 Kommission, Vorschlag für eine MiFIR vom 20. Oktober 2011.

141 Kommission, Vorschlag für eine MiFID II vom 20. Oktober 2011, Begründung, Kontext des Vorschlags, S. 2.

Schwachstellen bei der Regulierung anderer Instrumente als Aktien offengelegt habe[142]. Das gemeinsame Interesse an transparenten und einheitlichen Wettbewerbsbedingungen zwischen Handelsplätzen und Wertpapierfirmen laufe daher Gefahr, unterminiert zu werden[143]. Nachdem die Kommission im Oktober 2011 die Entwürfe der neuen Richtlinie und der Verordnung übermittelte, legten der Europäische Rat und das Europäische Parlament ebenfalls Änderungsentwürfe vor. Auch an der für systematische Internalisierer zentralen Vorschrift des jetzigen Art. 18 MiFIR haben sowohl das Parlament als auch der Rat noch entscheidende Änderungen vorgenommen[144]. Die übrigen strittigen Diskussionspunkte des am 21. Juni 2013 aufgenommenen Trilogverfahrens betrafen vor allem die Drittländerregelungen, den Zugang zu Handelsplätzen und zentralen Gegenparteien, Warenderivate sowie die Erstreckung anlegerschutzbezogener Regelungen auf Versicherungsprodukte, sodass erst am 14. Januar 2014 eine politische Einigung erzielt werden konnte[145]. Die finalen Entwürfe der Richtlinie und der Verordnung wurden am 15. April 2014 vom Europäischen Parlament angenommen und am 13. Mai 2014 vom Europäischen Rat verabschiedet[146]. Nach der Veröffentlichung der beiden Rechtsakte im Amtsblatt der Europäischen Union am 12. Juni 2014 traten sie gem. Art. 96 MiFID II bzw. Art. 55 MiFIR am 3. Juli 2014 in Kraft. Ursprünglich war eine Frist zur Umsetzung in den Mitgliedstaaten zum 3. Juli 2016 (Art. 93 Abs. 1 MiFID II) und eine Frist für die Anwendbarkeit zum 3. Januar 2017 (Art. 93 Abs. 1 UAbs. 2 MiFID II bzw. Art. 55 MiFIR) vorgesehen. Wegen der komplexen technischen Struktur und der damit verbundenen Herausforderungen für die Regulierungsbehörden und die Adressaten unterbreitete die Kommission am 10. Februar 2016 Vorschläge für eine Verschiebung[147]. Nach Zustimmung des Parlaments und des Rats am 23. Juni 2016 wurden eine

---

142 Kommission, Vorschlag für eine MiFID II vom 20. Oktober 2011, Begründung, Kontext des Vorschlags, S. 2.

143 Kommission, Vorschlag für eine MiFID II vom 20. Oktober 2011, Begründung, Kontext des Vorschlags, S. 2.

144 Dies soll in dem Hauptteil dieser Abhandlung näher beleuchtet werden, siehe dazu: Fünfter Abschnitt B. VI.

145 Kommission, Pressemitteilung vom 14. Januar 2014; siehe dazu: *Balzer,* in: MiFID II/MiFIR, Umsetzung in der Bankenpraxis, S. 8.

146 *Schelling* vermutet, dass MiFID II/MiFIR unbedingt vor den Wahlen des Europäischen Parlaments am 25. Mai 2014 fertiggestellt werden sollte, siehe: *ders.*, BKR 2015, 221, 228.

147 Kommission, Pressemitteilung vom 10. Februar 2016.

Änderungsrichtlinie[148] und eine Änderungsverordnung[149] am 30. Juni 2016 im Amtsblatt veröffentlicht[150], sodass der Umsetzungs- bzw. der Anwendungsstichtag auf den 3. Juli 2017 bzw. den 3. Januar 2018 verschoben wurden.

2. Konkretisierung durch delegierte Rechtsakte

Den Basisrechtsakten MiFID II und MiFIR ist gemeinsam, dass sie an zahlreichen Stellen unbestimmt bleiben und auf konkretisierende delegierte Rechtsakte und Durchführungsrechtsakte (Level II-Maßnahmen) verweisen[151]. Die Bestimmungen der Level II-Maßnahmen sollten grundsätzlich nur technischer Natur sein[152]. Auf dieser Stufe zwei des Rechtsetzungsverfahrens MiFID II/ MiFIR teilte sich der Erlass der Bestimmungen, entsprechend dem zugrunde liegenden Beschlussverfahren, in zwei unterschiedliche Arbeitsstränge auf. Der erste Arbeitsstrang betraf Bestimmungen, welche durch die Kommission als delegierte Rechtsakte nach Art. 290 AEUV beschlossen werden. Im Rahmen des zweiten Arbeitsstranges erarbeitete ESMA nach dem Verfahren der ESMA-Verordnung[153] primär technische Regulierungsstandards (RTS) und vereinzelte technische Durchführungsstandards (ITS), die als delegierte Rechtsakte bzw. Durchführungsrechtsakte entweder durch eine Verordnung oder einen Beschluss angenommen werden (Art. 10 Abs. 4 ESMA-VO bzw. Art. 15 Abs. 4 ESMA-VO). Der Unterschied der Arbeitsstränge besteht darin, dass die Kommission bei den letzteren Rechtsakten nur im Ausnahmefall die Billigung eines

148 Richtlinie (EU) 2016/1034 des Europäischen Parlaments und des Rates vom 23. Juni 2016 zur Änderung der Richtlinie über Märkte für Finanzinstrumente (ABL. Nr. L 175 S. 8).

149 Verordnung (EU) 2016/1033 des Europäischen Parlaments und des Rates vom 23. Juni 2016 zur Änderung der Richtlinie über Märkte für Finanzinstrumente, der Verordnung (EU) Nr. 596/2014 über Marktmissbrauch und der Verordnung (EU) Nr. 909/2014 (ABL. L 175 S. 1).

150 Siehe zum Gesetzgebungsverfahren: *Balzer*, ZBB 2016, 226, 227.

151 Siehe das ESMA 2014 Regulatory Work Programm, das knapp 100 Vorschriften zu MiFID II/MiFIR enthält, zu denen ESMA Technical Advice bzw. Standards vorzulegen hatte.

152 *Weber-Rey/Horak*, WM 2013, 721, 722 mit dem Hinweis, dass die Abgrenzung zwischen technischen und politischen Themen nicht immer einfach ist.

153 Verordnung (EU) Nr. 1095 des Europäischen Parlaments und des Rates vom 24. November 2010 zur Errichtung einer Europäischen Aufsichtsbehörde (ABL. L 153 S. 1).

Regulierungsstandards verweigern darf (Art. 10 Abs. 1 UAbs. 5–7 ESMA-VO bzw. Art. 15 Abs. 1 UAbs. 5–7 ESMA-VO)[154].

a) *Technical Advice*

Für den Erlass der delegierten Rechtsakte hat die Kommission ESMA am 23. April 2014 um Technical Advice zu deren möglichen Inhalten gebeten[155]. In der Folge veröffentlichte ESMA am 22. Mai 2014 ein Konsultationspapier mit ersten Entwürfen für delegierte Rechtsakte, nach deren Auswertung durch die Marktteilnehmer ESMA am 19. Dezember 2014 einen Final Report für einen Technical Advice vorlegte[156]. Dieser legte unter anderem den Grundstein für die Konkretisierung der Definition des systematischen Internalisierers[157]. Der Erlass der daraus folgenden delegierten Rechtsakte in Form einer delegierten Richtlinie zu MiFID II[158] sowie von zwei delegierten Verordnungen zu MiFID II (MiFID II-VO)[159] bzw. MiFIR (MiFIR-VO)[160] erfolgte erst im Frühjahr 2016 und die Veröffentlichung im Amtsblatt der EU am 31. März 2017.

---

154 *Walla,* in: Veil, Europäisches Kapitalmarktrecht, § 4 Rn. 13, der ESMA treffend als geistigen Urheber dieser Bestimmungen bezeichnet; *Deipenbrock,* WM 2016, 2277, 2281; *Veil,* ZGR 2014, 544, 553 ff.

155 Kommission, Request to ESMA for Technical Advice vom 23. April 2014.

156 ESMA, Technical Advice vom 19. Dezember 2014.

157 Siehe dazu: Vierter Abschnitt C. VI.

158 Delegierte Richtlinie 2017/593 der Kommission vom 7. April 2016 zur Ergänzung der Richtlinie 2014/65/EU des Europäischen Parlaments und des Rates im Hinblick auf den Schutz der Finanzinstrumente und Gelder von Kunden, Produktüberwachungspflichten und Vorschriften für die Entrichtung beziehungsweise Gewährung oder Entgegennahme von Gebühren, Provisionen oder anderen monetären oder nichtmonetären Vorteilen.

159 Delegierte Verordnung (EU) 2017/565 der Kommission vom 25. April 2016 zur Ergänzung der Richtlinie 2014/65/EU des Europäischen Parlaments und des Rates in Bezug auf die organisatorischen Anforderungen an Wertpapierfirmen und die Bedingungen für die Ausübung ihrer Tätigkeit sowie in Bezug auf die Definition bestimmter Begriffe für die Zwecke der genannten Richtlinie.

160 Delegierte Verordnung (EU) 2017/567 der Kommission vom 18. Mai 2016 zur Ergänzung der Verordnung (EU) Nr. 600/2014 des Europäischen Parlaments und des Rates im Hinblick auf Begriffsbestimmungen, Transparenz, Portfoliokomprimierung und Aufsichtsmaßnahmen zur Produktintervention und zu den Positionen.

b) Technische Regulierungs- und Durchführungsstandards

Ebenfalls am 22. Mai 2014 veröffentlichte ESMA ein Diskussionspapier für die Erstellung mehrerer RTS und ITS, das am 28. September 2015 bzw. 11. Dezember 2015 in Final Reports mit Entwürfen für technische Regulierungsstandards und Durchführungsstandards mündete[161]. Die Marktteilnehmer, ESMA und die Kommission haben vor allem den RTS 2 intensiv diskutiert[162]. RTS 2 bildete die Grundlage der delegierten Verordnung vom 14. Juli 2016 (NEK-Transparenz-VO)[163], welche die neuen Transparenzvorschriften für Nichteigenkapitalinstrumente regelt und somit von entscheidender Bedeutung für den Pflichtenkreis des systematischen Internalisierers ist. Die Kommission teilte ESMA am 20. April 2016 mit, dass sie den Entwurf nur mit dezidierten Änderungen billigen würde[164], welche ESMA in ihrer Opinion vom 2. Mai 2016 umsetzte[165]. Die Kommission billigte RTS 2 schließlich am 14. Juli 2016, ohne alle von ESMA vorgeschlagenen Änderungen angenommen zu haben[166]. Die Vielzahl der Regulierungsstandards wurde ebenfalls am 31. März 2017 im Amtsblatt veröffentlicht.

c) Relevante Rechtsakte für die systematische Internalisierung

MiFID II/MiFIR werden im Ergebnis durch mehr als 40 delegierte Rechtsakte[167] flankiert. Damit hat der europäische Gesetzgeber eine hohe Bandbreite

---

161 Regulatory technical and implementing standards vom 28. September 2015 bzw. 11. Dezember 2015.

162 Siehe nur: Kommission, Schreiben an ESMA vom 20. April 2016, mit dem die Kommission Änderungen an dem Technischen Regulierungsstandard für die Transparenzbestimmungen für Nichteigenkapitalinstrumente verlangt oder die von ICMA befürchteten Äußerungen, siehe dazu: ICMA, MiFID II/MiFIR – Transparency and Best Execution.

163 Delegierte Verordnung (EU) 2017/583 der Kommission vom 14. Juli 2016 zur Ergänzung der Verordnung (EU) Nr. 600/2014 des Europäischen Parlaments und des Rates über Märkte für Finanzinstrumente durch technische Regulierungsstandards zu den Transparenzanforderungen für Handelsplätze und Wertpapierfirmen in Bezug auf Anleihen, strukturierte Finanzprodukte, Emissionszertifikate und Derivate

164 Insbesondere verlangte die Kommission Anpassungen bei der Feststellung eines liquiden Marktes für Anleihen, was in Dritter Abschnitt E näher beleuchtet wird.

165 ESMA, Opinion vom 2. Mai 2016.

166 Dies betrifft den von der Kommission vorgeschlagenen „Phase-In", der nach der Vorstellung von ESMA automatisch in Kraft treten sollte, siehe dazu: Dritter Abschnitt E sowie Fünfter Abschnitt B. VI. 3. a).

167 Kommission, Überblick über RTS und ITS und aktueller Stand der Arbeiten.

an Detailfragen unionsweit einheitlich festgelegt und den Regelungsumfang gegenüber der Vorgängerrichtlinie MiFID I deutlich erhöht. Gleichzeitig folgt hierdurch eine Zersplitterung der Rechtsetzung in eine Vielzahl von verschiedenen Rechtsakten, die den Überblick suchenden Rechtsanwender überfordern kann[168]. Ergaben sich die relevanten Vorschriften für die systematische Internalisierung ehemals aus dem nationalen WpHG i. V. m. mit der MiFID I-DVO, so sind de lege lata insbesondere § 2 Abs. 8 Nr. 2 lit. b) WpHG, Art. 18 MiFIR, die Art. 11 ff. MiFID II-VO sowie die Art. 6 ff. MiFIR-VO maßgeblich[169]. Die von systematischen Internalisierern zu befolgenden Transparenzvorgaben werden in der EK-Transparenz-VO[170] (im Falle von Eigenkapitalinstrumenten) einerseits bzw. in der NEK-Transparenz-VO (im Falle von Nichteigenkapitalinstrumenten) andererseits präzisiert, die einen besonders hohen Grad an technischer Dichte aufweisen.

3. *Leitlinien und Empfehlungen und weitere Konvergenzinstrumente*

Die im Lamfalussy-Verfahren auf Stufe 1 und Stufe 2 erlassenen Bestimmungen werden von ESMA auf der Stufe 3 durch Empfehlungen und Leitlinien sowie weitere nicht verbindliche Maßnahmen ergänzt. Hierzu bedarf es keiner Beteiligung des Parlaments, des Rats oder der Kommission und auch keiner Befugnisübertragung im Basisrechtsakt[171]. Die Maßnahmen auf Stufe 3 sollen gemäß Art. 16 ESMA-VO eine kohärente, effiziente und wirksame Aufsichtspraxis schaffen und

168 Kritisch zu dieser Entwicklung im Kapitalmarktrecht: *Hemeling*, ZHR 181 (2017), 595; *Mülbert*, ZHR 176 (2012), 369, 378 sowie speziell im Hinblick auf MiFID II und MiFIR: *Baur*, jurisPR-BKR 6/2017, Anm. 1; *Harter/Voß*, BB 2017, 1667, 1668.

169 Delegierte Verordnung (EU) der Kommission 2017/567 vom 18. Mai 2016 zur Ergänzung der Verordnung (EU) Nr. 600/2014 des Europäischen Parlaments und des Rates im Hinblick auf Begriffsbestimmungen, Transparenz, Portfoliokomprimierung und Aufsichtsmaßnahmen zur Produktintervention und zu den Positionen.

170 Delegierte Verordnung (EU) 2017/587 der Kommission vom 14. Juli 2016 zur Ergänzung der Verordnung (EU) Nr. 600/2014 des Europäischen Parlaments und des Rates über Märkte für Finanzinstrumente durch technische Regulierungsstandards mit Transparenzanforderungen für Handelsplätze und Wertpapierfirmen in Bezug auf Aktien, Aktienzertifikate, börsengehandelte Fonds, Zertifikate und andere vergleichbare Finanzinstrumente und mit Ausführungspflichten in Bezug auf bestimmte Aktiengeschäfte an einem Handelsplatz oder über einen systematischen Internalisierer.

171 M. w. N. zu der Stufe 3: *Weber-Rey/Horak*, WM 2013, 721, 724.

eine einheitliche Anwendung der Rechtsakte sicherstellen[172]. Nach einschlägiger Auffassung erlangen sie keine unmittelbare rechtliche Verbindlichkeit, stellen aber eine praktisch relevante Auslegungshilfe dar[173]. Ein nationales Gericht hat bei der Auslegung einer europarechtlichen Vorschrift Leitlinien oder Empfehlungen zu berücksichtigen oder sich zumindest mit diesen zu beschäftigen[174]. Das Gericht kann die von der europäischen Aufsichtsbehörde herausgegebene Auslegungshilfe nicht verwerfen, sondern müsste im Falle von Auslegungszweifeln ein Vorabentscheidungsverfahren bei dem EuGH anstreben[175]. Für die vorliegende Abhandlung sind insbesondere die von ESMA stetig aktualisierten „Questions and Answers on MiFID II and MiFIR transparency topics" von nicht zu unterschätzender Bedeutung[176]. Durch diese Liste, die ein Konvergenzinstrument i. S. d. Art. 29 Abs. 2 ESMA-VO zur Förderung gemeinsamer Aufsichtskonzepte und Praktiken darstellt, wurde unter anderem der Startschuss für das neue Regime der systematischen Internalisierung zum 1. September 2018 für Eigenkapitalinstrumente und Schuldverschreibungen bzw. auf den 1. März 2019 für die übrigen Klassen von Finanzinstrumenten festgelegt. Im Vergleich zu den Leitlinien und Empfehlungen handelt es sich bei Q&A um ein schwächeres Konvergenzinstrument, von dem keine Berücksichtigungspflicht ausgehen soll[177].

4. *Überwachung der Umsetzung*

Auf der vierten Stufe des Lamfalussy-Prozesses überwachen die Kommission und ESMA in Zusammenarbeit mit den Mitgliedstaaten die entsprechende Umsetzung bzw. die einheitliche Anwendung. Für die Erleichterung der Umsetzung bestehen nach Art. 35 ESMA-VO Berichtspflichten der Mitgliedstaaten über den Umsetzungsstand[178]. Dies schlägt sich beispielsweise in Art. 52 Abs. 1 MiFIR nieder, wonach die Kommission nach Anhörung der ESMA über die Auswirkungen der Transparenzanforderungen zu berichten hat.

---

172 M. w. N. zur rechtlichen Wirkung der Leitlinien und Empfehlungen: *Veil*, ZGR 2014, 544, 593.

173 *Veil*, in: ders., Europäisches Kapitalmarktrecht, § 5 Rn. 39; *Walla*, in: Veil, Europäisches Kapitalmarktrecht, § 4 Rn. 21; *Deipenbrock*, WM 2016, 2277, 2282; *Hitzer/Hauser*, BKR 2015, 52, 59; *Lohmann/Gebauer*, BKR 2018, 244, 245.

174 *Harter/Voß*, BB 2017, 1667, 1670.

175 M. w. N.: *Harter/Voß*, BB 2017, 1667, 1670.

176 ESMA, Q&A on transparency topics.

177 Eingehend: *Veil*, ZBB 2018, 151, 161 ff.

178 *Walla*, in: Veil, Europäisches Kapitalmarktrecht, § 4 Rn. 23; *Rötting/Lang*, EuZW 2012, 8, 14.

5. *Nationale Umsetzung*

Auf nationaler Ebene legte der nationale Gesetzgeber am 16. Oktober 2015 einen Referentenentwurf für ein Finanzmarktnovellierungsgesetz vor (1. FiMaNoG)[179]. Neben den Vorgaben von MiFID II/MiFIR sollten mit dem FiMaNoG auch die MAD[180]/MAR[181], die CSDR[182] sowie die PRIIPs-VO[183] umgesetzt bzw. verankert werden. Aufgrund der Verschiebung von MiFID II/MiFIR hat der deutsche Gesetzgeber am 14. April 2016 eine überarbeitete Fassung des 1. FiMaNoG verabschiedet, das die Bestimmungen zu MiFID/MiFIR folglich nicht mehr enthielt[184]. Erst am 30. September 2016 veröffentlichte das Bundesfinanzministerium einen Referentenentwurf für ein zweites Finanzmarktnovellierungsgesetz, das insbesondere der Umsetzung der MiFID II bzw. deren delegierter Richtlinie dient[185]. Die Veröffentlichung des Regierungsentwurfs folgte am 21. Dezember 2016[186] und die Veröffentlichung im Bundesgesetzblatt am 24. Juni 2017[187]. Durch das 2. FiMaNoG wurden unter anderem das WpHG, das Kreditwesengesetz (KWG), das BörsG und die Verordnung zur Konkretisierung der Verhaltensregeln und Organisationsanforderungen für Wertpapierdienstleistungsunternehmen geändert[188]. In technischer Hinsicht verfolgt der Gesetzgeber

---

179 Referentenentwurf für ein 1. Gesetz zur Novellierung von Finanzmarktvorschriften auf Grund europäischer Rechtsakte vom 16. Oktober 2015.

180 Richtlinie 2014/57/EU des Europäischen Parlaments und des Rates vom 16. April 2014 über strafrechtliche Sanktionen bei Marktmanipulationen (ABL. L 173 S. 179).

181 Verordnung (EU) Nr. 596/2014 des Europäischen Parlaments und des Rates vom 16. April 2014 über Marktmissbrauch und zur Aufhebung der Richtlinie 2003/6/EG (ABL. L 173 S. 1).

182 Verordnung (EU) Nr. 909/2014 des Europäischen Parlaments und des Rates vom 23. Juli 2014 zur Verbesserung der Wertpapierlieferungen und -abrechnungen in der Europäischen Union und über Zentralverwahrer (ABL. L 257 S. 1).

183 Verordnung (EU) Nr. 1286/2014 des Europäischen Parlaments und des Rates vom 23. Juli 2014 über Basisinformationsblätter für verpackte Anlageprodukte für Kleinanleger und Versicherungsanlageproduke (ABL. L 352, S. 1, ber. Nr. L 358, S. 50).

184 1. FiMaNoG vom 30. Juni 2016 (BGBl. 2016 I. S. 1514).

185 Referentenentwurf für ein 2. Gesetz zur Novellierung von Finanzmarktvorschriften auf Grund europäischer Rechtsakte vom 30. September 2016.

186 Regierungsentwurf für ein 2. Gesetz zur Novellierung von Finanzmarktvorschriften auf Grund europäischer Rechtsakte vom 21. Dezember 2016.

187 BGBl. 2017 I. S. 1693.

188 M. w. N. zur nationalen Umsetzung: *Lutter/Bayer/J.Schmidt*, in: EuropUR, 32.103; *Jordans*, BKR 2017, 273, 276 ff.; *Tusch/Herz*, EuZW 2016, 887, 889.

das Prinzip der 1:1 Umsetzung, sodass der Großteil der umzusetzenden europäischen Bestimmungen in der Regel inhaltsgleich in die nationalen Vorschriften implementiert wurde[189]. Die Definition des systematischen Internalisierers wurde in der Folge in § 2 Abs. 8 Nr. 2 lit. b) WpHG aufgenommen, und die bisher in §§ 32a ff. WpHG a. F. geregelten Transparenzvorgaben wurden ersatzlos gestrichen. Da die Konkretisierung der Definition in der MiFID II-VO erfolgt, verbleibt im WpHG damit nicht mehr als ein rechtlicher Torso.

III. Transparenzverbesserung als gesetzgeberische Zielsetzung

Ausweislich des Erwägungsgrunds 1 MiFIR verfolgt der europäische Gesetzgeber mittels einheitlicher Anforderung an die Transparenz von Geschäften das Ziel, die Transparenz und die Funktionsweise des Binnenmarkts für Finanzinstrumente zu verbessern. Dies schlägt sich für die systematische Internalisierung in Erwägungsgrund 18 MiFIR nieder, welcher für Finanzinstrumente mit einem liquiden Markt spezifiziert, dass die Transparenzanforderungen für systematische Internalisierer eine effiziente Preisfeststellung fördern sollen. Durch die Ausdehnung der Transparenzvorschriften auf Nichteigenkapitalinstrumente (Erwägungsgrund 14 MiFIR) geht der europäische Gesetzgeber über die in Pittsburgh gefassten Beschlüsse hinaus, die vorwiegend die Transparenz der Derivatemärkte im Blick hatten. Insgesamt lassen die Erwägungsgründe ein Bekenntnis für eine Stärkung des Finanzsystems und der Stabilität erkennen, das unter dem Eindruck der Finanzmarktkrise steht. Der Vor- und Nachhandelstransparenz kommt hierfür eine zentralere Rolle als noch unter MiFID I zu. Zu unterscheiden ist die Handelstransparenz von der ebenfalls ausgeweiteten Pflicht der Wertpapierfirmen, ihren Aufsichtsbehörden Geschäfte zu melden (Transaction Reporting). Dies kommt zwar auch der Transparenz zugute, indem Behörden die für die Marktüberwachung notwendigen Informationen erhalten[190]. Das Transaction Reporting soll in dieser Arbeit aber nur behandelt werden, soweit internalisierungsspezifische Probleme betroffen sind[191].

---

189 Referentenentwurf für ein 2. FiMaNoG vom 30. September 2016, S. 2.

190 So für die alte Rechtslage: *Schlette/Bouchon*, in: Fuchs, WpHG, § 9 Rn. 1.

191 Das ist im Falle der Bereitstellung von Referenzdaten gegeben, siehe dazu: Sechster Abschnitt C. Siehe zu der Regulierung von Marktdaten unter MiFID II/MiFIR: *Hoops*, WM 2018, 205–2012.

IV. Regelungstechnik und Harmonisierungsgrad

Für die Regelung der Transparenzanforderungen wählte der europäische Gesetzgeber mit der MiFIR und ihren konkretisierenden Rechtsakten das Instrument der Verordnung als unmittelbar anwendbaren Gesetzgebungsakt im Sinne von Art. 288 Abs. 2 AEUV, damit Wertpapierfirmen auf allen Märkten in der Union einheitliche Regeln zu befolgen haben (Erwägungsgrund 5 MiFIR). Der Rückgriff auf das Instrument der Verordnung wird mit der Notwendigkeit begründet, einen für alle Institute geltenden einheitlichen Katalog festzulegen, Aufsichtsarbitrage zu vermeiden sowie größere Rechtssicherheit zu schaffen (Erwägungsgrund 3 MiFIR). Dadurch könne die Komplexität der Regulierung reduziert und die durch divergierende nationale Rechtsvorschriften bedingte Wettbewerbsverzerrung beseitigt und ihr vorbeugt werden. Indem beabsichtigt wird, einen Beitrag zum reibungslosen Funktionieren des Binnenmarkts zu leisten, soll sich die MiFIR auf Art. 114 AEUV stützen (Erwägungsgrund 3 MiFIR)[192]. Auch wenn sich der Harmonisierungsgrad nicht aus der Wahl einer Verordnung per se ergibt[193], lassen diese Aussagen den Rückschluss zu, dass der europäische Gesetzgeber hinsichtlich der Rechte und Pflichten der Wertpapierfirmen eine Vollharmonisierung beabsichtigt[194]. Strengere mitgliedstaatliche aufsichtsrechtliche Regelungen sind damit ausgeschlossen[195]. Eine Ausnahme gilt weiterhin für die Aufsichts- und Sanktionsbestimmungen, für die die Mitgliedstaaten

192 Die Reichweite der Ausnutzung der Kompetenznormen wird kritisiert. Im Zusammenhang mit Art. 28 der Verordnung über Leerverkäufe hatten beispielsweise das Vereinigte Königreich und Nordirland vor dem EuGH Klage erhoben, um diesen Artikel für nichtig zu erklären. Der zuständige Generalanwalt kam zu dem Ergebnis, dass Art. 114 AEUV keine geeignete Kompetenznorm für die Festlegung der Befugnisse ESMA's sei, weil dadurch nicht der Binnenmarkt verbessert würde. Der EuGH wies die Klage allerdings vollumfänglich ab: EuGH NJW 2014, 1359; siehe dazu: *Orator,* EuZW 2013, 852.

193 *Mülbert,* ZHR 176 (2012), 369, 373; *Veil/Lerch,* WM 2012, 1557, 1559.

194 *Spindler,* in: LBS, Kap. 33 Rn. 30a; *Forschner,* Wechselwirkungen von Aufsichtsrecht und Zivilrecht, S. 62; *Veil/Lerch,* WM 2012, 1557, 1559; zu den Vor- und Nachteilen einer Vollharmonisierung siehe: *Fleischer/Schmolke,* NZG 2010, 1241, 1245 ff. So liegen Vorteile in der Senkung der Rechtskosten der Anbieterseite sowie der Informationskosten auf Nachfragerseite und denkbare Nachteile in der Verhinderung eines Systemwettbewerbs, der erschwerten Einpassung in nationale Rechtsordnungen sowie einer „Versteinerung" des Rechts.

195 *Veil/Lerch,* WM 2012, 1557, 1559.

strengere Regelungen vorsehen können[196]. Die Regelungstechnik der Verordnungsgesetzgebung liegt im Trend des europäischen Kapitalmarktrechts, deren Tendenz durch die umfangreiche Rechtsetzung auf Stufe 2 des Lamfalussy-Verfahrens gestärkt wird[197]. Im Schrifttum wird vertreten, dass die vom europäischen Gesetzgeber genannten Gründe für den Rückgriff auf die Verordnung auch eine vollständige Regelung der gesamten Materie durch eine einzige Verordnung gerechtfertigt hätten[198].

V. Wesentliche Maßnahmen zur Zielerreichung

MiFID II und MiFIR enthalten im Wesentlichen drei inhaltliche Maßnahmen, um die Transparenz an den Finanzmärkten zu verbessern. Dazu gehören die Anpassungen der Transparenzvorschriften selbst, die für bestimmte Finanzinstrumente vorgeschriebene Handelsverpflichtung sowie eine Neukategorisierung der Handelssysteme, inklusive der systematischen Internalisierung.

1. Ausdehnung der Handelstransparenz

Nach dem Konzept von MiFIR bestehen für die Betreiber von geregelten Märkten, multilateralen und organisierten Handelssystemen sowie systematischen Internalisierern umfangreichere Pflichten zur Veröffentlichung von Vor- und Nachhandelstransparenzdaten. Die Verschärfung des Transparenzregimes resultiert zum einen aus der Ausdehnung des sachlichen Anwendungsbereichs auf andere Instrumente als Aktien[199]. Neben weiteren Eigenkapitalinstrumenten

---

196 Siehe dazu: Siebenter Abschnitt. Unter den engen Voraussetzungen des Art. 24 Abs. 12 MiFID II besteht ferner die Möglichkeit, Wertpapierfirmen zusätzliche Anforderungen aufzuerlegen, die die allgemeinen Kundeninformationen betreffen, siehe dazu: *Roth/Blessing*, CCZ 2016, 258, 259.

197 *Veil*, ZGR 2014, 544, 563 ff.; zu dem Begriff Kapitalmarktregulierung allgemein siehe: *Walla*, in: Veil, Europäisches Kapitalmarktrecht, § 4 Rn. 1 f.; zu möglichen Problemen, die die Verordnungsgesetzgebung mit sich bringen kann, siehe: *Mülbert*, ZHR 176 (2012), 369, 373.

198 *Veil/Lerch*, WM 2012, 1557, 1558. Die Richtlinie MiFID II wird zwar damit begründet, dass die Durchführungsbestimmungen bei Bedarf den Besonderheiten der jeweiligen Märkte und Rechtsordnungen angepasst werden können (vgl. Erwägungsgrund 7 MiFID II). Es wird allerdings vermutet, dass sich die Mitgliedstaaten ihre Gesetzgebungskompetenzen nicht gänzlich nehmen lassen wollen, siehe dazu: *Mülbert*, ZHR 176 (2012), 369, 374; *Parmentier*, BKR 2013, 133, 134.

199 *Begner/Neusüß*, RdF 2012, 76, 79; *Happel/Süss*, in: MiFID II/MiFIR, Umsetzung in der Bankenpraxis, S. 250.

erfassen die neuen Vorschriften das Universum der Nichteigenkapitalinstrumente, die der Gesetzgeber in Schuldverschreibungen, Derivate, strukturierte Finanzprodukte und Emissionszertifikate einteilt[200]. Über die Geld- und Briefkurse und die Tiefe der Handelspositionen hinaus zählen nach Art. 3 MiFIR bzw. Art. 8 MiFIR auch verbindliche Interessenbekundungen zu den publizitätspflichtigen Informationen im Vorhandel[201]. Eine weitere Veränderung erfährt das Transparenzregime durch die Einschränkung der Möglichkeiten, unter denen eine Behörde Ausnahmen von den Vor- bzw. Nachhandelstransparenzpflichten (*Waiver*) gewähren kann. Dies soll sicherstellen, dass diese Waiver innerhalb der Union einheitlich verwendet werden (Erwägungsgrund 13 MiFIR)[202]. In einem engen Zusammenhang mit den neuen Transparenzvorschriften steht die Datenkonsolidierung. Der Wettbewerb der Handelsplätze unter MiFID I hatte dazu geführt, dass die relevanten Handelsdaten nicht mehr an einem zentralen Ort zur Verfügung standen. Um den mit dieser Fragmentierung verbundenen Nachteilen entgegenzuwirken, streben MiFID II/MiFIR die Errichtung eines konsolidierten Datentickers an, der Marktteilnehmern eine Übersicht über verfügbare Handelstransparenzdaten ermöglicht (Erwägungsgrund 117 MiFID II)[203].

2. Verpflichtung zum Handel an regulierten Plattformen

Die Verbesserung der Handelstransparenz hängt mit der Bestrebung zusammen, mehr Handelsbewegungen an regulierten Handelsplattformen zu konzentrieren. Soweit nämlich mehr Handel mit Finanzinstrumenten an von dem bestehenden Regulierungsrahmen erfassten Plattformen stattfindet, unterliegen die damit verbundenen Informationen gleichzeitig den Transparenzvorschriften. Um dies sicherzustellen, verpflichtet Art. 23 MiFIR Wertpapierfirmen, ihre Handelsgeschäfte mit Aktien, die zum Handel an einem geregelten Markt zugelassen sind oder an einem Handelsplatz gehandelt werden, über einen geregelten Markt, einen MTF, einen systematischen Internalisierer oder über gleichwertige

---

200 Siehe dazu: Dritter Abschnitt C.

201 Nach Art. 2 Abs. 1 Nr. 33 MiFIR wird hierunter eine Mitteilung eines Mitglieds oder Teilnehmers eines Handelssystems in Bezug auf ein Handelsinteresse, die alle für eine Eignung auf den Handelsabschluss erforderlichen Angaben enthält. Es soll verhindert werden, dass verbindliche Interessenbekundungen genutzt werden, um einer bestimmten Gruppe von Marktteilnehmern Informationen zur Verfügung zu stellen, die anderen vorenthalten sind, siehe: Begründung der Kommission für einen Vorschlag für MiFIR, Einzelerläuterungen zum Vorschlag vom 20. Oktober 2011.

202 *Gomber/Nassauer*, ZBB 2014, 251, 254.

203 *Gomber/Nassauer*, ZBB 2014, 251, 255; *Parmentier*, EuZW 2014, 45, 52.

Dritthandelsplätze zu tätigen[204]. Art. 28 MiFIR statuiert eine Handelspflicht für Derivate. Danach sind finanzielle Gegenparteien im Sinne von Art. 2 Abs. 8 der in der EU als EMIR bezeichneten Verordnung[205] und bestimmte nichtfinanzielle Gegenparteien verpflichtet, ausreichend liquide und clearingpflichtige OTC-Derivate auf geregelten Märkten, MTFs, organisierten Handelssystemen (OTFs) oder gleichwertigen Drittlandhandelsplätzen zu handeln[206]. Über systematische Internalisierer dürfen handelspflichtige Derivate im Umkehrschluss nicht gehandelt werden. ESMA geht davon aus, dass der Anwendungsbereich der Handelspflicht eine Teilmenge derjenigen Derivate sein wird, die nach EMIR clearingpflichtig sind[207]. Seit Sommer 2016 ist die Clearingpflicht anwendbar. Die der Clearingpflicht unterliegenden Derivate können in einem öffentlichen Register eingesehen werden, das ESMA nach Art. 6 EMIR zu führen hat.

3. *Einführung von organisierten Handelssystemen*

Um auf den Finanzmärkten für mehr Transparenz und Effizienz in Bezug auf gleiche Wettbewerbsbedingungen zu sorgen, führt MiFID II mit dem organisierten Handelssystem eine neue Handelsplatzkategorie ein (Erwägungsgrund 8 MiFIR)[208]. Von dem Anwendungsbereich sollen alle Arten von organisierten Ausführungen und Vereinbarungen von Handelsgeschäften erfasst werden, die nicht schon von geregelten Märkten oder multilateralen Handelssystemen

---

204 Die deutsche Sprachfassung des Art. 23 MiFIR verweist auch auf organisierte Handelssysteme. Da dieser Handelsplatz aber nur für Nichteigenkapitalinstrumente zugänglich ist, muss es sich hier um ein Redaktionsversehen handeln. Die englische Sprachfassung des Art. 23 MiFIR bezieht sich richtigerweise nur auf geregelte Märkte, MTFs und gleichwertige Dritthandelsplätze.

205 Verordnung (EU) Nr. 648/2012 des Europäischen Parlaments und des Rates vom 4. Juli 2012 über OTC-Derivate, zentrale Gegenparteien und Transaktionsregister (ABL. L 201 S. 201). Zu finanziellen Gegenparteien zählen demnach Kreditinstitute, Versicherer, Verwaltungsgesellschaften, Einrichtungen der betrieblichen Altersversorgung oder Investmentfonds. Demgegenüber sind nichtfinanzielle Gegenparteien in der EU niedergelassene Unternehmen, soweit sie nichtfinanzielle Gegenparteien sind, m. w. N.: *Teuber*, in: MiFID II/MiFIR, Umsetzung in der Bankenpraxis, S. 319 f.

206 M. w. N. zur Bestimmung der Handelsplatzpflicht: *Teuber*, in: MiFID II/MiFIR, Umsetzung in der Bankenpraxis, S. 317; *Ostermann/Sickermann*, RdF 2017, 100; *Vester*, RdF 2015, 92, 96.

207 *Ostermann/Sickermann*, RdF 2017, 100, 101.

208 Siehe zur Abgrenzung von organisierten Handelssystemen und systematischen Internalisierern.

berücksichtigt werden[209]. Mit den organisierten Handelssystemen reagierte der Gesetzgeber auf die Zunahme solcher Handelsplattformen, die von der Begriffsbestimmung von MiFID I nicht als Handelsplatz erfasst wurden. Insbesondere sogenannte Broker Crossing Networks[210] sollen der Kategorie des organisierten Handelssystems unterfallen (Erwägungsgrund 6 MiFIR)[211]. Den organisierten Handelsplätzen kommt die Funktion eines Auffangtatbestands zu, welcher jedoch sachlich auf Nichteigenkapitalinstrumente beschränkt ist.

4. Änderungen bei der systematischen Internalisierung

Im Gegensatz zu dem multilateralen Handel bleiben die bisherigen Kategorien für den bilateralen Handel unverändert. Das bedeutet, dass eine bilateral ausgeführte Handelsaktivität entweder ein reines OTC-Geschäft ist, das außerhalb von Handelsplätzen abgeschlossen wird, oder als systematische Internalisierung eingeordnet wird. Die in Art. 4 Abs. 1 Nr. 20 MiFID II angelegte Definition des systematischen Internalisierers hat dabei im Vergleich zu Art. 4 Abs. 1 Nr. 7 MiFID I erhebliche Änderungen erfahren. Um die objektive und effektive Anwendung der Begriffsbestimmung künftig gewährleisten zu können, legen Schwellenwerte für die systematische Internalisierung quantitativ fest, was unter dem Merkmal „in systematischer Weise häufig in erheblichem Umfang" zu verstehen ist (Erwägungsgrund 17 MiFID II und Erwägungsgrund 19 MiFIR)[212]. In diesem Zusammenhang bestimmt Art. 4 Abs. 1 Nr. 24 MiFID II, dass der systematische Internalisierer – anders als noch unter MiFID I – kein Handelsplatz ist. Die Ausweitung der Transparenzpflichten auf Nichteigenkapitalinstrumente gilt nach Art. 18 MiFIR dabei grundsätzlich auch für die Quotierungsverpflichtungen von systematischen Internalisierern[213]. Die Novellierung der systematischen

---

209 *Brusch/Seitz*, in: MiFID II/MiFIR, Umsetzung in der Bankenpraxis, S. 285.

210 Broker Crossing Systeme dienen der Zusammenführung von Angebot und Nachfrage in Wertpapieren innerhalb eines elektronischen Systems durch den Systembetreiber zu Preisen, die nach festgelegten Regeln auf Basis anderer Märkten ermittelt wurden. In der Vergangenheit führten sie Kundenaufträge gegen das eigene Buch oder gegen andere Kundenaufträge aus und unterfielen weder der Definition eines systematischen Internalisierers noch jener des MTF, siehe dazu: BSK, Empfehlungen zur Regulierung alternativer Handelssysteme, S. 5 f.; *Güllner*, WM 2017, 938, 940; *Kumpan*, Regulierung außerbörslicher Handelssysteme, S. 17; zur Abgrenzung zu Börsen: *Groß*, in: ders., Kapitalmarktrecht, § 2 BörsG Rn. 9.

211 *Clausen/Sørensen*, ECFR 2012, 275, 284.

212 Siehe dazu: Vierter Abschnitt C. VI.

213 Siehe dazu: Fünfter Abschnitt.

Internalisierung stellt im Ergebnis eine substanzielle Maßnahme des Gesetzgebers dar, mehr Handelsbewegungen an regulierten und damit transparenten Handelssystemen stattfinden zu lassen (Erwägungsgrund 6 MiFIR).

VI. Schnittstellen mit anderen Rechtsakten

MiFID II und MiFIR sind eigenständige Rechtsakte mit unterschiedlichen Regelungsgegenständen, die eng miteinander verzahnt sind. Dies zeigt sich unter anderem durch die gegenseitigen Verweise in den Begriffsbestimmungen (vgl. Art. 4 MiFID II bzw. Art. 2 MiFIR) oder die einheitliche Regelung der Aufsicht und der Sanktionen (vgl. Art. 67 MiFID II)[214]. MiFID II/MiFIR sind jedoch nicht lediglich nebeneinander, sondern im Kontext mit anderen Regulierungen zu sehen, die auf europäischer Ebene und in den USA im Zuge der Finanzmarktkrise initiiert wurden und die miteinander interagieren. Ohne dass in dieser Ausarbeitung eine vollständige Darstellung erfolgen könnte, sollen einige relevante Verzahnungen vorgestellt werden.

1. European Market Infrastructure Regulation – EMIR

Wesentliche der auf dem Pittsburgh Summit gefassten Beschlüsse zur Regulierung der OTC-Derivatemärkte wurden bereits durch EMIR umgesetzt, die am 16. August 2012 in Kraft trat. EMIR verfolgt primär die Ziele, Systemrisiken zu mindern und die Transparenz für außerbörslich gehandelte Derivate zu verbessern (Erwägungsgründe 1 und 4 EMIR). Für die Erreichung dieser Regelungszwecke sieht EMIR insbesondere Transaktionsregistermeldungen für Derivatetransaktionen und eine Abwicklungspflicht über zentrale Gegenparteien (CCP) für standardisierte, außerbörsliche Derivate vor (Clearing). Mithilfe der Zwischenschaltung einer zentralen Gegenpartei soll ein Ausfall einer Vertragspartei besser abgefangen werden. In MiFIR betont der Gesetzgeber die Wichtigkeit, zwischen beiden Verordnungen Kohärenz sicherzustellen und Überschneidungen vorzubeugen (Erwägungsgrund 39 MiFIR). Dies äußert sich unter anderem durch gegenseitige Bezugnahmen in den jeweiligen Begriffsbestimmungen, wonach der Derivatebegriff der EMIR nach Art. 2 Nr. 17 EMIR demjenigen der MiFID folgt, welcher somit den Ausgangspunkt für den Anwendungsbereich bestimmt. Neben der zuvor geschilderten Handelspflicht flankiert der europäische Gesetzgeber die Regelungen der EMIR durch eine Clearingpflicht für Derivate gemäß Art. 29 MIFIR, die an geregelten Märkten

---

214 *Veil/Lerch,* WM 2012, 1557, 1558.

abgeschlossen werden[215]. Insgesamt soll aus dem Zusammenspiel zwischen beiden Verordnungen ein geordneter Abwicklungsrahmen und für bislang außerbörslich gehandelte Derivate eine Handelspflicht etabliert werden[216].

2. Market Abuse Regulation – MAR

Die Bestrebung, Handel auf organisierten Plattformen stattfinden zu lassen und damit einem rechtlichen Rahmen zu unterziehen, schlägt sich auch in dem neuen Marktmissbrauchsregime nieder, das sich vor allem die Marktintegrität zum Ziel setzt (Erwägungsgrund 2 MAR) und das Verbot des Insiderhandels und der Marktmanipulation regelt. Wie MiFID II/MiFIR besteht das Marktmissbrauchsrecht aus einer Richtlinie (MAD) und einer Verordnung (MAR)[217]. Eine Schnittstelle zu MiFID II/MiFIR besteht in dem gemeinsamen Anwendungsbereich, der auf den Begriff des Finanzinstruments referenziert. Gemäß Art. 3 Abs. 1 Nr. 1 MAR bestimmt sich dieser Begriff nach Art. 4 Abs. 1 Nr. 15 MiFID II. Der Anwendungsbereich der überarbeiteten Marktmissbrauchsvorschriften wurde erweitert, indem alle Finanzinstrumente erfasst werden, die auf Handelsplätzen im Sinne der MiFID II gehandelt werden bzw. zum Handel an einem geregelten Markt oder einem multilateralen bzw. organisierten Handelssystem zugelassen sind oder für die dort ein Zulassungsantrag gestellt wurde, Art. 2 Abs. 1 lit. a)–lit. c) MAR. Damit soll auf das Aufkommen neuer Handelsplattformen und Technologien reagiert werden, die neue Möglichkeiten zur Marktmanipulation ermöglichen (Erwägungsgrund 8 MAR). Die MAR gilt also auch für alle über einen systematischen Internalisierer gehandelten Finanzinstrumente, wenn diese gleichzeitig an einem Handelsplatz gehandelt werden. Finanzinstrumente, die ausschließlich außerhalb von Handelsplätzen (z. B. über einen systematischen Internalisierer) gehandelt werden, sind zwar nicht unmittelbar erfasst[218]. Nach Art. 2 Abs. 1 lit. d) MAR erstreckt sich der Anwendungsbereich aber auch

215 M. w. N. zur Clearing- und Handelsplatzpflicht für OTC-Derivate nach EMIR und MiFIR: *Funke*, CCZ 2012, 54, 56 f.; *Teuber*, in: MiFID II/MiFIR, Umsetzung in der Bankenpraxis, S. 317.

216 *Salewski*, GWR 2012, 265, 266.

217 Anders als das Regelungskonzept von MiFID II/MiFIR bildet die MAR das Kernstück des Marktmissbrauchregimes, während die Richtlinie die Verordnung mit strafrechtlichen Vorschriften ergänzt.

218 Nach Art. 2 Abs. 6 MAD-E in der Entwurfsfassung des Rats sollte die Richtlinie allerdings unabhängig davon gelten, ob eine Transaktion auf einem Handel, einem systematischen Internalisierer oder außerbörslich erfolgt, siehe dazu: Rat, Entwurf vom 3. Dezember 2012.

auf solche Finanzinstrumente, die nicht über einen Handelsplatz gehandelt werden, deren Kurs oder Wert jedoch von an Handelsplätzen gehandelten bzw. dort zugelassenen Finanzinstrumenten abhängt[219]. Somit ist auch für Derivate, die über einen systematischen Internalisierer gehandelt werden, und deren Wertentwicklung von einem an einem Handelsplatz zum Handel zugelassenen bzw. gehandelten Basiswert abhängt, Marktmissbrauch verboten[220]. Die vorstehenden Rechtsakte gelten zusammen mit der Verordnung über Leerverkäufe[221] als Kernbestandteil eines einheitlichen europäischen Finanzmarktrechts[222].

3. *Regulierung von Benchmarks*

Eine weitere wesentliche Entwicklung im europäischen Kapitalmarktrecht, die für systematische Internalisierer Konsequenzen mit sich bringen kann, stellt die Referenzwerte-Verordnung[223] dar. Die Referenzwerte-VO trägt den Manipulationen des LIBOR und EURIBOR Rechnung und zielt auf eine Verstärkung der Robustheit und der Verlässlichkeit solcher Benchmarks (Referenzwerte) ab. Der Grundsatz der Verordnung ist, dass nach Art. 29 Abs. 1 1. Alt. der Referenzwerte-VO nur solche Referenzwerte verwendet werden dürfen, deren Administrator zugelassen bzw. registriert ist[224]. Anknüpfungspunkt für den Anwendungsbereich ist abermals das Finanzinstrument, dessen Definition in Art. 3 Abs. 1 Nr. 16 Referenzwerte-VO einen Verweis auf die MiFID II enthält. Anders als im Marktmissbrauchsregime ist der Anwendungsbereich nicht nur auf Instrumente bezogen, die über einen Handelsplatz gehandelt werden, sondern auch auf Instrumente, die über einen systematischen Internalisierer abgewickelt

219 Siehe dazu: *Buck-Heeb*, Kapitalmarktrecht, § 7 Rn. 567; *Graßl*, DB 2015, 2066, 2067; *Kiesewetter/Parmentier*, BB 2013, 2371, 2372; *Veil/Koch*, WM 2011, 2297, 2299.

220 Vgl.: *Buck-Heeb*, Kapitalmarktrecht, § 7 Rn. 567.

221 Verordnung (EU) Nr. 236/2012 des Europäischen Parlaments und des Rates vom 14. März 2012 über Leerverkäufe und bestimmte Aspekte von Credit Default Swaps (ABL L 86 S. 1).

222 *Veil/Lerch*, WM 2012, 1557, 1559.

223 Verordnung (EU) Nr. 2016/1011 des Europäischen Parlaments und des Rates vom 8. Juni 2016 über Indizes, die bei Finanzinstrumenten und Finanzkontrakten als Referenzwert oder zur Messung der Wertentwicklung eines Investmentfonds verwendet werden (ABL. L 171 S. 1).

224 M. w. N.: *Wundenberg*, in: Veil, Europäisches Kapitalmarktrecht, § 31 Rn. 32 f.; *Feldkamp*, RdF 2016, 180,181; *Parmentier*, EuZW 2016, 45, 46; *Spindler*, ZBB 2015, 165.

werden[225]. Folglich können Indizes, auf die in einer außerbörslichen Transaktion referenziert wird, als Benchmarks eingestuft werden, sodass die Beteiligten als Verwender oder ggf. als Administratoren den Anforderungen der Referenzwerte-Verordnung unterliegen[226].

4. *Dodd-Frank Act in den USA*

Nicht zuletzt sind die Gefahren, die von Derivaten für die Finanzstabilität ausgehen können, durch die Insolvenz von Lehman Brothers und der Beinahe-Insolvenz von dem Versicherungsunternehmen AIG in den Fokus der US-amerikanischen Reformbestrebungen gerückt. Um die Pittsburgh-Vorgaben umzusetzen, verabschiedete der US-Kongress den Dodd-Frank Wall Street Reform and Consumer Protection Act (Dodd-Frank) bereits im Juli 2010. Ausweislich der Präambel verfolgt Dodd-Frank das Ziel, die Stabilität des Finanzmarkts und dessen Transparenz zu sichern. Dodd-Frank enthält 16 Titel, wovon die meisten Vorschriften Rechtsgrundlagen zum Erlass neuer Verordnungen (Final Rules) durch die Bundesbehörden Commodity Futures Trading Commission (CFTC) und die Securities and Exchange Commission (SEC) enthalten[227]. Insoweit wird die Technik der US-Finanzmarktgesetzgebung mit dem Lamfalussy-Verfahren verglichen[228]. Die Behörden haben dabei einen weiten Ermessensspielraum, da Dodd-Frank vergleichsweise wenige Vorgaben zur inhaltlichen Ausgestaltung macht[229]. Titel VII (Wall Street Transparency and Accountability) des Dodd-Frank Act unternimmt den Versuch, den amerikanischen Derivatemarkt neu zu regulieren. Den in Pittsburgh formulierten Forderungen begegnete der US-amerikanische Gesetzgeber im Wesentlichen mit einer Handels- und einer Abwicklungspflicht über zentrale Gegenparteien[230]. Um die Handelspflicht an regulierten Plattformen umzusetzen, sieht Titel VII Dodd-Frank Act mit der Swap Execution Facility in Sec. 733 bzw. 763 Dodd-Frank Act einen neuen regulierten Handelsplatz vor, welcher die Vor- und die Nachhandelstransparenz

---

225 In dem Vorschlag der Kommission für Referenzwerte-VO vom 18. September 2013 war der Anwendungsbereich noch auf Finanzinstrumente beschränkt, die über einen Handelsplatz gehandelt werden.

226 Siehe zu möglichen Folgen: Sechster Abschnitt E.

227 M. w. N. zu den Inhalten: *Heppe/Tielmann,* WM 2011, 1883.

228 *Lehmann,* RdF 2011, 300, 302.

229 *Wieland/Weiß,* CFL 2013, 73, 90.

230 *Lehmann,* RdF 2011, 300, 304 ff.; *Wieland/Weiß,* CFL 2013, 73, 90.

in den Swapmärkten fördern soll[231]. Nach Titel VII Dodd-Frank Act unterfallen sogenannte Swaps der CFTC, während die SEC für Security-Based Swaps zuständig ist[232]. Die Konsequenz ist, dass Swaps über eine Swap Execution Facility und Security-Based Swaps über eine Security-Based Swap Execution Facility gehandelt werden müssen[233]. Der US-amerikanische Gesetzgeber schlug damit einen vergleichbaren Weg wie der europäische Gesetzgeber ein, welcher die Clearing- und die Handelspflicht mit EMIR und MiFIR aber legislatorisch trennte[234]. Handelsteilnehmer in der Union können wiederum Swap Execution Facilities für die Erfüllung der Handelspflicht für Derivate nutzen, soweit diese nach Art. 28 Abs. 4 MiFIR als gleichwertige Dritthandelsplätze gelten sollten. Auch wenn sich die Regulierungsbestrebungen in den USA damit vorerst auf die Derivatemärkte konzentrierten, rückt nunmehr auch die Vorhandelstransparenz in den Anleihemärkten verstärkt in den Fokus der SEC[235]. Bezüglich der Nachhandelstransparenz sind die USA mit dem bereits 2002 eingeführten Trade Reporting and Compliance Engine (TRACE) dagegen einen Schritt voraus[236].

231 Siehe CFTC, Final Rule, Core Principles and Other Requirements for Swap Execution Facilities, S. 5.

232 Zu den Begriffsbestimmungen siehe: Vierter Abschnitt E. II.

233 *Ferrarini/Saguato*, Regulating Financial Market Infrastructures, S. 18.

234 M. w. N. zu der Konvergenz und Divergenz der Regelungen in den USA und der EU: *Lehmann*, RdF 2011, 300, 304 ff.

235 Siehe dazu: *Piwowar*, Remarks at Finra's Fixed Income Conference, S. 3 f.

236 Dies betont auch: *Ross*, MiFID II – Switching on the light without turning-off the tab, S. 7. Die weiteren Entwicklungen in den USA bleiben angesichts der aktuellen Präsidentschaft, die im Rahmen einer angekündigten Deregulierung der Finanzmärkte bereits die Überprüfung des Dodd-Frank Act versprach, allerdings abzuwarten.

Dritter Abschnitt
Nichteigenkapitalinstrumente nach der Konzeption von MiFID II/MiFIR

A. Überblick

Unter MiFID II/MiFIR bezieht sich eine Reihe von Vorschriften nicht immer auf Finanzinstrumente per se, sondern beschränkt den Anwendungsbereich auf einen Teil davon und differenziert zwischen den verschiedenen Arten von Finanzinstrumenten. Dies schlägt sich in den Art. 12 ff. MiFID II-VO nieder, die jeweils für die Eigenkapitalinstrumente, Schuldverschreibungen, strukturierten Finanzprodukte, Derivate und Emissionszertifikate individuelle Anwendungskriterien vorsehen. Die vorliegenden Fragestellungen setzen daher eine Klärung des Begriffs der Nichteigenkapitalinstrumente voraus. Hierfür muss zunächst ein Blick auf den Oberbegriff des Finanzinstruments geworfen werden, welcher, wie im vorherigen Abschnitt aufgezeigt, auch einen Anknüpfungspunkt in anderen Rechtsakten haben kann. Danach werden die verschiedenen Kategorien von Nichteigenkapitalinstrumenten herausgearbeitet. Es stellt sich die Frage, wie sich diese neuen Kategorien unter das bisherige aufsichtsrechtliche und zivilrechtliche Verständnis von Finanzinstrumenten und Wertpapieren einordnen lassen. Im Anschluss erfolgen eine Abgrenzung der Nichteigenkapitalinstrumente von den Eigenkapitalinstrumenten und eine Untersuchung des neuen Liquid-Market-Konzepts. In praktischer Hinsicht ist zu klären, wie die Zuordnung eines Finanzinstruments in eine bestimmte Kategorie erfolgt und wer hierfür die Verantwortung trägt.

B. Der Oberbegriff des Finanzinstruments

Der Begriff der Finanzinstrumente ist in Art. 4 Abs. 1 Nr. 15 MiFID II durch Verweis auf Anhang I Abschnitt C MiFID II definiert, der seinerseits einen Katalog für die erfassten Finanzinstrumente enthält. Dieser Katalog umfasst neben Wertpapieren, Geldmarktinstrumenten, Derivaten und Anteilen an Organismen für gemeinsame Anlagen erstmals Emissionszertifikate als Finanzinstrumente. Der nationale Gesetzgeber hat dies in § 2 Abs. 4 WpHG entsprechend umgesetzt. Die in Anhang I Abschnitt C MiFID II genannten Instrumente werden zum Teil ihrerseits in Art. 4 MiFID II bzw. in Art. 2 MiFIR und in § 2 WpHG definiert. Dadurch, dass sich der Anwendungsbereich von MiFID II bzw. des WpHG allgemein auf Wertpapierdienstleistungen in Bezug auf Finanzinstrumente bezieht, stellt die Wertpapierdienstleistung systematisch das Bindeglied zwischen den Finanzinstrumenten und den Wertpapierfirmen[237] als Adressaten der Vorschriften her[238]. Im Rahmen der MiFID-Reform wurde mit der Begriffserweiterung des Finanzinstruments um die Emissionszertifikate in § 2 Abs. 4 Nr. 3 WpHG folglich auch der Anwendungsbereich dieser Vorschriften ausgedehnt[239]. Die im Zentrum der Reformbestrebungen befindlichen Derivate waren zwar schon Gegenstand des Anhangs I Abschnitt C MiFID I. Sie wurden aber bislang nicht von den Transparenzverpflichtungen erfasst.

C. Systematik und Kategorien von Nichteigenkapitalinstrumenten

MiFID II/MiFIR enthalten keine eigenständige Definition für den Begriff des Nichteigenkapitalinstruments. Titel II der MiFIR über die Transparenz für Handelsplätze sowie Titel III der MiFIR über die Transparenz für systematische Internalisierer und Wertpapierfirmen verweisen aber in ihren Titelüberschriften auf Nichteigenkapitalinstrumente und sehen hierfür weitere Typen vor[240]. Demnach sind Schuldverschreibungen, strukturierte Finanzprodukte, Emissionszertifikate und Derivate Nichteigenkapitalinstrumente. ESMA hatte nach Art. 9 Abs. 5 MiFIR einen technischen Regulierungsstandard vorzulegen, in welchem sie weitere Kategorien dieser Nichteigenkapitalinstrumente zu bilden hatte, um die Transparenzvorschriften für Handelsplätze und systematische Internalisierer zu kalibrieren. Im Rechtsetzungsverfahren der delegierten NEK-Transparenz-VO (ehemals RTS 2) führte ESMA hierzu aus, dass die Heterogenität der Nichteigenkapitalinstrumente eine angemessene Taxonomie und eine Zuordnung in homogene Kategorien erfordere, um den Aufsichtsbehörden

---

237 Während die europäischen Gesetzestexte auf „Wertpapierfirmen" referenzieren, spricht das WpHG von „Wertpapierdienstleistungsunternehmen". Da die meisten der für die zugrunde liegende Fragestellung relevanten Bestimmungen in der MiFIR und in delegierten Verordnungen geregelt sind, wird in dieser Arbeit einheitlich der Begriff „Wertpapierfirma" verwendet.

238 *Hirte/Möllers,* in: KölnKommWpHG, § 2 Rn. 141.

239 *Fuchs,* in: ders., WpHG, § 2a Rn. 10; *Geier/Schmitt,* WM 2013, 915; *Balzer,* in: MiFID II/MiFIR, in: Umsetzung in der Bankenpraxis, S. 1; *Vester,* RdF 2015, 92.

240 Die Unterscheidung wird ferner in den Vorschriften über den Betrieb eines organisierten Handelssystems (Art. 20 Abs. 6 MiFID II) und in Art. 65 Abs. 8 MiFID II im Zusammenhang mit den organisatorischen Anforderungen an einen konsolidierten Datenticker (CTP) aufgegriffen.

und Marktteilnehmern die Anwendung der neuen Transparenzvorschriften zu erleichtern[241]. Im Folgenden werden die vier Kategorien von Nichteigenkapitalinstrumenten untersucht und die verschiedenen auf Level II-Ebene gebildeten Klassen darunter subsumiert.

I. Schuldverschreibungen

Der Begriff der Schuldverschreibung wird in den Rahmenrechtsakten MiFID II/MiFIR nicht definiert, aber durch Art. 4 Abs. 1 Nr. 44 MiFID II als Teil der Definition der übertragbaren Wertpapiere aufgegriffen, welche im Vergleich zu MiFID I keine Änderungen erfahren hat[242]. Eine Definition für den Begriff der Schuldverschreibung war lediglich zwischenzeitlich in Abschnitt 1 Abs. 1 Annex III RTS 9 im Konsultationspapier vom 19. Dezember 2014 zu finden. Danach wurde eine Schuldverschreibung als ein übertragbares Wertpapier in Form einer Anweisung, eines Versprechens, einer Verpflichtung oder eines Anerkenntnisses auf Zahlung einer Geldsumme definiert und umfasste auch Hinterlegungsscheine, welche die Schuldverschreibungen vertreten. Auch der nationale Gesetzgeber sieht von einer eigenständigen Definition für Schuldverschreibungen ab und verwendet die Schuldverschreibungen als Teil der Schuldtitel im Sinne von § 2 Abs. 1 Nr. 3 WpHG. Schuldverschreibungen oder andere verbriefte Schuldtitel, einschließlich Zertifikate in Form von Hinterlegungsscheinen, stellen damit Wertpapiere im Sinne des WpHG dar[243]. Unter dem Begriff der Schuldverschreibung können somit alle standardisierten und an den Kapitalmärkten handelbaren schuldrechtlichen Ansprüche mit vermögensrechtlichem Inhalt verstanden werden[244]. Die zivilrechtliche Ausgestaltung bestimmt sich nach dem Recht des jeweiligen Mitgliedstaats[245]. Nach nationalem Zivilrecht stellt die

241 ESMA, Discussion Paper vom 22. Mai 2014, S. 132.

242 Art. 4 Abs. 1 Nr. 61 MiFID II enthält lediglich eine Definition der öffentlichen Schuldtitel, die demnach Schuldtitel sind, die von einem öffentlichen Emittenten begeben wurden.

243 Für die Frage, ob ein Finanzinstrument dem kapitalmarktrechtlichen Wertpapierbegriff des § 2 WpHG, welcher unter anderem Art. 4 Abs. 1 Nr. 44 MiFID II umsetzt, unterfällt, werden allgemein drei Kriterien herangezogen. Danach kommen als Wertpapiere nur solche Papiere in Betracht, die übertragbar, handelbar und standardisiert sind, siehe: *Assmann,* in: Assmann/Schneider/Mülbert, § 2 WpHG Rn. 17; *Fuchs,* in: ders., WpHG, § 2 Rn. 19; *Hirte/Möllers,* in: KölnKommWpHG, § 2 Rn. 23; *Nikolova,* Rechtsnatur der Zertifikate, S. 78 ff.

244 *Kumpan,* in: KMRK, § 2 WpHG Rn. 23.

245 *Veil,* in: ders., Europäisches Kapitalmarktrecht, § 8 Rn. 12.

in den §§ 793 ff. BGB geregelte Inhaberschuldverschreibung den Grundtypus dar[246], welcher durch die Regelungen des Schuldverschreibungsgesetzes flankiert wird. In der NEK-Transparenz-VO differenziert der Verordnungsgeber innerhalb der Schuldverschreibungen zwischen Anleihen und börsengehandelten Schuldverschreibungen bzw. Waren.

1. *Anleihen – ausgenommen ETNs und ETCs*

Unter Anleihen können nach allgemeinem Verständnis langfristige „Großdarlehen" verstanden werden, die in Teilbeträge aufgeteilt und auf Anleihebedingungen gestützt sind[247]. In einer Negativabgrenzung zu börsengehandelten Schuldverschreibungen bzw. Waren wählt die NEK-Transparenz-VO für die Kategorisierung von Anleihen einen differenzierten Ansatz. Tabelle 2 Annex III der NEK-Transparenz-VO unterteilt Anleihen in öffentliche Anleihen, sonstige öffentliche Anleihen, (aktienrechtliche) Wandelschuldverschreibungen, Pfandbriefe[248], Unternehmensanleihen sowie in sonstige Anleihen und enthält für jede dieser Anlageklassen eine eigenständige Definition. Danach sind die Form des Emittenten, die Besicherung und das der Schuldverschreibung innewohnende Recht die wesentlichen Abgrenzungskriterien der Anleihetypen. Anders als noch im Konsultationspapier vorgesehen, ist es für die Einordnung unerheblich, ob ein Emittent ein Kreditinstitut ist[249]. Daneben hat ESMA auch die Seniorität einer Anleihe als Unterscheidungsmerkmal aufgegeben. Demzufolge ist es nach der NEK-Transparenz-VO möglich, eine von einem Finanzinstitut begebene Anleihe, deren Gläubiger im Insolvenzfall erst nach der Befriedigung nicht

---

246 Siehe zu der Einordnung von Inhaberschuldverschreibungen als Schuldtitel im Sinne des WpHG: *Assmann,* in: Assmann/Schneider/Mülbert, § 2 WpHG Rn. 25; *Fuchs,* in: ders., WpHG, § 2 Rn. 27; *Hirte/Möllers,* in: KölnKommWpHG, § 2 Rn. 56; *Kumpan,* in: KMRK, § 2 WpHG Rn. 23.

247 So das allgemeine Verständnis des Begriffs der Anleihe, der gesetzlich nicht definiert ist, siehe dazu: *Hartwig-Jacob,* in: Ekkenga/Schröer, Handbuch der AG-Finanzierung, Emission von Unternehmensanleihen, Rn. 2; *Veil,* in: ders., Europäisches Kapitalmarktrecht, § 8 Rn. 13.

248 Da hiermit Anleihen gemäß der Richtlinie 2009/65/EG des Europäischen Parlaments und des Rates vom 13. Juli 2009 zur Koordinierung der Rechts- und Verwaltungsvorschriften betreffend bestimmte Organismen für gemeinsame Anlagen in Wertpapieren gemeint sind, wäre in Übereinstimmung mit der englischen Fassung wohl die Bezeichnung „gedeckte Schuldverschreibungen" präziser gewesen, wenn auch Pfandbriefe im Sinne des Pfandbriefgesetzes die wichtigste Form ausmachen.

249 ESMA, Final Report vom 28. September 2015, S. 95 ff.

nachrangiger Forderungen bedient werden dürfen, als Unternehmensanleihe zu qualifizieren. Die Voraussetzung hierfür ist, dass die Rechtsform des Instituts eine Societas Europaea, eine Aktiengesellschaft, eine Kommanditgesellschaft auf Aktien oder eine Gesellschaft mit beschränkter Haftung ist[250].

2. *Exchange Traded Notes und Exchange Traded Commodities*

Börsengehandelte Schuldverschreibungen (Exchange Trades Notes, ETNs) sind gemäß Tabelle 2.4 von Annex III der NEK-Transparenz-VO Schuldtitel, die gegen eine Direktinvestition durch den Emittenten in das zugrunde liegende Instrument oder in zugrunde liegende Derivateverträge ausgegeben werden und deren Preis direkt oder indirekt von der Entwicklung dieser Instrumente abhängt. Im Unterschied zu ETNs verlangt die Definition der börsengehandelten Waren (Exchange Traded Commodities, ETCs) eine Ableitung von Waren- oder Warenderivatverträgen. Die übrigen Definitionsmerkmale stimmen miteinander überein. Zusammen mit den Exchange Traded Funds (ETFs) gehören ETNs und ETCs zu den börsennotierten, passiven Investmentprodukten[251]. Während es sich bei ETFs allerdings um Sondervermögen handelt, werden ETCs und ETNs als Inhaberschuldverschreibungen emittiert und unterliegen somit dem Emittentenausfallrisiko[252]. Die Gemeinsamkeit mit den Anleihen wird in der festen Zinsstruktur gesehen, wohingegen der Basiswertbezug der ETCs und ETNs das wesentliche Abgrenzungskriterium darstellt[253]. Um das Ausfallrisiko zu minimieren, sind die meisten ETNs und ETCs darüber hinaus besichert (z. B. durch einen Rohstoff, der durch eine ETC abgebildet wird), was sie wiederum von den meisten derivativen Wertpapieren unterscheidet[254]. Die

---

250 Dies ergibt sich aus dem Verweis der Tabelle 2.2 Annex III NEK-Transparenz-VO auf die Verordnung (EG) Nr. 2157/2001 und die Richtlinie 2009/101/EG.

251 *Johanning/Becker/Seeber*, Unterschiede und Gemeinsamkeiten börsennotierter, passiver Investmentprodukte, S. 7. Aus diesem Grund sollen für ETFs, ETCs und ETNs auch vergleichbare Transparenzanforderungen gelten, siehe dazu: ESMA, Final Report vom 28. September 2015, 98 f.

252 *Johanning/Becker/Seeber*, Unterschiede und Gemeinsamkeiten börsennotierter, passiver Investmentprodukte, S. 7.

253 Aus diesem Grund waren ETC und ETN im Konsultationspapier noch als Securitized Derivatives eingeordnet. ESMA ist schließlich der Argumentation der Marktteilnehmer gefolgt, dass ETCs/ETNs wie Schuldverschreibungen behandelt werden sollten, m. w. N.: ESMA, Final Report vom 28. September 2015, S. 98.

254 *Johanning/Becker/Seeber*, Unterschiede und Gemeinsamkeiten börsennotierter, passiver Investmentprodukte, S. 17.

Besicherung als einschränkendes Kriterium wird allerdings in den oben aufgeführten Definitionen nicht erwähnt.

II. Strukturierte Finanzprodukte

Strukturierte Finanzprodukte sind nach Art. 2 Abs. 1 Nr. 28 MiFIR bzw. § 2 Abs. 34 WpHG Wertpapiere, die zur Besicherung und Übertragung des mit einem Pool an finanziellen Vermögenswerten einhergehenden Kreditrisikos geschaffen wurden und die den Wertpapierinhaber zum Empfang regelmäßiger Zahlungen berechtigen, die vom Cashflow der Basisvermögenswerte abhängen. Weitere Kategorien sieht die NEK-Transparenz-VO nicht vor. Gemeint sind aber wohl Transaktionen, die in der internationalen Finanzierungspraxis als grundpfandrechtlich besicherte Mortgage Backed Securities bzw. als durch sonstige unverbriefte Forderungen gedeckte Asset Backed Securities bekannt sind (Erwägungsgrund 15 MiFIR)[255]. Der Inhaber der Basisvermögenswerte verkauft und überträgt entweder die Forderungen nebst Sicherheiten an eine Zweckgesellschaft als Emittent, welcher die Kaufpreiszahlung durch die Begebung einer Schuldverschreibung refinanzieren kann. Die übertragenen Vermögensgegenstände und ihr Cashflow dienen der Rückzahlung an den Anleger[256]. Anstelle einer Vermögensübertragung können die den Vermögenswerten zugrunde liegenden Ausfallrisiken auch im Wege einer synthetischen Verbriefung durch Kreditderivate transferiert werden[257]. Strukturierte Finanzprodukte gemäß Art. 2 Abs. 1 Nr. 28 MiFIR sind infolge ihrer Verbriefung wie die zuvor beschriebenen Schuldverschreibungen als Schuldtitel im Sinne von § 2 Abs. 1 Nr. 3 WpHG und zivilrechtlich als Inhaberschuldverschreibungen zu klassifizieren[258]. Somit kann die Abgrenzung – insbesondere im Fall von besicherten Schuldtiteln wie Pfandbriefen – im Einzelfall Schwierigkeiten bereiten[259].

---

255 M. w. N. zu MBS und ABS Transaktionen: *Tollmann*, in: BFS, KWG, Vor. §§ 22a – 22o Rn. 6; *Haertlein*, in: LBS, 25. Kap., Rn. 1.

256 M. w. N.: *Tollmann*, in: BFS, KWG, Vor. §§ 22a–22o Rn. 7; *Wulff/Kilgus*, in: Schüppen/Schaub, § 49 Rn. 50.

257 M. w. N.: *Zeising*, BKR 2007, 311, 313.

258 Auch eine zivilrechtliche Einordnung als Schuldschein soll nach § 371 BGB möglich sein, was dann aber der Qualifikation als Wertpapier entgegenstünde, siehe dazu: *Zeising*, BKR 2007, 311, 314.

259 ESMA, Discussion Paper vom 22. Mai 2014, S. 109, mit dem Hinweis, dass sich eine eindeutige Zuordnung ggf. erst durch Informationen des jeweiligen Emittenten ergeben könne. Hier ist in erster Linie an den Wertpapierprospekt zu denken, für den Anhang VIII der Prospektverordnung (Verordnung (EG) Nr. 809/2004 der Kommission vom 29. April 2004) eine eigenständige Wertpapierbeschreibung für durch

Dadurch, dass der Auszahlungsanspruch eines Wertpapierinhabers unter einem strukturierten Finanzprodukt von der Wertentwicklung des Basiswertvermögens abhängt, existieren auch Parallelen zu derivativen Strukturen. Die in den Rahmenrechtsakten vorgenommene separate Nennung von Derivaten einerseits und von strukturierten Finanzprodukten andererseits stand der Zuordnung als Derivat laut ESMA jedoch entgegen[260].

III. Emissionszertifikate

Die Erfassung von Emissionszertifikaten als Finanzinstrument begründete der Gesetzgeber mit betrügerischen Praktiken in diesem Bereich (Erwägungsgrund 11 MiFID II)[261]. Der deutsche Gesetzgeber hat die Emissionszertifikate entsprechend in § 2 Abs. 4 Nr. 5 WpHG als Teil der Finanzinstrumente aufgegriffen. Die Bedeutung des Emissionszertifikats ergibt sich durch einen Verweis in Anhang I Abschnitt C MiFID II Nr. 11 auf die Emissionshandelsrichtlinie (EHRL), die seit dem 1. Januar 2005 die Grundlage für den gemeinschaftsweiten Handel mit Treibhausgasemissionszertifikaten bildet[262]. Nach Art. 3 lit. a) EHRL bzw. § 3 Nr. 3 Treibhausgas-Emissionshandelsgesetz (TEHG) sind Instrumente gemeint, die zur Emission von einer Tonne Kohlendioxidäquivalent in einem bestimmten Zeitraum berechtigen. Tabelle 12 Annex III der NEK-Transparenz-VO nimmt eine weitere Unterteilung in EU-Zertifikate, EU-Luftfahrtzertifikate, Emissionsreduktionen und in zertifizierte Emissionsreduktionseinheiten als Unteranlageklassen vor[263]. Die aufsichts- und zivilrechtliche Natur von Emissionszertifikaten ist seit der Einführung der EHRL umstritten. Eine Verbriefung von Emissionszertifikaten wurde bislang nicht durchgeführt und ist auch nicht geplant[264]. Vielmehr erfolgt eine Übertragung nach § 7 Abs. 3 TEHG durch Einigung und

---

Vermögenswerte unterlegte Wertpapiere enthält; zur Abgrenzung siehe auch: *Zeising*, BKR 2007, 311, 314 f.

260 ESMA, Discussion Paper vom 22. Mai 2014, S. 110.

261 *Zenke/Dessau*, in: Danner/Theobald, Rechtsfragen des Handels mit Energie, Finanzinstrumenten und Zertifikaten, Rn. 179; *Geier/Schmitt*, WM 2013, 915, 916.

262 Richtlinie 2003/87/EG des Europäischen Parlaments und des Rates vom 13. Oktober 2003 über ein System für den Handel mit Treibhausgasemissionszertifikaten in der Gemeinschaft und zur Änderung der Richtlinie 96/61/EG des Rates (ABL. L 275, S. 32).

263 Die EU-Zertifikate machen hier den größten Teil aus, siehe dazu: ESMA, Technical Advice vom 19. Dezember 2014, S. 226.

264 *Waßmer*, in: Fuchs, WpHG, § 38 Rn. 4; *Stuhlmacher/Sessel-Zsebik*, in: Zerey, Finanzderivate, § 10 Rn. 50.

Eintragung auf dem Konto des Erwerbers im Emissionshandelsregister nach § 17 TEHG[265]. Aus der alten gesetzgeberischen Wertung, welche Emissionszertifikate nicht unter den Oberbegriff des Finanzinstruments subsumierte, wurde geschlussfolgert, dass in der Konsequenz auch eine Qualifizierung als Wertpapier im aufsichtsrechtlichen Sinne ausscheide[266]. Auch wenn Emissionszertifikate nun Teil der Finanzinstrumente sind, wurden sie gleichwohl nicht in die Definition der übertragbaren Wertpapiere in Art. 4 Abs. 1 Nr. 44 MiFID II und folglich auch nicht in die Definition der Wertpapiere in § 2 Abs. 1 WpHG aufgenommen. Aufsichtsrechtlich sind Emissionszertifikate damit weiterhin weder als Wertpapiere noch als Wertrechte einzuordnen, bei denen statt einer Verbriefung eine Eintragung in ein Register erfolgt. Zivilrechtlich können sie als andere Rechte im Sinne des § 413 BGB angesehen werden[267].

IV. Derivate

Derivate sind nach Art. 2 Abs. 1 Nr. 29 MiFIR zum einen übertragbare Wertpapiere im Sinne von Art. 4 Abs. 1 Nr. 44 lit. c) MiFID II sowie zum anderen Finanzinstrumente, auf die in Anhang I Abschnitt C Abs. 4–10 MiFID II verwiesen wird. Der nationale Gesetzgeber hat diese Differenzierung entsprechend in § 2 Abs. 35 WpHG reflektiert und zur Vermeidung von Widersprüchen durch das 2. FiMaNoG den Begriff „Derivate" durch „derivative Geschäfte" ersetzt[268].

1. Derivative Geschäfte

An dem Anwendungsbereich der derivativen Geschäfte im Sinne von § 2 Abs. 3 WpHG, der den Katalog des Anhangs I Abschnitt C MiFID II umsetzt, wurden im Vergleich zu § 2 Abs. 2 WpHG a. F. Detailänderungen vorgenommen. Diese ergeben sich insbesondere durch die in der MiFID II-VO vorgesehenen Konkretisierungen[269]. Die derivativen Geschäfte verbindet, dass sich ihre Preise von den

---

265 *Hirte/Möllers*, in: KölnKommWpHG, § 2 Rn 57; *Ehricke*, WM 2008, 1333, 1336; *Wagner*, NZBau 2007, 623, 628.

266 *Goodarzi*, NVwZ 2004, 949, 952; **a. A.**: *Ehricke*, WM 2008, 1333, 1336; *Wagner*, NZBau 2007, 623, 628.

267 *Stuhlmacher/Sessel-Zsebik*, in: Zerey, Finanzderivate, § 11 Rn. 53.

268 Referentenentwurf für ein 2. FiMaNoG vom 30. September 2016, Begründung, S. 292.

269 Unter anderem enthalten die Art. 5 ff. MiFID II-VO Bestimmungen zu Warenderivaten, einschließlich Energiegroßhandelsprodukten, die effektiv geliefert werden müssen, Energiederivatkontrakten und Energiegroßhandelsprodukten, sonstigen derivativen Finanzinstrumenten und Derivaten gemäß Anhang I Abschnitt C Nummer 10 der

in der MiFID II bzw. dem WpHG aufgezählten Basiswerten ableiten lassen[270]. Der praktisch bedeutsamste Teil derivativer Geschäfte sind Termingeschäfte, die sich auf die in § 2 Abs. 3 Nr. 1 WpHG aufgeführten Basiswerte beziehen[271]. Termingeschäfte sind durch ein Auseinanderfallen von Verpflichtungs- und Erfüllungsgeschäft gekennzeichnet. Sie haben entweder die Erscheinungsform eines Fest- oder eines Optionsgeschäfts und können zivilrechtlich als Tausch, Kauf oder anderweitig ausgestalteter Vertrag abgeschlossen werden[272]. Den Derivaten im Sinne von § 2 Abs. 3 Nr. 1 WpHG ist gemein, dass sie sowohl eine Barzahlung als auch eine effektive Lieferung des jeweiligen Basiswerts vorsehen können. Diejenigen Derivate, die in § 2 Abs. 3 Nr. 2 WpHG genannt werden, unterscheiden sich von den vorgenannten Derivaten durch die Waren als zugrunde liegende Basiswerte[273]. Weiter setzen sie neben der Eigenschaft als Termingeschäft zusätzlich die in § 2 Abs. 3 Nr. 2 lit. a)–lit. c) WpHG genannten Bedingungen voraus[274]. Neu ist in diesem Zusammenhang die in § 2 Abs. 3 Nr. 2 lit. b) WpHG vorgesehene Ausnahme für bestimmte Energiegroßhandelsprodukte, die effektiv geliefert werden müssen und deren genaue Ausgestaltung durch Art. 5 MiFID II-VO

Richtlinie 2014/65/EU. Daneben enthält Art. 10 der MiFID II-VO Kriterien für die Abgrenzung zwischen Kassageschäften und Devisenderivaten.

270 *Hirte/Möllers,* in: KölnKommWpHG, § 2 Rn. 78, dies gilt allerdings nicht für die Differenzkontrakte. Unter anderem enthalten die Art. 5 ff. MiFID II-VO Bestimmungen zu Warenderivaten, einschließlich Energiegroßhandelsprodukten, die effektiv geliefert werden müssen, Energiederivatkontrakten und Energiegroßhandelsprodukten, sonstigen derivativen Finanzinstrumenten und Derivaten gemäß Anhang I Abschnitt C Nummer 10 der Richtlinie 2014/65/EU. Daneben enthält Art. 10 der MiFID II-VO Kriterien für die Abgrenzung zwischen Kassageschäften und Devisenderivaten.

271 Vgl.: *Hirte/Möllers,* in: KölnKommWpHG, § 2 Rn. 85.

272 *Kumpan,* in: KMRK, § 2 WpHG Rn. 37.

273 Eine Sonderstellung nehmen in MiFID II/MiFIR die Warenderivate nach Art. 2 Abs. 1 Nr. 30 MiFIR ein, die wiederum Finanzinstrumente im Sinne von Anhang I Abschnitt C Ziffern 5, 6, 7 und 10 MiFID II und übertragbare Wertpapiere im Sinne von Art. 4 Abs. 1 Nr. 44 c) MiFID II in Bezug auf eine Ware oder einen in Anhang I Abschnitt C Ziffer 10 MiFID II umfassen. Hintergrund ist die legislatorische Bestrebung, die Warenderivatemärkte strenger zu regulieren (vgl. Erwägungsgrund 19 MiFID II), was insbesondere durch Positionslimits, Positionsmanagementkontrollen und Positionsmeldungen umgesetzt wurde, in der vorliegenden Arbeit aber nicht weiter betrachtet werden soll.

274 Dazu zählen die Erfüllung durch Barausgleich, ein Handel auf einem Handelsplatz die Eigenschaft von Derivatekontrakten im Sinne des Art. 7 MiFID II-VO; vgl. dazu: *Hirte/Möllers,* in: KölnKommWpHG, § 2 Rn. 94.

erfolgt[275]. Nach § 2 Abs. 3 Nr. 3 WpHG zählen weiter finanzielle Differenzgeschäfte zu dem Kreis derivativer Geschäfte[276]. Diese sind auf den wechselseitigen Barausgleich der Differenz zwischen dem Kurs zum Abschluss des Kontraktes und demjenigen Kurs, der sich bei Vertragsbeendigung in Bezug auf einen beliebigen Referenzwert ergibt, gerichtet[277]. Erfasst werden schließlich Kreditderivate, deren wirtschaftlicher Wert von der Kreditwürdigkeit eines Referenzschuldners abgeleitet wird (Anhang I Abschnitt C Abs. 8 MiFID II bzw. § 2 Abs. 3 Nr. 4 WpHG)[278], sowie weitere Termingeschäfte, die sich auf die Basiswerte des Art. 8 MiFID II-VO beziehen[279].

a) Anlage- und Unteranlageklassen derivativer Geschäfte

Im Rahmen der Transparenzbestimmungen für Nichteigenkapitalinstrumente werden in den Tabellen 5–11 und 13 des Annex III der NEK-Transparenz-VO derivative Geschäfte nach Maßgabe ihres Basiswerts in die Anlageklassen der Zinsderivate, Aktienderivate, Warenderivate, Devisenderivate, Kreditderivate, C10 Derivate, Differenzkontrakte und Derivate auf Emissionszertifikate unterteilt. Für die Festlegung hat ESMA insbesondere auf diejenigen Kategorien zurückgegriffen, die im Rahmen der EMIR ermittelt wurden[280]. Für die meisten dieser Derivate existieren angesichts ihrer Heterogenität weitere Untergliederungen in Form sogenannter Unteranlageklassen. Eine Unteranlageklasse bezeichnet eine Anlageklasse, die auf der Grundlage des zugrunde liegenden Vertragstyps weiter segmentiert ist[281]. Eine Unteranlageklasse der Anlageklasse der Zinsderivate stellen nach der Konzeption der Tabelle 5.1 Annex III

275 M. w. N.: *Vester*, RdF 2015, 93 ff.

276 Noch auf Grundlage des § 4b WpHG a. F., welcher im Zuge des Kleinanlegerschutzgesetzes 2015 eingeführt wurde und dadurch die europäischen Regelungen zur Produktintervention vorwegnahm, wurde am 8. Mai 2017 eine Allgemeinverfügung zum Verbot bestimmter Differenzkontrakte von der BaFin erlassen.

277 Vgl.: *Jung*, in: Fuchs, WpHG, Vor. §§ 37e–37g Rn. 67; *Kumpan*, in: KMRK, § 2 WpHG Rn. 48.

278 Vgl.: *Hirte/Möllers*, in: KölnKommWpHG, § 2 Rn. 112; *Jahn/Reiner*, in: Schimansky/Bunte/Lwowski, § 114 Rn. 27.

279 Art. 8 MiFID II-VO entspricht im Wesentlichen dem Katalog von Art. 39 MiFID I-DVO, welcher aber um Indizes oder Maßstäbe, die auf versicherungsmathematischen Statistiken beruhen, ergänzt wurde, siehe: Erwägungsgrund 6 MiFID II-VO.

280 ESMA, Discussion Paper vom 22. Mai 2014, S. 132.

281 Siehe die Begriffsbestimmung Nr. 2 des Anhangs III der NEK-Transparenz-VO.

NEK-Transparenz-VO zum Beispiel Optionen dar, die zum Kauf oder Verkauf einer Anleihe berechtigen.

b) Unterklassen derivativer Geschäfte

Das höchste Maß an Granularität wird für einen Teil der Derivate auf der Ebene von Unterklassen gebildet[282]. Eine Unterklasse bezeichnet wiederum eine Unteranlagekasse, die auf der Grundlage weiterer qualitativer Kriterien näher aufgegliedert ist[283]. Die oben genannten Anleiheoptionen werden demnach anhand ihres Basiswerts und ihrer Laufzeit weiter segmentiert. Solche Anleiheoptionen, die den Optionsinhaber zum Kauf oder Verkauf einer Unternehmensanleihe berechtigen und eine Laufzeit von weniger als drei Monaten haben, stellen eine eigene Unterklasse dar[284]. Die von dem Verordnungsgeber intendierte Konsequenz ist, dass für diese Unterklasse dann eigene Transparenzkriterien angewendet werden.

2. Derivate als übertragbare Wertpapiere

§ 2 Abs. 1 Nr. 3 lit. b) WpHG, welcher Art. 4 Abs. 1 Nr. 44 lit. c) MiFID II umsetzt, rekurriert auf alle sonstigen Wertpapiere, die zum Kauf oder Verkauf solcher Wertpapiere berechtigen oder zu einer Barzahlung führen, die anhand bestimmter Basiswerte festgelegt wird. Bereits MiFID I kannte diese Gruppe von übertragbaren Wertpapieren, worunter insbesondere Optionsscheine sowie bestimmte Zertifikate[285] mit derivativen Komponenten fallen[286]. Anders als derivative Geschäfte sind diese Produkte auf das private Anlegerpublikum zugeschnitten und werden zivilrechtlich als Inhaberschuldverschreibungen nach § 793 BGB emittiert, was ihren Börsenhandel ermöglicht[287].

---

282 ESMA, Final Report vom 28. September 2015, S. 58 f.

283 Siehe die Begriffsbestimmung Nr. 3 des Anhangs III der NEK-Transparenz-VO.

284 ESMA, MiFID II Briefing on Investment Firms Topics vom 28. September 2015, S. 1.

285 Siehe zu den Typen möglicher Zertifikate: *Mülbert,* WM 2007, 1149. Sie sind nicht zu verwechseln mit Aktienzertifikaten nach Art. 4 Abs. 1 Nr. 45 MiFID II. Auch wenn sich der Preis von Zertifikaten von Aktien als Basiswert ableiten kann, vertreten sie diese Aktien nicht, siehe zu American Depository Receipts: *Heidelbach,* in: KMRK, § 32 BörsG Rn. 29.

286 *Hirte/Möllers,* in: KölnKommWpHG, § 2 Rn. 67; *Kumpan,* in: KMRK, § 2 WpHG Rn. 28 f.

287 Eingehend zur Einordnung der Zertifikate als Inhaberschuldverschreibung und zur Meinungsübersicht: *Nikolova,* Rechtsnatur der Zertifikate, S. 98 ff.; siehe auch: *Mülbert,* WM 2007, 1149, 1152; *Saleweski,* BKR 2012, 100, 101.

a) Verbriefte Derivate nach der NEK-Transparenz-VO

Tabelle 4.1 der delegierten Transparenz-VO wählt den Begriff der verbrieften Derivate und definiert diese als übertragbare Wertpapiere gemäß Artikel 4 Abs. 1 Nr. 44 lit. c) MiFID II in einer Negativabgrenzung zu strukturierten Finanzprodukten. Die Definition enthält eine nicht abschließende Aufzählung von verbrieften Derivaten, wonach jedenfalls Plain Vanilla Covered Warrants, gedeckte Optionsscheine, exotisch gedeckte Optionsscheine, verhandelbare Rechte und Investmentzertifikate als verbriefte Derivate gelten[288]. Die Tatsache, dass es sich um eine nicht abschließende Aufzählung handelt, legt nahe, dass eine weite Auslegung des Begriffs der verbrieften Derivate vertreten wird. Möglicherweise wollte der Verordnungsgeber hiermit auf die Produktvielfalt und die Innovationen in diesem Wertpapiersegment reagieren. Den Zusatz „verbrieft" bzw. „securitized" hatte ESMA vorgeschlagen, um für verbriefte Derivate andere Vorschriften als für nicht verbriefte Derivate zur Anwendung kommen zu lassen[289]. Der Katalog in Tabelle 4.1 entspricht weitestgehend dem bisherigen Verständnis „strukturierter Produkte", was sich im Vergleich zu entsprechenden Bestimmungen in den Börsenordnungen zeigt[290]. Die genannten verbrieften Derivate unterscheiden sich insbesondere durch ihre Hebelwirkung und die damit verbundene Partizipation eines Anlegers an der Wertentwicklung des Basiswerts voneinander. Während die unter lit. e) genannten Investmentzertifikate die Entwicklung eines Basiswerts 1:1 widerspiegeln und oftmals eine unbegrenzte Laufzeit haben, hängt der Preis der unter lit. a)–lit. c) genannten Optionsscheine und Hebelzertifikate überproportional hiervon ab. Manche der verbrieften Derivate können darüber hinaus verfallen, wenn eine in den Anleihebedingungen definierte Knock-out Schwelle erreicht wird[291]. Angesichts dieser Unterschiede scheint es kritikwürdig, dass ESMA die verbrieften Derivate nur beispielhaft aufgezählt hat, diese aber nicht in verschiedene Unteranlageklassen eingeordnet hat. Die Folge ist, dass für alle verbrieften Derivate einheitliche Transparenzkriterien Anwendung finden. Nach dem Vorbild etablierter börslicher Regelwerke wäre es aber

---

288 Für die jeweiligen Definitionen siehe Tabelle 4.1 der NEK-Transparenz-VO.

289 ESMA, Discussion Paper vom 22. Mai 2014, S. 110 ff.

290 So definiert die Börsenordnung der Frankfurter Wertpapierbörse (Anhang zu § 3 Abs. 1 in der Fassung vom 26. Juni 2017) sogenannte strukturierte Produkte als nicht-standardisierte Derivate, die derzeit im deutschen Markt verbrieft werden und die als Schuldverschreibungen im Sinne des Bürgerlichen Gesetzbuches massenweise und in vereinheitlichter Form von einem Finanzintermediär emittiert werden.

291 Siehe zu der Funktionsweise von Knock-out Produkten: *Binder,* in: LBS, 37. Kapitel, Rn. 32a; *Saleweski,* BKR 2012, 100, 102.

zumindest überlegenswert gewesen, eine Unterscheidung in Anlageprodukte einerseits und Hebelprodukte andererseits vorzunehmen. Davon abhängig hätten individuelle Transparenzkriterien festgelegt werden können[292]. Eine weitere Folge ist, dass die genannten Produkte nach Art. 2 Abs. 1 Nr. 29 MiFIR i. V. m. Annex III Tabelle 4.1 der NEK-Transparenz-VO und § 2 Abs. 35 WpHG aufsichtsrechtlich expressis verbis als Derivate gelten. Dies stellt einen Unterschied zur alten Rechtslage dar, wonach die meisten derivativen Wertpapiere mangels eines hinausgeschobenen Erfüllungszeitpunkts nicht als Derivate im klassischen Sinn, sondern als Schuldtitel eingeordnet wurden[293]. Aufgrund der neuen Anlageklasse der verbrieften Derivate wird der Derivatebegriff – auch im Vergleich zu EMIR – damit ausgeweitet[294]. Dies kann im Einzelfall eine Prüfung gebieten, ob eine Vorschrift, die vom Wortlaut neben derivativen Geschäften auch verbriefte Derivate erfassen würde, auf letztgenannte Produkte überhaupt anwendbar ist[295].

b) Abgrenzung zu Anleihen

Insbesondere die Grenze zwischen verbrieften Derivaten und Anleihen wird sich nicht immer trennscharf ziehen lassen, zumal sowohl Anleihen als auch verbriefte Derivate nach deutschem Recht als Inhaberschuldverschreibungen gem. § 793 BGB emittiert werden. Im Falle von Abgrenzungsproblemen können die jeweiligen Anleihebedingungen Aufschluss geben, welche sich vor allem durch die Ausgestaltung des Basiswerts, der Rückzahlungsmodalitäten,

---

292 Die Bedingungen für die Geschäfte an der Baden-Württembergischen Wertpapierbörse differenzieren diesbezüglich auch zwischen Hebel- und Anlageprodukten und sehen unterschiedliche Anforderungen vor, siehe dazu: Ausführungsbestimmungen zur Börsenordnung der Baden-Württembergischen Wertpapierbörse in der Fassung vom 2. Mai 2017.

293 Siehe zur Einordnung und Ausgestaltung von Zertifikaten sowie zur Abgrenzung zu Derivaten nach alter Rechtslage: *Hoops*, WM 2017, 319, 320.

294 So auch: *Seiffert*, in: MiFID II/MiFIR, Umsetzung in der Bankenpraxis, S. 280 f.; *Teuber*, in: MiFID II/MiFIR, Umsetzung in der Bankenpraxis, S. 324.

295 Siehe zum Beispiel: Daneben wäre auch denkbar, dass verbriefte Derivate der Clearingpflicht für über geregelte Märkte abgeschlossene Derivate nach Art. 29 MiFIR unterliegen könnten, siehe dazu: *Teuber*, in: MiFID II/MiFIR, Umsetzung in der Bankenpraxis, S. 323 ff. Da die meisten verbrieften Derivate aber in der Regel OTC oder über den Freiverkehr gehandelt werden, sollte die praktische Relevanz dieser Verpflichtung gering sein.

der Laufzeit oder durch die Hebelwirkung voneinander unterscheiden[296]. Eine Abgrenzungsproblematik wird sich vor allem dann stellen, wenn bei einem Wertpapier der Charakter als Inhaberschuldverschreibung gegenüber den derivativen Elementen überwiegt und es prozentnotiert emittiert wird. Dies kann unter anderem auf sogenannte Garantie- oder Kapitalschutzzertifikate im Sinne der Derivate-Liga[297] zutreffen, die einen Auszahlungsanspruch verbriefen, der mindestens dem eingesetzten Kapitalbetrag entspricht. Für die Einordnung von solchen Zertifikaten als Schuldverschreibung könnte auch sprechen, dass sich die Erstellung des Wertpapierprospekts für kapitalgeschützte Zertifikate wie für Schuldverschreibungen nach Anhang V der Prospektverordnung richtet, während für derivative Wertpapiere Anhang XII Prospektverordnung einschlägig ist. Problematisch könnte die Abgrenzung darüber hinaus bei Wertpapieren sein, bei denen nur die Zinskomponente, nicht aber der eigentliche Rückzahlungsbetrag derivative Komponenten aufweist. Während bei solchen Produkten die Einordnung als Anleihe vertretbar erscheint, ist der Großteil der derivativen Wertpapiere wohl als verbriefte Derivate einzustufen[298]. Dies folgt vor allem aus der weiten Auslegung der Begriffsbestimmung.

D. Differenzierung zwischen Eigenkapital- und Nichteigenkapitalinstrumenten

MiFID II/MiFIR sehen auch keine eigenständige Definition für den Begriff des Eigenkapitalinstruments vor. Aus den Kapitelüberschriften des ersten Kapitels des zweiten Teils der MiFIR ergibt sich jedoch, dass hierunter Aktien, Aktienzertifikate, börsengehandelte Fonds, Zertifikate und andere vergleichbare Finanzinstrumente verstanden werden[299]. Eine Abgrenzung zu den Nichteigenkapitalinstrumenten kann zunächst anhand der Rechte gezogen werden, die die Instrumente zum Gegenstand haben. Anders als Aktien, mit Aktien vergleichbare Anteile oder Aktien vertretende Zertifikate gewähren Nichteigenkapitalinstrumente keine mitgliedschaftliche Beteiligung oder eine dieser wirtschaftlich entsprechenden Rechtsposition[300]. Abgrenzungsfragen zwischen Eigen- und

296 Siehe die „Derivate-Liga" des DDV, die einen Überblick über die wichtigsten und am meisten gehandelten Zertifikatetypen gibt und diese angesichts des Risikoprofils vom „Torwart" bis zum „Mittelstürmer" einteilt.

297 Derivate-Liga des Deutschen Derivateverbandes, S. 3.

298 So auch: *Hoops,* WM 2017, 319, 320 f., der, soweit ersichtlich, alle „Zertifikate" als verbriefte Derivate einstuft.

299 *Seiffert,* in: MiFID II/MiFIR, Umsetzung in der Bankenpraxis, S. 271.

300 Vgl.: *Fuchs,* in: ders., WpHG, § 2 Rn. 27; *Roth/Baum,* KölnKommWpHG, § 2 Rn. 49.

Nichteigenkapitalinstrumenten können sich naturgemäß bei hybriden Finanzierungsformen stellen, die sowohl eigen- als auch fremdkapitalbasierte Elemente aufweisen[301]. Typischerweise sind diese Instrumente durch erfolgsabhängige Vergütungen, Beteiligungen am Liquiditätserlös, Rangrücktrittsvereinbarungen oder Wandlungsrechte in Eigenkapital gekennzeichnet[302].

I. Problemfall: Nachrangige Zertifikate nach Art. 2 Abs. 1 Nr. 27 MiFIR

In Art. 2 Abs. 1 Nr. 27 MiFIR hat der Gesetzgeber erstmals mit Zertifikaten eine neue Definition von Wertpapieren etabliert, die demnach auf dem Kapitalmarkt handelbar sind und im Falle einer Tilgung einer Anlage seitens des Emittenten Vorrang vor Aktien haben, aber nicht besicherten Anleiheinstrumenten und anderen vergleichbaren Instrumenten nachgeordnet sind. Nicht zu verwechseln sind diese Zertifikate mit denjenigen Zertifikaten als Teil der verbrieften Derivate, die in der Regel ohne Nachrang ausgestaltet sind und daher anderen nicht besicherten Anleihen nicht nachgeordnet sind. Im Verhältnis zu den nicht besicherten Bankanleihen, die die Merkmale eines unstrukturierten Schuldtitels im Sinne des § 46f Abs. 6 S. 1 KWG erfüllen und deren Bedingungen auf ihren niedrigeren Rang nach § 46f Abs. 5 KWG hinweisen, werden die meisten verbrieften Derivate im Insolvenzfall vorrangig bedient[303]. Nach einer wörtlichen Auslegung würden die Voraussetzungen von Art. 2 Abs. 1 Nr. 27 MiFIR schon durch solche Schuldverschreibungen erfüllt, die mit einer einfachen Nachrangklausel ausgestattet sind, der zufolge ihre Gläubiger im Insolvenzfall erst nach der Befriedigung nicht nachrangiger Forderungen bedient werden dürfen. In ihrer Konsultation hat ESMA allerdings nachrangige Schuldverschreibungen unter die Unternehmensanleihen subsumiert[304]. Auch in ihren Leitlinien zu komplexen Schuldtiteln und strukturierten Einlagen führt ESMA Zertifikate und nachrangige Schuldtitel getrennt voneinander auf, um Beispiele für Schuldtitel zu geben, „deren Ertrag der Rückzahlung von Schulden, die von Dritten

301 Dieser in der betrieblichen Finanzwirtschaft eingebürgerte Begriff umschließt insbesondere partiarische Darlehen, Genussscheine, Optionsanleihen, Wandelanleihen und Gesellschafterdarlehen, siehe dazu: *Fleischer,* in: Michalski, GmbHG, Systematische Darstellung 5, Rn. 97; *Richter,* in: LBS, 31. Kapitel, Rn. 128.

302 *Richter,* in: LBS, 31. Kapitel, Rn. 128, *Mock,* NZI 2014, 102.

303 M. w. N. zu den durch das Abwicklungsmechanismusgesetz neu eingefügten § 46f Abs. 5 – 7 KWG: *Lindemann,* in: BFS, KWG, 46f Rn. 18a.

304 Siehe dazu: Dritter Abschnitt C. I. 1.

gehalten werden, nachgeordnet sind“[305]. Lediglich spanische „Participaciones Preferentes“ und Genussscheine sollen nach Ansicht ESMAs in die Kategorie der Zertifikate fallen[306]. Genussscheine verbriefen schuldrechtliche Ansprüche auf gesellschaftertypische Vermögensrechte, die aber nicht mitgliedschaftlicher Natur sind[307]. Genussscheine werden üblicherweise als Inhaberschuldverschreibungen emittiert und können der aufsichtsrechtlichen Bildung von zusätzlichem Kernkapital (Additional Tier 1-Instrumente oder AT1-Instrumente) nach den Voraussetzungen von Art. 52 CRR dienen[308]. Dies erfolgt durch eine zwingende Umwandlung in Anteile der emittierenden Gesellschaft bzw. eine Herabschreibung der Forderung, soweit bestimmte Auslöseereignisse eintreten[309]. Instrumente des zusätzlichen Kernkapitals sind zeitlich unbefristet (Art. 52 Abs. 1 lit. g) CRR) und ihre Ausschüttungen dürfen nur aus ausschüttungsfähigen Posten gezahlt werden (Art. 52 Abs. 1 lit. l) (i) CRR), was auf eine gewinnabhängige Vergütung hindeutet[310]. Dies könnte zunächst für die Qualifikation der AT1-Instrumente als Eigenkapitalinstrument im Sinne der MiFIR sprechen, und es scheint, dass der Gesetzgeber vor allem diese Instrumente im Blick hatte, als er Art. 2 Abs. 1 Nr. 27 MiFIR erließ. Im Konsultationsverfahren wurde kritisiert, dass die alleinige Feststellung der Eigenkapitalähnlichkeit von Additional Tier 1-Instrumenten außer Acht ließe, dass sie im Handel der Banken wie Anleihen behandelt werden[311]. Dies zeige sich zum Beispiel dadurch, dass auch

305 ESMA, Leitlinien zu komplexen Schuldtiteln und strukturierten Einlagen vom 4. Februar 2016, S. 35. Es scheint jedoch fraglich, warum ESMA Zertifikate für die Zwecke der Transparenzvorschriften als Eigenkapitalinstrument kategorisiert und diese in ihren Leitlinien als Schuldtitel bezeichnet.

306 ESMA, Consultation Paper vom 19. Dezember 2014, S. 60.

307 *Bock,* in: BFS, KWG, § 21 Rn. 42; *Ekkenga/Maas,* in: Recht der Wertpapieremissionen, § 1 Rn. 40; *Fuchs,* in: ders., WpHG, § 2 Rn. 28; *Roth/Baum,* in: KölnKommWpHG § 2 Rn. 61.

308 *Koch,* in: Hüffer/Koch, § 221 Rn. 30; *Seiler,* in: Spindler/Stilz, § 221 Rn. 39; *Maerker/Ashrafnia,* DB 2014, 2210; *Müller-Eising,* GWR 2014, 229, 231. Möglich ist aber auch eine Verbriefung als Orderpapier, siehe dazu: *Kumpan,* in: KMRK, § 2 WpHG Rn. 23.

309 M. w. N. zu den Voraussetzungen: *Haeg/Peters,* WM 2015, 2303, 2304 ff.

310 *Seiler,* in: Spindler/Stilz, § 221 Rn. 39. Ausschüttungsfähige Posten sind in der CRR definiert als der Gewinn am Ende des letzten Finanzjahres zuzüglich etwaiger vorgetragener Gewinne und für diesen Zweck verfügbarer Rücklagen vor der Ausschüttung an die Eigner von Eigenmittelinstrumenten (Art. 4 Abs. 1 Nr. 128 CRR).

311 Bundesverband deutscher Banken, Stellungnahme zu dem Consultation Paper vom 22. Mai 2014, S. 48.

nachrangige Anleihen unabhängig von ihrer Seniorität stets prozentnotiert sind[312].

II. Bewertung

Jedenfalls einfach nachrangige Schuldverschreibungen, die unter den Voraussetzungen des Art. 63 CRR aufsichtsrechtlich als Ergänzungskapital gelten und die gegenüber Ansprüchen nicht nachrangiger Gläubiger ihrerseits nachrangig sind, sollten nicht als Zertifikate erfasst sein. Die Anerkennung als Ergänzungskapital setzt im Gegensatz zu Art. 52 CRR keine Beteiligung an laufenden Verlusten oder eine Unkündbarkeit voraus[313], sodass hier die Elemente der Schuldverschreibung überwiegen. Die Handelsmodalitäten von Additional Tier 1-Instrumenten, die im Übrigen auch prospektrechtlich als Nichtdividendenwerte dokumentiert werden[314], sprechen zumindest aus Sicht der Handelstransparenz für die Einordnung als Anleihe. Im Ergebnis bleibt der genaue Anwendungsbereich des Art. 2 Abs. 1 Nr. 27 MiFIR unklar, zumal der Gesetzgeber in derselben Norm mit „anderen vergleichbaren Instrumenten" eine weitere Gruppe von Wertpapieren eingeführt hat.

E. Nichteigenkapitalinstrumente mit einem liquiden Markt

Ob ein Finanzinstrument einen liquiden Markt besitzt, ist nicht nur für die Einordnung von Handelsaktivitäten als systematische Internalisierung, sondern auch für die Rechtsfolgenseite entscheidend. Bereits § 32a WpHG a. F. bestimmte, dass die Verpflichtung der kontinuierlichen Quotierung nur für Aktiengattungen mit einem liquiden Markt gilt[315]. Bestand dagegen kein liquider Markt, war der systematische Internalisierer nur verpflichtet, eine Kursofferte auf Anfrage eines Kunden zu stellen[316]. Das Konzept des liquiden Markts ist somit nicht neu,

312 Bundesverband deutscher Banken, Stellungnahme zu dem Consultation Paper vom 22. Mai 2014, S. 48.

313 *Habersack,* in: MükoAktG, § 221 Rn. 81.

314 Zu der prospektrechtlichen Einordnung: *Heidelbach,* in: KMRK, § 2 WpPG Rn. 7; *Nodoushani,* WM 2016, 589, 596; *ders.*, ZBB 2011, 143, 147.

315 *Fuchs,* in: ders., WpHG, § 32 Rn. 4 f.; *Beck/Röh,* in: KMRK, § 32a WpHG Rn. 14 f.; *Bialluch,* WM 2015, 2030, 2033 f.

316 *Fuchs,* in: ders., WpHG, § 32 Rn. 4 f.; *Beck/Röh,* in: KMRK, § 32a WpHG Rn. 14 f.; *Bialluch,* WM 2015, 2030, 2034.

wobei es für Nichteigenkapitalinstrumente neu entwickelt werden musste[317]. Die Definition eines liquiden Markts erfolgt durch § 2 Abs. 23 WpHG und Art. 2 Abs. 1 Nr. 17 MiFIR. Art. 2 Abs. 1 Nr. 17 MiFIR differenziert zwischen den Voraussetzungen für Eigen- und Nichteigenkapitalinstrumente. Die für Nichteigenkapitalinstrumente relevanten Kriterien bestimmt Art. 2 Abs. 17 lit. a) MiFIR, wonach auf einem liquiden Markt kontinuierlich kauf- oder verkaufsbereite vertragswillige Käufer oder Verkäufer verfügbar sind und bestimmte Liquiditätskriterien erfüllt sein müssen. Hierbei handelt es sich um die Durchschnittsfrequenz und das Durchschnittsvolumen der Geschäfte, die Zahl und Art der Marktteilnehmer sowie den durchschnittlichen Spread. Die Untersuchung der Liquidität hängt demnach von verschiedenen Faktoren ab und soll auch die für ein Finanzinstrument speziellen Marktstrukturen berücksichtigen[318]. In der NEK-Transparenz-VO werden umfangreiche Festlegungen vorgenommen, anhand derer sich entweder für ein einzelnes Finanzinstrument (Instrument by Instrument Approach, IBIA) oder für eine Kategorie von Finanzinstrumenten (Classes of Financial Instruments Approach, COFIA) bestimmen lässt, ob ein liquider Markt vorliegt. Die Einstufung der Liquidität kann entweder statisch oder periodisch erfolgen. Nach der statischen Einordnung gilt ein Finanzinstrument demnach per se als liquide[319] bzw. illiquide[320]. Für die Mehrzahl der Nichteigenkapitalinstrumente wird die Liquidität periodisch anhand quantitativer[321] und gegebenenfalls zusätzlicher qualitativer[322] Merkmale determiniert. Die periodische Anpassung der für die Liquiditätsfestlegung relevanten Schwellenwerte hat den Vorteil, dass auf episodische Handelsverläufe flexibel reagiert werden kann (Erwägungsgrund 19 NEK-Transparenz-VO). Die zuständigen Aufsichtsbehörden[323] müssen hierfür nach Art. 13 Abs. 5 NEK-Transparenz-VO

---

317 Zu den Unterschieden des Liquid-Market-Konzepts bei Eigenkapital- und Nichteigenkapitalinstrumenten: *Seiffert*, in: MiFID II/MiFIR, Umsetzung in der Bankenpraxis, S. 270 f.

318 *Brusch/Seitz*, in: MiFID II/MiFIR, Umsetzung in der Bankenpraxis, S. 300.

319 Verbriefte Derivate und Aktienderivate sind nach Anhang III der NEK-Transparenz-VO immer liquide.

320 Demgegenüber sind Devisenderivate und sonstige Kreditderivate immer illiquide.

321 Dies betrifft: Anleihen (ausgenommen ETCs/ETNs), ETCs/ETNs, strukturierte Finanzprodukte, Aktienswaps und Aktienportfolioswaps, Warenderivate, C10-Derivate, finanzielle Differenzgeschäfte, Emissionszertifikate, Emissionsderivate.

322 Dies betrifft: Anleihen (ausgenommen ETCs/ETNs) im Falle von Neuemissionen sowie Zinsderivate, Kreditderivate.

323 Die Behördenzuständigkeit ist nicht eindeutig geregelt. Mit Blick auf die entsprechende Regelung für die Eigenkapitalinstrumente liegt es nahe, dass diejenige

täglich die notwendigen Handelsdaten von den Handelsplätzen, genehmigten Veröffentlichungssystemen (APAs)[324] und konsolidierten Datenträgern (CTPs)[325] einsammeln und stellen die Veröffentlichung dieser Ergebnisse nach Art. 13 Abs. 17 der Verordnung am 30. April eines jeden Jahres sicher[326]. Die Wertpapierfirmen haben diese dann zum 1. Juni anzuwenden. Die von den Behörden für die Liquiditätsbestimmung von verbrieften Derivaten und Anleihen anwendbaren Verfahren unterscheiden sich dabei im Grundsatz und sind im Folgenden beschrieben.

I. Dynamische Einstufung für Anleihen

Die NEK-Transparenz-VO sieht für die Anlageklasse der Anleihen (ausgenommen ETCs und ETNs) zwei Verfahren vor, anhand derer die Liquidität bestimmt werden kann und die zwischen Alt- und Neuemissionen unterscheiden.

1. Regelverfahren für Altemissionen

Die Liquiditätseinstufung für Anleihen umfasst drei Prüfungsparameter, die nach Art. 13 Abs. 1 lit. b) (i) und Tabelle 2.1 des Anhangs III der NEK-Transparenz-VO kumulativ vorliegen müssen. Demnach wird für eine Anleihe nach dem „Instrument by Instrument Approach“[327] ein liquider Markt angenommen, wenn das durchschnittliche tägliche Handelsvolumen mindestens EUR 100.000 beträgt, die Anleihe in einem Betrachtungszeitraum von einem Vierteljahr an

---

Aufsichtsbehörde des unter Liquiditätsaspekten wichtigsten Marktes für das jeweilige Instrument bzw. die Kategorie zuständig ist.

324 Nach § 2 Abs. 37 WpHG ist dies eine Person, die die Dienstleistung der Veröffentlichung von Handelsauskünften im Namen von Wertpapierfirmen erbringt.

325 Nach § 2 Abs. 38 WpHG ist dies eine Person, die zur Einholung von Handelsauskünften auf geregelten Märkten, MTF, OTF und APAs berechtigt ist und sie in einem kontinuierlichen elektronischen Live-Datenstrom konsolidiert, über den Preis- und Handelsvolumendaten pro Finanzinstrument abrufbar sind.

326 Aus Erwägungsgrund 24 der NEK-Transparenz-VO ergibt sich, dass die Veröffentlichung nicht durch die nationalen Behörden selbst, sondern durch ESMA erfolgt. Damit soll allen Teilnehmern des Finanzmarkts und den Behörden die Ergebnisse an einem einzigen Ort und auf benutzerfreundliche Weise präsentiert werden.

327 Ursprünglich hatte ESMA auch für Schuldverschreibungen das COFIA-Verfahren vorgesehen, was jedoch zu einer zu hohen Anzahl von „False Positives“ führte. Hiermit sind illiquide Schuldverschreibungen gemeint, die irrtümlicherweise als liquide Schuldverschreibungen gewertet wurden, m. w. N.: ESMA, Final Report vom 28. September 2015, S. 96.

mindestens 80% der Handelstage gehandelt wurde und durchschnittlich eine bestimmte Anzahl von Transaktionen an einem Handelstag stattgefunden haben müssen. Die notwendige Anzahl an täglichen Transaktionen hatte ESMA ursprünglich auf zwei tägliche Transaktionen festgelegt[328]. Mit Schreiben vom 20. April 2016 monierte die Kommission, dass bei zwei Geschäften in einer Anleihe nicht davon auszugehen sei, dass kauf- oder verkaufsbereite Käufer bzw. Verkäufer verfügbar seien, sodass in der Konsequenz zu viele Instrumente als liquide eingestuft würden[329]. In der Folge einigten sich Kommission und ESMA auf eine vierjährige stufenweise Einführung (Phase-In), währenddessen sich die maßgebliche Anzahl an täglichen Transaktionen sukzessive von anfänglichen 15 Geschäften auf zwei Geschäfte reduziert. Im Gegensatz zu dem von ESMA unterbreiteten Vorschlag wird dies erst durch einen geänderten technischen Regulierungsstandard in Kraft gesetzt, den ESMA der Kommission nach Art. 17 Abs. 6 NEK-Transparenz-VO vorzulegen hat[330]. Der Phase-In verschafft Wertpapierfirmen den Vorteil, dass zu Beginn weniger Schuldverschreibungen als liquide eingestuft werden und sie folglich erleichterten Transparenzanforderungen unterliegen. Abweichend von Art. 13 Abs. 17 NEK-Transparenz-VO wird die Liquiditätseinstufung von ESMA nach Art. 13 Abs. 18 NEK-Transparenz-VO nicht jährlich, sondern vierteljährlich vorgenommen und veröffentlicht[331]. Als Betrachtungszeitraum dient jeweils das zurückliegende Quartal.

2. *Neuemissionen*

Bis zu der erstmaligen quartalsweisen Veröffentlichung durch ESMA erfolgt die Liquiditätsfestlegung für Anleihen, die nach der letztmaligen Veröffentlichung neu emittiert wurden, abweichend von dem IBIA-Verfahren gem. Art. 13 Abs. 19 und 20 NEK-Transparenz-VO nach dem COFIA-Ansatz. Diesem Verfahren liegt die Annahme zugrunde, dass eine positive Korrelation zwischen der

---

328 ESMA, Regulatory technical and implementing standards vom 28. September 2015, Table 2.1 Annex III RTS 2.

329 Kommission, Schreiben an ESMA vom 20. April 2016, S. 1 ff.

330 Siehe die Bedenken ESMAs im Hinblick auf Praktikabilität und die Rechtssicherheit des Verfahrens: ESMA, Opinion vom 2. Mai 2016, S. 16 ff.

331 Damit will ESMA gewährleisten, dass auf Marktentwicklungen mit nur einer kurzen Verzögerung reagiert werden kann, ESMA, Opinion vom 2. Mai 2016, S. 7. Die Ergebnisse sind dann jeweils ab dem 16. Tag der Monate Februar, Mai, August, November anwendbar, Art. 13 Abs. 18 NEK-Transparenz-VO. Durch die Übergangsbestimmung des Art. 18 Abs. 3 NEK-Transparen-VO ist gewährleistet, dass die relevanten Liquiditätsdaten zum 3. Januar 2018 zur Verfügung standen.

Liquidität und dem Emissionsvolumen besteht[332]. Infolgedessen bestimmt sich die Liquidität einer neu emittierten Anleihe durch die Einordnung in eine der in Tabelle 2.2 Anhang III der NEK-Transparenz-VO aufgeführten Kategorien in Kombination mit dem Emissionsvolumen. So gilt ein neu emittierter Corporate Bond mit einem Emissionsvolumen von bis zu EUR 500.000 als illiquide. Für einen Zeitraum bis zum 31. Dezember 2019 sind für Unternehmensanleihen und Pfandbriefe erleichterte Anforderungen anwendbar, wonach erst ab einem Volumen von EUR 1.000.000 ein liquider Markt anzunehmen ist. Diese Erleichterung ist die Reaktion auf den für Altemissionen eingeführten Phase-In. ESMA wollte die Gefahr reduzieren, dass eine Anleihe zunächst nach COFIA als liquide gilt und später nach IBIA als illiquide eingestuft wird[333].

II. Statische Bestimmung für verbriefte Derivate

Verbriefte Derivate gelten nach Art. 13 Abs. 1 lit. a) (i) i. V. m. Tabelle 4.1 Anhang III der NEK-Transparenz-VO per se als liquide. ESMA führte diese Annahme auf empirische Untersuchungen zurück, wonach für den Großteil der untersuchten Instrumente ein Market Maker verfügbar war[334]. § 36 Abs. 5 WpHG umschreibt Market Maker als Personen, die an den Finanzmärkten auf kontinuierlicher Basis ihre Bereitschaft anzeigen, durch den An- und Verkauf von Finanzinstrumenten Eigenhandel zu von ihnen gestellten Kursen zu betreiben. In Deutschland werden verbriefte Derivate regelmäßig über die Segmente Zertifikate Premium der Frankfurter Wertpapierbörse und der EUWAX der Stuttgarter Börse oder außerbörslich direkt über die Emittenten gehandelt[335]. Das Market Making übernimmt dabei meist der Emittent bzw. eine ihm konzernangehörige Wertpapierfirma[336]. Dies ist erforderlich, da nach der Emission eines verbrieften Derivats regelmäßig keine weitere Nachfrage besteht[337]. Mit anderen Worten: Emittenten gewährleisten erst, dass verkaufswillige Wertpapierinhaber ihre Wertpapiere jederzeit an einer Börse oder außerbörslich veräußern

---

332 ESMA, Final Report vom 28. September 2015, S. 97.

333 ESMA, Opinion vom 2. Mai 2016, S. 10.

334 ESMA, Final Report vom 28. September 2015, S. 102.

335 *Danielski,* Börsen-Zeitung vom 29. Oktober 2016, Sonderbeilage B4; *Johanning/Becker/Seeber,* Unterschiede und Gemeinsamkeiten börsennotierter, passiver Investmentprodukte, S. 20.

336 *Johanning/Becker/Seeber,* Unterschiede und Gemeinsamkeiten börsennotierter, passiver Investmentprodukte, S. 20; *Mülbert,* WM 2007, 1149, 1152.

337 Siehe zu der Preisstellung auf dem Sekundärmarkt: *Märker,* BKR 2011, 147, 150; *Mülbert,* WM 2007, 1149, 1152.

können. Eine rechtliche Verpflichtung, An- und Verkaufspreise zu stellen, wird von den Emittenten gegenüber den Wertpapierinhabern aber gerade nicht übernommen[338]. Demzufolge wird die Verfügbarkeit von kauf- oder verkaufsbereiten vertragswilligen Käufern oder Verkäufern im Sinne des Art. 2 Abs. 1 Nr. 17 lit. a) MiFIR für eine Vielzahl von verbrieften Derivaten nicht immer kontinuierlich erfüllt sein. Insofern erscheint es fraglich, ob ESMA mit der statischen Festlegung eines liquiden Markts für verbriefte Derivate nicht den Wortlaut der MiFIR überschritten hat[339]. Diese Entscheidung ist – wie in den kommenden Abschnitten noch aufzuzeigen ist – folgenschwer.

F. Umsetzung und Folgen der Zuordnung

Die vorstehenden Ausführungen zeigen, dass die Abgrenzung verschiedener Finanzinstrumente voneinander sowie die Zuordnung eines bestimmten Finanzinstruments im Einzelfall problematisch sein kann. Dies liegt nicht zuletzt daran, dass der europäische Gesetzgeber in der Regel abstrakte Definitionen für Finanzinstrumente verwendet oder diese typologisch bestimmt. Dadurch wird die Präzisierung des Anwendungsbereichs der Transparenzbestimmungen zusätzlich erschwert, was den Wertpapierfirmen aber einen gewissen Umsetzungsspielraum ermöglicht. Die wegweisende Zuordnung eines Finanzinstruments in die jeweilige Kategorie ist daher nicht zu unterschätzen und ergibt sich aus den Referenzdaten, die Handelsplätze und systematische Internalisierer nach Art. 27 MiFIR zu übermitteln haben[340]. Fraglich ist indes, ob die auf Level II-Ebene gebildeten Klassen von Nichteigenkapitalinstrumenten nicht nur für die Transparenzvorschriften, sondern auch für die übrigen Vorschriften von MiFID II/MiFIR Geltung erlangen. Für eine einheitliche Anwendung der Bestimmungen würde sprechen, dass nach Art. 10 Abs. 1 ESMA-VO mit dem Erlass von technischen Regulierungsstandards eine kohärente Harmonisierung erreicht werden soll. In ihrem Final Report ging ESMA anscheinend auch davon aus, dass die Level II-Bestimmungen auch für die Rahmenrechtsakte insgesamt Bedeutung haben[341]. Der europäische Verordnungsgeber stellte allerdings ausdrücklich

---

338 Hierauf wird im Wertpapierprospekt auch explizit hingewiesen, siehe die Beschreibung der Preisstellung im Sekundärmarkt in dem Basisprospekt der Vontobel GmbH, Basisprospekt vom 13. Juli 2015, S. 30.

339 Ebenfalls kritisch: *Hoops*, WM 2017, 319, 321.

340 Siehe dazu: Sechster Abschnitt C.

341 ESMA drückte dies zumindest im Hinblick auf den Anwendungsbereich von Warenderivaten in ihrem Final Report vom 28. September 2015 in einem Klammerzusatz aus: „[In its final draft RTS on non-equities, ESMA classifies exchange traded

klar, dass die entwickelten Begriffsbestimmungen lediglich der Festlegung von Transparenzverpflichtungen für Nichteigenkapitalinstrumente dienen und auf das Verständnis der delegierten NEK-Transparenz-VO beschränkt sein sollten (Erwägungsgrund 5 NEK-Transparenz-VO).

---

commoditis and exchange traded notes as debt instruments and so these instruments are not securitised commodity derivatives **for the purpose of this position limits regime**] [Hervorhebung v. Verfasser]", siehe dazu: ESMA, Final Report vom 28. September 2015, S. 342.

Vierter Abschnitt
Einordnung von Handelsaktivitäten als systematische Internalisierung

A. Überblick

Nachdem im vorherigen Abschnitt untersucht wurde, was unter Nichteigenkapitalinstrumenten zu verstehen ist, wird nun der Frage nachgegangen, welche Handelsaktivitäten mit Nichteigenkapitalinstrumenten als systematische Internalisierung eingeordnet werden können.

B. Sachlicher Anwendungsbereich und ausgenommene Instrumente

Im Regime der systematischen Internalisierung wird, wie aufgezeigt, zwischen Eigenkapitalinstrumenten und Nichteigenkapitalinstrumenten unterschieden. Aus der abschließenden Klassifizierung der Nichteigenkapitalinstrumente folgt auch, dass einige Instrumente, die aufgrund ihrer Ausstattungsmerkmale zwar Nichteigenkapitalcharakter haben, nicht als Finanzinstrumente bzw. nicht als Nichteigenkapitalinstrumente im Sinne der Transparenzbestimmungen gelten. Damit fallen Handelstätigkeiten mit bestimmten Finanzinstrumenten erst gar nicht in den sachlichen Anwendungsbereich der systematischen Internalisierung bei Nichteigenkapitalinstrumenten. Ohne dass eine abschließende Subsumtion erfolgen könnte, ist diesbezüglich vor allem an anleiheähnliche Instrumente wie Commercial Papers, Schuldscheindarlehen und Namensschuldverschreibungen zu denken, die gleichwohl in der Refinanzierungspraxis von Banken eine bedeutende Rolle spielen.

I. Commercial Paper

Commercial Paper zählen nach § 2 Abs. 2 WpHG i. V. m. Art. 11 MiFID II-VO zu den Geldmarktinstrumenten und damit gleichzeitig zu den Finanzinstrumenten, wenn ihr Wert jederzeit bestimmt werden kann, es sich nicht um Derivate handelt und ihre Fälligkeit bei der Emission maximal 397 Tage beträgt. Im deutschen Markt emittierte Commercial Paper sind in der Regel unbesichert und werden als Inhaberschuldverschreibungen mit einer Laufzeit von weniger als 365 Tagen emittiert, sodass sie nicht wertpapierprospektpflichtig sind[342]. ESMA

342 *Fuchs,* in: ders., WpHG, § 2 Rn. 37; *Heidelbach,* in: KMRK, § 2 WpPG Rn. 6.

hat klargestellt, dass entsprechend kurzfristige Instrumente für die Zwecke der Handelstransparenz und damit wohl auch im Rahmen der systematischen Internalisierung unbeachtlich sind[343]. Vermutlich wollte der Gesetzgeber in Anbetracht der kurzen Laufzeiten einen unverhältnismäßigen Aufwand vermeiden, der entstanden wäre, wenn Geldmarktinstrumente in den sachlichen Anwendungsbereich der systematischen Internalisierung gefallen wären.

II. Schuldscheindarlehen und Namensschuldverschreibungen

Auch von Schuldscheindarlehen wird bei entsprechender Kurzfristigkeit angenommen, dass sie Geldmarktinstrumente und damit Finanzinstrumente sind[344]. Im Falle von langfristigen Schuldscheindarlehen würde einer möglichen Einordnung als Schuldtitel im Sinne von § 2 Abs. 1 Nr. 3 WpHG die Form der Übertragung durch Forderungsabtretung entgegenstehen, sodass es an der für die Wertpapiereigenschaft notwendigen Handelbarkeit fehlt[345]. Eine systematische Internalisierung in Schuldscheindarlehen ist daher nicht möglich. Eine differenzierte Betrachtung ist dagegen für Namensschuldverschreibungen geboten. Namensschuldverschreibungen sind nach § 1 Abs. 2 Nr. 6 VermAnlG Vermögensanlagen[346]. Diese gelten jedoch nach § 2 Abs. 4 WpHG als Finanzinstrumente im Sinne des WpHG. Hiervon ausgenommen sind nur standardisierte Namensschuldverschreibungen, die mit einer festen Laufzeit sowie einem festen positiven Zinssatz ausgestattet sind und bei denen das investierte Kapital ohne Anrechnung von Zinsen ungemindert zum vollen Nennwert zurückgezahlt wird und die von einem CRR-Kreditinstitut ausgegeben wurden[347]. Bei den nicht vom WpHG ausgenommenen Namensschuldverschreibungen ist nicht mit Sicherheit auszuschließen, dass sie aufgrund ihrer Einordnung als Finanzinstrumente auch gleichzeitig internalisierungsfähige Instrumente sind.

C. Persönlicher Anwendungsbereich

Ein systematischer Internalisierer wird in Art. 4 Abs. 1 Nr. 20 MiFID II bzw. § 2 Abs. 8 Nr. 2 lit. b) WpHG definiert als eine Wertpapierfirma, die in

343 M. w. N.: ESMA, Technical Advice vom 19. Dezember 2014, S. 215 ff.

344 Siehe zu der Einordnung von Schuldscheindarlehen als Finanzinstrumente: *Assmann*, in: Assmann/Schneider/Mülbert, § 2 WpHG Rn. 31; *Kumpan*, in: KMRK, § 2 WpHG Rn. 32; *Wehrhahn*, BKR 2012, 363, 365.

345 *Fuchs*, in: ders., WpHG, § 2 Rn. 30; *Wehrhahn*, BKR 2012, 363, 364.

346 *Roth/Baum*, in: KölnKommWpHG, § 2 Rn. 138; *Kumpan*, in: KMRK, § 2 WpHG Rn. 31.

347 *Fuchs*, in: ders., WpHG, § 2 Rn. 71.

organisierter und systematischer Weise häufig in einem erheblichen Umfang Handel für eigene Rechnung betreibt, wenn sie Kundenaufträge außerhalb eines geregelten Markts oder eines MTF bzw. OTF ausführt, ohne ein multilaterales System zu betreiben. Die Legaldefinition im KWG ist wortgleich zum WpHG[348]. Ein Schwerpunkt der neuen Definition liegt auf den Kriterien „in systematischer Weise häufig" und „in einem erheblichen Umfang", welche im Wege der MiFID II-VO durch Schwellenwerte quantitativ konkretisiert werden. Der Tatbestand des systematischen Internalisierers ist damit erst dann erfüllt, wenn beide festgesetzten Obergrenzen, nämlich die für den systematischen und häufigen Handel und die für den Handel im erheblichen Umfang, kumulativ überschritten werden. Eine eigenständige Definition für „in organisierter Weise" gibt es dagegen nicht. Dies wäre auch nicht zielführend, denn soweit ein Eigenhandel bereits systematisch häufig und in einem erheblichen Umfang erfolgt, wird dieser wohl auch organisiert sein[349]. Im Folgenden sollen aber auch die übrigen Tatbestandsmerkmale des systematischen Internalisierers nicht unberücksichtigt bleiben. Auch wenn diese im Wesentlichen bereits unter MiFID I galten, sind sie nicht gänzlich geklärt und zudem erstmals mit Blick auf Handelsaktivitäten mit Nichteigenkapitalinstrumenten zu bewerten[350].

I. Handel auf eigene Rechnung bei der Ausführung von Kundenaufträgen

Für die Eigenschaft als systematischer Internalisierer sind nur solche Geschäfte relevant, welche auf eigene Rechnung erfolgen. Nach Art. 4 Abs. 1 Nr. 6 MiFID II ist damit der Handel unter Einsatz des eigenen Kapitals gemeint, der zum Abschluss von Geschäften mit einem oder mehreren Finanzinstrumenten führt. Aus der Definition der systematischen Internalisierung in Art. 4 Abs. 1 Nr. 20 MiFID II geht hervor, dass der Handel auf eigene Rechnung erfolgt, um Kundenaufträge auszuführen. In ihren fortlaufend aktualisierten Q&A hat ESMA im Oktober 2017 die Umstände spezifiziert, wann eine Wertpapierfirma im Sinne einer systematischen Internalisierung Kundenaufträge ausführt und differenzierte zwischen zwei Konstellationen. ESMA vertritt die Ansicht, dass

---

348 Siehe allgemein zum systematischen Verhältnis von KWG und WpHG: *Schneider*, WM 2008, 285, 286.

349 *Gebauer*, in: Assmann/Schneider/Mülbert, § 79 WpHG Rn. 5; *Schelling*, BKR 2015, 221, 222.

350 Siehe zur alten Rechtslage und zu diversen Meinungsstreiten m. w. N.: *Bialluch*, WM 2015, 2030.

Geschäfte mit nicht beaufsichtigten Wertpapierfirmen bzw. Personen aus Sicht der Wertpapierfirma immer durch die Ausführung eines Kundenauftrages veranlasst seien[351]. Im Verhältnis zu beaufsichtigten Wertpapierfirmen sei dagegen gesondert zu prüfen, ob entweder die Wertpapierfirma oder die Gegenpartei für das Geschäft als Kunde anzusehen sei[352]. Nach der Auffassung der ESMA liegt also per se ein Kundengeschäft vor und es kommt lediglich darauf an, wo es zu verorten ist.

a) Abgrenzung zwischen Eigenhandel und Eigengeschäft

Die von ESMA vorgenommene Lesart wirkt aus Sicht des nationalen Aufsichtsrechts befremdlich, welches den Eigenhandel i.S.v. § 2 Abs. 8 Nr. 2 lit. c) WpHG vom Eigengeschäft i.S.v. § 2 Abs. 8 Satz 6 WpHG abgrenzt. Nach der Terminologie WpHG ist der Eigenhandel durch eine Beziehung zu einem Kunden gekennzeichnet, welchem der Eigenhändler als Dienstleister gegenübertritt, um dessen Interessen wahrzunehmen[353]. Dem Eigengeschäft fehlt es dagegen an einer Dienstleistungskomponente zu Kunden[354]. Kunde ist jede natürliche oder juristische Person, für die eine Wertpapierfirma Wertpapierdienstleistungen oder Wertpapiernebendienstleistungen erbringt oder diese anbahnt, § 67 Abs. 1 WpHG. Die Kundenklassifizierung entspricht grundsätzlich der alten Gesetzeslage, wonach hinsichtlich der Schutzstandards zwischen Privatkunden (§ 67 Abs. 3 WpHG), professionellen Kunden (§ 67 Abs. 2 WpHG) und geeigneten Gegenparteien (§ 67 Abs. 4 WpHG) unterschieden wird[355]. Für den Eigenhandel ist regelmäßig erforderlich, dass die Anschaffung bzw. die Veräußerung eines Finanzinstruments durch die Wertpapierfirma unmittelbar auf einen Kundenauftrag zurückgehen muss[356]. Dies kann sich auch auf konzerninterne Geschäfte erstrecken[357]. Die BaFin charakterisiert die Kundenbeziehung weiter durch ein

351 ESMA, Q&A on transparency topics, Abschnitt 7, Frage 7.

352 ESMA, Q&A on transparency topics, Abschnitt 7, Frage 7.

353 BaFin, Merkblatt – Hinweise zu den Tatbeständen des Eigenhandels und des Eigengeschäfts, S. 4; *Eckhold,* WM 2016, 2063, 2064.

354 *Seiler/Geiler,* in: Schimansky/Bunte/Lwowski, Vor. § 104 Rn. 8.

355 *Balzer,* ZBB 2016, 226, 228; m. w. N. zu den Anforderungen an die jeweilige Kundenkategorie unter MiFID I: *Kasten,* BKR 2007, 261; *Seyfried,* WM 2006, 1375.

356 BaFin, Merkblatt – Hinweise zu den Tatbeständen des Eigenhandels und des Eigengeschäfts, S. 4; *Fuchs,* in: ders., WpHG, § 2 Rn. 88; *Ritz,* in: JVRB, § 2 Rn. 221; *Kumpan,* in: KMRK, § 2 WpHG Rn. 65.

357 Etwas anderes gilt, soweit ausschließlich konzerninterne Wertpapierdienstleistungen erbracht werden, siehe zum Konzernprivileg: *Fuchs,* in: ders., WpHG, § 2a Rn. 13; *Versteegen/Baum,* in: KölnKommWpHG, § 2a Rn. 6; *Schneider,* WM 2008, 285, 289.

Ungleichgewicht zwischen Eigenhändler und Kunden, welches sich vor allem durch den besseren Marktzugang der Wertpapierfirma auszeichnet[358]. Insgesamt ist die Frage, inwieweit ein Handel auf eigene Rechnung auf einen Kundenauftrag zurückzuführen ist, nach den von der BaFin entwickelten Kriterien nicht immer eindeutig zu beantworten und im Rahmen einer Gesamtbetrachtung zu beurteilen[359]. Gleichzeitig liegt es nahe, dass die von ESMA vorgenommene Lesart nur vor dem Hintergrund verstanden werden kann, dass der europäische Gesetzgeber anders als das deutsche Aufsichtsrecht die Differenzierung zwischen Eigenhandel und Eigengeschäft nicht kennt. Er bezieht sich dagegen insgesamt auf das Handeln auf eigene Rechnung. Dem wenn auch pragmatischeren Ansatz der europäischen Wertpapieraufsicht ist demnach aufgrund abschließender nationaler Regelung nicht zu folgen. Das bedeutet im Ergebnis, dass für den Internalisierungstatbestand nur der Eigenhandel als Dienstleistung für andere i.S.v. § 2 Abs. 8 Nr. 2 lit. c) WpHG zu berücksichtigen ist, nicht aber das Eigengeschäft i.S.v. § 2 Abs. 8 Satz 6 WpHG[360]. Sofern keine Kundengeschäfte, sondern reine Eigengeschäfte vorliegen, sind diese im Ergebnis für die Zwecke § 2 Abs. 8 Nr. 2 lit. b) WpHG unbeachtlich und könnten darüber hinaus unter den weiteren Voraussetzungen des § 3 Abs. 1 Nr. 11 WpHG vom Anwendungsbereich des WpHG ganz ausgenommen sein[361].

b) Abgrenzung zum Finanzkommissionsgeschäft

Der Handel auf eigene Rechnung ist nach MiFID II weiter von der Ausführung von Aufträgen „im Namen von Kunden" zu unterscheiden (vgl. auch Erwägungsgrund 24 MiFID II)[362]. Hierunter ist nach Art. 4 Abs. 1 Nr. 5 MiFID II die Tätigkeit zum Abschluss von Vereinbarungen, ein oder mehrere Finanzinstrumente im Namen von Kunden zu kaufen oder zu verkaufen, gemeint. Dies entspricht nach dem Begriffsverständnis des WpHG vor allem dem Finanzkommissionsgeschäft nach § 2 Abs. 8 Nr. 1 WpHG, das die Anschaffung und Veräußerung von

358 BaFin, Merkblatt – Hinweise zu den Tatbeständen des Eigenhandels und des Eigengeschäfts, S. 4.

359 Siehe zur Abgrenzung Eigenhandel und Eigengeschäft: *Fuchs,* in: ders., WpHG, § 2 Rn. 85 ff.; *Kumpan,* in: KMRK, § 2 WpHG Rn. 65.

360 Vgl.: *Bergmann,* in: LBS, 36. Kapitel, Rn. 126; *Fuchs,* in: ders., WpHG, § 2 Rn. 180; *Kumpan,* in: KMRK, § 2 WpHG Rn. 127.

361 Siehe zur Ausnahme für reine Eigengeschäfte im alten Recht: *Fuchs,* in: WpHG, § 2a Rn. 39.

362 *Geier,* WM 2013, 915, 918; *Görner/Dreher,* ZIP 2005, 2139, 2142.

Finanzinstrumenten im eigenen Namen für fremde Rechnung meint[363]. Unter die im WpHG vorgesehenen Formen der Ausführung von Kundenaufträgen in Form des Eigenhandels oder des Finanzkommissionsgeschäfts können nach den Kategorien des nationalen Zivilrechts das Festpreisgeschäft einerseits und das Kommissionsgeschäft andererseits subsumiert werden[364].

aa) Relevanz von Festpreisgeschäften

Bis Januar 1995 sahen die früheren AGB der Banken und Sparkassen für alle Aufträge zum Kauf oder Verkauf von Wertpapieren, die zum amtlichen Handel oder zum geregelten Markt zugelassen waren, eine Ausführung durch Selbsteintritt der Banken vor, die dies reichlich nutzten[365]. Mit der Abschaffung des Selbsteintritts in den Sonderbedingungen für Wertpapiergeschäfte (SBW) reagierte die deutsche Kreditwirtschaft auf den seit jeher kritisierten Missstand, der in der beschränkten Rechenschaftspflicht des Kommissionärs gesehen wurde[366]. Nach den überarbeiteten Sonderbedingungen führen Banken nunmehr ihre Geschäfte nur noch als einfacher Kommissionär oder in der Form eines Festpreisgeschäfts aus[367]. Das Festpreisgeschäft ist nach Nr. 1 Abs. 3 SBW ein Kaufvertrag, wonach sich eine Wertpapierfirma entweder als Verkäufer gegenüber dem Kunden verpflichtet, ein Wertpapier gegen Zahlung eines Kaufpreises zu übereignen oder als Käufer einen Anspruch auf Lieferung eines Wertpapiers gegen die Zahlung des Kaufpreises erlangt. Der Kunde erwirbt die Finanzinstrumente unmittelbar von der Wertpapierfirma oder veräußert direkt an die Wertpapierfirma. Eine Kundenbank kann als Kommissionärin jedoch zwischengeschaltet sein[368]. Die Wertpapierfirma und ihr Kunde vereinbaren im Rahmen des Festpreisgeschäfts

---

363 *Assmann*, in: Assmann/Schneider/Mülbert, § 2 WpHG Rn. 98. Eine andere Art der Ausführung im Namen von Kunden stellt die Abschlussvermittlung im Sinne von § 2 Abs. 8 Nr. 3 WpHG dar, siehe dazu: *Assmann*, in: Assmann/Schneider/Mülbert, § 2 WpHG Rn. 105.

364 Eingehend zur zivilrechtlichen Einordnung unter die aufsichtsrechtlichen Bestimmungen im nationalen Recht: *Bergmann*, in: LBS, 36. Kapitel, Rn. 18 ff.

365 *Häuser*, in: MükoBGB, § 383 Rn. 31

366 *Bergmann*, Oetker, § 400 Rn. 3; *Häuser*, in: MükoBGB, § 383 Rn. 31. Ein herkömmlicher Selbsteintritt kann freilich noch in Betracht kommen, wenn die Parteien dies ausdrücklich vereinbart haben, seine praktische Bedeutung ist dennoch gering.

367 *Bergmann*, Oetker, § 400 Rn. 3; *Häuser*, in: MükoBGB, § 383 Rn. 31.

368 *Bialluch*, WM 2015, 2030, 2032; *Stefanski*, Eigenhandel für andere, S. 20.

einen festen oder einen zumindest bestimmbaren Preis[369]. Die wirtschaftlichen Folgen trägt somit die Wertpapierfirma unmittelbar selbst[370]. Dies stimmt mit der Terminologie des Art. 4 Abs. 1 Nr. 6 MiFID II überein, wonach eine Wertpapierfirma „unter Einsatz des eigenen Kapitals" bzw. „für eigene Rechnung" handelt. Sowohl Kommission als auch ESMA haben nämlich im weiteren Rechtsetzungsverfahren präzisiert, dass der Handel für eigene Rechnung im Rahmen der systematischen Internalisierung immer mit einem Transaktionsrisiko verbunden sei[371]. Durch den im Interesse der Rechtssicherheit nachträglich eingefügten Art. 16a MiFID II-VO legt die Kommission daher fest, dass im Falle von de facto risikoloser Geschäfte kein Handel für eigene Rechnung vorliegt. Dadurch wird europarechtlich folglich nur das bestätigt, was sich aus der zivilrechtlichen Natur des Festpreisgeschäfts ohnehin schon ergibt.

bb) Abgrenzung zum Kommissionsgeschäft

Im Unterschied zu Festpreisgeschäften erwirbt oder veräußert die Wertpapierfirma als Kommissionär im Kommissionsgeschäft im Sinne der §§ 383 ff. HGB Wertpapiere im eigenen Namen auf Rechnung des Kunden, Nr. 1 Abs. 2 SBW. Bei dem Wertpapierkommissionsgeschäft sollen dem Kunden der Gewinn und alle sonstigen Vorteile aus dem Geschäft zufließen, und umgekehrt sollen dem Kunden auch alle Verluste und Nachteile aus dem Geschäft zur Last fallen[372]. Im Rahmen seines kommissionsrechtlichen Ersatzanspruchs hat der Kommissionär Anspruch auf Ersatz des von ihm gezahlten Kaufpreises bzw. die Pflicht zur Weiterleitung des Verkaufserlöses im Falle der Verkaufskommission (§§ 396 Abs. 2 HGB, 675 Abs. 1, 670 BGB)[373]. Das wirtschaftliche Interesse der Wertpapierfirma beschränkt sich damit auf die Kommissionsprovision[374]. Ein Kommissionsgeschäft kann aber auch unentgeltlich erfolgen, sodass das Fehlen einer

---

369 BGH WM 2011, 883, 885; *Schäfer,* in: Assmann/Schütze, § 13 Rn. 83; *Bunte,* in: ders., AGB-Banken, Formen des Wertpapiergeschäfts, R. 63; *Häuser,* in: MükoHGB, § 383 Rn. 54.

370 *Schäfer,* in: BFS, KWG, § 1 Rn. 169; *Bergmann,* in: LBS, 36. Kapitel, Rn. 181.

371 Erwägungsgrund 2 der delegierten Verordnung vom 28. August 2017 zur Änderung der MiFID II-VO; siehe auch: ESMA, Q&A on market structures topics, Abschnitt 5, Frage 23.

372 *Bunte,* in: ders., AGB-Banken, Sonderbedingungen für Wertpapiergeschäfte, Rn. 23.

373 *Bunte,* in: ders., AGB-Banken, Sonderbedingungen für Wertpapiergeschäfte, Rn. 248; *Häuser,* in: MükoHGB, § 396 Rn. 42; m. w. N.: *Psaroudakis,* in: Heidel/Schall, § 396 Rn. 4.

374 *Schäfer,* in: BFS, KWG, § 1 Rn. 69.

Kommissionsgebühr allein noch nicht gegen das Vorliegen eines Kommissionsgeschäfts spricht[375]. Auch die Tatsache, dass ein Kommissionär zivilrechtlich im eigenen Namen handelt, steht der Einordnung des Kommissionsgeschäfts unter Art. 4 Abs. 1 Nr. 5 MiFID II, welcher auf das Handeln „im Namen von Kunden" abstellt, nicht entgegen[376]. Für die Klassifizierung von Geschäften als Handel auf eigene Rechnung im Rahmen der Kundenauftragsausführung wird es im Ergebnis entscheidend sein, ob eine Wertpapierfirma gegenüber ihren Kunden einen Preis stellt, der sich zumindest anhand objektiver Kriterien bestimmen lässt. Wenn die Wertpapierfirma lediglich einen Preis an einen Kunden weiterleitet, den sie ihrerseits für die Beschaffung eines Finanzinstruments bezahlen musste oder bei der Veräußerung erzielte, wird dies dagegen für das Vorliegen eines Kommissionsgeschäfts sprechen.

II. Außerhalb eines Handelsplatzes

Die Geschäftsabschlüsse eines systematischen Internalisierers kommen außerhalb der Trias der Handelsplätze, also geregelten Märkten, multilateralen oder organisierten Handelssystemen, zustande. Er betreibt folglich stets handelsplatzexternen Eigenhandel. Rechtlich zulässig ist dies nur für solche Finanzinstrumente, die nicht der Handelspflicht nach Art. 28 MiFIR unterliegen. Ein Geschäft gilt nach Erwägungsgrund 112 MiFID II als außerhalb eines Handelsplatzes abgeschlossen, wenn es auf bilateraler Basis abgeschlossen wurde und nicht allen Anforderungen der Richtlinie an einen geregelten Markt, ein MTF oder ein OTF genügt. In technischer Hinsicht kann ein Handel außerhalb eines Handelsplatzes zum Beispiel über ein für Dritte zugängliches Eigensystem der Wertpapierfirma oder über den Telefonhandel geschehen[377]. Entscheidend für die Abgrenzung ist, ob das zugrunde liegende Kundengeschäft innerhalb des Regelwerks eines Handelsplatzes stattgefunden hat, wozu vor allem die jeweiligen Börsenordnungen bzw. Geschäftsbedingungen und die Systembestandteile zählen, die die Orderausführung technisch gewährleisten[378]. Die Systembestandteile

---

375 *Schäfer,* in: Assmann/Schütze, § 12 Rn. 28; eine Provision muss auch nicht explizit vereinbart werden, da diese nämlich auch auf dem Handelsbrauch basieren kann, m. w. N.: *Psaroudakis,* in: Heidel/Schall, § 394 Rn. 3.

376 BVerwG ZIP 2008, 911, 917; eingehend: *Görner/Dreher,* ZIP 2005, 2139, 2142.

377 BaFin, Merkblatt – Hinweise zu den Tatbeständen des Eigenhandels und des Eigengeschäfts, S. 4; *Bialluch,* WM 2015, 2030, 2031; *Schelling,* BKR 2015, 221, 224.

378 *Bialluch,* WM 2015, 2030, 2032; *Kumpan,* Regulierung außerbörslicher Handelssysteme, S. 288; *Mülbert,* Die neuen Transparenzregeln, S. 17; *Seitz,* AG 2004, 498, 500.

sind nicht automatisch mit einem elektronischen Orderbuch gleichzusetzen[379]. Eine Ausführung kann daher auch dann innerhalb des Systems eines Handelsplatzes zustande kommen, wenn durch das Regelwerk – wie im Falle von Xetra Best – eine bilaterale Orderausführung ermöglicht wird[380]. Wenn eine Wertpapierfirma für ein von ihr emittiertes Finanzinstrument aufgrund der unterliegenden Börsenordnung als Market Maker An- und Verkaufskurse stellt, handelt sie zwar funktional ähnlich wie ein systematischer Internalisierer, der Kursofferten stellt[381]. Werden die Geschäfte aber innerhalb der für das System geltenden Regeln abgeschlossen, sind sie für die Qualifizierung als systematische Internalisierung unbeachtlich. Dass Aufsichtsbehörden Ausnahmen von der Vorhandelstransparenz gewähren können und Aufträge somit nicht in einem einsehbaren Orderbuch offengelegt werden müssen, ändert nichts daran, dass die Folgegeschäfte innerhalb des Regelwerks eines Handelsplatzes abgeschlossen werden[382]. Sofern Wertpapierfirmen ein Kundengeschäft auf eigene Rechnung an einem Handelsplatz ausführen, um unverzüglich das Wertpapier bzw. den Verkaufserlös in einem separaten Geschäft außerhalb eines Handelsplatzes zu demselben Preis an den Kunden zurückzuführen, handelt es sich wirtschaftlich um ein einziges Geschäft, das innerhalb eines Handelsplatzes als abgeschlossen gilt[383].

III. Ohne ein multilaterales System zu betreiben

Ausweislich seiner Definition ist es einem systematischen Internalisierer verwehrt, ein multilaterales System zu betreiben[384]. Der Betrieb multilateraler Systeme ist ausschließlich geregelten Märkten, multilateralen und organisierten Handelssystemen vorbehalten. Die Begriffsbestimmung des multilateralen Systems i.S.v. § 2 Abs. 21 WpHG ist neu, wobei das Merkmal multilateral an sich bereits Bestandteil des multilateralen Handelssystems unter MiFID I war. Die Negativabgrenzung zu dem Betrieb multilateraler Systeme ist ebenfalls neu und wurde erst im Laufe des EU-Gesetzgebungsverfahrens in die Definition

---

379 ESMA, Q&A on transparency topics, Abschnitt 7, Frage 5.

380 Deshalb sind die Betreuer in Xetra Best nicht als systematische Internalisierer einzustufen, m. w. N.: *Bialluch*, WM 2015, 2030, 2032.

381 Siehe zur Abgrenzung zwischen systematischen Internalisierern und Market Maker: *Mutschler*, Internalisierung der Auftragsausführung, S. 208 f.

382 ESMA, Q&A on transparency topics, Abschnitt 7, Frage 3.

383 ESMA, Q&A on transparency topics, Abschnitt 7, Frage 3. Die Folge ist, dass das Handelsgeschäft in der Schwellenwertberechnung nicht berücksichtigt werden muss.

384 § 2 Abs. 8 Nr. 2 lit. b) WpHG ist an dieser Stelle ungenau, indem auf das multilaterale Handelssystem verwiesen wird, was im Ergebnis aber unerheblich ist.

des systematischen Internalisierers aufgenommen[385]. Jedoch durfte ein systematischer Internalisierer bereits unter MiFID I nicht als risikolose Gegenpartei zwischen Käufer und Verkäufer stehen (Erwägungsgrund 6 MiFID I). Ergänzend führt Erwägungsgrund 17 MiFID II aus, dass es einem systematischen Internalisierer nicht gestattet sein sollte, in funktional gleicher Weise wie die Handelsplätze Kauf- und Verkaufsinteressen Dritter zusammenzuführen. Den systematischen Internalisierer zeichnet es stattdessen aus, dass die Handelsinteressen seiner Kunden nur mit seinen eigenen Interessen interagieren sollen. Demzufolge sollen die bisherigen von Investmentbanken betriebenen Single-Dealer-Plattformen, bei denen der Handel immer durch eine einzige Wertpapierfirma abgewickelt wird, möglichst als systematische Internalisierer eingeordnet werden. Multi-Dealer-Plattformen sind dagegen vom Anwendungsbereich ausgenommen und sind als multilaterale bzw. organisierte Handelssysteme zu klassifizieren (Erwägungsgrund 20 MiFIR).

1. *Abgrenzung zwischen bilateralen und multilateralen Systemen*

Insbesondere der kontinuierlichen Fortentwicklung elektronischer Handelssysteme ist geschuldet, dass die Grenzen zwischen multilateralen und bilateralen Systemen nicht immer eindeutig verlaufen und für den Einzelfall abzumarken sind[386]. Es scheint, dass auch dem europäischen Gesetzgeber an einer möglichst genauen Trennschärfe zwischen bilateralen und multilateralen Systemen gelegen ist, was womöglich mit der Neueinführung des organisierten Handelssystems zusammenhängt[387]. Unter einem multilateralen System versteht § 2 Abs. 21 WpHG ein System oder einen Mechanismus, das oder der die Interessen einer Vielzahl Dritter am Kauf und Verkauf von Finanzinstrumenten innerhalb des Systems zusammenführt. Eine Vielzahl Dritter kann gemäß § 72 Abs. 1 Nr. 13 WpHG jedenfalls für multilaterale und organisierte Handelssysteme angenommen werden, wenn sie über mindestens drei aktive Mitglieder oder Nutzer verfügen. Diesen muss es jeweils möglich sein, mit allen übrigen Mitgliedern und Nutzern zu interagieren[388]. Nach dieser gegenüber geregelten Märkten speziellen

385 Dies geht auf das Europäische Parlament zurück, siehe dazu: Parlament, Entwurf zur MiFIR vom 27. März 2012, Explanatory Statement, S. 55.

386 Eine eingehende Analyse betreffend die Abgrenzung quotegetriebener börslicher Market Maker Systeme nehmen *Kumpan/Müller-Lankow*, WM 2017, 1777, 1783 vor.

387 *Brusch/Seitz*, in: MiFID II/MiFIR, Umsetzung in der Bankenpraxis, S. 288.

388 BaFin, Organised Trading Facilities (OTF), S. 10; ESMA, Q&A on market structures topics, Abschnitt 5, Frage 7.

Organisationsanforderung liegen ein Zusammenführen einer Vielzahl von Drittinteressen und eine Multilateralität mithin erst vor, wenn die jeweiligen Handelsteilnehmer untereinander („jeder mit jedem“[389]) handeln können. Wenn auch nicht explizit vorgesehen, so muss vorausgesetzt werden, dass die Möglichkeit der Interaktion auch dauerhaft vorliegen muss. Eine entsprechende Rechtsfolgenanordnung ist für geregelte Märkte dagegen nicht vorgesehen. Daraus wird abgeleitet, dass für die Multilateralität im börslichen Handel nicht die Möglichkeit der Interaktion untereinander, sondern lediglich der Umstand ausschlaggebend sei, dass den Teilnehmern Angebote zugänglich sind und deren Annahme möglich ist[390]. Die Abgrenzung von multilateralen zu bilateralen Systemen kann sich dann als schwierig erweisen, wenn Orderausführungsmöglichkeiten sowohl bilaterale als auch multilaterale Charakteristika aufweisen. In der Vergangenheit wurde vielfach vertreten, dass bilaterale Elemente auf untergeordneter Ebene – z. B. in Form einer Abwicklung über eine zentrale Gegenpartei – einer ansonsten multilateralen Handelsplattform unschädlich sein sollen[391]. Einen diesbezüglichen Anknüpfungspunkt bildet nunmehr Erwägungsgrund 7 S. 2 MiFIR. Dieser bestimmt, dass im Falle bilateraler Systeme eine Wertpapierfirma jedes Geschäft für eigene Rechnung tätigt, auch wenn es als risikolose Gegenpartei zwischen Käufer und Verkäufer eingeschaltet wird. Nicht ausdrücklich aus dem Wortlaut von Erwägungsgrund 7 S. 2 MiFIR, wohl aber aus dem Regelungszusammenhang ersichtlich ist, dass hiermit der Betreiber des bilateralen Handelssystems gemeint sein muss. Für die Abgrenzung zwischen bilateralen und multilateralen Systemen kommt es also auf die Funktion des Systembetreibers an[392]. Der Betreiber eines bilateralen Handelssystems handelt auf eigene Rechnung, woran der Betreiber eines Handelsplatzes aus Neutralitätsgründen und, von engen Ausnahmen abgesehen, gehindert ist. Daraus folgt weiter, dass eine Wertpapierfirma nicht gleichzeitig einen Handelsplatz betreiben und ein zentrales Clearing anbieten darf[393]. Wie *Kumpan/Müller-Lankow* konkludieren, können börsliche Ein-Market-Maker-Systeme folglich als multilaterale Systeme klassifiziert werden,

---

389 So: *Kumpan/Müller-Lankow,* WM 2017, 1777, 1783.

390 Siehe dazu eingehend: *Kumpan/Müller-Lankow,* WM 2017, 1777, 1783 mit Blick auf Ein-Market-Maker-Systeme im börslichen Handel.

391 *Kumpan,* in: KMRK, § 2 WpHG Rn. 90, *Brusch/Seitz,* in: MiFID II/MiFIR, Umsetzung in der Bankenpraxis, S. 288.

392 Eingehend: *Kumpan/Müller-Lankow,* WM 2017, 1777, die eine Modifikation des Erwägungsgrundes 7 S. 2 MiFIR vorschlagen; *Güllner,* WM 2017, 938, 941.

393 *Kumpan/Müller-Lankow,* WM 2017, 1777, 1783.

sofern der Market-Maker nicht gleichzeitig Systembetreiber ist[394]. Soweit Emittenten von Nichteigenkapitalinstrumenten (zum Beispiel von verbrieften Derivaten) dagegen ein außerbörsliches Market Making über Systeme anbieten, die die Handelsinteressen von Kunden nur mit denjenigen des Emittenten zusammenbringen, scheidet eine Multilateralität aus. In diesen Konstellationen ist den Kunden eine von § 72 Abs. 1 Nr. 13 WpHG geforderte Interaktion untereinander nicht möglich, sodass die Handelsaktivität der Emittenten im Umkehrschluss für die systematische Internalisierung relevant werden kann[395].

2. *Risikolose Geschäfte innerhalb von Zusammenführungssystemen*

Gleichwohl ist Erwägungsgrund 19 MiFID II-VO zu entnehmen, dass ein systematischer Internalisierer zumindest gelegentlich sich deckende Kundenaufträge zusammenführen und damit funktional wie ein Handelsplatz als risikoloser Intermediär agieren darf[396]. Dies gibt Anlass zu der Frage, inwieweit risikolose Geschäften durch systematische Internalisierer ausgeübt werden dürfen, ohne dass der Tatbestand eines multilateralen Systems erfüllt wird. ESMA sah die Gefahr, dass Wertpapierfirmen weiterhin Kundenaufträge zusammenführen, ohne dass sie die zum Betrieb eines multilateralen oder organisierten Handelssystems erforderliche Zulassung besitzen[397]. Praktische Relevanz ergibt sich vor allem für den Aktienhandel, da die neue Handelsverpflichtung für Aktiengeschäfte gem. Art. 23 MiFIR auch über systematische Internalisierer erfüllt werden kann[398]. Die europäische Wertpapieraufsicht nahm die Problematik in der Folge in ihre Q&A zu Marktinfrastrukturthemen auf, indem sie drei kumulative Kriterien dafür festlegte, wann ein systematischer Internalisierer in funktional vergleichbarer Weise wie ein Handelsplatz handelt[399]. Danach ist es zunächst

---

394 *Kumpan/Müller-Lankow,* WM 2017, 1777, 1783.

395 Hier ist z. B. an die für verbriefte Derivate beliebte außerbörsliche Handelsplattform cats-os zu denken, siehe dazu: *Rößner,* in: MiFID-Kompendium, S. 269.

396 Der Erwägungsgrund 19 ist insbesondere im Zusammenhang mit dem Matched Principal Trading nach § 2 Abs. 29 WpHG zu verstehen, ist aber nicht darauf beschränkt, siehe dazu: Vierter Abschnitt E. I. 1.

397 Siehe dazu insbesondere: *Maijoor,* Schreiben an die Kommission vom 1. Februar 2017. In seiner Funktion als Chairman der ESMA regt *Maijoor* an, diese vor allem für den Aktienhandel identifizierte Regelungslücke in einem neuen delegierten Rechtsakt zu adressieren. Dem folgte die Kommission mit der Einführung des Art. 16a in die MiFID II-VO.

398 *Maijoor,* Schreiben an die Kommission vom 1. Februar 2017.

399 ESMA, Q&A on market structures topics, Abschnitt 5, Frage 23.

erforderlich, dass der systematische Internalisierer mit einem weiteren Liquiditätsspender verbunden ist. Im Rahmen einer solchen Verbindung ist der systematische Internalisierer als Vermittler zwischen seinen Kunden und dem Liquiditätsspender zwischengeschaltet. Er würde die Verkaufserlöse bzw. die Finanzinstrumente an den Liquiditätsspender lediglich weiterleiten, sodass der systematische Internalisierer keinem Erfüllungsrisiko ausgesetzt wäre. Übertragen auf die Kategorien des deutschen Zivilrechts würde der systematische Internalisierer in diesem Modell wie ein Kommissionär handeln. Als zweite Voraussetzung sieht ESMA vor, dass mit den verbundenen Liquiditätsspendern spezielle Vereinbarungen getroffen werden, die regelmäßig genutzt werden und die als System klassifiziert werden können[400]. Zuletzt stellt ESMA – wohl rein deklaratorisch – klar, dass die Geschäfte, die von dem systematischen Internalisierer zusammengeführt werden, außerhalb eines Handelsplatzes ausgeführt werden müssen und dass Hedginggeschäfte von diesen Einschränkungen nicht betroffen sind[401]. Im Ergebnis und in Übereinstimmung mit Erwägungsgrund 19 MIFID II-VO dürfen risikolose Geschäfte, für die ein systematischer Internalisierer nach den von ESMA aufgestellten Grundsätzen wie ein Handelsplatz handelt, nur auf gelegentlicher Basis durchgeführt werden. ESMA vertritt in diesem Zusammenhang die Auffassung, dass ein gelegentlicher Handel nicht mehr angenommen werden kann, wenn der systematische Internalisierer für die Zusammenführung ein spezielles System nutzt, die durch die risikolosen Geschäfte erzielten Gebühren eine bedeutende Einnahmequelle darstellen oder diese von der Wertpapierfirma besonders vermarktet werden[402].

IV. Handelsplatzbezug

Dem Wortlaut der Definition des systematischen Internalisierers ist nicht zu entnehmen, dass die Finanzinstrumente, für die systematisch internalisiert wird, auch an einem Handelsplatz gehandelt werden oder dort zum Handel zugelassen sein müssen. Diese Einschränkung ist zwar in den Vorschriften zur Vor- und Nachhandelstransparenz (Art. 18 MiFIR/Art. 21 MiFIR) vorgesehen[403]. Nach der Logik der Schwellenwertberechnungen, anhand derer ein häufiges und ein Handeln im erheblichen Umfang ermittelt werden kann[404], wird jedoch der

400 ESMA, Q&A on market structures topics, Abschnitt 5, Frage 23.
401 ESMA, Q&A on market structures topics, Abschnitt 5, Frage 23.
402 ESMA, Q&A on market structure topics, Abschnitt 5, Frage 24, wonach diese Kriterien alternativ zu verstehen sind.
403 Siehe dazu: Fünfter Abschnitt B. II.
404 Siehe dazu: Vierter Abschnitt C. VI.

kundenbezogene OTC-Handel der Wertpapierfirma mit dem Gesamthandel des Markts verglichen. Dieser berücksichtigt neben dem Handel auf Handelsplätzen auch den OTC-Handel, der mit dem jeweiligen Instrument in der EU stattfindet. Daher scheint es nicht darauf anzukommen, ob das Finanzinstrument auch an einem Handelsplatz gehandelt wird bzw. zum Handel zugelassen ist, da der OTC-Handel der Wertpapierfirma mit dem OTC-Handel im Gesamtmarkt als Vergleich herangezogen werden kann. Für diese Annahme könnte auch sprechen, dass andere für systematische Internalisierer vorgesehene Rechtspflichten explizit nicht die Zulassung bzw. den Handel an einem Handelsplatz voraussetzen[405]. Ein Ergebnis, das keinen unmittelbaren Handelsplatzbezug erfordert, verbietet sich trotz der zuvor aufgeworfenen Argumente unter teleologischen Gesichtspunkten. Sinn und Zweck der systematischen Internalisierung ist die Sicherung des Wettbewerbs zu Handelsplätzen in der EU sowie des Preisbildungsmechanismus durch Bereitstellung von Liquidität und Transparenz. Wenn ein Finanzinstrument allerdings überhaupt nicht an einem Handelsplatz gehandelt wird, sind die vorgenannten Schutzgüter nicht betroffen. Zur Vermeidung einer Überregulierung ist daher anzunehmen, dass eine Wertpapierfirma nur für solche Finanzinstrumente überhaupt systematischer Internalisierer werden kann, die einen Handelsplatzbezug vorweisen. Wie an anderer Stelle dieser Abhandlung noch aufzuzeigen ist, kann es hierfür allerdings schon ausreichen, wenn nicht das Finanzinstrument selbst, wohl aber dessen Basiswert an einem Handelsplatz gehandelt wird bzw. zum Handel zugelassen ist[406].

V. Klassifizierung von bestimmten Fallkonstellationen

Nach den vorstehenden Ausführungen sind Geschäfte, die handelsplatzextern und auf eigene Rechnung im Rahmen der Ausführung von Kundenaufträgen durchgeführt werden, für die Einordnung als systematischer Internalisierer zu beachten. Exemplarisch sind nachstehend banktypische Transaktionen unter dem Blickwinkel ihrer Relevanz für die systematische Internalisierung eingeordnet.

1. Primärmarktgeschäfte (Emissions- und Platzierungsgeschäfte)

Anfänglich umstritten diskutiert wurde die Frage, ob für die systematische Internalisierung auch Geschäfte relevant sind, die vor Handelsbeginn der

---

405 Z. B. die Pflicht zur Bereitstellung von Referenzdaten nach Art. 27 MiFIR, siehe dazu: Sechster Abschnitt C.

406 Siehe dazu die weiteren Ergebnisse dieser Abhandlung: Sechster Abschnitt C.

jeweiligen Finanzinstrumente an dem Primärmarkt stattfinden[407]. Unter einem Primärmarkt wird die Gesamtheit der Schritte bis zur erstmaligen Begebung der Finanzinstrumente an die Investoren verstanden[408]. Dagegen ermöglicht der Sekundärmarkt den Handel der bereits begebenen Titel und wird daher auch als Zirkulationsmarkt bezeichnet[409]. Anlass zu dieser Diskussion gab insbesondere die durch das 2. FiMaNoG erfolgte Änderung in § 2 Abs. 8 S. 2 WpHG, welche der Umsetzung von Art. 4 Abs. 1 Nr. 5 MiFID II dient (siehe Erwägungsgrund 45 der MiFID II). Danach umfassen das Finanzkommissionsgeschäft, der Eigenhandel und die Abschlussvermittlung auch den Abschluss von Vereinbarungen über den Verkauf von Finanzinstrumenten, die zum Zeitpunkt ihrer Emission ausgegeben werden[410]. Nach dieser Systematik war es nicht auszuschließen, dass Primärmarktgeschäfte im Zuge der Emission für die systematische Internalisierung als Unterform des Eigenhandels zu beachten sind[411]. Eine besondere praktische Relevanz ergab sich somit für die üblicherweise im Wege von Festpreisgeschäften durchgeführten Eigenemissionen[412] oder für solche Fremdemissionen, bei denen Finanzintermediäre gegenüber dem Emittenten als Kunden Aufträge in Form des Emissionsgeschäfts erbringen[413]. ESMA hatte die Relevanz von Primärmarktgeschäften in ihrem Final Report ebenfalls diskutiert, aber lediglich festgestellt, dass diese sich außerhalb des Anwendungsbereichs der

---

407 Siehe z. B.: Deutsche Kreditwirtschaft, Stellungnahme zu dem Referentenentwurf für ein 1. FiMaNoG vom 16. Oktober 2015, S. 8 f.

408 *Lehmann,* in: MükoBGB, Internationales Finanzmarktrecht, Rn. 37; *Seiler/Geier,* in: Schimansky/Bunte/Lwowski, Vor. § 104 Rn. 26.

409 *Lehmann,* in: MükoBGB, Internationales Finanzmarktrecht, Rn. 37 ff.; *Lutter/Bayer/J. Schmidt,* in: EuropUR, 14.8; *Veil,* in: Veil, Europäisches Kapitalmarktrecht, § 7 Rn. 12.

410 M. w. N. zur Erweiterung der MiFID II auf einzelne Primärmarkttatbestände: *Geier/Schmitt,* WM 2013, 915, 917.

411 M. w. N.: Deutsche Kreditwirtschaft, Stellungnahme zu dem Referentenentwurf für ein 1. FiMaNoG vom 16. Oktober 2015, S. 8 f.

412 Die Begebung im Wege der Eigenemission erfolgt üblicherweise durch Festpreisgeschäfte, siehe dazu: *Schäfer,* in: Assmann/Schütze, § 12 Rn. 26; *Bliesener/Schneider,* in: LBS, 17. Kap., § 3 Rn. 22.

413 Für die Zwecke der Einordnung als Handel für eigene Rechnung aus Sicht des Platzierungskonsortiums ist ferner entscheidend, ob es hierfür eine feste Übernahmeverpflichtung übernimmt, sodass ein Emissionsgeschäft nach § 2 Abs. 8 Nr. 5 WpHG vorliegen würde. Andernfalls werden die Geschäfte im sogenannten best efforts underwriting zivilrechtlich im Wege eines Kommissionsgeschäfts abgeschlossen, was im Sinne des WpHG ein Platzierungsgeschäft darstellt, siehe dazu: *Bliesener/Schneider,* in: LBS, 17. Kap., § 3 Rn. 22.

Vor- und Nachhandelstransparenzvorschriften bewegen[414]. Doch auch für die Annahme, dass Primärmarktaktivitäten für die Bestimmung des systematischen Internalisierers letztlich irrelevant sind, sprechen mehrere Gründe. Der regulatorische Hintergrund für die Etablierung der systematischen Internalisierung war, Handelsplätze für den durch die Internalisierung verursachten Liquiditätsentzug zu entschädigen[415]. Sofern ein Finanzinstrument aber noch nicht an einem Handelsplatz als Sekundärmarkt gehandelt wird, erleidet dieser auch keinen Liquiditätsentzug. Dies drückt sich wiederum in der Schwellenwertberechnung aus, die ja gerade einen Vergleich mit dem Gesamthandel (einschließlich Handelsplätze) anstrebt. Da Handelsdaten für an Handelsplätzen abgeschlossene Geschäfte erst nach Handelsbeginn verfügbar sein werden, erscheint es wenig plausibel, bei der Berechnung im Vorfeld stattgefundene Primärmarktgeschäfte miteinzubeziehen[416]. Ohnehin sind an den Primärmarktgeschäften nur die Emittenten, die Platzeure und deren Investoren beteiligt[417], sodass ein anderweitiger Handel, der in der Schwellenwertberechnung berücksichtigt werden könnte, gar nicht stattfindet. Für diese Auslegung spricht auch der Wortlaut des Art. 17 UAbs. 2 MiFID II-VO, wonach neu ausgegebene Instrumente bei der Beurteilung zu berücksichtigen sind, wenn historische Daten einen Zeitraum von sechs Wochen bzw. drei Monaten abdecken. Ein Finanzinstrument wird erst dann neu ausgegeben sein, wenn dessen Primärmarktaktivitäten beendet sind. In der Begründung zum Regierungsentwurf zum 2. FiMaNoG hat der nationale Gesetzgeber schließlich bestätigt, dass der Tatbestand der Eigenemission nicht der systematischen Internalisierung unterfällt[418]. Während der Gesetzgeber die Reichweite der Primärmarktausnahme also sachlich einschränkte, widmete sich anschließend auch ESMA im Rahmen ihrer Q&A zu Transparenzthemen der Primärmarktausnahme und bekräftigte, dass im Primärmarkt abgeschlossene Geschäfte in der Schwellenwertberechnung des systematischen Internalisierers generell unberücksichtigt bleiben[419]. Folglich werden neben Eigenemissionen auch Fremdemissionen, die im Wege einer festen Übernahmeverpflichtung

414 ESMA, Final Report vom 28. September 2015, S. 144.

415 *Hirte/Möllers,* KölnKommWpHG, § 32 WpHG Rn. 2; *Kumpan,* ECFR 2006, 383, 405; *Seitz,* AG 2004, 497, 503.

416 Deutsche Kreditwirtschaft, Stellungnahme zu dem Referentenentwurf für ein 2. FiMaNoG vom 30. September 2016, S. 11.

417 *Lehmann,* in: MükoBGB, Internationales Finanzmarktrecht, Rn. 37.

418 Begründung zum Regierungsentwurf für ein 2. FiMaNoG vom 21. Dezember 2016, S. 267.

419 ESMA, Q&A on transparency topics, Abschnitt 7, Frage 3.

verkauft werden, für die Einordnung als systematische Internalisierung sowohl aus Sicht des Emittenten als auch aus Sicht des Platzierungskonsortiums unbeachtlich sein. Primär- und Sekundärmarktgeschäfte können sich allerdings zeitlich überlappen, sodass die Trennlinie zwischen Primär- und Sekundärmarkt nicht immer eindeutig zu erkennen sein wird. Sollten Primärmarktaktivitäten unternommen werden, obwohl Instrumente der jeweiligen Tranche bereits an einem Handelsplatz gehandelt werden, wäre die Primärmarktausnahme wohl verwirkt.

2. *Kontrahentengeschäfte*

Nach § 68 WpHG sind bestimmte Vorschriften des WpHG nicht auf Geschäfte mit geeigneten Gegenparteien im Sinne von § 67 Abs. 4 WpHG anwendbar. Geschäfte in Ausführung von Kundenaufträgen im Sinne von § 2 Abs. 8 Nr. 2 lit. b) WpHG können aber auch dann erfolgen, wenn der Kontrahent der Wertpapierfirma eine geeignete Gegenpartei ist[420]. Wären Geschäfte mit geeigneten Gegenparteien von vornherein im Rahmen der Prüfung, ob eine systematische Internalisierung vorliegt, ausgenommen, bestünde die Gefahr, dass der mit der systematischen Internalisierung intendierte Schutz des Preisbildungsmechanismus unterminiert würde. Für das jeweilige Geschäft wird daher insbesondere zu prüfen sein, ob das von der BaFin geforderte Ungleichgewicht zwischen der Wertpapierfirma und dem Kontrahenten vorliegt.

3. *Hedgegeschäfte*

Gegen das aus einer Auftragsausführung auf eigene Rechnung entstandene Preisrisiko sichert sich die Wertpapierfirma in der Regel durch ein gegenläufiges Sicherungsgeschäft ab. Führt eine Wertpapierfirma beispielsweise den Verkaufsauftrag eines Kunden in Bezug auf eine Anleihe aus, könnte sie das der Anleihe unterliegende Zinsrisiko durch einen Zinsfuture absichern. Das Hedgegeschäft wird damit mittelbar durch das Kundengeschäft veranlasst, da sich die Wertpapierfirma ohne das Kundengeschäft nicht absichern müsste. Ein unmittelbarer Kundenbezug wird aber zu verneinen sein, da es im Ermessen der Wertpapierfirma steht, ob und wie sie sich gegen dieses Risiko schützt. Für den Kunden ist es irrelevant. Insofern fehlt es dem Absicherungsgeschäft an dem für die Kundenauftragsausführung

---

420 So auch schon: *Beck/Röh*, in: KMRK, § 32 WpHG Rn. 10 mit Verweis auf Erwägungsgrund 40 MiFID I, wonach geeignete Gegenparteien als Kunden anzusehen sind und welcher in Erwägungsgrund 103 MiFID II übernommen wurde; wohl **a. A.**: *Gobbo*, EBLR 2009, 63, 64.

erforderlichen Dienstleistungsmerkmal, sodass ein Eigengeschäft vorliegt. Geschäfte ohne unmittelbaren Transaktions- bzw. Kundenbezug können für die Zwecke der systematischen Internalisierung damit unberücksichtigt bleiben, selbst wenn diese auf eigene Rechnung abgeschlossen werden. Eine Ausführung eines Kundenauftrags liegt insbesondere nicht vor, wenn es sich um nach Art. 12 NEK-Transparenz-VO von der Nachhandelstransparenzpflicht ausgenommene Geschäfte handelt, die nicht zur Preisbildung beitragen[421].

4. *Anleihenrückkäufe (bond buy backs)*

Anleihenrückkäufe werden häufig dann durch Emittenten durchgeführt, wenn der Kurswert unter dem ursprünglichen Ausgabepreis liegt oder wenn sich der unter der Anleihe zu zahlende Zins deutlich über dem Zinsniveau befindet[422]. Anleihenrückkäufe sind für Emittenten daher ein Mittel, um das Bilanzbild zu verbessern und sich zu günstigeren Konditionen zu refinanzieren. In den Anleihebedingungen ist häufig das Recht des Emittenten eingeräumt, die Anleihen zu erwerben[423]. Soweit die Initiative von dem Emittenten selbst ausgeht, wird zwar ein Handeln auf eigene Rechnung, aber keine Ausführung eines Kundenauftrags vorliegen. Dies wird insbesondere der Fall sein, soweit der Emittent eine große Anzahl von Anleihen über ein Rückkaufprogramm zurückkaufen möchte. Dies ist entweder als Angebot des Kaufinteressenten oder als Aufforderung an die Anleihegläubiger ausgestaltet, dem Emittenten die von den Gläubigern gehaltenen Anleihen nach Maßgabe der im öffentlichen Rückkaufangebot genannten Bedingungen anzubieten[424]. Ein anderes Ergebnis würde sich indes ergeben, sofern ein Emittent auf Anfrage eines Gläubigers eine Anleihe zurücknimmt.

VI. Quantitative Schwellenwerte

Handelsaktivitäten, die die vorstehend genannten Kriterien erfüllen, müssen im Rahmen der periodischen Schwellenwertbetrachtung überwacht werden. Die quantitative Konkretisierung für die Kriterien „in systematischer Weise häufig"

---

421 ESMA, Q&A on transparency topics, Abschnitt 7, Frage 3. Solche Geschäfte sind demnach weder im Zähler noch im Nenner in der Schwellenwertberechnung zu berücksichtigen.

422 M. w. N. zu zivil- und kapitalmarktrechtlichen Auswirkungen: *Bredow/Sickinger/Weinand-Härter/Liebscher,* BB 2012, 2134, 2137.

423 *Bredow/Sickinger/Weinand-Härter/Liebscher,* BB 2012, 2134, 2135

424 *Tetzlaff,* in: Schimansky/Bunte/Lwowski, 4. Aufl., § 88 Rn. 110; *Bredow/Sickinger/Weinand-Härter/Liebscher,* BB 2012, 2134, 2140 f.

bzw. „in erheblichem Umfang“ erfolgte auf Grundlage eines Technical Advice[425], welchen ESMA erarbeitete und dessen Berechnungsgrundlagen die Kommission im Wesentlichen übernommen hat. Nach den Art. 12 ff. der MiFID II-VO variieren die Schwellenwerte in Abhängigkeit davon, um welche Finanzinstrumente es sich handelt. Vorgegebene Obergrenzen sollen sicherstellen, dass ein außerbörslicher Handel nur dann im Anwendungsbereich der systematischen Internalisierung liegt, soweit wesentliche Auswirkungen auf die Preisgestaltung zu befürchten sind[426]. Gleichzeitig sollen Handelsaktivitäten, die so gering sind, dass die Einhaltung der Pflichten der systematischen Internalisierer unverhältnismäßig wäre, ausgeschlossen werden (Erwägungsgrund 18 MiFID II-VO). Die Idee, Handelsteilnehmer anhand von Kennzahlen zu kategorisieren und mit entsprechenden Pflichten zu versehen, findet unter anderem auch in der US-amerikanischen Regulation ATS[427] Anwendung und ist nicht neu. Kritisiert wird allerdings, dass ESMA die Frage, inwieweit sich die neuen Kennzahlen auch ökonomisch begründet lassen, unbeantwortet ließ[428].

1. *In systematischer Weise häufig*

Ob eine Wertpapierfirma „in systematischer Weise häufig“ Eigenhandel betreibt, bemisst sich nach der MiFID II-VO nach der Zahl der OTC-Geschäfte mit einem bestimmten Finanzinstrument, die von der Wertpapierfirma für eigene Rechnung durchgeführt werden, wenn sie Kundenaufträge ausführt. Neben dem zugrunde liegenden Nichteigenkapitalinstrument differenzieren die Art. 12 ff. der MiFID II-VO danach, ob für das jeweilige Finanzinstrument ein liquider Markt vorhanden ist. Die unterschiedliche Behandlung von liquiden und illiquiden Instrumenten begründete ESMA damit, dass auch im Kontext der Vorhandelstransparenz nach Art. 18 MiFIR eine entsprechende Differenzierung vorgenommen werde[429]. In Bezug auf eine Schuldverschreibung mit einem liquiden Markt wird beispielsweise

---

425 ESMA, Technical Advice vom 19. Dezember 2014.

426 ESMA, Consultation Paper vom 22. Mai 2014, S. 193.

427 Siehe: 17 C.F.R. § 242.301.

428 *Seiffert*, in: MiFID II/MiFIR, Umsetzung in der Bankenpraxis, S. 274. In ihrer Konsultation wies ESMA auf quantitative Analysen hin, die in Bezug auf die Nichteigenkapitalinstrumente durchgeführt wurden, siehe dazu: ESMA, Consultation Paper vom 22. Mai 2014, S. 193; allgemein zum Für und Wider von quantitativen Definitionen: *Gomber/Seitz*, Vierteljahreshefte zur Wirtschaftsforschung (74) 2005, 153, 157; *Mutschler*, Internalisierung der Auftragsausführung im Wertpapierhandel, S. 183.

429 ESMA, Technical Advice vom 19. Dezember 2014, S. 228; kritisch: *Seiffert*, in: MiFID II/MiFIR, Umsetzung in der Bankenpraxis, S. 271, mit der nachvollziehbaren

nach Art. 13 Abs. 1 lit. a) MiFID II-VO ein systematisches und häufiges Handeln angenommen, wenn die Zahl der OTC-Geschäfte, die die Wertpapierfirma für eigene Rechnung im Rahmen der Ausführung von Kundenaufträgen abschließt, in einem Betrachtungszeitraum von sechs Monaten mindestens 2,5% aller der mit diesem Finanzinstrument über Handelsplätze und außerbörslich ausgeführten Transaktionen innerhalb der EU ausmacht. Daneben muss die Wertpapierfirma ein solches Geschäft im Durchschnitt mindestens einmal pro Woche durchgeführt haben. Soweit eine Schuldverschreibung dagegen keinen liquiden Markt besitzt, kommt es allein auf das letztgenannte Merkmal an[430]. Die folgende Übersicht[431] zeigt die relevanten Schwellenwerte für Nichteigenkapitalinstrumente[432], die je nach Finanzinstrument nur minimal variieren. ESMA hatte sich im Technical Advice vom 19. Dezember 2014 insbesondere für einen Gleichlauf von Schuldverschreibungen und Derivaten ausgesprochen[433].

		Schuldverschreibungen	Strukturierte Finanzprodukte	Derivate	Emissionszertifikate
Häufiger Handel: Schwelle für <u>liquide</u> Instrumente	*Anzahl der Transaktionen der Wertpapierfirma auf eigene Rechnung OTC/Gesamtzahl der Transaktionen in demselben Finanzinstrument in der EU*	2,5% und mind. 1-mal wöchentlich im Ø	4% und mind. 1-mal wöchentlich im Ø	2,5% und mind. 1-mal wöchentlich im Ø	4% und mind. 1-mal wöchentlich im Ø
Häufiger Handel: Schwelle für <u>illiquide</u> Instrumente	*Minimale Handelsfrequenz*	mind. 1-mal wöchentlich im Ø	mind. 1-mal wöchentlich im Ø	mind. 1-mal wöchentlich im Ø	mind. 1-mal wöchentlich im Ø

Abb. 1: Häufiger Handel in Nichteigenkapitalinstrumenten. Eigene Darstellung.

Begründung, dass in Abs. 4 Abs. 1 Nr. 20 MiFID II keine Differenzierung zwischen liquiden und illiquiden Instrumenten erfolgt.

430 Siehe auch zur Schwellenwertberechnung: *Gebauer*, in: Assmann/Schneider/Mülbert, Art. 18 MiFIR Rn. 12 ff.

431 Eigene Darstellung.

432 Zu der Bestimmung von Handelsaktivitäten in Eigenkapitalinstrumenten als systematische Internalisierung: *Seiffert*, in: MiFID II/MiFIR, Umsetzung in der Bankenpraxis, S. 274.

433 ESMA, Technical Advice vom 19. Dezember 2014, S. 228.

2. *In einem erheblichen Umfang*

Ob der Handel einen erheblichen Umfang ausmacht, bemisst sich entweder nach dem Anteil, den der OTC-Handel am Gesamthandelsvolumen der Wertpapierfirma in einem bestimmten Finanzinstrument hat. Das Gesamthandelsvolumen der Wertpapierfirma im Nenner umfasst dann auch Geschäfte, die im Namen von Kunden ausgeführt werden, und reine Eigengeschäfte ohne Kundenbezug. Alternativ ist auf das Gesamthandelsvolumen in der EU in dem jeweiligen Finanzinstrument abzustellen. Somit internalisiert eine Wertpapierfirma in einer Schuldverschreibung gem. Art. 13 Abs. 1 lit. c) MiFID II-VO in einem erheblichen Umfang, wenn der Umfang 25% des Gesamtumsatzes der Wertpapierfirma mit dieser Schuldverschreibung erreicht oder überschreitet oder wenn der Umfang 1% oder mehr des gesamten Umsatzes in der EU ausmacht[434]. Nachstehend sind die für die Nichteigenkapitalinstrumente relevanten Schwellenwerte aufgeführt[435]:

		Schuldverschreibungen	Strukturierte Finanzprodukte	Derivate	Emissionszertifikate
Handel in erheblichem Umfang: Kriterium 1	*OTC-Handelsumfang der Wertpapierfirma in einem Finanzinstrument auf eigene Rechnung/Gesamtumsatz in dem selben Finanzinstrument von der Wertpapierfirma*	25%	30%	25%	30%
Handel in erheblichem Umfang: Kriterium 2	*OTC-Handelsumfang der Wertpapierfirma in einem Finanzinstrument auf eigene Rechnung/ Gesamtumsatz in dem selben Finanzinstrument in der EU*	1%	2,25%	1%	2,25%

Abb. 2: Umfangreicher Handel in Nichteigenkapitalinstrumenten. Eigene Darstellung.

434 Die deutsche Sprachfassung der Art. 13 ff. MiFID II-VO ist an mehreren Stellen ungenau. So wird nicht auf einen Handel in einem erheblichen Umfang referenziert, sondern stattdessen auf „wesentliche" Internalisierung. Daneben geht aus der deutschen Fassung nicht genau hervor, dass die beiden Kriterien für den Handel in einem erheblichen Umfang alternativ zu verstehen sind, was in der englischen Sprachversion mit einem „either" gelöst wurde.

435 Eigene Darstellung.

3. Berücksichtigung von Drittstaatensachverhalten

Auch bei der systematischen Internalisierung zeigen sich Implikationen des Brexit. Wenn die Berechnung der Gesamthandelsaktivitäten künftig das Handelsgeschehen in London nicht mehr berücksichtigt, fällt nämlich der empirisch wichtigste Bestandteil im Nenner weg. Überhaupt stellt sich mit Blick auf den dann noch bedeutender werdenden Handel mit Drittlandfirmen die Frage nach der Relevanz für die systematische Internalisierung. Aus dem Wortlaut der Art. 12 ff. MiFID II-VO folgt nicht unmittelbar, inwieweit durch die Einbeziehung in den Zähler und/oder Nenner grenzüberschreitenden Geschäften mit Drittlandbezug Rechnung zu tragen ist. Unsicherheiten können nicht nur entstehen, wenn Drittlandfirmen innerhalb des EWR Handel betreiben, sondern auch, wenn regulierte Wertpapierfirmen an außerhalb der EU gelegenen Handelsplätzen Geschäfte abschließen. ESMA hat die Drittstaatenproblematik erkannt und kurz vor Jahresende 2017 versucht, diese in ihren Q&A zu lösen[436]. Hiernach gilt der Grundsatz, dass zwischen EU-Wertpapierfirmen an Dritthandelsplätzen abgeschlossene Geschäfte nicht im Nenner zu berücksichtigen sind, sofern der Markt aufgrund seines Transparenzniveaus gleichwertig ist[437]. Andernfalls wird das zugrunde liegende Geschäft wie ein außerhalb eines Handelsplatzes ausgeführtes OTC-Geschäft behandelt[438]. Für die Relevanz eines OTC-Geschäfts innerhalb der Schwellenwertkalkulation ist wiederum entscheidend, ob in der Transaktion eine zugelassene Wertpapierfirma, eine Tochtergesellschaft oder eine Zweigniederlassung involviert ist[439]. Geschäfte zwischen zugelassenen Wertpapierfirmen und Gegenparteien mit Sitz außerhalb der EU gelten immer als innerhalb der EU abgeschlossen[440]. Aufgrund ihrer rechtlichen Selbstständigkeit unterliegen Handelsaktivitäten von Tochtergesellschaften dem Aufsichtsregime ihres Herkunftsstaats. Sie sind folglich für die Bestimmung der systematischen Internalisierung relevant, falls die Tochtergesellschaft ihren Sitz in der EU hat[441]. Demgegenüber werden unselbstständige Zweigniederlassungen

---

436 ESMA, Q&A on transparency topics, Abschnitt 9, Frage 2.

437 ESMA, Q&A on transparency topics, Abschnitt 9, Frage 2, Fallbeispiel 1. Ein Markt eines Drittlandes wird als gleichwertig gesehen, wenn die Anforderungen und Verfahren von Artikel 4 Abs. 1 UAbs. 4 und 5 der Richtlinie 2003/71/EG erfüllt sind, Art. 25 Abs. 4 lit. a) MiFID II.

438 ESMA, Q&A on transparency topics, Abschnitt 9, Frage 2, Fallbeispiel 2.

439 M. w. N. und diversen Fallbeispielen: ESMA, Q&A on transparency topics, Abschnitt 9, Frage 2, Fallbeispiel 1.

440 ESMA, Q&A on transparency topics, Abschnitt 9, Frage 2, Fallbeispiel 2.

441 ESMA, Q&A on transparency topics, Abschnitt 9, Frage 2, Fallbeispiele 5 und 13.

eines Drittlandes aufsichtsrechtlich wie ihre EU-Muttergesellschaft behandelt, sodass Handelsaktivitäten ausländischer Zweigniederlassungen zugerechnet werden[442]. Soweit ein Anbieter aus einem Drittstaat im umgekehrten Fall für die Erlangung einer erforderlichen Erlaubnis eine Zweigniederlassung im Inland gründet, müssen deren Handelsgeschäfte in der Schwellenwertkalkulation ebenfalls berücksichtigt werden[443]. Nach nationalem Aufsichtsrecht ergibt sich dies schon aus § 53 KWG, der eine Zweigstelle im Inland als Kreditinstitut oder Finanzdienstleistungsinstitut fingiert.

D. Rechtliche Würdigung und Auswirkungen auf die Praxis

Es wird sich zeigen, wie sich diese Schwellenwerte in der Praxis auswirken. Nach der alten Rechtslage war es möglich, dass selbst kleine Häuser systematischer Internalisierer werden konnten, wenn die Internalisierung für sie eine kommerziell bedeutende Rolle spielte. Dadurch, dass der neue Tatbestand an einen Vergleich mit Gesamthandelsaktivitäten in der EU anknüpft, werden eher große Wertpapierfirmen unter diesen Tatbestand fallen. Die BaFin jedenfalls erwartet mehr systematische Internalisierer[444]. Tatsächlich betrug die Zahl systematischer Internalisierer Ende Oktober bereits über 20 deutsche Wertpapierfirmen[445].

I. Betroffene Handelsaktivitäten und Instrumente

Ob eine Wertpapierfirma die relevanten Schwellenwerte erreicht, hängt von der jeweiligen Handelsstrategie ab, die sie verfolgt. Betroffen sind grundsätzlich diejenigen Handelsaktivitäten, die auf eigene Rechnung zur Ausführung von Kundenaufträgen außerhalb von Handelsplätzen erfolgen. Insbesondere Geschäfte mit verbrieften Derivaten finden mangels weiterer Publikumsnachfrage häufig direkt über den jeweiligen Emittenten statt, der entweder börslich oder außerbörslich als Market Maker agiert[446]. Im außerbörslichen Direkthandel stellt der Emittent dabei auf Anfrage des Kunden einen (meist unverbindlichen) Preis für das von dem Kunden angefragte verbriefte Derivat[447]. Auf der Basis dieser Quotierung kann der Kunde dann entscheiden, ob er den Preis annimmt. Für

442 ESMA, Q&A on transparency topics, Abschnitt 9, Frage 2, Fallbeispiel 4.

443 ESMA, Q&A on transparency topics, Abschnitt 9, Frage 2, Fallbeispiel 10.

444 *Kalbhenn*, Börsen-Zeitung vom 30. September 2016, S. 5, mit Verweis auf einen Vortrag der BaFin Exekutivdirektorin Roegele.

445 ESMA, Liste der registrierten systematischen Internalisierer.

446 Siehe dazu: Dritter Abschnitt E. II.

447 *Fleckner/Vollmuth*, WM 2004, 1263, 1266; *Mülbert*, WM 2007, 1149, 1152.

derivative Geschäfte dagegen findet unter den Voraussetzungen der Art. 28, 32 MiFIR eine Handelspflicht Anwendung. Insbesondere für liquide Zins- und Kreditderivate, für die bereits eine Clearingpflicht besteht, kann dies der Fall sein[448]. Für die Erfüllung der Handelspflicht dürfen systematische Internalisierer nicht genutzt werden. Da derivative Geschäfte in der Regel mit geeigneten Gegenparteien abgeschlossen werden, wird das von der BaFin geforderte Ungleichgewicht zwischen Wertpapierfirma und Gegenpartei nicht immer vorliegen, sodass gegebenenfalls erst gar kein Eigenhandel stattfindet. Für derivative Geschäfte ist daher insgesamt von einer geringeren Betroffenheit auszugehen. Wie der Handel mit verbrieften Derivaten erfolgt auch der Anleihenhandel oft im Wege bilateraler Geschäfte[449]. Die Deutsche Kreditwirtschaft hatte darauf hingewiesen, dass Banken dem Markt hierfür Liquidität zur Verfügung stellen, indem sie Anleihen kaufen bzw. verkaufen und diese Positionen in ihre eigenen Bücher aufnehmen[450]. Hierfür wird häufig in dem jeweiligen Übernahmevertrag zwischen dem Emittenten und den Konsortialbanken festgelegt, dass ein Market Maker auf Anfrage Geld- und Briefkurse je nach Laufzeitenspektrum quotiert[451]. In der Praxis übernimmt meist der Konsortialführer diese Aufgabe, welche aber auch von dem Emittenten wahrgenommen werden kann, soweit dieser die für das Erbringen von Wertpapierdienstleistungen notwendige Zulassung besitzt[452]. Für die Anleihemärkte wurde antizipiert, dass die in der MiFID II-VO festgelegten Schwellenwerte so hoch angelegt seien, dass viele Händler nicht in den Anwendungsbereich für Fremdemissionen fallen würden[453]. Aus Emittentensicht könnte dagegen eher die Gefahr bestehen, infolge des außerbörslichen Eigenhandels für eigene Anleihen den Status des systematischen Internalisierers zu erlangen. Dies kann, wie aufgezeigt[454], vor allem durch die

---

448 Zur Übersicht: BaFin, Clearingpflicht bei Derivaten.

449 CGFS Papers, Market-Making and Proprietary Trading, S. 5; Deutsche Kreditwirtschaft, Stellungnahme zu den Vorschlägen der Kommission zu MiFID II/MiFIR, S. 5.

450 Deutsche Kreditwirtschaft, Stellungnahme zu den Vorschlägen der Kommission zu MiFID II/MiFIR, S. 6.

451 *Hartwig-Jacob*, in: Ekkenga/Schröer, Handbuch der AG-Finanzierung, Emission von Unternehmensanleihen, Rn. 23.

452 *Hartwig-Jacob*, in: Ekkenga/Schröer, Handbuch der AG-Finanzierung, Emission von Unternehmensanleihen, Rn. 426; zur Abgrenzung zur Kursstabilisierung und der Bedeutung der Marktmanipulation in diesem Zusammenhang: *ders.*, in: Ekkenga/Schröer, Handbuch der AG-Finanzierung, Emission von Unternehmensanleihen, Rn. 401.

453 ICMA, MiFID II/R, Systematic Internalisers, Q&A for bond markets, S. 4.

454 Siehe dazu: Vierter Abschnitt C. V. 4.

Rücknahme von selbst emittierten Anleihen ausgelöst werden, wenn diese auf einen Kundenauftrag zurückgeht. Die Handelseigenschaften von Anleihen sind mit denen von strukturierten Finanzprodukten vergleichbar[455]. Obwohl strukturierte Finanzprodukte grundsätzlich börsenfähig sind, werden sie aufgrund ihrer großen Mindeststückelung häufig über institutionelle Anleger außerhalb von Handelsplätzen gehandelt[456], sodass auch hier eine Betroffenheit bestehen kann. Zur Vermeidung von Redundanzen und angesichts der Reaktionen im Gesetzgebungs- und Konsultationsverfahren[457] sollen sich die Folgeuntersuchungen jedoch auf verbriefte Derivate und Anleihen konzentrieren[458].

II. Beurteilungszeiträume und Anwendungsfristen

Die vorgenannten Schwellenwerterechnungen sind vierteljährlich auf der Grundlage der vergangenen sechs Monate durchzuführen, Art. 17 UAbs. 1 MiFID II-VO. Die Beurteilungsstichtage sind jeweils der erste Arbeitstag der Monate Januar, April, Juli und Oktober. Neu emittierte Nichteigenkapitalinstrumente werden nur berücksichtigt, wenn ein Zeitraum von sechs Wochen abgedeckt werden kann, Art. 17 UAbs. 2 MiFID II-VO. Andernfalls könnte es infolge des vermehrten Handels nach Emissionen zu nicht repräsentativen Ergebnissen kommen[459]. Die Veröffentlichungen der Handelsdaten durch ESMA erfolgen jeweils bis zum ersten Kalendertag der Monate Februar, Mai, August und November eines jeden Jahres. Für die Wertpapierfirma besteht nach Veröffentlichung der Ergebnisse eine Frist von zwei Wochen, um die notwendigen Berechnungen vorzunehmen und die relevanten Pflichten einzuhalten[460]. Mit dieser Regelung bewirkt ESMA einen Gleichlauf zu den Veröffentlichungsterminen

---

455 ESMA, Consultation Paper vom 19. Dezember 2014, S. 102 ff., wonach ESMA Anleihen und strukturierte Finanzprodukte unter „Fixed Income Products“ zusammenfasste, um die Liquidität zu bestimmen.

456 *Zeising*, BKR 2007, 311, 316.

457 Siehe nur: DDV, Stellungnahme zu dem Consultation Paper 19 December 2014, S. 18 ff.; Deutsche Kreditwirtschaft, Stellungnahme zu den Vorschlägen der Kommission zu MiFID II/MiFIR, S. 5; ICMA, MiFID II/R, Systematic Internalisers, Q&A for bond markets, S. 4.

458 Die besondere Praxisrelevanz der systematischen Internalisierung für Geschäfte in Schuldverschreibungen betont auch: *Baur*, jurisPR-BKR 6/2017, Anm. 1.

459 ESMA, Consultation Paper vom 19. Dezember 2014, S. 222.

460 ESMA, Q&A on transparency topics, Abschnitt 7, Frage 1, woraus sich ergibt, dass die Frist zur Anwendbarkeit jeweils am 15. der Monate Februar, Mai, August und November endet.

des Liquiditätsstatus von Anleihen[461]. Da zunächst jedoch Handelsdaten für einen Zeitraum von sechs Monaten zur Verfügung stehen müssen, hatte ESMA in einer Übergangsregelung ursprünglich festgelegt, dass die erste Veröffentlichung bis zum 1. August 2018 zu erfolgen hatte[462]. Danach sollte den Wertpapierfirmen einmalig eine Anwendungsfrist von bis zu vier Wochen gewährt werden. Am 12. Juli 2018 gab ESMA jedoch bekannt, den avisierten Zeitplan nur für Eigenkapitalinstrumente und Schuldverschreibungen einhalten zu können. Mangels robuster Marktdaten müsse die Veröffentlichung der Handelsdaten der übrigen Finanzinstrumente abermals auf den 1. März 2019 zurückgestellt werden[463]. Abweichend von dem Geltungsbeginn von MiFID II und MiFIR zum 3. Januar 2018 wurde der der systematischen Internalisierung in Abhängigkeit des zugrunde liegenden Finanzinstruments damit bis auf den 1. September 2018 bzw. auf den 1. März 2019 verschoben[464].

III. Mitteilungspflicht

Sobald eine Wertpapierfirma erkennt, dass sie die Schwellenwerte überschritten hat, hat sie dies sowie die betroffenen Finanzinstrumente bzw. Klassen der BaFin nach § 79 WpHG mitzuteilen[465], die diese Informationen an ESMA übermittelt. § 79 WpHG ist nicht als konstitutive Registrierungspflicht, sondern als reine Mitteilungspflicht zu verstehen[466]. Systematischer Internalisierer wird eine Wertpapierfirma daher nicht durch formellen Rechtsakt, sondern durch tatsächliches Verhalten[467]. Für die Mitteilungspflicht an die Behörde gilt die zuvor geschilderte 2-Wochen-Frist gleichermaßen[468]. Die Mitteilung kann auch von Dritten übernommen werden. Die Deutsche Börse bietet hierfür eine technische Benachrichtigungsfunktion an und übernimmt in diesem Rahmen auch die Überwachung der Schwellenwerte[469].

---

461 Siehe dazu: Dritter Abschnitt E. I. 1.

462 Diese basiert dann auf Handelsdaten vom 3. Januar 2018 bis zum 30. Juni 2018.

463 ESMA, Q&A on transparency topics, Abschnitt 7, Frage 1, die ESMA am 12. Juli 2018 aktualisiert hat.

464 ESMA, Q&A on transparency topics, Abschnitt 7, Frage 1.

465 Siehe dazu auch: ESMA, Q&A on transparency topics, Abschnitt 7, Frage 6. Der Behörde bleibt es jedoch unbenommen, weitere Informationen anzufordern.

466 *Gebauer*, in: Assmann/Schneider/Mülbert, § 79 WpHG Rn. 11.

467 Wohl **a.A.**: *Buck-Heeb*, Kapitalmarktrecht, § 3 Rn. 134.

468 ESMA, Q&A on transparency topics, Abschnitt 7, Frage 1. Bis zum 15. eines Folgemonats hat die Mitteilung an die Behörde daher zu erfolgen.

469 *Groß*, Börsen-Zeitung vom 30. Januar 2016, Sonderbeilage: Regulierung, B3.

IV. Verlust des Status als systematischer Internalisierer

Umgekehrt ist eine Vorschrift dazu, wie eine Wertpapierfirma den Status als systematischer Internalisierer wieder verliert, im WpHG nicht unmittelbar zu finden. Korrespondierend mit § 79 WpHG hat ESMA jedoch bekräftigt, dass ein systematischer Internalisierer diesen Status wieder verliert, wenn er die relevanten Schwellenwerte nicht mehr überschreitet[470].

V. Strategische Erwägungen und freiwillige Selbstunterwerfung

Auch wenn die Schwellen nicht überschritten werden, obliegt der Wertpapierfirma die Pflicht zur fortlaufenden Überwachung, um eine Überschreitung ausschließen oder auch rechtzeitig antizipieren zu können[471]. Es ist denkbar, dass Wertpapierfirmen versuchen, das Überschreiten der Schwellenwerte und damit die Qualifizierung als systematischer Internalisierer bewusst zu vermeiden. Dies könnte eine Wertpapierfirma zum Beispiel dadurch erreichen, dass sie Kundenaufträge nicht OTC, sondern über Handelsplätze ausführt bzw. dass sie nur noch im Wege des Kommissionsgeschäfts handelt. Diese Geschäfte sind nicht nur für die systematische Internalisierung irrelevant. Sie erhöhen gleichzeitig die Gesamthandelsaktivität bzw. den Gesamtumsatz im „Nenner", sodass sich die Wahrscheinlichkeit einer Schwellenwertüberschreitung verringert. Wenn Wertpapierfirmen generell keine Kundenaufträge außerhalb von Handelsplätzen gegen den Eigenbestand durchführen, besteht im Umkehrschluss keine Notwendigkeit, das Einhalten der Schwellenwerte zu überprüfen. Umgekehrt können sich Wertpapierfirmen nach § 2 Abs. 8 S. 5 WpHG freiwillig den für die systematische Internalisierung geltenden Anforderungen unterwerfen (Opt-In). Dies kann sich zum Beispiel anbieten, wenn sich eine Wertpapierfirma nur für einen Teil ihrer Wertpapiere als systematischer Internalisierer qualifiziert, aber für sämtliche Wertpapiere dieselben internen Prozesse aufsetzen will. Angesichts der weitreichenden Rechtsfolgen scheint es auch wenig praktikabel, wenn die Geschäfte einer Wertpapierfirma in Abhängigkeit der quartalsweisen Ergebnisse mal als herkömmliches Handelsgeschehen und mal als systematische Internalisierung eingeordnet werden[472]. Eine freiwillige Entscheidung kann auch dazu genutzt werden, in einem bestimmten Segment die Marktpräsenz und Kundenbasis

---

470 ESMA, Q&A on transparency topics, Abschnitt 7, Frage 6.

471 *Dreyer/Delgado-Rodriguez,* in: Europäische Finanzmarktregulierung, S. 53; *Happel/Süss,* in: MiFID II/MiFIR, Umsetzung in der Bankenpraxis, S. 252, m. w. N. zur technischen Umsetzung.

472 *Seiffert,* in: MiFID II/MiFIR, Umsetzung in der Bankenpraxis, S. 276.

auszubauen. Auch wenn die Anwendungsfrist durch ESMA verschoben wurde, besteht die Möglichkeit des Opt-In bereits seit dem 3. Januar 2018[473].

VI. Granularität der Berechnungen

Die Berechnungen sind auf der Einzelebene des jeweiligen Finanzinstruments durchzuführen. Für Schuldverschreibungen, strukturierte Finanzprodukte und verbriefte Derivate als übertragbare Wertpapiere können die Schwellenwerte anhand der jeweiligen ISIN separat berechnet werden[474]. Soweit Emissionszertifikate und derivative Kontrakte keine Kennung besitzen, soll nach Auffassung von ESMA auf die für die Zwecke der Transparenzbestimmungen gebildeten Klassen rekurriert werden können[475]. Maßgeblich ist die granularste Unterklasse, die für den jeweiligen Derivatetyp verfügbar ist[476]. Die Berechnungen erfolgen daneben immer auf der Einzelebene der Wertpapierfirma. Handelsaktivitäten von Konzerngesellschaften werden gerade nicht zugerechnet. Lediglich für Handelsgeschäfte, die über Zweigniederlassungen abgeschlossen werden, findet eine Konsolidierung auf der Ebene der übergeordneten Wertpapierfirma statt[477].

VII. Konsequenzen einer Überschreitung (Trigger-Mechanismus)

Fraglich ist indes, für welche Instrumente eine Wertpapierfirma systematischer Internalisierer wird, soweit sie die Schwellenwerte überschritten hat. Nach alter Rechtslage wurde angenommen, dass eine Wertpapierfirma grundsätzlich in der Auswahl ihrer Wertpapiere, in denen sie eine systematische Internalisierung anbieten möchte, frei sei, wobei sich der Anwendungsbereich ohnehin nur auf Aktien beschränkte[478]. Für die systematische Internalisierung in Nichteigenkapitalinstrumenten liegt es auf den ersten Blick nahe, dass sich die Rechtsfolgenseite immer auf das Instrument bzw. diejenige Klasse erstrecken sollte, für die die anwendbaren Schwellenwerte überschritten wurden[479].

---

473 ESMA, Q&A on transparency topics, Abschnitt 7, Frage 1.

474 ESMA, Technical Advice vom 19. Dezember 2014, S. 225.

475 ESMA, Technical Advice vom 19. Dezember 2014, S. 226; siehe dazu: Dritter Abschnitt C.

476 ESMA, Q&A on transparency topics, Abschnitt 7, Frage 4.

477 ESMA, Q&A on transparency topics, Abschnitt 7, Frage 2.

478 *Seiffert*, in: MiFID II/MiFIR, Umsetzung in der Bankenpraxis, S. 268.

479 *Gebauer*, in: Assmann/Schneider/Mülbert, Art. 18 MiFIR Rn. 13.

1. *Vorgaben der delegierten MiFID II-VO*

Die Art. 13 ff. der MiFID II-VO sehen nach Maßgabe des Finanzinstruments wiederum einen differenzierten Ansatz vor. So heißt es in Art. 13 (Schuldverschreibungen) und Art. 14 (strukturierte Finanzprodukte) MiFID II-VO, dass eine Wertpapierfirma nicht nur für das betreffende Instrument, sondern für alle Schuldverschreibungen bzw. strukturierten Finanzprodukte systematischer Internalisierer wird, die einer Kategorie angehören, welche von dem gleichen Unternehmen oder einem Unternehmen der gleichen Gruppe ausgegeben wurden. Während für die Einteilung in Kategorien wiederum auf die Klassen im Sinne der NEK-Transparenz-VO zurückgegriffen werden kann, umfasst eine „Gruppe" nach § 2 Abs. 27 WpHG i. V. m. Art. 2 Nr. 11 der Bilanzrichtlinie[480] Mutterunternehmen sowie die kontrollierten Tochterunternehmen. Die Vorschrift in Art. 15 der MiFID II-VO referenziert ebenfalls auf Derivate, die einer Kategorie von Derivaten angehören. Sie beschränkt dies jedoch nicht auf Derivate, die von einer Gruppe ausgegeben wurden, und nimmt auch keine Differenzierung zwischen verbrieften Derivaten und anderen Derivaten vor. Ungeachtet der vorhandenen Unteranlageklassen für Emissionszertifikate, bestimmt wiederum Art. 16 MiFID II-VO, dass eine Wertpapierfirma in Bezug auf alle Emissionszertifikate als systematischer Internalisierer auftreten kann.

2. *Auswirkungen*

Seitens der Marktteilnehmer stieß die in den Art. 13 ff. MiFID II-VO vorgesehene Ausdehnung auf Klassen (Trigger-Mechanismus) auf starke Bedenken[481]. Dies ist nachvollziehbar, da nach dem Wortlaut der Vorschriften Szenarien denkbar sind, in denen Wertpapierfirmen für bestimmte Produkte als systematische Internalisierer zu qualifizieren sind, ohne dass sie jemals darin gehandelt haben. Soweit ein Händler auf die Preisstellung für Anleihen einer Konzerngesellschaft spezialisiert ist, läuft er bei einer wörtlichen Interpretation des Art. 13 MiFID II-VO angesichts der Vielfalt von Unternehmensanleihen Gefahr, dass er systematischer Internalisierer für sämtliche Anleihen der Unternehmensgruppe werden kann. Gleichwohl wurde dieser Trigger-Mechanismus durch

480 Richtlinie 2013/34/EU des Europäischen Parlaments und des Rates vom 26. Juni 2013 über den Jahresabschluss, den konsolidierten Abschluss und damit verbundene Berichte von Unternehmen bestimmter Rechtsformen (ABL. L 182 S. 19).

481 Siehe die Stellungnahme von ICMA, MiFID II/MiFIR – Transparency and Best Execution, S. 13, die sich allerdings noch nicht auf die Verordnung in der verabschiedeten Fassung, sondern auf eine Entwurfsfassung (Leaked Version) bezog.

ESMA in ihren – wohlgemerkt nicht berücksichtigungspflichtigen – Q&A bestätigt[482]. Angesichts der klaren Wortlautvorgaben des Art. 13 MiFID II-VO waren der europäischen Aufsichtsbehörde wohl die Hände gebunden. Noch fragwürdigere Ergebnisse würden sich im Bereich der verbrieften Derivate ergeben. Wenn eine Wertpapierfirma durch das Stellen von außerbörslichen An- und Verkaufskursen für einen von ihr emittierten Optionsschein die jeweiligen Schwellenwerte überschreitet, wäre sie nach dem Wortlaut des Art. 15 MiFID II-VO als systematischer Internalisierer für sämtliche verbriefte Derivate zu sehen. Wie bereits im vorherigen Abschnitt kritisiert[483], hat ESMA es versäumt, innerhalb der verbrieften Derivate in weitere Unteranlageklassen zu differenzieren. Im Gegensatz zu Art. 13 MiFID II-VO enthält Art. 15 MiFID II-VO keine Einschränkung auf die Unternehmensgruppe, sodass auch verbriefte Derivate umfasst wären, die von anderen Emittenten begeben wurden. Ein systematischer Internalisierer in verbrieften Derivaten wäre damit schlechtergestellt als ein systematischer Internalisierer in Anleihen. Eine Begründung für diese Ungleichbehandlung liefert der Verordnungsgeber nicht, und angesichts der strengen Rechtsfolgen des Art. 18 MiFIR darf bezweifelt werden, ob dies tatsächlich so gewollt war.

3. *Teleologische Reduktion der Art. 13 ff. MiFID II-VO?*

Zu hoffen bleibt, dass die Kommission den jeweiligen Wortlaut der Art. 13 ff. korrigiert. Bis dahin könnte auf die beschriebenen Unsicherheiten methodisch mithilfe einer teleologischen Reduktion reagiert werden. Die Vorschriften könnten dann im Sinne dessen modifiziert werden, was der europäische Gesetzgeber eigentlich regeln wollte, als er MiFID II/MiFIR erlassen hat.

a) Auslegungsgrundsätze des Unionsrechts

Für die Auslegung des Unionsrechts sind die nach ständiger Rechtsprechung des EuGH entwickelten autonomen Interpretationsmaßstäbe zu beachten[484]. Neben dem Wortlaut einer Vorschrift soll auch dem Zusammenhang sowie

482 ESMA, Q&A on transparency topics, Abschnitt 7, Frage 4.

483 Siehe dazu: Dritter Abschnitt C. IV. 2. a).

484 Siehe m. w. N. zu den Auslegungsgrundsätzen im Europarecht: *Langenbucher*, in: dies., Europäisches Privat- und Wirtschaftsrecht, § 1 Rn. 5; *Oppermann/Classen/Nettesheim*, Europarecht, § 9 Rn. 165; *Pieper*, in: Dauses, EU-Wirtschaftsrecht, B. I. Rn. 7 ff.; speziell mit Blick auf das europäische Kapitalmarktrecht: *Veil*, in: ders., Europäisches Kapitalmarktrecht, § 5 Rn. 40.

den verfolgten Zielen Rechnung zu tragen sein[485]. Auch wenn im Rahmen der unionsrechtlichen Lehre nicht unmittelbar auf die im deutschen Recht etablierten Auslegungsarten rekurriert werden kann, sollen sie doch im Grundsatz mit diesen übereinstimmen[486]. Die Bedeutung, die den Auslegungsarten zukommt, kann dabei jedoch voneinander abweichen[487]. In diesem Zusammenhang wird die prominente Rolle der teleologischen Auslegung in der unionsrechtlichen Methodenlehre von mehreren Stimmen im Schrifttum unterstrichen[488]. Auch wenn der Wortlaut einer Vorschrift stets der Ausgangspunkt der Interpretation ist, gelte das Primat der teleologischen Auslegung[489]. Die teleologische Auslegung findet insbesondere deshalb häufige Anwendung, da andere Auslegungsmethoden aufgrund unterschiedlicher Sprachfassungen und der unterschiedlichen Bedeutung von Rechtsbegriffen nicht immer ausreichend Aufschluss über die Normen und deren gewollten Inhalt geben können[490]. Den Sinn und Zweck einer Vorschrift identifiziert der EuGH weniger anhand kapitalmarkttheoretischer Erkenntnisse, sondern vielmehr mit Blick auf die Erwägungsgründe eines Rechtsakts[491]. Auch die teleologische Reduktion kann Anwendung finden, wenn der Wortlaut zu weit gefasst ist und mit den Zielen einer Norm nicht im Einklang steht[492].

b) *Anwendung auf den Trigger-Mechanismus*

Von dem Wortsinn der zu untersuchenden Art. 13 ff. MiFID II-VO müssten demnach Fälle erfasst sein, die der eigentlichen Zielsetzung widersprechen. Nach den richtungsgebenden Erwägungsgründen 18 MiFIR bzw. 18 MiFID II-VO soll mit einer objektiven Begriffsbestimmung der systematischen Internalisierung sowie

---

485 *Pieper,* in: Dauses, EU-Wirtschaftsrecht, B. I. Rn. 8 u. a. mit Verweis auf: EuGH GRUR Int 2000, 163.

486 *Pieper,* in: Dauses, EU-Wirtschaftsrecht, B. I. Rn. 7; *Veil,* in: ders., Europäisches Kapitalmarktrecht, § 5 Rn. 40.

487 *Veil,* in: ders., Europäisches Kapitalmarktrecht, § 5 Rn. 40; *Harter/Voß,* BB 2017, 1667, 1669.

488 *Oppermann/Classen/Nettesheim,* Europarecht, § 9 Rn. 176; *Veil,* in: ders., Europäisches Kapitalmarktrecht, § 5 Rn. 52; *Harter/Voß,* BB 2017, 1667, 1669.

489 *Selmayr/Ehmann,* in: Ehmann/Selmayr, EU-DSGVO, Einf. Rn. 91.

490 *Pechstein/Drechsler,* in: Riesenhuber, § 7 Rn. 27.

491 *Veil,* in: ders., Europäisches Kapitalmarktrecht, § 5 Rn. 52; *Harter/Voß,* BB 2017, 1667, 1670.

492 *Pieper,* in: Dauses, EU-Wirtschaftsrecht, B. I. Rn. 16 u. a. mit Verweis auf: EuZW 2008, 281; *Pechstein/Drechsler,* in: Riesenhuber, § 7 Rn. 35.

mit entsprechenden Transparenzanforderungen vor allem der Preisbildungsmechanismus geschützt werden. Die systematische Internalisierung bezweckt eine Kompensation des Liquiditätsentzugs, der durch internalisierte Orderausführungen entsteht[493]. Aufgrund der Bestimmungen der Art. 13 ff. MiFID II-VO sind jedoch Konstellationen denkbar, in denen eine Wertpapierfirma Kursofferten für Finanzinstrumente zu stellen hätte, die sie zu keinem Zeitpunkt internalisiert hat. Sie müsste dem Sekundärmarkt also Liquidität zur Verfügung stellen, obwohl anderen Ausführungsorten für das jeweilige Instrument gar keine Liquidität entzogen wurde. Möglicherweise beabsichtigte die Kommission mit dem weiten Wortlaut und dem damit verbundenen Trigger-Mechanismus, dass eine Wertpapierfirma, die sich bereits für bestimmte Nichteigenkapitalinstrumente als systematischer Internalisierer qualifiziert hat, diese Eigenschaft auch für im Rahmen von Folgeemissionen begebene Instrumente wahrnehmen soll. Gegen diese Lesart spricht gleichwohl Erwägungsgrund 19 der höherrangigen MiFIR. Dieser gibt vor, dass die für systematische Internalisierer geltenden Anforderungen für Wertpapierfirmen lediglich in Bezug auf jedes einzelne Finanzinstrument gelten, für das sie als systematischer Internalisierer auftreten. Diesem Ansatz hatte sich auch ESMA ursprünglich in ihrem Technical Advice im Dezember 2014 angeschlossen[494]. Eine Ausnahme sollte lediglich für Emissionszertifikate und unverbriefte Derivate gelten, soweit keine ISIN verfügbar ist[495]. Damit widerspricht sogar die Entstehungsgeschichte der Vorschrift dem jetzigen Wortlaut. Da ESMA selbst eine unterschiedliche Behandlung von verbrieften und unverbrieften Derivaten für notwendig hielt, ist kritisch anzumerken, dass sie dies der Kommission nicht für den jetzigen Art. 15 MiFID II-VO vorgeschlagen hat[496]. Denn Art. 15 MiFID II-VO ist offensichtlich auf derivative Geschäfte und nicht auf verbriefte Derivate ausgelegt. Dies zeigt sich nicht zuletzt daran, dass in Art. 15 der MiFID II-VO keine Einschränkung auf Instrumente vorgenommen wird, die von Gruppenunternehmen emittiert wurden. Bei derivativen Geschäften handelt es sich nämlich um bilaterale Verträge, ohne dass eine der Vertragsparteien als Emittent auftritt bzw. so bezeichnet werden könnte. Auch ein Blick auf die Parallelvorschrift für Eigenkapitalinstrumente zeigt, dass

493 *Hirte/Möllers*, KölnKommWpHG, § 32 WpHG Rn. 2; *Kumpan*, ECFR 2006, 383, 405; *Seitz*, AG 2004, 497, 503.

494 ESMA, Technical Advice vom 19. Dezember 2014, S. 225; so wohl auch: *Schelling*, BKR 2015, 221, 222.

495 ESMA, Technical Advice vom 19. Dezember 2014, S. 225.

496 Siehe zu dem entsprechenden Vorschlag für Derivate, der auf „in a specific class of derivates“ abstellt, ESMA, Technical Advice vom 19. Dezember 2014, S. 233.

eine wörtliche Lesart der Art. 13 ff. MiFID II-VO nicht überzeugen kann. Nach Art. 12 MiFID II-VO erstreckt sich der Umfang der Eigenschaft als systematischer Internalisierer nur auf die ISIN-Ebene[497]. Dies ist umso überraschender, als der Markt für Schuldverschreibungen und verbriefte Derivate deutlich heterogener ist als der von Aktien. In der Regel werden Aktienemittenten nur eine Aktie, aber gleichzeitig mehrere Anleihen ausstehen haben. Den Aktien der Volkswagen AG stehen beispielsweise ca. 180 Anleihen über alle Tochtergesellschaften und Währungen hinweg gegenüber[498]. Auch eine Begründung für die vergleichsweise strengere Regelung für die Nichteigenkapitalinstrumente ist nicht ersichtlich, was in Anbetracht der geringeren Liquidität von Nichteigenkapitalinstrumenten unverständlich ist.

c) Ergebnis

Eine wörtliche Interpretation der Art. 13 ff. MiFID II-VO würde die Bestimmungen zur systematischen Internalisierung in einem Sinn präzisieren, der der eigentlichen Intention widerspricht. Die Anforderungen für systematische Internalisierer sollten sich immer nur auf das jeweilige Finanzinstrument auf der Basis der ISIN beziehen. Nur wenn diese nicht verfügbar ist, sollten die Unteranlage- bzw. die Unterklassen maßgeblich sein. Dieses Ergebnis würde im Übrigen auch das von dem EuGH verwendete und mit der teleologischen Auslegung verwandte Prinzip der nützlichen Wirkung (effet utile) berücksichtigen. Danach ist eine unionsrechtliche Vorschrift nämlich so auszulegen, dass eine möglichst große praktische Wirksamkeit und ein größtmöglicher Nutzen entfalten

---

497 Dies wird zumindest in der englischen Sprachfassung deutlich. Einmal mehr stimmt die deutsche Sprachfassung des Art. 12 der MiFID II-VO nicht mit der entsprechenden Vorschrift der englischen Fassung überein. Während die deutsche Sprachfassung davon spricht, dass eine Wertpapierfirma in Bezug auf „alle Aktien, Aktienzertifikate, börsengehandelte Fonds, Zertifikate und andere vergleichbare Finanzinstrumente" systematischer Internalisierer wird, liest sich die englische Fassung wie folgt: „An investment firm shall be considered to be a systematic internaliser in accordance with Article 4(1)(20) of Directive 2014/65/EU **in respect of each** [Hervorhebung v. Verf.] share, depositary receipt, exchange traded fund (ETF), certificate and other similar financial instrument where it internalises according to the following criteria ...". Die englische Fassung stimmt mit dem Technical Advice vom 19. Dezember 2014 überein und ist auch insofern vorzugswürdig, als im Falle von Abweichungen nach ständiger Rechtsprechung des EuGH die Gemeinschaftsvorschriften einheitlich nach Sinn und Zweck ausgelegt werden müssen, siehe dazu: EuGH EuZW, 2004, 541, 544.

498 *Ruppelt*, Börsen-Zeitung vom 7. Januar 2016, S. 4.

werden[499]. Andernfalls bestünde dagegen die Gefahr, dass Wertpapierfirmen bewusst das Erreichen der Schwellenwerte vermeiden, da das Handelssystem der systematischen Internalisierung aufgrund unverhältnismäßiger Pflichten für sie unattraktiv wäre. Dies stünde im Widerspruch zu der Zielsetzung, die praktische Relevanz der systematischen Internalisierung gegenüber etablierten Handelsplatzbetreibern zu erhöhen. Damit könnte nicht nur das Gegenteil dessen eintreten, was der europäische Gesetzgeber mit dem Erlass von MiFID II/MiFIR erreichen wollte, nämlich mehr Handel auf regulierte Handelssysteme zu transferieren[500]. Auch für die nunmehr seit der MiFID I postulierte Liberalisierung der Auftragsausführung wäre im Ergebnis wenig gewonnen.

E. Abgrenzungen zu anderen Handelssystemen

Die Relevanz der Abgrenzung zwischen systematischen Internalisierern und anderen multilateralen Handelssystemen stellt sich vor allem angesichts der neuen Handelsplatzkategorie des organisierten Handelssystems. Über systematische Internalisierer und OTFs sollen künftig wesentliche Teile des zuvor außerbörslichen Handels mit Nichteigenkapitalinstrumenten abgewickelt werden[501]. Dass beide Plattformen nah beieinanderliegen, zeigt sich schon daran, dass zu Beginn des Gesetzgebungsverfahrens von MiFID II/MiFIR vereinzelt gefordert wurde, statt der Einführung von OTFs eher den Tatbestand der systematischen Internalisierung anzupassen, um die mit den OTFs verbundenen Ziele zu erreichen[502]. Der in Pittsburgh formulierten Zielsetzung kam der US-Gesetzgeber mit der Schaffung von Swap Execution Facilities nach, sodass sich auch ein Vergleich zwischen der systematischen Internalisierung, den organisierten Handelssystemen und den genannten Swap Execution Facilities anbietet.

---

499 *Classen/Nettesheim*, Europarecht, § 9 Rn. 178; *Veil*, in: ders., Europäisches Kapitalmarktrecht, § 5 Rn. 57; speziell im Hinblick auf die in der MiFIR geregelten Meldepflichten: *Harter/Voß*, BB 2017, 1667, 1671.

500 So im Ergebnis auch: *Baur*, jurisPR-BKR 6/2017, Anm. 1., der die Schwellenwertsystematik als „wenig praktikabel" bewertet.

501 *Brusch/Seitz*, in: MiFID II/MiFIR, Umsetzung in der Bankenpraxis, S. 291; *Clausen/Sørensen*, ECFR 2012, 275, 285.

502 *Ferrarini/Moloney*, EBOR 2012, 557, 594; *Valiante*, ECMI Research Report No. 8/2012, S. 9; siehe zu der Abgrenzung auch: *Hoops*, RdF 2017, 14, 18, der dies vor dem Hintergrund bilateraler Orderausführungsmöglichkeiten thematisiert, die beide Systeme ermöglichen.

I. Organisierte Handelssysteme

Das neue organisierte Handelssystem wird in § 2 Abs. 8 Nr. 9 WpHG definiert[503]. Danach ist ein OTF ein multilaterales System[504], bei dem es sich nicht um einen geregelten Markt[505] handelt und das die Interessen einer Vielzahl Dritter am Kauf und Verkauf von Schuldverschreibungen, strukturierten Finanzprodukten, Emissionszertifikaten innerhalb des Systems in einer Weise zusammenführt, die zu einem Vertrag über Kauf oder Verkauf dieser Finanzinstrumente führt[506].

1. Verbot des Eigenhandels

Bei der Auftragsausführung von Kauf- und Verkaufsinteressen Dritter ist es dem Betreiber eines organisierten Handelssystems nach § 75 Abs. 1 WpHG nicht gestattet, diese Aufträge gegen das eigene Buch oder gegen das eines gruppenangehörigen Unternehmens durchzuführen. Das Eigenhandelsverbot gilt auch für die Betreiber von geregelten Märkten und multilateralen Handelssystemen[507], was diese von der bilateralen Auftragsausführung grundlegend unterscheidet[508]. Sinn und Zweck des Eigenhandelsverbots ist es, die Neutralität des Handelsplatzbetreibers zu gewährleisten und zu verhindern, dass die Erbringung der den Kunden geschuldeten Dienste durch die Möglichkeit einer Gewinnerzielung beeinträchtigt wird[509]. Wenn eine Wertpapierfirma stattdessen Kundenaufträge gegen das eigene Buch ausführt, stehen ihre Interessen unmittelbar den Interessen ihrer Kunden gegenüber, sodass der daraus resultierende Interessenkonflikt eine Neutralität konterkariert[510]. Enge Ausnahmen vom Eigenhandelsverbot bestehen nach § 75 Abs. 2 WpHG für den Handel im Rahmen der Zusammenführung sich deckender Kundenaufträge (Matched Principal Trading), soweit ein Kunde diesem zugestimmt hat und der Auftrag kein Derivat betrifft, das der

---

503 Zu den Zielsetzungen siehe: Zweiter Abschnitt B. V. 3.

504 M. w. N. zu dem Begriff „multilateral": Vierter Abschnitt C. III.

505 Das WpHG spricht von organisierten Märkten, die den geregelten Märkten nach der MiFID II Terminologie entsprechen. Dieser Begriff soll hier einheitlich verwendet werden.

506 M. w. N. zu den Tatbestandsmerkmalen: *Brusch/Seitz*, in: MiFID II/MiFIR, Umsetzung in der Bankenpraxis, S. 290; *Hoops*, RdF 2017, 14, 17.

507 Dies ergibt sich aus Art. 19 Abs. 5 MiFID II bzw. Art. 47 Abs. 2 MiFID II.

508 *Brusch/Seitz*, in: MiFID II/MiFIR, Umsetzung in der Bankenpraxis, S. 292.

509 Kommission, Vorschlag für eine MiFID II vom 20. Oktober 2011, Erläuterungen zum Vorschlag, S. 6; *Brusch/Seitz*, in: MiFID II/MiFIR, Umsetzung in der Bankenpraxis, S. 308; *Gomber/Nassauer*, ZBB 2014, 250, 253; siehe auch: Vierter Abschnitt C. III. 1.

510 *Güllner*, WM 2017, 938, 941.

Clearingpflicht unterliegt. Das Verständnis der Zusammenführung sich deckender Aufträge wurde vom Gesetzgeber eng gefasst[511]. Nach § 2 Abs. 29 WpHG ist hiermit ein Geschäft gemeint, bei dem der betreffende Vermittler zwischen dem mit dem Geschäft im Zusammenhang stehenden Käufer und Verkäufer in einer Weise zwischengeschaltet ist, dass er während der gesamten Ausführung des Geschäfts zu keiner Zeit einem Marktrisiko ausgesetzt ist[512]. Käufer und Verkäufer schließen dadurch jeweils einen Vertrag mit dem Vermittler, ohne dass zwischen ihnen ein Vertragsverhältnis entstehen würde. Der Betreiber des OTF darf damit als risikolose Gegenpartei agieren und kann die hierfür erforderliche Kundenzustimmung im Vorfeld im Rahmen der allgemeinen Geschäftsbedingungen einholen. Für systematische Internalisierer wiederum sollte das Matched Principal Trading wegen Art. 16a MiFID II-VO per definitionem von geringerer Bedeutung sein. Denn die Festpreisgeschäfte des systematischen Internalisierers zielen gerade darauf ab, dass die Wertpapierfirma einen Gewinn erzielt. Der systematische Internalisierer handelt in der Regel nicht auf Provisionsbasis und ist einem Marktrisiko ausgesetzt, sodass seine Handelsaktivitäten eher als risk-principal trading bezeichnet werden können. Dem risikolosen Zusammenführen von Kundenaufträgen hat ESMA demzufolge enge Grenzen gesetzt[513]. Mitgliedstaaten können darüber hinaus eine Ausnahme von dem Eigenhandelsverbot für Betreiber von OTF gewähren, wenn diese mit öffentlichen Schuldtiteln ohne liquiden Markt handeln[514]. Der deutsche Gesetzgeber hat hiervon in § 75 Abs. 3 WpHG Gebrauch gemacht. Gleichwohl haben die Restriktionen hinsichtlich des Eigenhandels insbesondere Folgen für jene Handelssysteme, die in der Vergangenheit als multilaterale Broker Crossing Networks auch gegen das

---

511 *Güllner*, WM 2017, 938, 944; *Happel/Süss*, in: MiFID II/MiFIR, Umsetzung in der Bankenpraxis, S. 234.

512 Daneben setzt § 2 Abs. 29 WpHG voraus, dass beide Vorgänge gleichzeitig ausgeführt werden und das Geschäft zu einem Preis abgeschlossen wird, bei dem der Vermittler, abgesehen von einer vorab offengelegten Provision, Gebühr oder sonstigen Vergütung, weder Gewinn noch Verlust macht. Gleichzeitig stellt Erwägungsgrund 24 MiFID II klar, dass es sich bei der Zusammenführung sich deckender Aufträge um einen Sonderfall des Eigenhandels handelt; m. w. N. zum Matched Principal Trading: *Hoops*, RdF 2017, 14, 17.

513 ESMA, Q&A on market structure topics, Abschnitt 5, Fragen 21 und 22, siehe dazu: Vierter Abschnitt C. III.

514 Diese Einschränkung des Eigenhandelsverbots ist einmal mehr auf einen Kompromiss zurückzuführen, siehe dazu: Rat, Entwurf zur MiFID II vom 10. Juni 2013, wonach der Handel mit Staatsanleihen gefördert werden soll.

eigene Buch gehandelt haben, um Aufträge von Dritten zusammenzuführen[515]. Sofern sich diese Handelssysteme der legislatorischen Zielsetzung entsprechend als organisierte Handelssysteme einstufen lassen, ist ein Eigenhandel also nur noch im Rahmen des Matched Principal Trading und für illiquide öffentliche Schuldtitel zulässig. Wenn der Handel gegen das eigene Buch nicht aufgegeben werden soll, müssen die Betreiber dieser Handelssysteme mithin auf eine bilaterale Auftragsausführung umstellen, sodass sie im Falle einer Schwellenwertüberschreitung als systematische Internalisierer eingestuft werden.

2. *Ermessensspielräume bei der Auftragsausführung*

Kennzeichnend für geregelte Märkte und MTFs ist die nichtdiskretionäre Ausführung von Geschäften ihrer Mitglieder oder Teilnehmer, die meist durch eine Preis-Zeit-Priorität gewährleistet wird. Im Unterschied dazu haben die Betreiber von organisierten Handelssystemen, wie systematische Internalisierer, Kunden, deren Aufträge per definitionem mithilfe eines Ermessensspielraums ausgeführt werden (siehe Erwägungsgrund 14 MiFID II)[516]. Hierfür sieht § 75 Abs. 6 WpHG zwei Fallkonstellationen vor, in denen der Betreiber Ermessen anzuwenden hat (diskretionärer Handel)[517]. Dies ist entweder der Fall, wenn der Betreiber darüber entscheidet, einen Auftrag über das OTF zu platzieren oder zurückzunehmen, § 75 Abs. 6 Nr. 1 WpHG (Discretion at Order Level)[518]. Zum Zweiten hat der Betreiber Ermessen auszuüben, wenn er über die Zusammenführung eines Auftrags mit den im System verfügbaren Aufträgen zu einem bestimmten Zeitpunkt entscheidet, § 75 Abs. 6 Nr. 2 WpHG (Discretion at Execution Level)[519]. Gegenüber seinen Kunden hat der Betreiber vorab offenzulegen, wie dieses Ermessen ausgeübt wird, und gegenüber der BaFin muss nach § 75

515 *Clausen/Sørensen*, ECFR 2012, 275, 285; *Güllner*, WM 2017, 938, 940.

516 *Gebauer*, in: Assmann/Schneider/Mülbert, § 75 WpHG Rn. 3; für die Betreiber von organisierten Handelssystemen resultiert daraus nach § 75 Abs. 9 WpHG die wohl unerwünschte und zweifelhafte Rechtsfolge, dass für ihre Geschäfte bestimmte Wohlverhaltensregeln eingehalten werden müssen, siehe dazu: BaFin, Organised Trading Facilities (OTF), S. 14 und ESMA, Q&A on market structure topics, Abschnitt 5, Frage 8. Siehe zu den besonderen Anforderungen an OTF auch: *Lutter/Bayer/J.Schmidt*, in: EuropUR, 32.50.

517 Siehe Regierungsentwurf für ein 2. FiMaNoG vom 21. Dezember 2016, Begründung S. 267 sowie: *Gebauer*, in: Assmann/Schneider/Mülbert, § 75 WpHG Rn. 18 ff.; *Güllner*, WM 2017, 938, 944.

518 M. w. N.: ESMA, Q&A on market structure topics, Abschnitt 5, Frage 15.

519 M. w. N.: ESMA, Q&A on market structure topics, Abschnitt 5, Frage 15.

Abs. 7 WpHG ausführlich beschrieben werden, wie der Ermessensspielraum ausgenutzt wird[520]. Grundsätzlich besteht nach § 72 Abs. 1 Nr. 1 WpHG auch ein Recht auf diskriminierungsfreien Zugang. Lediglich unter Berücksichtigung seiner Rolle und seiner Verpflichtungen soll es dem Betreiber möglich sein, Einschränkungen dahin gehend vorzunehmen, wen er als Handelsteilnehmer zulässt[521]. Demgegenüber ist es dem systematischen Internalisierer erlaubt, nach Art. 18 Abs. 5 MiFIR den Zugang von Kunden nach objektiven und nicht-diskriminierenden Kriterien zu beschränken. Auch im Rahmen der Auftragsausführung ist der den systematisch internalisierenden Wertpapierfirmen eingeräumte Ermessensspielraum höher, da sie insbesondere nach Art. 18 Abs. 7 MiFIR die Zahl ihrer Geschäfte, die sie sich mit Kunden auf der Basis der Kursofferten einzugehen verpflichten, beschränken dürfen[522]. Im Schrifttum wird dies teils als Vorteil gegenüber Handelsplätzen und gleichzeitig als Gefährdung des angestrebten „Level Playing Field" gesehen[523]. Dieser Ansicht ist entgegenzuhalten, dass das vom systematischen Internalisierer zu tragende Risiko aufgrund des Eigenhandels ungleich höher ist.

3. *Beschränkung auf Nichteigenkapitalinstrumente*

Im Unterschied zu systematischen Internalisierern und anderen Handelsplätzen ist der sachliche Anwendungsbereich des OTF – entgegen des ursprünglichen Vorschlags der Kommission – auf Nichteigenkapitalinstrumente beschränkt. Dies geht auf Änderungsvorschläge des Ausschusses für Wirtschaft und Währung (ECON) zurück, welcher eine zunehmende Fragmentierung des Aktienmarkts befürchtete, zugleich aber die Notwendigkeit der eingeräumten Ermessensspielräume für den Handel mit Nichteigenkapitalinstrumenten erkannte[524]. Aufgrund dieser Flexibilität wird den organisierten Handelssystemen insbesondere für bisherige OTC-Derivate, die fortan der Handelspflicht nach Art. 28 MiFIR unterliegen können, hohe praktische Relevanz konzediert[525]. Die Leipziger Energiebörse

520 *Happel/Süss,* in: MiFID II/MiFIR, Umsetzung in der Bankenpraxis, S. 234.

521 Siehe Regierungsentwurf für ein 2. FiMaNoG vom 21. Dezember 2016, Begründung S. 239.

522 Siehe dazu: Fünfter Abschnitt B. V.

523 *Clausen/Sørensen,* ECFR 2012, 275, 296.

524 Parlament, Entwurf zur MiFIR vom 27. März 2012, Explanatory Statement, S. 55; *Brusch/Seitz,* in: MiFID II/MiFIR, Umsetzung in der Bankenpraxis, S. 290; *Lucantoni,* JBR 2016, 203, 207; *Veil/Lerch,* WM 2012, 1557, 1563.

525 *Brusch/Seitz,* in: MiFID II/MiFIR, Umsetzung in der Bankenpraxis, S. 312; *Vester,* RdF 2015, 93.

EEX hat etwa bekannt gegeben, für den Handel mit Strom- und Gasderivaten ein OTF einzuführen[526].

4. *Verbot der Verbindung zu systematischen Internalisierern*

Wie aufgezeigt, ist nach § 75 Abs. 4 WpHG der Betrieb eines systematischen Internalisierers und eines OTFs innerhalb derselben rechtlichen Einheit untersagt. Sinn und Zweck dieser Verbotsvorschrift ist es, mögliche Interessenkonflikte, die sich durch den gleichzeitigen Betrieb eines organisierten Handelssystems und der systematischen Internalisierung ergeben könnten, zu vermeiden[527]. Aus der Vorschrift geht allerdings nicht unmittelbar hervor, ob sich das Verbot nur auf die jeweiligen Finanzinstrumente bezieht, für die Kundenaufträge ausgeführt werden, oder ob die Vorschrift dahin gehend strenger auszulegen ist, dass der gemeinsame Betrieb eines systematischen Internalisierers und eines OTFs per se verboten ist. § 75 Abs. 4 S. 2 WpHG legt in diesem Zusammenhang lediglich fest, dass Interaktionen von Aufträgen in einem OTF und von Aufträgen bzw. Offerten in einem systematischen Internalisierer verhindert werden sollen[528]. ESMA hat im Rahmen einer Level III-Maßnahme die strenge Lesart im Sinne einer allgemeinen Verbotsvorschrift („blanket prohibition") bestätigt[529]. Danach sind die Voraussetzungen von § 75 Abs. 4 WpHG auch dann erfüllt, wenn die systematische Internalisierung in anderen Finanzinstrumenten stattfindet als der Betrieb des organisierten Handelssystems[530]. Dies könnte zur Folge haben, dass eine Wertpapierfirma entweder gezwungen wäre, den Betrieb seines OTFs einzustellen, sofern sie für ein beliebiges Finanzinstrument aufgrund von außerbörslichem Eigenhandel die relevanten Schwellenwerte überschritten hätte. Andernfalls müssten die beiden Wertpapierdienstleistungen auf zwei separate rechtliche Einheiten aufgeteilt werden[531].

Die Ansicht ESMAs vermag nicht vollumfänglich zu überzeugen. Die von § 75 Abs. 4 S. 2 WpHG intendierte Neutralität des Betreibers wäre nämlich nicht

---

526 *Kalbhenn,* Börsen-Zeitung vom 10. Februar 2016, S. 2.

527 ESMA, Q&A on market structure topics, Abschnitt 5, Frage 11.

528 So auch: *Happel/Süss,* in: MiFID II/MiFIR, Umsetzung in der Bankenpraxis, S. 234.

529 ESMA, Q&A on market structure topics, Abschnitt, Frage 11.

530 ESMA, Q&A on market structure topics, Abschnitt, Frage 11; siehe dazu auch: *Gebauer,* in: Assmann/Schneider/Mülbert, § 75 WpHG Rn. 11.

531 Bei einer solchen Konstellation sind bestimmte organisatorische Anforderungen zu beachten, etwa die Errichtung von Chinese Walls, siehe dazu: ESMA, Q&A on market structure topics, Abschnitt, Frage 9.

gefährdet, wenn auf dem OTF beispielsweise ausschließlich handelspflichtige Derivate gehandelt werden und er gleichzeitig für verbriefte Derivate den Status des systematischen Internalisierers erfüllen würde[532]. Handelspflichtige Derivate dürften über einen systematischen Internalisierer nämlich nicht gehandelt werden. ESMA wollte aber selbst Fälle ausschließen, in denen eine Wertpapierfirma ein organisiertes Handelssystem für bestimmte derivative Geschäfte unterhält, deren Basiswerte über den systematischen Internalisierer derselben rechtlichen Einheit gehandelt werden[533]. Insofern hätten die besseren Gründe für eine modifizierte instrumentenbezogene Interpretation des § 75 Abs. 4 WpHG gesprochen. Ein Instrument, für das eine Wertpapierfirma systematische Internalisierung betreibt, dürfte also nicht gleichzeitig über das eigene OTF gehandelt werden, was sich auch auf abgeleitete derivative Geschäfte erstreckt hätte. Dies hätte aber nicht ausgeschlossen, dass ein systematischer Internalisierer gleichzeitig ein OTF betreibt. Angesichts der von ESMA klar bezogenen Position ist allerdings hierfür kein Raum mehr[534]. Um die Liquidität für die im System des OTFs gehandelten Finanzinstrumente zu fördern, ist es dem OTF Betreiber immerhin nach § 75 Abs. 5 WpHG möglich, eine andere Wertpapierfirma zu beauftragen, ein eigenständiges und unabhängiges Market Making zu betreiben[535].

II. Swap Execution Facilities nach Dodd-Frank

Der nachstehende Vergleich bezieht sich auf die von der CFTC am 16. Mai 2013 verabschiedeten Regelungen über die Grundprinzipien und Anforderungen an Swap Execution Facilities (SEF)[536]. Die von der SEC am 2. Februar 2011 vorgeschlagenen Regelungen (Proposed Rules) stimmen damit im Grundsatz überein. Der US-Gesetzgeber hat der SEC und der CFTC vorgegeben, ihre Regelungen aufeinander abzustimmen, um Konsistenz und Vergleichbarkeit sicherzustellen[537].

---

532 Die BaFin lässt dies hingegen noch offen, siehe dazu: BaFin, Organised Trading Facilities (OTF), S. 13.

533 ESMA, Q&A on market structure topics, Abschnitt, Frage 11.

534 Die BaFin ließ dies zunächst offen, siehe dazu: BaFin, Organised Trading Facilities (OTF), S. 13.

535 Dies setzt nach der Vorschrift voraus, dass zwischen dem Market Maker und dem Betreiber des organisierten Handelssystems keine enge Verbindung im Sinne von § 2 Abs. 38 WpHG existiert.

536 CFTC, Final Rule, Core Principles and Other Requirements for Swap Execution Facilities.

537 Art. 712a Dodd-Frank. Bis zum Tage dieser Abhandlung sind die entsprechenden Bestimmungen für die Security-Based Swap Execution Facilities noch nicht in Kraft

1. *Begriffsbestimmung*

Eine Swap Execution Facility ist als ein Handelssystem definiert, auf dem eine Vielzahl von Personen Swaps handeln bzw. ausführen können, indem sie Kauf- und Verkaufsanfragen von einer Vielzahl von Personen in jeder Form des zwischenstaatlichen Handels akzeptieren können und das die Abwicklung von Swaps ermöglicht[538]. Eine Negativabgrenzung erfolgt zu designierten Kontraktmärkten (Designated Contract Markets), worunter nach der Terminologie des CEA Terminbörsen fallen, die unter der Aufsicht der CFTC stehen und über die vor allem Futureskontrakte gehandelt werden[539]. Nach Dodd-Frank dürfen designierte Kontraktmärkte erstmals Swaps notieren. Ein Handelssystem (Trading Facility) ist nach der Konzeption des CEA eine Person oder Gruppe von Personen, die ein elektronisches oder physisches System unterhalten, welche einer Vielzahl von Teilnehmern die Ausführung und den Handel von Verträgen, Kontrakten und Geschäften ermöglichen[540]. Bilaterale Handelssysteme (One-to-Many Systems) sind damit aus dem Anwendungsbereich ausgenommen. Wie in MiFID II/MiFIR legt der US-Gesetzgeber offenbar ein besonderes Augenmerk auf die Abgrenzung zwischen bilateralen und multilateralen Systemen. Soweit ein Swap bzw. ein Derivat der Handelspflicht unterliegt, kommen dafür in beiden Jurisdiktionen lediglich multilateral operierende Systeme in Betracht.

2. *Eigenhandel und Umgang mit Interessenkonflikten*

Im Interesse der Neutralitätspflicht des Handelsbetreibers eines OTFs setzen die Vorschriften der MiFID II dem Einsatz des Eigenkapitals bei der Ausführung von Aufträgen enge Grenzen, was OTFs und andere Handelsplatzkategorien naturgemäß von systematischen Internalisierern unterscheidet. Dies wird

---

getreten, siehe: SEC, Rulemaking Index, der noch auf die Proposed Rules referenziert.

538 7 U.S.C. § 1a Abs. 50. Diese und weitere Definitionen beruhen auf einer Übersetzung des Verfassers. Der Originalwortlaut lautet wie folgt: „The term swap execution facility means a trading system or platform in which multiple participants have the ability to execute or trade swaps by accepting bids and offers may be multiple participants in the facility or system, through any means of interstate commerce, including any facility that (A) faciliated the execution of swaps between persons; and (B) is not a designated contract market."

539 *Architzel/Walker*, Futures & Derivatives Law Report 2014, Vol. 34, S. 5; *Giancarlo*, CFTC Trading Rules, S. 6.

540 7 U.S.C. § 1a Abs. 51.

zusätzlich durch das Verbot zur Verbindung zu systematischen Internalisierer flankiert. Entsprechende Verbotsvorschriften sind in den Regelungen zu Swap Execution Facilities nicht ersichtlich. Aus der Akzentuierung des Definitionsmerkmals „Multiple to Multiple" kann jedoch im Umkehrschluss festgestellt werden, dass der Betreiber einer Swap Execution Facility gerade kein eigenes Kapital einsetzen soll. In den Final Rules hat die CFTC dazu näher dargelegt, dass Single-Dealer-Plattformen die multilaterale Ausführung nicht bewerkstelligen könnten, da sie die Liquiditätsbereitstellung immer auf eine einzige Person beschränken[541]. Anstelle von expliziten Verbotsvorschriften unterwirft der US-Gesetzgeber Swap Execution Facilities einer allgemeinen Vorschrift zur Vermeidung und zu Lösungen von Interessenkonflikten[542]. Der Sicherung der Neutralität dient ferner die Mitteilungspflicht einer Swap Execution Facility, soweit eine Beteiligungsänderung stattfindet, die mehr als 50% der Anteile an der Swap Execution Facility betrifft[543]. Vor diesem Hintergrund wird davon auszugehen sein, dass es einer Swap Execution Facility nur schwer möglich sein wird, eine Verbindung zu einem anderen Handelsplatz herzustellen bzw. sich in anderen Geschäftstätigkeiten zu engagieren.

3. *Swaps versus Nichteigenkapitalinstrumente*

Swaps sind nach der Terminologie des CEA insbesondere Verträge, Kontrakte oder Transaktionen, die zu Kauf, Verkauf oder Lieferung (ausgenommen Dividenden auf ein Eigenkapitalinstrument) berechtigen[544]. Diese Definition bezieht den Anwendungsbereich auf eine Vielzahl verschiedener Basiswerte[545] und enthält eine umfangreiche Liste typischer Swaps. Durch einen Verweis auf die Definition des CEA stimmt die Definition des Swaps im Securities and Exchange Act damit überein[546]. Unterschiede zwischen Swaps und Security-Based Swaps ergeben sich jedoch durch die zugrunde liegenden Basiswerte. Die

---

541 CFTC, Final Rule, Core Principles and Other Requirements for Swap Execution Facilities, S. 22 (Fußnote 87).

542 7 U.S.C. § 7b-3 Abs. 12 CEA; siehe dazu auch: ISDA, Principles for US/EU Trading Platform Recognition, S. 21 ff.

543 17 C.F.R. § 37.5 lit. c). Die Proposed Rule sah hier noch eine Beteiligungsschwelle von 10 % vor, m. w. N.: *Valiante*, ECMI Research Report No. 8/2012, S. 10.

544 Unter anderem Währungen, Rohstoffe, Schuldtitel, Indizes, siehe: 7 U.S.C. § 1a Abs. 47 (A) (i); siehe dazu: *Lehmann*, RdF 2011, 300, 304 f.; *North/Baer/Plotnick*, in: Handbuch EMIR, S. 619; *Wieland/Weiß*, CFL 2013, 73, 89 f.

545 Etwa Interest Rate Swaps, Total Return Swaps, Cross Currency Rate Swaps.

546 15 U.S.C. § 78c Abs. 69.

CFTC beaufsichtigt Swaps, die nicht an Wertpapiere geknüpft sind, während die SEC Security-Based Swaps beaufsichtigt, denen Wertpapiere zugrunde liegen[547]. Security-Based Swaps sind demnach Swapverträge, die entweder auf einem einzelnen Finanzinstrument oder einem Index beruhen, der den Kursverlauf einer bestimmten Zahl solcher Instrumente wiedergibt oder die von einem Kreditereignis abhängen, das den Emittenten solcher Instrumente betrifft[548]. Demgegenüber versteht der europäische Verordnungsgeber in der NEK-Transparenz-VO in Anhang III Nr. 11 unter einem Swap einen Vertrag, in dem zwei Parteien vereinbaren, Cashflows in einem Finanzinstrument zu einem bestimmten zukünftigen Datum gegen ein anderes auszutauschen. Swaps stellen demnach keine eigene Kategorie von Finanzinstrumenten dar, sondern werden als Unterklassen von bestimmten Derivatekategorien aufgegriffen. Auch wenn der US-Gesetzgeber die Definition des Swaps weit formuliert hat, bleibt er damit hinter dem Derivatebegriff im Sinne des Anhang I Abschnitt C Abs. 4–10 MiFID II zurück[549]. Der sachliche Anwendungsbereich von organisierten Handelssystemen ist daher deutlich weiter, da sie neben Derivaten auch dem Handel mit anderen Nichteigenkapitalinstrumenten offenstehen. Daraus folgt, dass die Vorhandelstransparenzvorschriften der MiFIR mehr Instrumente als die US-amerikanischen Bestimmungen erfassen[550]. Der Hintergrund ist, dass der US-amerikanische Gesetzgeber insbesondere die Regulierung von Credit Default Swaps im Blick hatte, die in der Finanzmarktkrise im Zentrum standen[551]. Dagegen beabsichtigt der europäische Gesetzgeber eine Regulierung des Handels mit Nichteigenkapitalinstrumenten insgesamt[552].

---

547 *Heppe/Tielmann*, WM 2011, 1883, 1888.

548 15 U.S.C. § 78c Abs. 68; m. w. N. und Bedenken hinsichtlich der Abgrenzung zwischen Swaps und Security-Based Swaps: *Lehmann*, RdF 2011, 300, 303.

549 Mit Bedenken: *Lehmann*, RdF 2011, 300, 305.

550 ESMA, Consultation Paper vom 10. November 2016, S. 16.

551 M. w. N. zur Regulierung von Credit Default Swaps: *Walla*, in: Veil, Europäisches Kapitalmarktrecht, § 15 Rn. 27 ff.; *Funke/Neubauer*, CCZ 2012, 6, 7; *Lehmann*, RdF 2011, 300, 305.

552 *Funke/Neubauer*, CCZ 2012, 6, 7 f.; *Lehmann*, RdF 2011, 300, 305, mit der Forderung, dass der Dodd-Frank Act auf alle OTC-Derivate ausgeweitet werden müsste, was angesichts der neuen Präsidentschaft in den Staaten wohl mehr als unwahrscheinlich ist.

4. Prinzipien der Auftragsausführung

Nach dem Begriffsverständnis des CEA erfolgt die Auftragsausführung in einem Handelssystem entweder durch die Annahme von Kauf- oder Verkaufsangeboten, die einer Vielzahl von Handelsteilnehmern zugänglich sind, oder anhand eines im Vorfeld festgelegten Algorithmus, der die Drittinteressen zusammenführt[553]. Im letzteren Fall begrenzt sich das Ermessen des Betreibers insoweit auf die Festlegung der im Algorithmus verwendeten Prioritätsprinzipien, welche im Regelwerk der SEF ex ante veröffentlicht werden[554]. Die Auftragsausführung findet daher immer nach nichtdiskretionären Regeln statt. Der CEA räumt dem Betreiber einer Swap Execution Facility im Übrigen billiges Ermessen (Reasonable Discretion) ein, wie er die Grundprinzipien des CEA erfüllt[555]. Für Swaps, die der Handelspflicht unterliegen (Required Transactions), schreiben die Final Rules näher vor, dass SEFs für die Ausführung ein für alle Marktteilnehmer einsehbares Orderbuch zu betreiben haben bzw. zumindest ein Preisanfragesystem mit einem zentralen Orderbuch verbinden müssen[556]. Eine Ausnahme gilt für großvolumige Aufträge (Block Trades) sowie für Geschäfte, die der Handelspflicht nicht unterliegen (Permitted Transactions). Hier kann auf jede Form der Ausführung zurückgegriffen werden, was auch bilaterale sprachbasierte Handelssysteme (Voice-Based Systems) einschließt[557]. Für den Handel über Preisanfragesysteme ist angeordnet, dass eine Kauf- oder Verkaufsanfrage an mindestens drei Handelsteilnehmer zu übermitteln ist, welche mit dem Anfragenden nicht gesellschaftsrechtlich verbunden sein dürfen[558]. Mit den Vorgaben über die zu nutzenden Handelssysteme bezweckt die CFTC, die Vorhandelstransparenz zu verbessern[559]. Dadurch zeigt sich ein wesentlicher Unterschied zum Regelungskonzept der Handelstransparenz nach MiFID II/MiFIR. Nach

553 7 U.S.C. § 1a Abs. 51.

554 CFTC, Final Rule, Core Principles and Other Requirements for Swap Execution Facilities, S. 35.

555 7 U.S.C. § 7b-3(f)(1)(B).

556 17 C.F.R. § 37.9(a)(2); siehe dazu auch: ESMA, Consultation Paper vom 10. November 2016, S. 16.

557 M. w. N.: *Benos/Payne/Vasios,* Evidence from the implementation of the Dodd-Frank Act, S. 12 ff.

558 17 C.F.R. § 37.9(a)(3).

559 CFTC, Final Rule, Core Principles and Other Requirements for Swap Execution Facilities, S. 341. Es gibt bereits erste Studien, wonach SEFs die Transparenz in den Märkten für Zinsswaps und Credit Default Swaps verbessert haben, siehe: *Benos/Payne/Vasios,* Evidence from the implementation of the Dodd-Frank Act, S. 8 ff.

den Art. 8 ff. MiFIR haben Handelsplätze ihren Teilnehmern aktuelle Geld- und Briefkurse und die Tiefe der Positionen bzw. systematische Internalisierer ihren Kunden Kursofferten zur Verfügung zu stellen. Dabei steht es dem Betreiber jedoch frei, welches Handelssystem er für die Ausführung benutzt. Die Transparenzanforderungen sind auf die verschiedenen Arten von Handelssystemen individuell zugeschnitten, was auch Preisanfragesysteme und sprachbasierte Handelssysteme einschließt. Für großvolumige Aufträge sind wie im US-Regime Erleichterungen vorgesehen[560].

III. Zwischenergebnis

Die wesentlichen definitorischen Abgrenzungsmerkmale zwischen systematischen Internalisierern einerseits und organisierten Handelssystemen sowie Swap Execution Facilities andererseits liegen in der Bilateralität und der damit verbundenen Möglichkeit des Internalisierers als Betreiber, Kundenaufträge gegen den Einsatz des eigenen Kapitals auszuführen. Im Rahmen der Handelsverpflichtung für Derivate können sowohl nach Dodd-Frank als auch nach MiFID II/MiFIR nur multilaterale Systeme zur Anwendung kommen. Der Betrieb eines OTFs kann aufgrund des eingeräumten Ermessensspielraums Vorteile gegenüber anderen Handelsplätzen und SEFs mit sich bringen, soweit Letztere für die Handelsverpflichtung nach Art. 28 Abs. 4 MiFIR als gleichwertige Dritthandelsplätze anerkannt werden. Funktionelle Unterschiede zu Swap Execution Facilities resultieren aus der präskriptiven Vorgabe für deren Betreiber, Orderbuch- und Preisanfragesysteme zu nutzen. Daneben ist der sachliche Anwendungsbereich der US-amerikanischen Regelung enger. Ob sich dadurch Aufsichtsarbitrage und Wettbewerbsnachteile für in der EU ansässige Marktteilnehmer ergeben, bleibt abzuwarten[561]. Inwieweit der Regulierungs- und Aufsichtsrahmen der CFTC eine vergleichbare und gleichwertige Regulierungswirkung wie das Unionsrecht erzielt und inwieweit er die gleichen Ziele verfolgt, hat die Kommission im Rahmen einer Gleichwertigkeitsentscheidung zu beschließen. Soweit Derivate nicht der Handelsverpflichtung unterliegen (etwa weil sie nach Art. 32 Abs. 3 MiFIR nicht ausreichend liquide sind), können sie aufgrund ihrer Individualisierbarkeit im bilateralen Handel und damit auch im Kontext der systematischen Internalisierung weiter eine Rolle spielen[562]. In Anbetracht der in Pittsburgh erhobenen

560 Siehe dazu: Fünfter Abschnitt B. VI.

561 So jedoch: *Lehmann*, RdF 2011, 300, 305, der dies aufgrund des enger gefassten Anwendungsbereichs der US-Regulierung auf Swaps befürchtet.

562 *Teuber*, in: MiFID II/MiFIR, Umsetzung in der Bankenpraxis, S. 328.

Forderung, die Transparenz in den Derivatemärkten zu steigern, ist es ohnehin fraglich, warum die Handelsverpflichtung nicht auch über systematische Internalisierer erfüllt werden kann, die mit Art. 18 ff. MiFIR vergleichbaren Transparenzanforderungen wie Handelsplätze unterliegen[563].

563 So auch: ISDA, MiFID II/MiFIR, OTF and SI regime for OTC-Derivatives, S. 4. Die Verpflichtung, bestimmte Derivate nur über Handelsplätze zu handeln, war von Beginn an in den Gesetzgebungsvorschlägen vorgesehen, und die Erweiterung auf systematische Internalisier wurde – soweit ersichtlich – im Rechtssetzungsverfahren auch nur von einem Mitgliedstaat gefordert, siehe: Rat, Progress Report vom 13. Dezember 2012, Derivatives and Clearing, S. 11.

Fünfter Abschnitt Transparenzbestimmungen für systematische Internalisierer in Nichteigenkapitalinstrumenten

A. Kapitalmarkttransparenz für systematische Internalisierer

Insbesondere im Zuge der MiFID I, die erstmals ein umfassendes Regime an Transparenzbestimmungen für Aktiengeschäfte schuf, wurde intensiv über das Für und Wider von Kapitalmarkttransparenz diskutiert. Mit Blick auf die primären Regelungsziele des Kapitalmarktrechts werden diese Argumente im folgenden Abschnitt zusammenfassend dargestellt. Im Anschluss sind sie unter Berücksichtigung der besonderen Situation des systematischen Internalisierers zu gewichten, bevor die neuen Transparenzvorschriften davon ausgehend rechtlich bewertet werden.

I. Ziele und Schutzzwecke des Kapitalmarktrechts

Kapitalmarktrechtliche Rechtsakte sind in der Regel auf einen einheitlichen Binnenmarkt gerichtet und verfolgen mit dem Schutz der Funktionsfähigkeit des Markts einerseits sowie dem seiner Anleger andererseits ein doppeltes Ziel[564]. Während diese beiden Regelungsziele in der Vergangenheit häufig voneinander getrennt wurden, sind im kapitalmarktrechtlichen Schrifttum mittlerweile die engen Wechselwirkungen, die zwischen Anlegerschutz und Funktionsschutz existieren, allgemein anerkannt[565]. Nur wenn ein Anleger durch angemessene Regelungen geschützt wird, wird er bereit sein, in die Kapitalmärkte zu investieren und damit Liquidität bereitzustellen[566]. Dem schließt sich auch der europäische Gesetzgeber an, wenn er in Erwägungsgrund 4 MiFID II betont, dass aufgrund von Schwächen in der Funktionsweise der Finanzmärkte der Rahmen für die Regulierung der Märkte für Finanzinstrumente gestärkt werden müsse, um auch den Anleger besser zu schützen.

---

564 *Buck-Heeb,* in: Kapitalmarktrecht, § 1 Rn. 6; *Fuchs,* in: ders., WpHG, Einl. § 13; *Veil,* in: ders., Europäisches Kapitalmarktrecht, § 2 Rn. 3, der mit der Finanzstabilität ein weiteres eigenständiges Regelungsziel herausstellt.

565 *Buck-Heeb,* in: Kapitalmarktrecht, § 1 Rn. 6; *Einsele,* ZHR 180, 2016, 233, 241; *Lehmann,* in: MükoBGB, Internationales Finanzmarktrecht, Rn. 37 ff.; *Veil,* in: ders., Europäisches Kapitalmarktrecht, § 1 Rn. 9.

566 Eingehend zu dem Zusammenhang zwischen Funktionenschutz und Schutz des individuellen Anlegers: *Mülbert,* ZHR 177 (2013), 160, 171 ff.

1. Anlegerschutz

Die genaue Konzeption des Anlegerschutzes innerhalb des Kapitalmarktrechts ist bis heute nicht abschließend geklärt. Während die meisten kapitalmarktrechtlichen Bestimmungen einen Schutz der Gesamtheit der Anleger vorsehen (institutioneller Schutz), ist es umstritten, inwieweit Anleger schützende Regelungen daneben auch dem individuellen Schutz des Anlegers dienen können[567]. Letzteres wird insbesondere beim haftungsrechtlichen Anlegerschutz und damit bei der Frage relevant, ob Anlegern aufgrund der Verletzung von kapitalmarktrechtlichen Vorschriften Schadensersatzansprüche zustehen[568]. Inwieweit dem individuellen Anleger subjektive Rechte zur Verwirklichung seines Rechtsschutzes gewährt werden oder ob der Anlegerschutz durch objektives Recht in Form von aufsichtsrechtlichen Bestimmungen und einer sie flankierenden Behördenüberwachung realisiert wird, soll von der Ausgestaltung einer jeweiligen Norm abhängen[569]. Eine Stärkung der individuellen Position des Kunden wurde für die Normen der Vor- und Nachhandelstransparenz des systematischen Internalisierers in Aktien bislang überwiegend verneint[570]. In dem letzten Abschnitt dieser Abhandlung soll geprüft werden, ob diese Aussage auch für die zu untersuchenden neuen Bestimmungen des systematischen Internalisierers in Nichteigenkapitalinstrumenten getroffen werden kann[571].

2. Funktionenschutz

Die Funktionsfähigkeit des Kapitalmarkts wird als ein dem öffentlichen Interesse an effizienten Märkten dienendes Schutzgut beschrieben[572]. Effiziente Märkte sind elementar für eine gut funktionierende Volkswirtschaft[573]. Durch den Kapitalmarkt werden Investitionen der Anleger zu kapitalmarktaffinen Unternehmen oder auch öffentlichen Haushalten weitergeleitet und damit der volkswirtschaftlich sinnvollsten Verwendung zugeführt[574]. Einem transparenten Kapitalmarkt,

---

567 *Veil,* in: ders., Europäisches Kapitalmarktrecht, § 2 Rn. 7.

568 *Veil,* in: ders., Europäisches Kapitalmarktrecht, § 2 Rn. 7; siehe zu denkbaren Anspruchsgrundlagen: *Buck-Heeb,* in: Kapitalmarktrecht, § 1 Rn. 13 ff.

569 *Fuchs,* in: ders., Einl. Rn. 14.

570 *Beck/Röh,* in: KMRK, § 32c WpHG Rn. 23; *Fuchs,* in: ders., Vor. § 31 Rn. 110.

571 Siehe dazu: Siebenter Abschnitt C.

572 *Buck-Heeb,* in: Kapitalmarktrecht, § 1 Rn. 7.

573 *Buck-Heeb,* in: Kapitalmarktrecht, § 1 Rn. 7; *Lehmann,* in: MükoBGB, Internationales Finanzmarktrecht, Rn. 3; *Seiler/Geier,* in: Schimansky/Bunte/Lwowski, § 104 Rn. 99.

574 *Buck-Heeb,* in: Kapitalmarktrecht, § 1 Rn. 7; *Lehmann,* in: MükoBGB, Internationales Finanzmarktrecht, Rn. 3; *Seiler/Geier,* in: Schimansky/Bunte/Lwowski, § 104 Rn. 99.

der seinen Teilnehmern eine breite Verfügbarkeit von Informationen über mögliche und abgeschlossene Geschäfte zur Verfügung stellt (Erwägungsgrund 1 NEK-Transparenz-VO), werden daher mehrere positive Auswirkungen auf die Marktfunktion zugesprochen. Die Marktfunktion lässt sich wiederum mit der allokativen, der operationellen und der institutionellen Funktionsfähigkeit in drei Aspekte untergliedern.

a) Notwendigkeit von Transparenz zum Schutz der Marktfunktion

Die Hauptfunktion des Kapitalmarkts soll in der allokativen Funktionsfähigkeit bestehen, also in der Zusammenführung von potenziellen Investoren und Kapitalnehmern[575]. Diese Zielsetzung kann nur dann gewährleistet werden, wenn das Vertrauen der Anleger in die Integrität und die Fairness der Märkte durch bestimmte Regelungen sichergestellt ist[576]. Dies setzt wiederum voraus, dass der Kapitalmarkt für seine Anleger ausreichend transparent ist und die Anleger mögliche Investitionsmöglichkeiten einschätzen und im Nachgang bewerten können[577]. Die Komponente der operationellen Funktionsfähigkeit bezweckt eine Senkung der Transaktionskosten[578]. Kapitalmarkttransparenz unterstützt den Abbau von Informationsasymmetrien, indem sich der Kenntnisstand zwischen weniger informierten Anlegern demjenigen der besser informierten Akteure angleicht[579]. Transparente Märkte können damit auch operationeller sein, da vor allem schlecht informierte Anleger in einem intransparenten Markt höhere Suchkosten aufwenden müssen, um einen Handelspartner zu finden[580]. Der institutionelle Aspekt des Funktionsschutzes beinhaltet schließlich die Rahmenbedingungen für wirksame Marktmechanismen und den Zugang[581]. Hierzu zählt unter anderem die Sicherstellung von Liquidität, Stabilität und Fairness der

---

575 *Auerbach,* in: ders., Banken- und Wertpapieraufsichtsrecht, Teil D Rn. 5; *Fuchs,* in: ders., WpHG, Einl. Rn. 17.

576 *Fuchs,* in: ders., WpHG, Einl. Rn. 17.

577 *Fuchs,* in: ders., WpHG, Einl. Rn. 17; *Seiler/Geier,* in: Schimansky/Bunte/Lwowski, Vor. § 104 Rn. 76.

578 *Auerbach,* in: ders., Banken- und Wertpapieraufsichtsrecht, Teil D Rn. 4; *Fuchs,* in: ders., WpHG, Einl. Rn. 16.

579 *Baisch/Baumann/Weber,* GesKR 2014, 183, 192; *Ferrarini,* Perspectives in Company Law and Financial Regulation, S. 489; *Kumpan,* WM 2006, 797, 798.

580 *Gobbo,* EBLR 2009, 63, 76; *Kumpan,* WM 2006, 797, 798; *Mutschler,* Internalisierung der Auftragsausführung, S. 125.

581 *Auerbach,* in: ders., Banken- und Wertpapieraufsicht, Teil D Rn. 3; *Seiler/Geier,* in: Schimansky/Bunte/Lwowski, Vor. § 104 Rn. 76.

Preise[582]. Es wird angenommen, dass insbesondere in fragmentierten Märkten ein gewisses Maß an Transparenz erforderlich sei, damit Geschäfte überhaupt stattfinden können[583]. Je transparenter der Gesamtmarkt ist, desto leichter können die publizierten Informationen bei der Preisfindung berücksichtigt werden und desto schneller können sich die Preise angleichen[584]. Die positive Korrelation zwischen Handelstransparenz und Effizienz der Kursbildung greift auch der europäische Gesetzgeber in Bezug auf die Nichteigenkapitalinstrumente auf (Erwägungsgrund 15 MiFIR). Er führt dazu aus, dass ein hoher Grad an Transparenz gleiche Wettbewerbsbedingungen zwischen Handelsplätzen sicherstellen solle, sodass der Preisbildungsprozess bei bestimmten Instrumenten nicht durch eine fragmentierte Liquidität Schaden nehme (Erwägungsgrund 1 NEK-Transparenz-VO).

b) Risiken übermäßiger Transparenz

Auf der anderen Seite räumt der Verordnungsgeber ein, dass sich Transparenz auch negativ auf den Kapitalmarkt auswirken kann. Er konzediert, dass gewisse Ausnahmen von den Transparenzvorschriften erforderlich sein können, damit die Liquidität nicht als unbeabsichtigte Folge von Verpflichtungen zur Offenlegung von Geschäften und Risikopositionen untergraben wird (Erwägungsgrund 2 NEK-Transparenz-VO). Mögliche Risiken, die sich durch übermäßige Transparenz für die Teilnehmer in Märkten mit Nichteigenkapitalinstrumenten ergeben können, hatte vor allem die Kommission in ihrem Schreiben vom 20. April 2016 an ESMA hervorgehoben[585]. Die Kommission wies darauf hin, dass ein zu hohes Transparenzniveau insbesondere für Marktteilnehmer, die größere Positionen bewegen, nachteilhaft sein könne[586]. Wenn Handelsabsichten oder abgeschlossene Transaktionen zu früh offengelegt werden, besteht grundsätzlich für die betroffenen Teilnehmer die Gefahr, dass sich eine für ihre Position gegenläufige Marktbewegung entwickelt[587]. Insbesondere großvolumige

---

582 *Auerbach,* in: ders., Banken- und Wertpapieraufsicht, Teil D Rn. 3.; *Seiler/Geier,* in: Schimansky/Bunte/Lwowski, Vor. § 104 Rn. 76; *Ferrarini,* Perspectives in Company Law and Financial Regulation, S. 479.

583 *Gobbo,* EBLR 2009, 63, 76; *Kumpan,* WM 2006, 797, 798.

584 *Kumpan,* WM 2006, 797, 798.

585 Kommission, Schreiben an ESMA vom 20. April 2016.

586 Kommission, Schreiben an ESMA vom 20. April 2016, S. 3; siehe auch: *Droll/Ockler,* ZfgK 2013, 173, 174; *Kumpan,* WM 2006, 797, 798.

587 *Ferrarini,* in: Perspectives in Company Law and Financial Regulation, S. 482; *Kasiske,* BKR 2015, 454, 455, *Ruppelt,* Börsen-Zeitung vom 7. Januar 2016, S. 4.

Geschäfte können eine verzerrende Wirkung verursachen, da deren Preise häufig von den tatsächlichen Preisen abweichen[588]. Vor diesem Hintergrund bieten Handelsplätze Limit Orders an, von deren Gesamtvolumen nur bestimmte Teile (Eisberge) im Orderbuch sukzessive veröffentlicht werden[589]. Intransparente Märkte sind damit vor allem für institutionelle Investoren interessant, die große Volumen ohne nachteilhafte Preisreaktionen ausführen und die Einzelheiten ihrer Geschäfte gegebenenfalls ausverhandeln wollen. Im Falle von übermäßigen Transparenzanforderungen wird daher befürchtet, dass diese Marktteilnehmer in weniger transparente Märkte flüchten könnten[590].

II. Relevanz für systematische Internalisierer

Die beschriebenen Gefahren stellen sich für systematische Internalisierer in einem besonderen Maß und werden im Folgenden zeitlich getrennt nach den Vor- und Nachhandelstransparenzpflichten betrachtet.

1. Aspekte der Vorhandelstransparenz

Die spezielle Situation eines systematischen Internalisierers ist dem Umstand geschuldet, dass er sich unter bestimmten Voraussetzungen verpflichtet, zu den von ihm quotierten Preisen mit seinen Kunden zu kontrahieren. Um diese Geschäfte erfüllen zu können, benötigt der systematische Internalisierer einen eigenen Bestand der entsprechenden Wertpapiere. Aus der Perspektive der Derivatemärkte wurde zu Beginn des Gesetzgebungsverfahrens an dieser Regelung kritisiert, dass ein für mehrere Kunden veröffentlichter Preis nicht das der jeweiligen Gegenpartei unterliegende Kontrahentenrisiko reflektieren könne[591]. Daneben kann eine zu hohe Vorhandelstransparenz den Nachteil haben, dass andere Wertpapierfirmen oder Handelsplätze die Preisstellung des systematischen Internalisierers in ihre Systeme importieren (Free Riding)[592]. Die von dem

---

588 *Schwark*, in: KMRK, § 31g WpHG Rn. 9; *Güllner*, WM 2017, 938, 939; *Kumpan*, WM 2006, 797, 802.

589 Vgl. § 1 und § 72 Abs. 7 der BörsO der FWB; siehe dazu: *Beck/Röh*, in: KMRK, § 30 WpHG Rn. 35; *Kasiske*, BKR 2015, 454, 455.

590 *Kumpan*, WM 2006, 797, 798; mit dem Hinweis, dass es zu dem damaligen Zeitpunkt an Studien für diese These fehlte: *Mutschler*, Internalisierung der Auftragsausführung, S. 128.

591 Deutsche Kreditwirtschaft, Stellungnahme zu den Vorschlägen der Kommission zu MiFID II/MiFIR, S. 6.

592 *Kumpan*, Regulierung außerbörslicher Handelssysteme, S. 90 f.; *ders.*, WM 2006, 797, 799.

systematischen Internalisierer beabsichtigte Preisverbesserung, die er gegenüber anderen Ausführungsplätzen anbietet, könnte somit ins Leere laufen. Auch die Kommission hatte die Interessenlage von Eigenhändlern im Blick. Sie kritisierte, dass die von ESMA vorgeschlagenen Schwellenwerte, bei deren Erreichen einer Wertpapierfirma eine Ausnahme von der Vorhandelstransparenz erteilt werden kann, zu hoch angesetzt wurden[593]. Dies würde Personen, die für bestimmte Nichteigenkapitalinstrumente im Sekundärmarkt Liquidität spenden und dafür das Preisrisiko übernehmen (Liquidity Provider), unangemessenen Risiken aussetzen[594].

2. *Aspekte der Nachhandelstransparenz*

Als Eigenhändler ist der systematische Internalisierer weiter darauf angewiesen, regelmäßig die auf eigene Rechnung eingegangenen Positionen durch gegenläufige Hedgegeschäfte wieder auszugleichen. Durch die im Rahmen der Nachhandelstransparenz zu veröffentlichenden Volumen und Kurse können andere Marktteilnehmer gegebenenfalls ableiten, zu welchen Kursen der systematische Internalisierer bereit sein wird, sein Hedgegeschäft abzuschließen[595]. Im Gesetzgebungsverfahren wurde von der Deutschen Kreditwirtschaft die Befürchtung geäußert, dass andere Marktteilnehmer die publizierten Informationen dazu nutzen könnten, um gezielt gegen den systematischen Internalisierer zu handeln, womit die Schließung der eingegangenen Positionen gefährdet sei[596]. Entscheidend für die Nachhandelstransparenz ist also, welche Einzelheiten seines Geschäfts der systematische Internalisierer veröffentlichen und innerhalb welcher Frist er diesen Pflichten nachkommen muss.

3. *Bedeutung der Liquidität des Nichteigenkapitalinstruments*

Politik und Schrifttum sind sich darin einig, dass die genannten Risiken umso höher sind, je illiquider der Kapitalmarkt für das jeweilige Finanzinstrument ist[597]. Für die Auflösung einer illiquiden Risikoposition wird es für den

---

593 Kommission, Schreiben an ESMA vom 20. April 2016, S. 3 ff.

594 Kommission, Schreiben an ESMA vom 20. April 2016, S. 3.

595 *Schelling*, BKR 2015, 221, 223; siehe dazu auch: ICMA, MiFID II/MiFIR – Transparency and Best Execution, S. 13.

596 Deutsche Kreditwirtschaft, Stellungnahme zu den Vorschlägen der Kommission zu MiFID II/MiFIR, S. 6; dies betont auch: *Schelling*, BKR 2015, 221, 223.

597 Kommission, Schreiben an ESMA vom 20. April 2016, S. 3; *Beck/Röh*, in: KMRK, § 32a WpHG Rn. 17; *Mutschler*, Internalisierung der Auftragsausführung, S. 225; *Schelling*, BKR 2015, 221, 223.

Liquiditätsgeber oder den systematischen Internalisierer ungleich schwieriger sein, eine vertragswillige Gegenpartei zu finden. Diesen Umstand berücksichtigte der Gesetzgeber zwar schon im Rahmen des § 32a WpHG a. F[598]. Ein wesentlicher Unterschied zwischen dem Aktienhandel und dem Handel mit Nichteigenkapitalinstrumenten liegt aber in dem illiquideren Handel der letztgenannten Instrumente. Der Grund ist, dass börsennotierte Aktien zu einem verhältnismäßig hohen Anteil zentral in ordergetriebenen Systemen von Börsen gehandelt werden. Dagegen findet der Handel mit Nichteigenkapitalinstrumenten häufig dezentral und im Wege des naturgemäß weniger liquiden außerbörslichen Handels statt, selbst wenn die jeweiligen Instrumente an einer Börse notiert sein sollten[599]. Insbesondere Anleihen unterliegen regelmäßig einer „Buy-and-Hold-Strategie" und werden weniger gehandelt als Aktien[600]. Zu diesem Ergebnis kam auch die Kommission, die in ihren Änderungsvorschlägen an ESMA insbesondere die zurückgehende Liquidität in den Anleihemärkten betonte[601]. Generell fallen die Geschäftsumfänge im Anleihebereich wesentlich höher aus als bei Aktien[602]. Bei übermäßigen Transparenzanforderungen könnte daher die Gefahr bestehen, dass Liquiditätsgeber unangemessenen Risiken ausgesetzt werden, sodass sie ihre Bereitschaft zur Preisstellung reduzieren oder einstellen[603]. Dies wiederum könne – so die Befürchtung der Kommission – die Liquidität in den Märkten vieler Nichteigenkapitalinstrumente weiter verschlechtern und somit die Refinanzierungsbedürfnisse der Emittenten beeinträchtigen[604]. Die Situation von Liquiditätsspendern ist mit derjenigen von systematischen Internalisierern vergleichbar. Es ist zwar nicht die originäre Pflicht des systematischen Internalisierers, für Finanzinstrumente einen Markt zu unterhalten. Gleichwohl stellt der systematische Internalisierer Liquidität zur Verfügung, soweit sein

598 Zweiter Abschnitt A. IV. 3. a).

599 *Schelling*, BKR 2015, 221, 223.

600 *Ruppelt*, Börsen-Zeitung vom 7. Januar 2016, S. 4.

601 Kommission, Schreiben an ESMA vom 20. April 2016, S. 2, in dem die Kommission insbesondere auf CGFS Papers, Market-Making and Proprietary Trading Bezug nimmt. So seien Handelsvolumina von Unternehmensanleihen im Zeitraum zwischen 2010 und 2015 um 45 % gesunken.

602 Deutsche Kreditwirtschaft, Stellungnahme zu den Vorschlägen der Kommission zu MiFID II/MiFIR, S. 5.

603 Kommission, Schreiben an ESMA vom 20. April 2016, S. 3; so auch schon: *Kumpan*, WM 2006, 797, 799.

604 Kommission, Schreiben an ESMA vom 20. April 2016, S. 3; siehe dazu auch: CGFS Papers, Market-Making and Proprietary Trading, S. 28; Deutsche Kreditwirtschaft, Stellungnahme zu den Vorschlägen der Kommission zu MiFID II/MiFIR, S. 6.

OTC-Handel häufig und in einem erheblichen Umfang erfolgt. Das macht das Erfordernis deutlich, dass die Vor- und Nachhandelstransparenzvorschriften spezifisch auf die jeweiligen Finanzinstrumente, für die Internalisierung angeboten wird, zugeschnitten sein müssen und gleichzeitig deren Liquidität Rechnung zu tragen haben. Bei der nachstehenden Untersuchung der Vor- und Nachhandelstransparenzvorschriften hat somit nach dem Prinzip der Verhältnismäßigkeit eine Abwägung zwischen der Förderung der Markteffizienz einerseits und den damit für systematische Internalisierer verbundenen Risiken andererseits stattzufinden.

B. Vorhandelstransparenzvorschriften

Mit Art. 18 MiFIR verfolgt der Gesetzgeber das Ziel, andere Marktteilnehmer darüber zu informieren, zu welchen Bedingungen sie Geschäfte in Nichteigenkapitalinstrumenten mit dem systematischen Internalisierer abschließen können[605]. Um ein angemessenes Maß an Vorhandelstransparenz zu generieren, haben sich Kommission, Parlament und Rat dabei im Wesentlichen auf vier Instrumente geeinigt, die in Art. 18 MiFIR geregelt sind. Unter bestimmten Voraussetzungen ist der systematische Internalisierer verpflichtet, Kursofferten für die betroffenen Instrumente zu stellen (Quotierungspflicht, dazu III.). Er hat diese Kursofferten gegenüber anderen Marktteilnehmern bekannt zu machen (Veröffentlichungspflicht, dazu IV.), gegebenenfalls zu den veröffentlichten Bedingungen mit seinen Kunden zu handeln und dabei bestimmte Ausführungsgrundsätze zu beachten (Abschlusspflicht, dazu V.). Der systematische Internalisierer soll aber keinen unangemessenen Risiken ausgesetzt werden, sodass er von den vorgenannten Pflichten befreit werden kann (Ausnahmeregelungen, dazu VI.). Für die Frage, ob und in welchem Umfang eine Wertpapierfirma dazu verpflichtet ist, den beschriebenen Anforderungen nachzukommen, sieht Art. 18 MiFIR ein regelungstechnisch kompliziertes Konzept vor, das im Folgenden analysiert und bewertet wird.

I. Systematik des Art. 18 MiFIR und Anwendung der für Aktien geltenden Grundlagen

Art. 18 MiFIR befindet sich in Titel III der MiFIR. Titel III der MiFIR hat die Transparenz für systematische Internalisierer und Wertpapierfirmen, die mit OTC handeln, zum Gegenstand. Die Art. 14–17 MiFIR regeln die

605 *Schelling*, BKR 2015, 221, 223.

Quotierungsverpflichtungen, die Auftragsausführung und den Zugang zu Kursofferten für systematische Internalisierer in Eigenkapitalinstrumenten. Der Gesetzgeber hat einige Terminologien und Regelungsgehalte der Art. 14 ff. MiFIR auf die Nichteigenkapitalinstrumente in Art. 18 MiFIR übertragen[606]. Teilweise galten die Bestimmungen auch schon im Rahmen des Art. 27 MiFID I. Den Art. 14 ff. MiFIR und Art. 18 MiFIR ist gemeinsam, dass sie an vielen Stellen unbestimmte Rechtsbegriffe verwenden (z. B. vorherrschende Marktbedingungen in Art. 14 Abs. 3 MiFIR bzw. Art. 18 Abs. 9 MiFIR). Für die Vorschriften der systematischen Internalisierung in Eigenkapitalinstrumenten wurden die meisten dieser Begrifflichkeiten in delegierten Rechtsakten (z. B. in der MiFIR-VO und in der EK-Transparenz-VO) konkretisiert. Kapitel III der MiFIR-VO enthält beispielsweise Vorgaben zum Umfang der Pflichten von systematischen Internalisierern hinsichtlich der Veröffentlichung, Auftragsausführung und Transparenz. Mangels entsprechender Ermächtigungen sind jene Konkretisierungen auf die Interpretation der Bestimmungen des Art. 18 MiFIR nicht unmittelbar anwendbar. Die für den Handel mit Eigenkapitalinstrumenten entwickelten Grundsätze können jedoch gegebenenfalls entsprechend herangezogen werden. Die Rechtsfindungsmethode der Analogie ist grundsätzlich auch in der europarechtlichen Methodenlehre ein legitimer Bestandteil und basiert auf dem Grundsatz der Gleichbehandlung[607]. Wenn eine Regelungslücke und eine wertungsmäßige Vergleichbarkeit vorliegen, geht der EuGH von der Möglichkeit einer unionsrechtlichen Analogiebildung aus[608]. Beide Kriterien liegen, wie in den Ausführungen zu diesem Abschnitt noch aufzuzeigen ist, für den Art. 18 MiFIR vielfach vor. Für die wertungsmäßige Vergleichbarkeit spricht schon die systematische Stellung des Art. 18 MiFIR in Titel III in der MiFIR. Daneben legt der europäische Gesetzgeber das Ziel einer angemessenen Vorhandelstransparenz für systematische Internalisierer in Eigen- und Nichteigenkapitalinstrumenten einheitlich in Erwägungsgrund 18 MiFIR fest. Im Rahmen einer entsprechenden Anwendung sind allerdings die Besonderheiten des Handels mit Nichteigenkapitalinstrumenten und die damit verbundenen Risiken für die Wertpapierfirma zu berücksichtigen. Ein Analogieverbot steht diesem

---

606 *Gebauer*, in: Assmann/Schneider/Mülbert, Art. 18 MiFIR Rn. 1.

607 *Langenbucher*, in: dies., Europäisches Privat- und Wirtschaftsrecht, § 1 Rn. 18.

608 Siehe m. w. N. zu der Methode der Analogie im Europarecht: *Nettesheim*, in: Grabitz/Hilf/Nettesheim, Art. 288 AEUV Rn. 134; *Pieper*, in: Dauses, EU-Wirtschaftsrecht, B. I. Rn. 17 u. a. mit Verweis auf EuGH NJW 2010, 43.

Vorgehen nicht entgegen[609]. Ein Verstoß gegen die in Art. 18 MiFIR enthaltenen Pflichten ist zwar bußgeldbewehrt[610]. Die Detailregelungen in der MiFIR-VO und der EK-Transparenz-VO sind allerdings technischer Natur und reduzieren bei entsprechender Anwendung die Rechtsunsicherheiten für den Handel mit Nichteigenkapitalinstrumenten, sodass sie für die Wertpapierfirma begünstigend wirken. Eine Erweiterung des Anwendungsbereichs von Art. 18 MiFIR, welche eine Pflicht begründende Wirkung entfalten würde, ist damit gerade nicht verbunden.

II. Handelsplatzbezug als Voraussetzung

Der sachliche Anwendungsbereich von Art. 18 MiFIR beschränkt sich auf die in den vorherigen Abschnitten definierten Nichteigenkapitalinstrumente. Art. 18 MiFIR ist jedoch nicht auf jedes Nichteigenkapitalinstrument, mit dem ein systematischer Internalisierer gehandelt hat, unmittelbar anwendbar. Aus der Begriffsbestimmung des systematischen Internalisierers ergibt sich bereits, dass das jeweilige Geschäft an einem Sekundärmarkt stattgefunden haben muss, da für Primärmarktgeschäfte keine systematische Internalisierung betrieben werden kann[611]. Nach Art. 18 Abs. 1 und Abs. 2 MiFIR muss das jeweilige Nichteigenkapitalinstrument darüber hinaus an einem Handelsplatz handelbar sein. Während die Vorgängervorschrift des § 32 WpHG a. F. lediglich auf den Handel an einem organisierten Markt abstellte, ist der Anwendungsbereich des Art. 18 MiFIR um Instrumente erweitert, die über multilaterale Handelssysteme und die neuen organisierten Handelssysteme gehandelt werden. Folglich werden künftig insbesondere Instrumente erfasst, die in den Freiverkehr einer Börse einbezogen sind[612]. Dies steht im Einklang mit dem gesetzgeberischen Ziel, gleiche Wettbewerbsbedingungen für Handelsplätze zu etablieren (Erwägungsgrund 8 MiFIR) und findet sowohl in der Parallelvorschrift des Art. 14 MiFIR als auch in anderen Kapitalmarktgesetzen Entsprechung, für die der Anwendungsbereich erweitert

---

609 M. w. N. zum Ausschluss der Analogie im Bereich des Sanktionsrechts: *Pieper*, in: Dauses, EU-Wirtschaftsrecht, B. I. Rn. 185.

610 Siehe dazu: Siebenter Abschnitt B.

611 Vierter Abschnitt C. V. 1. Auch wenn die NEK-Transparenz-VO vom 14. Juli 2016 dies so nicht ausdrücklich regelt, hatte ESMA bereits im Final Report vom 28. September 2015 die Primärmarktausnahme bestätigt: ESMA, Final Report vom 28. September 2015, S. 144.

612 Der Freiverkehr stellt nämlich ein multilaterales Handelssystem dar, siehe dazu: *Buck-Heeb*, Kapitalmarktrecht, § 3 Rn. 117; *Schwark*, in: KMRK, § 31f WpHG Rn. 11; *Gomber/Hirschberg*, AG 2006, 777, 779.

wurde[613]. Die Überprüfung, ob ein Finanzinstrument an einem Handelsplatz gehandelt wird, kann über die Website der ESMA vollzogen werden. ESMA hat nach Art. 27 Abs. 1 UAbs. 3 MiFIR die von Handelsplätzen zu liefernden Referenzdaten für alle meldepflichtigen Finanzinstrumente zu veröffentlichen bzw. zu aktualisieren. Dies bedeutet, dass ein Listing eines Instruments an einem Handelsplatz für die Zwecke des Art. 18 MIFIR ausreichend ist und es nicht auf ein tatsächliches Handelsgeschehen ankommt. Ebenso ist keine förmliche Zulassung, die den Antrag eines Emittenten voraussetzt, erforderlich[614].

III. Quotierungspflicht

Art. 18 MiFIR folgt dem bisherigen Ansatz des Art. 27 Abs. 1 MiFID I und sieht abweichende Quotierungsverpflichtungen in Abhängigkeit der Liquidität des Nichteigenkapitalinstruments vor. Die Quotierungsverpflichtung für liquide Instrumente richtet sich dabei nach Art. 18 Abs. 1 MiFIR, während Art. 18 Abs. 2 MiFIR die Quotierungsverpflichtung für illiquide Instrumente zum Gegenstand hat. Diese Differenzierung war im ursprünglichen Kommissionsentwurf noch nicht enthalten und wurde auf Vorschlag des Europäischen Parlaments übernommen[615].

1. Quotierungen für liquide Instrumente

Art. 18 Abs. 1 MiFIR sieht für Schuldverschreibungen, strukturierte Finanzprodukte, Emissionszertifikate und Derivate mit einem liquiden Markt vor, dass systematische Internalisierer sogenannte feste Kursofferten veröffentlichen. Obwohl der Begriff der festen Kursofferte nicht weiter definiert wird, ist davon auszugehen, dass hiermit in Übereinstimmung mit dem bisherigen Verständnis sowie dem Wortlaut der englischen Sprachfassung und der MiFIR-VO[616] verbindliche Kauf- oder Verkaufsangebote in einem aufsichtsrechtlichen Sinn gemeint sind[617]. Das bedeutet, dass der Kunde auf der Basis der Quotierung

---

613 Siehe dazu: Zweiter Abschnitt B. VI. 2, siehe zu der Erweiterung der Marktmissbrauchsvorschriften auf Freiverkehrsemittenten: *Kumpan,* DB 2016, 2039, 2040, der dies damit begründet, dass multilaterale und organisierte Handelssysteme die gleichen Dienstleistungen wie Börsen erbringen und mit diesen im Wettbewerb stehen.

614 M. w. N.: *Gebauer,* in: Assmann/Schneider/Mülbert, Art. 18 MiFIR Rn. 15.

615 Siehe: Parlament, Entwurf zur MiFIR vom 4. Oktober 2012 (Art. 17 MiFIR-E).

616 Siehe Art. 14 MiFIR-VO, der jedoch nur für die systematische Internalisierung in Eigenkapitalinstrumenten unmittelbar anwendbar ist.

617 Dies stimmt mit § 32a Abs. 1 WpHG a. F. überein, der Art. 27 Abs. 1 MiFID I umsetzte, welcher wiederum von verbindlichen Kursofferten sprach. Zum Vergleich: Die

der Wertpapierfirma das Geschäft in der angebotenen Menge und zum veröffentlichten Preis ausführen kann[618]. Die gleichzeitige Stellung eines Geld- und Briefkurses ist nicht erforderlich[619]. Nach Art. 18 Abs. 1 MiFIR müssen für die Abgabe verbindlicher Kursofferten zwei weitere Bedingungen erfüllt sein, deren Sinn und Zweck sich nicht unmittelbar erschließt. Eine Verpflichtung besteht demnach nur, wenn eine Kursofferte für einen Kunden des systematischen Internalisierers erforderlich ist und soweit der systematische Internalisierer mit der Abgabe der Kursofferte einverstanden ist.

a) Erforderlichkeit einer Kursofferte?

Ausgehend von dem Wortlaut des Art. 18 Abs. 1 MiFIR der deutschen Fassung, ist unklar, für wen und unter welchen Voraussetzungen eine Kursofferte erforderlich sein soll. Im Interesse einer einheitlichen Auslegung sind bei einer Auslegung alle Sprachfassungen in gleicher Weise zu berücksichtigen[620]. Anstelle einer Erforderlichkeit spricht die englische Sprachfassung davon, dass ein systematischer Internalisierer durch einen Kunden zur Kursabgabe explizit aufgefordert werden müsse („they are **prompted** [Hervorhebung v. Verf.] for a quote by a client"). Dies entspricht unter anderem auch der französischen Fassung des Verordnungstextes („clients leur **demande** [Hervorhebung v. Verf.] de proposer un prix"). Soweit diesem Verständnis gefolgt wird, würde sich durch einen Vergleich mit der Parallelvorschrift für Eigenkapitalinstrumente in Art. 15 Abs. 1 MiFIR ergeben, dass der systematische Internalisierer selbst im Falle von liquiden Nichteigenkapitalinstrumenten zu keiner regelmäßigen und kontinuierlichen Quotierung verpflichtet ist[621]. Dieses Ergebnis scheint vor dem Hintergrund der unterschiedlichen Liquiditäts- und Handelsprofile von Eigen- und Nichteigenkapitalinstrumenten sachgerecht. Andernfalls hätte eine Wertpapierfirma während der Handelszeiten fortlaufend ein Kauf- oder Verkaufsangebot

---

englischen Sprachfassungen verpflichten den systematischen Internalisierer jeweils zu der Veröffentlichung von „firm quotes"; siehe dazu auch: *Gebauer,* in: Assmann/Schneider/Mülbert, Art. 18 MiFIR Rn. 22; *Seiffert,* MiFID II/MiFIR, in: Umsetzung in der Bankenpraxis, S. 279.

618 ESMA, Q&A on transparency topics, Abschnitt 7, Frage 5.

619 *Gebauer,* in: Assmann/Schneider/Mülbert, Art. 18 MiFIR Rn. 20.

620 Statt vieler: EuGH EuZW, 2004, 541, 544; EuGH GRUR 2012, 519.

621 *Gebauer,* in: Assmann/Schneider/Mülbert, Art. 18 MiFIR Rn. 2; *Schelling,* BKR 2015, 221, 223; *Seiffert,* in: MiFID II/MiFIR, Umsetzung in der Bankenpraxis, S. 279; **a. A.**: *Happel/Süss,* in: MiFID II/MiFIR, Umsetzung in der Bankenpraxis, S. 253, die von einer kontinuierlichen Quotierungsverpflichtung ausgehen.

für alle Nichteigenkapitalinstrumente zu stellen, für die sie sich als systematischer Internalisierer qualifiziert hätte. Insofern ist anzunehmen, dass die in Art. 18 Abs. 1 MiFIR enthaltene Bedingung im Sinne der englischen Sprachfassung als eine Aufforderung des Kunden auszulegen ist, für die im Übrigen keine besondere technische Form vorgesehen ist[622]. Bei der deutschen Version des Art. 18 Abs. 1 MiFIR handelt es sich daher um eine Übersetzungsungenauigkeit[623]. Dieses Auslegungsergebnis sollte aber nicht ausschließen, dass die systematischen Internalisierer ihren Kunden nicht auch aus ihrer eigenen Initiative heraus eine Kursofferte unter den jeweiligen Voraussetzungen des Art. 18 MiFIR stellen könnten. Eine freiwillige Quotierung geht nämlich über die regulatorischen Anforderungen hinaus. Wertpapierfirmen können ihre Pflicht zur Stellung von verbindlichen Kursofferten auch erfüllen, indem sie eine fortlaufende Kursstellung anbieten. Wenn dem Markt kontinuierlich Preisinformationen zur Verfügung gestellt werden, führt dies zu einer besseren Vorhandelstransparenz, als wenn Preise nur auf Anfrage eines Kunden veröffentlicht werden. Daher ist es zu begrüßen, dass ESMA die Zulässigkeit der ansonsten nur bei Geschäften mit Eigenkapitalinstrumenten erforderlichen kontinuierlichen Quotierung (Quote Streaming) ausdrücklich bestätigt hat[624]. Bei verbrieften Derivaten, die von einem Market Maker betreut werden, war das in Echtzeit stattfindende Quote Streaming bereits vor Inkrafttreten von MiFID II/MiFIR gelebte Praxis.

b) Einverständnis des systematischen Internalisierers?

Es wird nicht weiter ausgeführt, unter welchen Voraussetzungen eine Wertpapierfirma berechtigt sein könnte, ihr Einverständnis in Bezug auf eine Offertenanfrage eines Kunden zu verweigern. Die Voraussetzung des Einverständnisses in Art. 18 Abs. 1 MiFIR ist neu im Zusammenhang mit den Quotebestimmungen und findet sich auch nicht in den Vorschriften für die Eigenkapitalinstrumente wieder. Dem systematischen Internalisierer in Nichteigenkapitalinstrumenten wird auf diese Weise ein zusätzlicher Schutz geboten. Fest steht auch, dass die Vorschrift wirkungslos bleiben würde, soweit ein systematischer Internalisierer ohne weitere Begründung dauerhaft sein Einverständnis verweigern könnte. Systematische Internalisierer können aus wirtschaftlichen Erwägungen den Zugang ihrer Kunden auf die Kursofferten nach Art. 18 Abs. 5 MiFIR beschränken. Zu einem späteren Zeitpunkt können sie die Zahl der Geschäfte, zu deren Abschluss

---

622 ESMA, Q&A on transparency topics, Abschnitt 7, Frage 5.
623 *Schelling*, BKR 2015, 221, 223; wohl **a. A.**: *Hoops*, WM 2017, 319, 322.
624 ESMA, Q&A on transparency topics, Abschnitt 7, Frage 5.

sie sich infolge ihrer Kursofferten verpflichten, gegenüber anderen Kunden nach Art. 18 Abs. 7 MiFIR limitieren. Das Einverständnis in Art. 18 Abs. 1 MiFIR bezieht sich dagegen auf die zeitlich vorgelagerte Abgabe einer Kursofferte. Wenn der systematische Internalisierer über den die Kursofferte anfragenden Kunden weiß, dass die Ausführung dessen Auftrags zu unangemessenen Risiken führen würde, sollte es ihm ebenfalls in objektiver und nicht-diskriminierender Weise möglich sein, die Anfrage erst gar nicht zu beantworten[625]. Eine Einverständnisverweigerung könnte sich beispielsweise anbieten, wenn der systematische Internalisierer das Risiko, das aus einer Häufung von Geschäften mit ein und demselben Kunden resultieren würde, beschränken möchte. Es empfiehlt sich, die Gründe für eine Einverständnisverweigerung ex ante in den Handelsbedingungen festzulegen und für den Einzelfall zu dokumentieren.

2. *Quotierungen für illiquide Instrumente*

Eine Quotierungsverpflichtung besteht grundsätzlich auch für illiquide Nichteigenkapitalinstrumente. Parallel zu Art. 18 Abs. 1 MiFIR sieht der Gesetzgeber auch in Abs. 2 MiFIR einschränkend vor, dass der systematische Internalisierer mit der Abgabe der Kursofferte einverstanden sein muss und dass ein Kunde zuvor angefragt haben muss („on request"). Somit besteht wie im Falle von liquiden Nichteigenkapitalinstrumenten keine Verpflichtung zur kontinuierlichen Quotierung. Nicht eindeutig ist aber, worin sich die Voraussetzungen für die Quotierung nach Art. 18 Abs. 1 und Abs. 2 MiFIR unterscheiden. Sowohl die Aufforderung (Abs. 1) als auch die Anfrage (Abs. 2) setzen eine vorherige Kundeninitiative in Form einer Quoteanfrage voraus, die ein systematischer Internalisierer jeweils mit einem Kauf- bzw. Verkaufskurs beantwortet. Dass der europäische Gesetzgeber unterschiedliche Begrifflichkeiten verwendet, bleibt rechtssystematisch unklar, wenn auch im Ergebnis unerheblich[626]. Da der Gesetzgeber sowohl in der deutschen Sprachfassung als auch in der englischen Sprachfassung des Art. 18 Abs. 2 MiFIR auf den Zusatz „fest" bzw. „firm" verzichtet hat, ist anzunehmen, dass die Kursofferte für illiquide Nichteigenkapitalinstrumente – abweichend von Art. 18 Abs. 1 MiFIR – noch nicht ausführbar sein muss[627]. Die BaFin hatte zunächst an dieser Vorschrift bemängelt, dass aus

---

625 *Gebauer,* in: Assmann/Schneider/Mülbert, Art. 18 MiFIR Rn. 27.

626 *Schelling,* BKR 2015, 221, 223.

627 Siehe zur zivilrechtlichen Einordnung von Kursofferten: Fünfter Abschnitt B. V. 1. d). Eine andere Auffassung scheint indes die BaFin zu vertreten, die auch im Kontext von Art. 18 Abs. 2 MiFIR von verbindlichen Kursofferten spricht, *Meljnik,* BaFin Journal, S. 39.

ihr nicht eindeutig hervorgehe, ob die Kursofferten nur den anfragenden Kunden oder allen Kunden des systematischen Internalisierers offengelegt werden müssen[628]. Richtigerweise ist der Gesetzeswortlaut des Art. 18 Abs. 2 MiFIR so zu interpretieren, dass keine Veröffentlichungspflicht aufgelegt wird, sondern dass systematische Internalisierer lediglich den anfragenden Kunden eine Offerte anbieten sollen[629]. Dies ergibt sich nicht zuletzt aus Art. 18 Abs. 5 MiFIR, wonach nur Kursofferten im Sinne des Art. 18 Abs. 1 MiFIR Kunden zugänglich gemacht werden müssen. Richtigerweise hat ESMA diese Auslegung im weiteren Verlauf bestätigt[630]. Der europäische Gesetzgeber hat damit dem höheren Risiko, dem eine Wertpapierfirma bei der Ausführung eines Auftrags über einen illiquiden Titel ausgesetzt ist, Rechnung getragen und für solche Instrumente ein eingeschränktes Transparenzregime geschaffen. Angesichts der rechtlichen Unterschiede, die zwischen Kursofferten für liquide und illiquide Instrumente bestehen, sollte der Kunde in die Lage versetzt werden, zu erkennen, ob es sich um eine Kursofferte nach Art. 18 Abs. 1 oder Abs. 2 MiFIR handelt (z. B. durch eine farbliche Differenzierung in dem Offertensystem der Wertpapierfirma).

3. Größe einer Kursofferte

Systematische Internalisierer unterliegen den Anforderungen des Art. 18 MiFIR nur für Kundenaufträge bis zu der Größe, die für ein Finanzinstrument typisch ist, Art. 18 Abs. 6 und Abs. 10 MiFIR. Wenn der systematische Internalisierer beispielsweise einem anfragenden Käufer einen Kurs von 100% für eine liquide Anleihe stellt, verpflichtet er sich unter den Einschränkungen des Absatzes 7, alle weiteren Kaufaufträge in Bezug auf diese Anleihe bis zu der Grenze der typischen Größe für 100% zu verkaufen. Sofern Wertpapierfirmen über diesen Schwellenwert quotieren, greift die Vorschrift nach Art. 18 Abs. 10 MiFIR erst

---

628 *Meljnik*, BaFin Journal, S. 39.

629 *Schelling*, BKR 221, 223 f.; für diese Lesart spricht auch die vorgenommene Differenzierung in der englischen Sprachfassung: Nach Art. 18 Abs. 1 MiFIR sind Kursofferten zu veröffentlichen („shall make public"), während Art. 18 Abs. 2 MiFIR auf eine Zugänglichmachung gegenüber dem Kunden abstellt („shall disclose to their clients"), wohl **a. A.**: *Gebauer*, in: Assmann/Schneider/Mülbert, Art. 18 MiFIR Rn. 33, *Hoops*, WM 2017, 319, 323 f., der auch im Falle von Quotierungen für illiquide Instrumente davon ausgeht, dass diese allen Kunden des systematischen Internalisierers zur Verfügung zu stellen sind.

630 ESMA, Q&A on transparency topics, Abschnitt 7, Frage 5.

gar nicht[631]. Im Hinblick auf ein zu quotierendes Mindestvolumen hat sich der Gesetzgeber allerdings einer Vorgabe enthalten. Demgegenüber und entgegen der alten Rechtslage sieht Art. 14 Abs. 3 MiFIR für eine Kursofferte in Eigenkapitalinstrumenten vor, dass diese mindestens 10% der Standmarktgröße des jeweiligen Instruments entsprechen muss[632]. Für ein zu quotierendes Mindestvolumen sprechen zwar Aspekte der Preisqualität und der Aussagekraft von Quotierungen[633]. Aufgrund des Fehlens einer Vorgabe durch MiFID I wurde befürchtet, dass systematische Internalisierer sich durch das Stellen von willkürlich niedrigen Transaktionsvolumen unliebsamen Kundenorders entziehen könnten[634]. Auf der anderen Seite bietet dies den Wertpapierfirmen die Möglichkeit, die Volumina der zu quotierenden Instrumente unter Berücksichtigung der aktuellen Marktlage festzulegen. Überhaupt erscheint es sachgerecht, dass der Gesetzgeber nur für die Eigenkapitalinstrumente ein Mindestvolumen vorgesehen hat. Zumindest bei liquiden Titeln besteht hier nämlich eine Pflicht zur regelmäßigen und kontinuierlichen Quotierung. Der Abgabe einer Kursofferte für Nichteigenkapitalinstrumente geht in der Regel eine Kundenanfrage voraus, sodass sich das quotierte Volumen an der Kundenanfrage orientieren wird, aber nicht notwendigerweise muss. Es ist nämlich nicht ersichtlich, dass der systematische Internalisierer im Falle einer Kundenanfrage verpflichtet ist, exakt für die angefragte Höhe einen entsprechenden Quote zu stellen. Grundsätzlich muss er nämlich mit der Abgabe eines Quotes einverstanden sein. Auch vor dem Hintergrund, dass der Tatbestand des systematischen Internalisierers eine bestimmte volumenmäßige Handelsaktivität verlangt, sollten die in der Vergangenheit geäußerten Bedenken zum Fehlen eines Mindestquotierungsvolumens auch theoretischer Natur sein. Soweit ein systematischer Internalisierer dauerhaft niedrig quotiert, läge im Zweifel kein Handeln in einem erheblichen Umfang vor. Das quotierte Volumen wird darüber hinaus von den Aufsichtsbehörden nach Art. 19 MiFIR bzw. § 88 Abs. 1 Nr. 5 lit. b) WpHG überwacht.

---

631 Für eine Unternehmensanleihe ergibt sich etwa nach den Berechnungen eine instrumentenspezifische Größe von EUR 300.000, siehe dazu: ESMA, Transparency Calculations sowie: Fünfter Abschnitt B. VI. 1.

632 Dies stellt für die systematische Internalisierung in Eigenkapitalinstrumenten ebenfalls eine Neuerung dar. § 32a WpHG a. F. sah eine freie Festlegung des Quotevolumens durch den systematischen Internalisierer vor, siehe dazu: *Beck/Röh,* in: KMRK, § 32a WpHG Rn. 22 ff.

633 Zum rechtspolitischen Hintergrund und zur Entwicklungsgeschichte des Art. 27 MiFID I: *Beck/Röh,* in: KMRK, § 32a WpHG Rn. 22.

634 *Assmann,* in: Assmann/Schneider, 6. Aufl., § 32d Rn. 9; *Kumpan,* WM 2006, 797, 804.

4. *Kursofferte zu vorherrschenden Marktbedingungen*

Nach Art. 18 Abs. 9 UAbs. 1 MiFIR müssen die Kursofferten gegebenenfalls die vorherrschenden Marktbedingungen in Bezug auf die Kurse, zu denen Geschäfte mit denselben oder ähnlichen Finanzinstrumenten an einem Handelsplatz abgeschlossen werden, widerspiegeln (Widerspiegelungsgebot). Das Widerspieglungsgebot hat sein Vorbild in den „Markup/Markdown Rules“ der US-amerikanischen Finra (Financial Industry Regulatory Authority), wonach sich die von Eigenhändlern berechneten Preise inklusive ihrer Auf- bzw. Abschläge in einem vernünftigen Verhältnis zum vorherrschenden Markt befinden müssen[635]. Ziel der europäischen Vorgabe ist es jedenfalls, den Aussagegehalt und die Qualität von Kursofferten zu verbessern[636]. Andernfalls könnte ein systematischer Internalisierer durch die Stellung von nicht repräsentativen Angeboten die Vorhandelstransparenz faktisch umgehen[637]. Art. 18 Abs. 9 UAbs. 1 MiFIR referenziert allgemein auf Kursofferten, ohne dabei eine Differenzierung hinsichtlich der Liquidität des Instruments vorzunehmen. Insofern ist anzunehmen, dass Art. 18 Abs. 9 UAbs. 1 MiFIR sowohl auf Quotierungen im Sinne von Art. 18 Abs. 1 als auch auf Abs. 2 MiFIR anzuwenden ist.

a) *Referenzpreise*

Nach Art. 14 Abs. 7 MiFIR hatte ESMA in einem technischen Regulierungsstandard festzulegen, inwieweit Preise vorherrschende Marktbedingungen widerspiegeln. Angesichts der Kritik, die bereits an dem vagen Wortlaut der Vorgängervorschrift Art. 27 Abs. 3 MiFID I geäußert wurde[638], ist es bedauerlich, dass dies nicht auch für die Nichteigenkapitalinstrumente unternommen wurde. Art. 10 der EK-Transparenz-VO vom 14. Juli 2016 regelt diesbezüglich, dass die von einem systematischen Internalisierer veröffentlichten Preise die vorherrschenden Marktbedingungen widerspiegeln, wenn sie zum Zeitpunkt der Veröffentlichung den Kursofferten für gleichwertige Volumen desselben Finanzinstruments an dem unter Liquiditätsaspekten wichtigsten Markt für das Finanzinstrument ähnlich sind. Der unter Liquiditätsaspekten wichtigste Markt ist nach Art. 4 EK-Transparenz-VO zu Beginn derjenige Handelsplatz, an

---

635 Siehe dazu: *Stefanski*, Eigenhandel für andere, S. 83.

636 *Fuchs*, in: ders., WpHG, § 32a Rn. 7; *Beck/Röh*, in: KMRK, § 32a WpHG Rn. 24; *Kumpan*, WM 2006, 797, 805; *Seitz*, AG 2014, 497 502.

637 *Fuchs*, in: ders., WpHG, § 32a Rn. 7.

638 Statt vieler: *Beck/Röh*, in: KMRK, § 32a WpHG Rn. 19; *Mutschler*, Internalisierung der Auftragsausführung, S. 238 ff.

dem dieses Finanzinstrument erstmals zum Handel zugelassen oder gehandelt wurde, und später der Handelsplatz, an dem mit dem Instrument der höchste Umsatz erzielt wurde.

b) Ähnlichkeit

Unklar ist, unter welchen Bedingungen von einer Ähnlichkeit im Sinne von Art. 10 EK-Transparenz-VO ausgegangen werden kann. Grundsätzlich ist es dem systematischen Internalisierer nicht nur unbenommen, andere Preise als ein Referenzmarkt zu stellen. Vielmehr liegt es gerade als alternativer Ausführungsplatz in dessen Natur, mit dem Referenzmarkt zu konkurrieren. Im Kontext des § 32a WpHG a. F. ging die Kommentarliteratur bei Preisabweichungen in einem Umfang von 3–5% von einer Indizwirkung für eine wesentliche Über- oder Unterschreitung der vorherrschenden Marktbedingungen aus[639]. Charmant in der Theorie, würde ein solcher Pauschalansatz angesichts der Vielfalt der Nichteigenkapitalinstrumente für die Zwecke des Art. 19 Abs. 9 UAbs. 1 MiFIR in der praktischen Umsetzung Stolpersteine aufzeigen. Während beispielsweise bei Anleihen infolge der üblich niedrigen Volatilität im Vergleich zu Aktien bereits geringere Abweichungen auf einen Verstoß gegen das Widerspiegelungsgebot hindeuten könnten[640], wird es insbesondere bei gehebelten Zertifikaten zu höheren Abweichungen kommen können. Auch der Umstand, dass systematische Internalisierer im Gegensatz zu Handelsplätzen Handel auf eigene Rechnung betreiben, sollte bei der Beurteilung, ob vorherrschende Marktbedingungen reflektiert werden, nicht unberücksichtigt bleiben. In Abhängigkeit der Kundencharakteristika ist es der Wertpapierfirma möglich, ein entsprechendes Risiko einzupreisen und eine im Vergleich zu einem Referenzpreis entsprechend abweichende Kursofferte zu stellen[641]. Größere Abweichungen zu entsprechenden Referenzpreisen sollten insbesondere für illiquide Titel zu rechtfertigen sein. Bei einer entsprechenden Anwendung des Art. 10 EK-Transparenz-VO vom 14. Juli 2016 ist auch zu berücksichtigen, dass zum Zeitpunkt der Veröffentlichung der Kursofferte unter Umständen nicht immer ein maßgeblicher

---

639 *Fuchs*, in: ders., WpHG, § 32a Rn. 7; *Beck/Röh*, in: KMRK, § 32a WpHG Rn. 21, jeweils mit Blick auf die aktienrechtliche Regelung des § 186 Abs. 3 S. 4 AktG; wohl **a. A.**: *Mutschler*, Internalisierung der Auftragsausführung S. 239 f.

640 Dies wird am Beispiel der Kursrelevanz auch im Insiderrecht diskutiert: *Kocher*, WM 2013, 1305, 1306.

641 Wie in den folgenden Abschnitten noch aufgeführt wird, ist dem systematischen Internalisierer sogar möglich, seinen Kunden unterschiedliche Kursofferten anzubieten, was sich aus Art. 18 Abs. 5 MiFIR ergibt.

Referenzpreis verfügbar ist. Möglicherweise wollte der europäische Gesetzgeber daher durch den Zusatz „gegebenenfalls" („where applicable") in Art. 18 Abs. 9 UAbs. 1 MiFIR zum Ausdruck bringen, dass eine Widerspiegelung vorherrschender Marktbedingungen gerade bei illiquiden Nichteigenkapitalinstrumenten nicht immer möglich ist[642]. Im Ergebnis können Wertpapierfirmen das Widerspiegelungsgebot also nur einhalten, soweit vorherrschende Marktbedingungen auch tatsächlich zur Verfügung stehen. Der Grad, bis zu dem Kursofferten jene Marktbedingungen widerspiegeln, wird von den Behörden zudem nach Art. 19 MiFIR bzw. § 88 Abs. 1 Nr. 5 lit. b) WpHG überwacht.

IV. Bekanntmachung von Kursofferten

Nach Art. 18 Abs. 8 MiFIR sind die gemäß Art. 18 Abs. 1 und Abs. 5 MiFIR veröffentlichten Kursofferten so bekannt zu machen, dass sie auch anderen Marktteilnehmern zu angemessenen kaufmännischen Bedingungen leicht zugänglich sind. Wie bereits aufgezeigt, gilt diese Vorgabe nicht für Quotierungen für illiquide Instrumente. In dem Konsultationsverfahren hat ESMA erkannt, dass die leichte Zugänglichmachung angesichts der gestiegenen Fragmentierung von Vorhandelstransparenzdaten noch bedeutsamer geworden ist[643]. Daher erfahren die Vorgaben des Art. 18 Abs. 8 MiFIR eine Präzisierung durch die MiFIR-VO, die die Voraussetzungen des Art. 18 Abs. 8 MiFIR genauer beschreibt.

1. Bereitstellung zu angemessenen kaufmännischen Bedingungen

Gegenüber anderen Marktteilnehmern sollen nicht nur die Kursofferten, sondern auch die grundlegenden Bedingungen für deren Bereitstellung öffentlich bekannt gegeben werden. Für die Zwecke der Offenlegung von Marktdaten zu angemessenen kaufmännischen Bedingungen müssen systematische Internalisierer die in den Art. 7 ff. MiFIR-VO dargelegten Verpflichtungen erfüllen. Dies betrifft die Anforderung, Gebühren auf der Grundlage entstandener Kosten festzusetzen, die nicht-diskriminierende Bereitstellung von Marktdaten sowie die Pflicht, Daten in ungebündelter und disaggregierter Form zur Verfügung

642 Der Einschub „gegebenenfalls" war im ursprünglichen Kommissionsentwurf noch nicht enthalten und hat erst durch die Änderungsvorschläge des Parlaments Berücksichtigung im jetzigen Art. 18 MiFIR gefunden. Da die Änderungsvorschläge des Parlaments insbesondere darauf abzielten, ein abgeschwächtes Quotierungsregime für illiquide Nichteigenkapitalinstrumente einzuführen, liegt es nahe, dass die Einschränkung „gegebenenfalls" auch in diesem Kontext zu verstehen ist.

643 ESMA, Technical Advice vom 19. Dezember 2014, S. 257.

zu stellen[644]. Insbesondere hat ein systematischer Internalisierer nach Art. 11 MiFIR-VO sein Preisverzeichnis, seine Geschäftsbedingungen und weitere Informationen über den Inhalt seiner Marktdaten offenzulegen. Damit soll eine Transparenz hinsichtlich der Gebühren, Bedingungen und Methoden der Kostenrechnung gewährleistet werden[645]. Festzuhalten ist, dass entsprechend der alten Rechtslage[646] Informationen über Kursofferten an Gebühren gekoppelt sein können und nicht kostenfrei angeboten werden müssen. Da nach Art. 8 MiFIR-VO Kursofferten und deren Bedingungen auf nicht-diskriminierende Weise zur Verfügung zu stellen sind, ist anzunehmen, dass der systematische Internalisierer verhältnismäßige Abweichungen in Abhängigkeit der Kundenkategorie vornehmen kann. Maßgeblich sind für diese Zwecke nicht zwingend die Kundenkategorien des § 67 WpHG. Vielmehr ist es möglich, verschiedene Gebühren nach der Nutzungsart der Marktdaten durch den Kunden festzulegen, Art. 8 Abs. 2 lit. b) MiFIR-VO[647].

2. *Veröffentlichungsmedium*

Einzelheiten zum Veröffentlichungsmedium enthalten die Art. 6 ff. MiFIR-VO nicht. Dagegen ist für Eigenkapitalinstrumente in Art. 17 Abs. 3 lit. a) MiFIR vorgesehen, dass der systematische Internalisierer seine Kursofferten über die eigene Website, ein genehmigtes Veröffentlichungssystem oder das Veröffentlichungssystem eines geregelten Markts, an dem das jeweilige Eigenkapitalinstrument zum Handel zugelassen ist, veröffentlichen kann. Nach Art. 13 MiFIR-VO hat der systematische Internalisierer auf seiner Website festzulegen, welches dieser Mittel er für die Kursofferten nutzen möchte. Im Falle der Nutzung externer Veröffentlichungskanäle muss er grundsätzlich seine Identität preisgeben[648]. ESMA hat bestätigt, dass diese Veröffentlichungsmedien auch für systematische

---

644 Siehe unter den rechtlichen Aspekten der MiFIR-VO in der von der Kommission erlassenen Fassung, Kapitel II.

645 Siehe unter den rechtlichen Aspekten der MiFIR-VO in der von der Kommission erlassenen Fassung, Kapitel II.

646 Siehe dazu: *Beck/Röh*, in: KMRK, § 32a WpHG Rn. 11; *Seiffert*, in: KölnKommWpHG, § 32a Rn. 10.

647 ESMA, Technical Advice vom 19. Dezember 2014, S. 277, wonach z. B. unterschiedliche Preise und Nutzungsbedingungen für Privatkunden, Buy-Side-Unternehmen und Datenanbietern festgelegt werden können.

648 ESMA, Technical Advice vom 19. Dezember 2014, S. 256. Siehe dazu auch: ESMA, Q&A on transparency topics, Abschnitt 7, Frage 5.

Internalisierer in Nichteigenkapitalinstrumenten gelten sollen[649]. In technischer Hinsicht müssen die Veröffentlichungen nach ESMA maschinenlesbar[650] sein und mit einem Zeitstempel[651] versehen sein[652].

3. *Zeitpunkt der Veröffentlichung*

Die MiFIR-VO enthält sich einer genauen Vorgabe hinsichtlich des Zeitpunkts, zu dem eine Veröffentlichung von Kursofferten und deren Zugänglichmachung für andere Kunden erfolgen müssen. Der Zweck von Art. 18 Abs. 8 MiFIR besteht jedoch darin, für alle Marktteilnehmer Transparenz bezüglich der bei dem systematischen Internalisierer verfügbaren Preise zu schaffen. Dies spricht dafür, dass die Veröffentlichung der Kursofferten gleichzeitig mit der Stellung der Kursofferte gegenüber dem ursprünglich anfragenden Kunden zu erfolgen hat. Soweit ein Kunde also eine Preisanfrage über das System des systematischen Internalisierers für ein liquides Instrument stellt, ist der darauf folgende verbindliche Kauf- oder Verkaufspreis gleichzeitig über den gewählten Veröffentlichungskanal gegenüber dem Markt zu veröffentlichen. Während dies bei elektronischen Handelssystemen keine Probleme aufwerfen sollte, erscheint fraglich, wie dem Gebot der Gleichzeitigkeit im Falle des sprachbasierten Handels nachgekommen

---

649 Dies hat schließlich auch ESMA bestätigt, siehe dazu: ESMA, Q&A on transparency topics, Abschnitt 7, Frage 5.

650 Die Anforderungen an die Maschinenlesbarkeit bestimmen sich gem. Art. 13 Abs. 4 der MiFIR-VO in Verbindung mit Art. 14 der delegierten Verordnung (EU) 2017/571 vom 2. Juni 2016 zur Ergänzung der Richtlinie 2014/65/EU des Europäischen Parlaments und des Rates durch technische Regulierungsstandards für die Zulassung, die organisatorischen Anforderungen und die Veröffentlichung von Geschäften für Datenbereitstellungsdienste, die auf RTS 13 zurückgeht. Danach sind Informationen unter anderem dann maschinenlesbar, wenn sie ein elektronisches Format haben, damit diese direkt und automatisch von einem Computer gelesen werden können oder auf sie mithilfe einer kostenlosen und öffentlichen verfügbaren Computersoftware zugegriffen werden kann.

651 Dies ist im Zusammenhang mit der delegierten Verordnung (EU) 2017/574 der Kommission vom 7. Juni 2016 zur Ergänzung der Richtlinie 2014/65/EU des Europäischen Parlaments und des Rates durch technische Regulierungsstandards für den Grad an Genauigkeit von im Geschäftsverkehr verwendeten Uhren zu sehen. Diese Verordnung sieht vor, für die Aufzeichnung des Datums und der Uhrzeit meldepflichtiger Ereignisse durch die Betreiber von Handelsplätzen und ihre Mitglieder oder Teilnehmer Mindestanforderungen an die Granularität der Uhrensynchronisation festzulegen.

652 M. w. N.: ESMA, Q&A on transparency topics, Abschnitt 7, Frage 5.

werden soll. Gerade im Anleihenhandel ist der Anteil des Telefonhandels immer noch substanziell höher als der elektronische Handel[653]. Während für illiquide Anleihen keine Veröffentlichung vorgenommen werden muss, hat der systematische Internalisierer jedenfalls für liquide Anleihen sicherzustellen, dass mit der telefonischen Beantwortung der Kundenanfrage gleichzeitig eine Veröffentlichung über den jeweiligen Veröffentlichungskanal erfolgt. Andernfalls droht eine Einstellung des Telefonhandels. Aus Sicht des systematischen Internalisierers würde dies einen Wettbewerbsnachteil gegenüber anderen Wertpapierfirmen bedeuten, die den Beschränkungen des Art. 18 MiFIR nicht unterliegen und somit eine Kundenanfrage während des Telefonats wie bisher beantworten könnten.

V. Abschluss- und Ausführungspflichten

Die Kursofferten müssen nicht nur gegenüber Marktteilnehmern veröffentlicht werden. Nach Art. 18 Abs. 5 S. 1 MiFIR muss der systematische Internalisierer verbindliche Kursofferten[654], die nach Art. 18 Abs. 1 MiFIR veröffentlicht wurden, auch gleichzeitig seinen Kunden zugänglich machen. Dies geht weiter als Pflicht zur Veröffentlichung von Kursofferten, als mit der Zugänglichmachung anderen Kunden die tatsächliche Möglichkeit geboten werden soll, zu den veröffentlichten Konditionen ebenfalls zu handeln. Die Abschlusspflicht gilt daher nicht gegenüber Marktteilnehmern allgemein, sondern lediglich gegenüber Kunden des systematischen Internalisierers. Als Ausdruck des Gleichbehandlungsgrundsatzes zwischen den Kunden verpflichtet Art. 18 Abs. 6 UAbs. 1 MiFIR systematische Internalisierer zum Abschluss von Geschäften mit anderen Kunden, denen die Quotierungen im Einklang mit Art. 18 Abs. 5 MiFIR zur Verfügung gestellt wurden. Dies bedeutet gleichzeitig, dass der systematische Internalisierer nicht zum Abschluss verpflichtet ist und einen Geschäftsabschluss verweigern darf, wenn der Kunde einen Abschluss zu anderen Konditionen wünscht, für die die Kursofferte veröffentlicht wurde. Zu den veröffentlichten Konditionen zählen primär der Kurs und das angebotene Volumen[655]. Aus dem Verweis in

---

653 *Ruppelt*, Börsen-Zeitung, 7. Januar 2016, S. 4.

654 Einmal mehr zeigt sich die Ungenauigkeit der deutschen Sprachfassung. Art. 18 Abs. 5 MiFIR rekurriert auf verbindliche Kursofferten und verweist gleichzeitig auf Abs. 1, welcher von festen Kursofferten spricht.

655 Wenn der systematische Internalisierer beispielsweise eine Offerte in Höhe von 100% für ein Nominalvolumen einer Anleihe zu EUR 100.000 veröffentlicht, besteht keine Ausführungspflicht, wenn der Kunde anschließend den Abschluss zu einem Volumen wünscht, das geringer oder größer als EUR 100.000 ist.

Art. 18 Abs. 5 S. 1 MiFIR folgt ferner, dass die Pflicht zur Zugänglichmachung und zum Abschluss nur für liquide Instrumente gilt. Dies stellt einen Unterschied zu den Regelungen für Eigenkapitalinstrumente dar, für die auch bei Illiquidität eine Abschlusspflicht besteht[656].

1. Korrektive für die Quotierungs- und Abschlusspflichten

Um diese Abschlusspflicht für liquide Nichteigenkapitalinstrumente abzumildern, hat der Gesetzgeber mehrere Korrektive vorgesehen. Unter bestimmten Voraussetzungen ist es dem systematischen Internalisierer möglich, Kursofferten zu aktualisieren bzw. diese zurückzuziehen. Daneben kann er seinen Kundenkreis und die Geschäfte, zu deren Abschluss er sich verpflichtet, eingrenzen. Darüber hinaus gilt die Abschlusspflicht nach Art. 18 Abs. 6 MiFIR nur für Geschäftsvolumen bis zu der für das Instrument typischen Größe. Dieser Hinweis hat eine rein klarstellende Funktion, da sich bereits aus Art. 18 Abs. 10 MiFIR ergibt, dass der gesamte Art. 18 MiFIR bei Geschäften oberhalb dieses Schwellenwertes nicht gilt[657].

a) Aktualisieren und Zurückziehen von Quotes

Systematische Internalisierer sind nach Art. 18 Abs. 3 S. 1 MiFIR berechtigt, ihre Offerten jederzeit zu aktualisieren. Im Falle von außergewöhnlichen Marktbedingungen dürfen sie ihre Kursofferten nach Art. 18 Abs. 3 S. 2 MiFIR zurückziehen.

aa) Aktualisierung

Die Berechtigung, jederzeit Kursofferten aktualisieren zu können, soll systematischen Internalisierern die notwendige Flexibilität an die Hand geben, um auf veränderte Marktgegebenheiten angemessen zu reagieren[658]. Auch wenn Art. 18

---

656 Siehe Art. 15 Abs. 2 MiFIR.

657 Rechtssystematisch fraglich, wenn auch im Ergebnis unerheblich ist, dass die Kommission das für die Zwecke von Art. 18 Abs. 6 MiFIR relevante Volumen nach Art. 19 Abs. 2 MiFIR in einem delegierten Rechtsakt festzulegen hatte, während sich das Volumen im Sinne des Art. 18 Abs. 10 MiFIR aus einem von ESMA zu erarbeitenden technischen Regulierungsstandard ergeben sollte. Aus Art. 16 MiFIR-VO geht nämlich hervor, dass für die Ermittlung beider Schwellenwerte dieselbe Methodologie einschlägig ist; siehe dazu: ESMA, Technical Advice vom 19. Dezember 2014, S. 251 f. Das einschlägige Verfahren folgt demnach aus dem in dieser Abhandlung noch näher zu untersuchenden Art. 13 NEK-Transparenz-VO.

658 ESMA, Technical Advice vom 19. Dezember 2014, S. 243, siehe auch zur alten Rechtslage: *Fuchs,* in: ders., WpHG, § 32a Rn. 10.

Abs. 3 S. 1 MiFIR allgemein auf Offerten referenziert, erlangt die Möglichkeit der jederzeitigen Aktualisierung nur für die Quotierungsverpflichtung nach Art. 18 Abs. 1 MiFIR eigenständige Bedeutung[659]. Für illiquide Instrumente ergibt sich die Möglichkeit, Kursofferten nachträglich anzupassen, schon daraus, dass sie für den Kunden noch nicht ausführbar sein müssen. Für Eigenkapitalinstrumente soll nach Art. 14 Abs. 2 MiFIR-VO die jederzeitige Aktualisierung für Quotierungen unter der Voraussetzung möglich sein, dass die aktualisierte Offerte aus der aufrichtigen Absicht der Wertpapierfirma hervorgeht und mit der Absicht im Einklang steht, mit Kunden in nicht-diskriminierender Weise Handel zu betreiben. Im Rahmen des § 32a Abs. 3 WpHG a. F. wurde die Berechtigung zur jederzeitigen Aktualisierung als Korrektiv zu der kontinuierlichen Quotierungsverpflichtung gesehen[660]. Offenbar wollte das Europäische Parlament[661] dem systematischen Internalisierer in Nichteigenkapitalinstrumenten, der lediglich auf Anfrage quotiert, einen vergleichbaren Handlungsspielraum zugestehen. In der Annahme, dass eine Aktualisierung unter den entsprechenden Voraussetzungen des Art. 14 Abs. 2 MiFIR-VO jederzeit möglich sein soll, ergibt sich weiter, dass es keine Mindestbindungsdauer für Kursofferten gibt[662]. Umgekehrt ist eine Aktualisierung nur bis zur Annahme durch den Kunden möglich[663]. Die BaFin strebt diesbezüglich eine interessengerechte Auslegung an. Dem Kunden müsse eine angemessene Frist zur Verfügung stehen, während dieser die tatsächliche Gelegenheit haben muss, die veröffentlichte Offerte auszuführen[664]. Der systematische Internalisierer darf somit sein Recht auf jederzeitige Aktualisierung nicht auf eine Weise missbrauchen, die einzelne Kunden diskriminiert und die Möglichkeit ausschließt, die Offerten tatsächlich anzunehmen[665]. Technisch sollte eine Aktualisierung durch eine entsprechende Änderungsanzeige in dem vom systematischen Internalisierer verwendeten Veröffentlichungsmedium vollzogen werden können.

---

659 *Gebauer*, in: Assmann/Schneider/Mülbert, Art. 18 MiFIR Rn. 38.

660 *Assmann*, in: Assmann/Schneider, 6. Aufl., § 32a Rn. 12.

661 Art. 18 Abs. 3 MiFIR war in dem ursprünglichen Kommissionsentwurf noch nicht vorhanden und wurde auf Basis der Parlamentsfassung vom 4. Oktober 2012 übernommen.

662 *Hoops*, WM 2017, 319, 322. Siehe dazu auch: ESMA, Q&A on transparency topics, Abschnitt 7, Frage 5, die bestätigt, dass Quotes zumindest für eine angemessene Zeit gültig sein sollen.

663 Vgl.: *Beck/Röh*, in: KMRK, § 32a WpHG Rn. 26.

664 *Meljnik*, BaFin, BaFin Journal, S. 39.

665 *Meljnik*, BaFin, BaFin Journal, S. 39.

bb) Zurückziehen

Von der Aktualisierung von Kursofferten ist die Möglichkeit der Wertpapierfirma zu unterscheiden, Kursofferten ganz zurückzuziehen, Art. 18 Abs. 3 S. 2 MiFIR. Sinn und Zweck ist es, die Stabilität der Wertpapierfirma zu schützen und zu verhindern, dass sie andernfalls zu nicht aussagekräftigen Kursofferten handeln müsste[666]. Das Zurückziehen ist nur so lange möglich, bis der Kunde eine Kursofferte noch nicht angenommen hat, und setzt die im Vergleich zu Art. 18 Abs. 3 S. 1 MiFIR erschwerte Bedingung außergewöhnlicher Marktbedingungen voraus[667]. Für die Eigenkapitalinstrumente hat der Gesetzgeber denkbare Situationen in Art. 14 Abs. 1 MiFIR-VO näher konkretisiert, in denen eine Offerte zurückgezogen werden kann. Danach liegen außergewöhnliche Marktbedingungen vor, wenn es dem umsichtigen Management entgegenstünde, systematischen Internalisierern die Pflicht aufzuerlegen, verbindliche Kursofferten bereitzustellen. Wann dies der Fall ist, ergibt sich insbesondere aus dem nicht abschließenden Katalog des Art. 14 Abs. 1 lit. a)–lit. d) MiFIR-VO, dessen bedeutsamster Anwendungsfall die vorübergehende Handelseinstellung nach Art. 48 Abs. 5 MiFID II ist[668]. Es soll dem systematischen Internalisierer nicht zugemutet werden, sich mit eigenen Quotes zu exponieren, während der Handel an dem nach Liquiditätsaspekten wichtigsten Markt bzw. an dem Handelsplatz, an dem das Finanzinstrument erstmals zugelassen wurde, eingestellt ist[669]. Auch wenn der in Art. 14 MiFIR-VO enthaltene Katalog nicht abschließend ist, scheint ESMA keine allzu extensive Auslegung des Begriffs außergewöhnlicher Marktbedingungen zu vertreten. So hat sich die Behörde nicht dem von einigen Marktteilnehmern unterbreiteten Vorschlag angeschlossen, die Phasen der Auktion, während deren ein Orderbuch geschlossen ist, in die Liste außergewöhnlicher Marktbedingungen aufzunehmen[670]. Für den Handel mit Nichteigenkapitalinstrumenten sind indes auch nicht alle Beispielsfälle unmittelbar

666 ESMA, Technical Advice vom 19. Dezember 2014, S. 242.

667 Dies folgt auch aus der zivilrechtlichen Einordnung, siehe dazu: Fünfter Abschnitt B. V. 1. d).

668 So auch schon für die alte Rechtslage: *Assmann,* in: Assmann/Schneider, 6. Aufl., § 32a Rn. 12; *Seiffert,* in: KölnKommWpHG, § 32a Rn. 20; *Beck/Röh,* in: KMRK, § 32a WpHG Rn. 27.

669 ESMA, Technical Advice vom 19. Dezember 2014, S. 242; so auch schon: *Seiffert,* in: KölnKommWpHG, § 32a Rn. 20.

670 ESMA, Technical Advice vom 19. Dezember 2014, S. 242; m. w. N. zu dem Handel und der Preisermittlung in der Auktion: *Beck,* in: KMRK, § 27 BörsG Rn. 34.

übertragbar[671]. Außergewöhnliche Marktbedingungen sollten daher für diejenigen Nichteigenkapitalinstrumente bzw. die jeweiligen Unterklassen individuell festgelegt werden und deren Handelsspezifika Rechnung tragen. Hierbei liegt es nahe, auf etablierte Marktstörungsregelungen in Börsenordnungen zurückzugreifen und diese in den Bedingungen festzuhalten. Diese sehen etwa für Market Maker im Zusammenhang mit verbrieften Derivaten Ausnahmen vor, wenn sich das ursprüngliche Chance-/Risikoprofil durch Verletzung einer Schwelle geändert hat oder wenn eine Emission ausverkauft ist[672]. Die Fälle, in denen eine Kursofferte zurückgezogen wurde, sollte die Wertpapierfirma für den Einzelfall dokumentieren.

b) Einschränkung und Differenzierung innerhalb des Kundenkreises

Nach Art. 18 Abs. 5 S. 2 MiFIR dürfen systematische Internalisierer entsprechend ihrer Geschäftspolitik und in objektiver, nicht-diskriminierender Weise entscheiden, welchen Kunden sie Zugang zu ihren Kursofferten geben. Innerhalb des Kundenkreises darf der systematische Internalisierer also entscheiden, welchen Kunden er Zugang zu den Kursofferten und somit die Möglichkeit zu Geschäftsabschlüssen gewährt. Unter welchen Voraussetzungen ein systematischer Internalisierer anderen Kunden Zugang zu seinen Offerten verschaffen bzw. diesen verweigern kann, ist demnach für die Schaffung eines angemessenen Maßes an Vorhandelstransparenz mitentscheidend[673]. Die genauen Kriterien, um einen Ausschluss einzelner Kunden als nicht-diskriminierend zu klassifizieren, sind in Art. 18 MiFIR allerdings nicht näher spezifiziert. Die Vorschrift verfolgt aber den Zweck, Wertpapierfirmen daran zu hindern, durch sachlich nicht gerechtfertigte Gründe andere Marktteilnehmer von ihren Liquiditätspools auszuschließen[674]. Erwägungsgrund 21 MiFIR ist diesbezüglich zu entnehmen, dass ein systematischer Internalisierer im Rahmen seiner Zugangsbeschränkung zwischen Kundenkategorien unterscheiden darf. Innerhalb der Kundenkategorien soll er auch das Recht haben, Unterschieden zwischen den Kunden, etwa im Hinblick auf das Kreditrisiko, Rechnung zu tragen. Wenn

---

671 Siehe z. B. Art. 14 Abs. 1 lit. c) MiFIR-VO, der außergewöhnliche Marktbedingungen für börsengehandelte Fonds zum Gegenstand hat.

672 Siehe § 22 der Ausführungsbestimmungen zur Börsenordnung der Baden-Württembergischen Wertpapierbörse in der Fassung vom 12. Januar 2015.

673 *Seiffert,* in: KölnKommWpHG § 32a Rn. 1; *Beck/Röh,* in: KMRK, § 32a WpHG Rn. 1.

674 Vgl.: *Seitz,* AG 2004, 497, 504. Rechtspolitisch war diese Abmilderung des Kontrahierungszwangs nicht unumstritten, siehe zur Historie: *Beck/Röh,* in: KMRK, § 32d WpHG Rn. 1.

ein systematischer Internalisierer also nur einer bestimmten Kundengruppe (z. B. geeigneten Gegenparteien) Zugang zu seinem System gewährt, wird ein Ausschluss einer anderen Kundengruppe (z. B. Kleinanleger) wohl als nicht-diskriminierend zu werten sein[675]. Daneben soll es der Wertpapierfirma mit Blick auf die eigene Risikotragfähigkeit möglich sein, die Aufnahme einer Geschäftsbeziehung abzulehnen oder eine solche zu beenden, sofern dies aus wirtschaftlichen Erwägungen heraus erfolgt, Art. 18 Abs. 5 S. 4 MiFIR[676]. Als Beispiele nennt der Gesetzgeber die Kreditsituation des Kunden, das Gegenparteirisiko oder die Endabrechnung[677] des Geschäfts[678]. Auch wenn diese Liste als nicht abschließend zu verstehen ist, ist die Einschränkung des Kundenkreises aus nicht sachlich gerechtfertigten Gründen weiterhin ausgeschlossen[679]. Wenn ein systematischer Internalisierer grundsätzlich geeigneten Gegenparteien Zugang gewährt, kann er diesen für Wettbewerber oder Arbitragehändler nicht ohne Weiteres beschränken[680]. Gleichzeitig kann im Sinne eines Erst-Recht-Schlusses kein Zweifel daran bestehen, dass der systematischer Internalisierer in objektiver und nicht-diskriminierender Weise innerhalb seines Kundenkreises auch verschiedene Kursofferten anbieten darf. Die Voraussetzung ist, die Kursofferte ausführbar ist und dass der systematische Internalisierer die aufgrund der Kundencharakteristika vorgenommenen Preisanpassungen ebenfalls zugänglich macht[681]. In seinem Regelwerk wird der systematische Internalisierer ex ante festzulegen haben, unter welchen wirtschaftlichen Erwägungen er seine Kursofferten anderen Marktteilnehmern zugänglich macht[682]. Aus operationeller Sicht setzt dies voraus, dass Wertpapierfirmen ihren Kundenkreis und dessen Kategorien zunächst zu definieren haben. Gerade für den Anleihehandel wurde

675 Vgl.: *Beck/Röh,* in: KMRM, § 32 d Rn. 4.

676 Vgl.: *Gebauer,* in: Assmann/Schneider/Mülbert: Art. 18 MiFIR Rn. 45; *Seiffert,* in: KölnKommWpHG, § 32d Rn. 5; *Beck/Röh,* in: KMRK, § 32d WpHG Rn. 7; *Bialluch,* WM 2015, 2030, 2035; *Ferrarini/Recine,* Investor Protection in Europe, S. 254.

677 Nicht ganz eindeutig ist, was der Gesetzgeber unter der Erwägung der Endabrechnung versteht. Ein Blick auf die englische Sprachfassung („settlement") und die Vorgängervorschrift („Abwicklung") legt nahe, dass es hier um die depotmäßige Abwicklung geht. Die Zugangsgewährung zum System könnte damit an die Bedingung geknüpft sein, ein Konto beim Internalisierer zu unterhalten; m. w. N. zu der Ausgestaltung depotmäßiger Rechtsbeziehungen: *Bialluch,* WM 2015, 2030, 2033.

678 M. w. N. zu diesen Beispielen: *Beck/Röh,* in: KMRK, § 32d WpHG Rn. 8 ff.

679 ESMA, Q&A on transparency topics, Abschnitt 7, Frage 8.

680 Vgl.: *Beck/Röh,* in: KMRN, § 32d Rn. 4; *Seitz,* AG 2004, 497, 504.

681 ESMA, Q&A on transparency topics, Abschnitt 7, Frage 10.

682 ESMA, Q&A on transparency topics, Abschnitt 7, Frage 8.

diesbezüglich problematisiert, dass teilweise nur sporadische Geschäftsbeziehungen zu Kunden bestehen, die häufig ausschließlich über den Telefonhandel unterhalten werden[683].

c) Beschränkung der Geschäfte

Neben der Beschränkung der formellen Zugangsgewährung können systematische Internalisierer nach Art. 18 Abs. 7 MiFIR die Zahl der Geschäfte, die sie sich mit Kunden infolge einer bestimmten Kursofferte einzugehen verpflichten, auf nicht-diskriminierende und transparente Art und Weise limitieren. Da der Gesetzgeber die genauen Bedingungen, unter denen die Auftragsausführung abgelehnt werden kann, nicht weiter definiert hat, müssen die entsprechenden Vorschriften für die Eigenkapitalinstrumente als Orientierungshilfe herangezogen werden. In Anlehnung an Art. 27 Abs. 6 MiFID I erlaubt Art. 17 Abs. 2 MiFIR die Beschränkung der Geschäfte mit ein und demselben Kunden einerseits sowie die Beschränkung der Gesamtzahl der gleichzeitig ausgeführten Geschäfte mit verschiedenen Kunden andererseits. Für den systematischen Internalisierer in Nichteigenkapitalinstrumenten ist eine Einschränkung von Geschäften gegenüber ein und demselben Kunden weniger relevant, da die Abgabe einer Kursofferte schon das vorherige Einverständnis voraussetzt. Eine Beschränkung der Gesamtzahl der Geschäfte verschiedener Kunden soll nach den konkretisierenden Vorgaben des Art. 17 Abs. 2 S. 2 MiFIR möglich sein, wenn die Zahl und/oder das Volumen der Kundenaufträge erheblich über der Norm liegt. In solchen Konstellationen ist es möglich, einzelne Aufträge auszuführen und andere nicht. Auf diese Weise wird der systematische Internalisierer vor einem unbegrenzten Erfüllungsrisiko geschützt. Die Zahl oder das Volumen liegen nach Art. 15 Abs. 1 MiFIR-VO erheblich über der Norm, wenn ein systematischer Internalisierer nicht die Zahl oder das Volumen ausführen kann, ohne sich dabei einem unangemessenen Risiko auszusetzen. Dies entspricht im Wesentlichen der ehemaligen Vorschrift des Art. 25 Abs. 2 MiFID I-DVO. Nach Art. 15 Abs. 3 MiFIR-VO muss im Rahmen des Risikomanagements ein Konzept erstellt werden, um die Zahl oder das Volumen von Aufträgen zu ermitteln, die die Wertpapierfirma unter Berücksichtigung des zur Verfügung stehenden Kapitals und der Marktbedingungen ausführen kann. Dieser Umstand ist in schriftlicher Form festzuhalten und den Kunden zur Verfügung zu stellen (Erwägungsgrund

683 Deutsche Kreditwirtschaft, Stellungnahme zu den Vorschlägen der Kommission zu MiFID II/MiFIR, S. 5.

14 MiFIR-VO)[684]. Um das in Art. 18 Abs. 7 MiFIR enthaltene Transparenzgebot umzusetzen, ist es möglich, dass Wertpapierfirmen in ihren Geschäftsbedingungen für die Finanzinstrumente, für die sie systematische Internalisierung betreiben, bestimmte volumenmäßige bzw. zahlenmäßige Grenzwerte festlegen[685]. Bis zu diesem Grenzwert können die Kunden dann nach dem Prioritätsprinzip „first come, first served" die Offerten annehmen. Dies zeigt, dass es der Einschränkung auf die instrumentenspezifische Größe in Art. 18 Abs. 6 UAbs. 1 MiFIR nicht bedurft hätte. Der systematische Internalisierer kann vielmehr Schwellenwerte unter der instrumentenspezifischen Größe festlegen, bis zu denen er sich für eine Ausführung verpflichtet. In einer aus Sicht der Wertpapierfirmen wohlwollenden Interpretation hat ESMA auch die Zulässigkeit der Beschränkung bis auf ein einziges Geschäft bestätigt[686]. Dieser Ansicht ist zuzustimmen, da dem Regime der systematischen Internalisierung eine Beschränkung auf eine Mindestanzahl von Geschäften nicht bekannt ist, und anders als bei den Regelungen für Eigenkapitalinstrumente in Art. 18 MiFIR auch kein Mindestquotierungsvolumen vorgesehen ist. Nicht eindeutig ist, ob das einzige Geschäft bereits dasjenige des anfragenden Kunden mitumfasst[687].

d) Folgeüberlegungen zur zivilrechtlichen Einordnung einer Kursofferte

Mit Blick auf die Möglichkeit, die Zahl der Geschäfte nach Art. 18 Abs. 7 MiFIR zu beschränken, wird vertreten, es handele sich bei der Kursofferte nach Art. 18 Abs. 1 MiFIR zivilrechtlich um eine invitatio ad offerendum[688]. Bei dieser Kursofferte bestehe gleichwohl die aufsichtsrechtliche Pflicht, ein darauf folgendes Angebot des Kunden anzunehmen, wenn nicht aus einem der in Art. 18 MiFIR vorgesehenen Gründen von einer Annahme des Angebots abgesehen werden dürfe[689]. Dagegen ging die überwiegende Auffassung im Zusammenhang mit § 32a WpHG a. F. von einem verbindlichen Angebot ad incertas

---

684 Damit wird auch künftig keine Schriftform im Sinne des § 126 BGB gemeint sein. Ausgehend von einem aufsichtsrechtlichen Verständnis ist vielmehr eine Bereitstellung auf einem dauerhaften Datenträger ausreichend, siehe zur Meinungsübersicht zu § 34 WpHG a. F.: *Fett,* in: KMRK, § 34 WpHG Rn. 10.

685 So auch schon für die alte Rechtslage: *Fuchs,* in: ders., WpHG, § 32d Rn. 9. In Anlehnung an Art. 14 Abs. 3 MiFIR wäre zum Beispiel denkbar, einen bestimmten Prozentsatz der jeweiligen SSTI als Schwellenwert festzulegen.

686 ESMA, Q&A on transparency topics, Abschnitt 6, Frage 9.

687 So wohl: *Gebauer,* in: Assmann/Schneider/Mülbert, Art. 18 MiFIR Rn. 53.

688 *Schelling,* BKR 2015, 211, 226.

689 *Schelling,* BKR 2015, 211, 226.

personas aus, das auf den Abschluss eines Aktienkaufvertrages ausgerichtet sei[690]. Eine Quote stelle gerade keine invitatio ad offerendum im Sinne einer bloßen Aufforderung an den Kunden dar, ein eigenes Angebot an den systematischen Internalisierer abzugeben[691]. Diese Auffassung scheint auch die BaFin im Hinblick auf Art. 18 Abs. 1 MiFIR zu vertreten, ohne dies allerdings näher zu begründen[692].

aa) Kursofferten für liquide Instrumente

Insofern ist es vor allem fraglich, ob und wie die in Art. 18 Abs. 7 MiFIR geregelte Ausführungsbeschränkung nach deutschem Zivilrecht eingeordnet werden kann. Für § 32d Abs. 2 WpHG a. F. wurde dies – soweit ersichtlich – nicht näher beleuchtet.

aaa) Zivilrechtliche Einordnung von Art. 18 Abs. 7 MiFIR

Wie im vorherigen Abschnitt ausgeführt, will der europäische Gesetzgeber mit Art. 18 Abs. 7 MiFIR verhindern, dass sich die Wertpapierfirma zu einer Auftragsausführung verpflichtet, die sie einem unangemessenen Risiko aussetzen würde. Art. 18 Abs. 7 MiFIR verschafft dem systematischen Internalisierer mit anderen Worten die Möglichkeit, seine Ausführung unter die Bedingung zu stellen, dass er die eingegangenen Aufträge auch tatsächlich ausführen kann. Anders ausgedrückt: Sein „Vorrat“ muss hierfür ausreichend sein. Diesen „Vorrat“ hat der systematische Internalisierer zuvor in seinem Regelwerk festgelegt, das er seinen Kunden zur Verfügung gestellt hat. Das in den Handelsbedingungen definierte Konzept, welches einen bestimmten Grenzwert des systematischen Internalisierers festlegt, kann daher mit Klauseln verglichen werden, die ein Angebot mit „solange der Vorrat reicht“ kennzeichnen. Entsprechende Klauseln können als auflösende Bedingungen gemäß § 158 Abs. 2 BGB angesehen werden[693]. Einer auflösenden Bedingung würde vorliegend jedoch entgegenstehen, dass das

---

690 Begründend: *Mülbert,* Die neuen Transparenzregeln, S. 28; so auch: *Assmann,* in: Assmann/Schneider, 6. Aufl., § 32a Rn. 2 mit Verweis auf RegE FRUG, BT-Drucks. 16/4028, S. 69; *Seiffert,* in: KölnKommWpHG, § 32a Rn. 4; *Bialluch,* WM 2015; ebenso mit Blick auf Art. 18 MiFIR: *Gebauer,* in: Assmann/Schneider/Mülbert, Art. 18 MiFIR Rn. 23; wohl **a. A.** mit Hinblick auf die Möglichkeit der Zugangsbeschränkung: *Beck/Röh,* in: KMRK, § 32a WpHG Rn. 3.

691 *Seiffert,* in: KölnKommWpHG, § 32a Rn. 4; *Beck/Röh,* in: KMRK, § 32a WpHG Rn. 3.

692 *Meljnik,* BaFin Journal, S. 39, der davon spricht, dass es sich bei festen Kursofferten um Angebote handelt.

693 *Ellenberger,* in: Palandt, § 145 Rn. 4.

Rechtsgeschäft mit der Annahme des Kunden bereits wirksam geworden wäre. Dies hätte die aufsichtsrechtlich nicht zweckmäßige Folge, dass diese Geschäfte nach Art. 26 MiFIR der Aufsichtsbehörde gemeldet werden müssten. Die besseren Gründe würden daher für eine aufschiebende Bedingung im Sinne von § 158 Abs. 1 BGB sprechen. Würde dieser Gedanke weitergeführt, wäre der auf den Kauf- bzw. Verkauf eines Finanzinstruments ausgerichtete Vertrag zwischen den Kunden und dem systematischen Internalisierer erst mit der Ausführungs- und Risikotragfähigkeit als Bedingungseintritt wirksam. Damit wäre ein durch die veröffentlichte Kursofferte ausgedrückter Bindungswille der Wertpapierfirma aber nicht ausgeschlossen[694]. Neben dem Wortlaut des europäischen Verordnungstextes in Art. 18 Abs. 1 MiFIR, welcher an „feste" bzw. „firm" Quotes anknüpft, sprechen letztlich Gesichtspunkte der Markteffizienz für die Annahme eines verbindlichen Angebots im Sinne von § 145 BGB. Kunden sollen grundsätzlich darauf vertrauen dürfen, dass sie zu den veröffentlichten Kursofferten und gemäß den Handelsbedingungen auch mit dem systematischen Internalisierer handeln können. Dies soll durch das in den Art. 18 Abs. 1 und Abs. 6 MiFIR zum Tragen kommende Gebot der (aufsichtsrechtlichen) Preisverbindlichkeit dergestalt sichergestellt werden, dass Kursofferten tatsächlich ausführbar sind. Der Annahme einer bloßen invitatio ad offerendum, die die fragwürdige Folge hätte, dass ein systematischer Internalisierer aufsichtsrechtlich an seinen festen Quote gebunden wäre, zivilrechtlich aber nur eine Aufforderung zur Abgabe abgegeben hätte, steht dies doch entgegen[695]. Die Veröffentlichung von Kursofferten sollte daher nicht etwa mit der Präsentation von Waren in einem Selbstbedienungsgeschäft gleichgesetzt werden, die als solche noch kein bindendes Angebot ist und bei der sich der Geschäftsinhaber ggf. noch eine Liquiditätsprüfung vorbehalten will[696]. Warum sollte nämlich der systematische Internalisierer eine bloße Aufforderung zur Angebotsabgabe unterbreiten, wenn er doch schon sein Einverständnis für die Abgabe einer Kursofferte nach Art. 18 Abs. 1 MiFIR gegeben hat?

bbb) Zivilrechtliche Einordnung des Art. 18 Abs. 3 MiFIR

Auch dass ein systematischer Internalisierer seine Offerte nach Art. 18 Abs. 3 MiFIR jederzeit aktualisieren bzw. zurückziehen kann, ändert nichts an dieser Einordnung. Diesbezüglich wurde für § 32a Abs. 3 WpHG

---

694 So allgemein: *Busche,* in: MükoBGB, § 145 Rn. 7 mit Verweis auf: BGH NJW 1982, 331 sowie BGH NJW 1951, 711.

695 Siehe zu der rechtlichen Natur des Art. 18 MiFIR: Siebenter Abschnitt C. I. 2.

696 Siehe dazu: *Busche,* in: MükoBGB, § 145 Rn. 12.

a. F. umstritten diskutiert, ob ein Zurückziehen eine rückwirkende Beseitigung einer bereits durch den Kunden erfolgten Annahmeerklärung ex tunc bewirken könne[697] oder ob dies lediglich als Widerruf eines noch nicht angenommenen Antrags einzuordnen sei[698]. Nach der letztgenannten Ansicht sollte die Quotierungspflicht infolge eines Zurückziehens so lange entfallen, wie die außergewöhnlichen Marktbedingungen anhalten[699]. Hierfür spricht die Begründung der MiFIR-VO, in der die Kommission ausführt, dass außergewöhnliche Marktbedingungen systematische Internalisierer lediglich von der Abgabe verbindlicher Kursofferten befreien[700]. Anhaltspunkte, dass der systematische Internalisierer bereits angenommene Kursofferten wieder zurückziehen dürfte, lassen sich den Gesetzesmaterialien gerade nicht entnehmen. Sollte einem Zurückziehen eine Wirkung ex tunc zukommen, könnten das Kundenvertrauen und der Aussagegehalt der Kursofferte nämlich beeinträchtigt sein, was dem intendierten Prinzip der Preisverbindlichkeit zuwiderliefe. Mit Art. 18 Abs. 3 MiFIR hat der Gesetzgeber den Wertpapierfirmen damit ein aufsichtsrechtliches Hilfsmittel an die Hand gegeben, welches zivilrechtlich als Widerrufsvorbehalt zu begreifen ist, der bis zur Annahme durch den Kunden ausgeübt werden kann[701]. Gleichwohl muss die Kursofferte im Grundsatz für einen angemessenen Zeitraum zur Verfügung stehen, um die Kunden in die Lage zu versetzen, eine Ausführung herbeizuführen[702]. Dies soll nicht aufgrund einer rechtsmissbräuchlichen Ausübung von Art. 18 Abs. 3 MiFIR durch den systematischen Internalisierer verhindert werden[703]. Soweit der systematische Internalisierer indes seine Offerte nicht aktualisiert/zurückzieht bzw. sein Angebot nicht widerruft, kommt durch die Annahme des Kunden ein verbindlicher Vertrag auf Basis der Quotierung zustande.

---

697 *Assmann,* in: Assmann/Schneider, 6. Aufl., § 32a Rn. 12; *Fuchs,* in: ders., WpHG, § 32a Rn. 10.

698 *Beck/Röh,* in: KMRK, § 32a WpHG Rn. 27; *Bialluch,* WM 2015, 2030, 2034.

699 *Beck/Röh,* in: KMRK, § 32a WpHG Rn. 27; *Bialluch,* WM 2015, 2030, 2034.

700 Siehe unter den rechtlichen Aspekten der MiFIR-VO in der von der Kommission erlassenen Fassung, Kapitel III.

701 So allgemein: *Busche,* in: MükoBGB, § 145 BGB Rn. 9.

702 ESMA, Q&A on transparency topics, Abschnitt 7, Frage 5.

703 *Meljnik,* BaFin Journal, S. 39.

ccc) Zivilrechtliche Einordnung der Art. 18 Abs. 9 MiFIR

Ebenso wenig beeinträchtigt die nachträgliche Preisanpassungsmöglichkeit des systematischen Internalisierers nach Art. 18 Abs. 9 MiFIR die Verbindlichkeit seines Antrags, welche zivilrechtlich als Preisvorbehaltsklausel aufgegriffen werden kann[704]. Preisvorbehaltsklauseln zielen regelmäßig auf die Vereinbarung eines einseitigen Leistungsbestimmungsrechts zugunsten des Antragenden ab[705]. Preisverbesserungen sind nach Art. 18 Abs. 9 MiFIR nur unter engen Voraussetzungen möglich, sodass der Quote des systematischen Internalisierers hinreichend bestimmbar bleibt. Gleichzeitig würde der von § 315 BGB gestellten Voraussetzung Genüge getan, dass das Ausmaß und die Tragweite des Bestimmungsrechts ausreichend abgegrenzt werden[706].

ddd) Ergebnis

Im Ergebnis sprechen gute Gründe für ein verbindliches Angebot, das sich dabei ad incertas personas richtet, was auch nicht dadurch ausgeschlossen wird, dass nach Art. 18 Abs. 5 MiFIR der Zugang und der Adressatenkreis der Kursofferten eingeschränkt werden können[707]. Denn einem Angebot an jedermann steht es nicht entgegen, wenn es für bestimmte Personen nicht gilt[708].

bb) Kursofferten für illiquide Instrumente

Hingegen deutet der Wortlaut des Art. 18 Abs. 2 MiFIR darauf hin, dass die Kursofferten für illiquide Titel zivilrechtlich noch kein annahmefähiges Angebot darstellen. Nicht anders ist zu erklären, warum der Gesetzgeber von dem Zusatz „fest“ abgesehen hat. Erst der Kunde muss infolge der Indikation der Wertpapierfirma ein solches Angebot gegenüber dem systematischen Internalisierer abgeben, der dann seinerseits über die Annahme entscheiden kann[709]. Der Geschäftsabschluss über ein illiquides Nichteigenkapitalinstrument kommt damit erst durch die Wertpapierfirma zustande. Dass zumindest Kursofferten gemäß Art. 18 Abs. 2 MiFIR nach den Maßstäben des deutschen Zivilrechts als eine Aufforderung zur Abgabe eines Angebots gewertet können, zeigt auch

---

704 So auch: *Gebauer,* in: Assmann/Schneider/Mülbert, Art. 18 MiFIR Rn. 20; siehe dazu auch: Fünfter Abschnitt B. V. 2.

705 *Busche,* in: MükoBGB, § 145 BGB Rn. 9.

706 BGH NJW 1986, 845; *Würdinger,* in: MükoBGB, § 315 BGB Rn. 3.

707 So im Ergebnis auch: *Hoops,* WM 2017, 319, 322.

708 *Ellenberger,* in: Palandt, § 145 Rn. 7.

709 Auch *Hoops* geht von indikativen Quotes im Falle des Art. 18 Abs. 2 MiFIR aus, siehe dazu: *Hoops,* WM 2017, 319, 322.

Erwägungsgrund 18 MiFIR, der das Gebot angemessener Vorhandelstransparenzvorschriften nur für Nichteigenkapitalinstrumente mit einem liquiden Markt als erforderlich sieht.

2. *Ausführung von Kundenaufträgen und Preisverbesserungen*

Gemäß Art. 18 Abs. 9 UAbs. 2 MiFIR dürfen Aufträge in begründeten Fällen zu besseren Kursen ausgeführt werden. Dabei geht aus dem Wortlaut nicht hervor, worauf sich die „besseren Kurse" beziehen. Systematisch folgt Art. 18 Abs. 9 UAbs. 2 MiFIR dem Widerspiegelungsgebot in Art. 18 Abs. 9 UAbs. 1 MiFIR. Dass Aufträge zu besseren Konditionen ausgeführt werden dürfen als diejenigen, die an einem Referenzmarkt angeboten werden, liegt auf der Hand. Daher ist Art. 18 Abs. 9 UAbs. 2 MiFIR so zu lesen, dass ein systematischer Internalisierer Aufträge in Ausnahmefällen zu besseren Kursen ausführen darf, als er ursprünglich in der Veröffentlichung seiner Kursofferten angezeigt hat. Für diese Lesart spricht auch die entsprechende Regelung für die Eigenkapitalinstrumente[710]. Aus der Ausnahmeregelung folgt gleichzeitig der Grundsatz, dass der systematische Internalisierer die Kundenaufträge zu den Konditionen auszuführen hat, die er nach Art. 18 Abs. 5 MiFIR zur Verfügung gestellt hat. Eine Preisverbesserung ist in begründeten Fällen zulässig, während eine Schlechterstellung des Kunden per se untersagt ist (Abweichungsverbot). Dies resultiert schon aus der Vorgabe, dass die Kursofferten für liquide Titel ausführbar sein müssen. Anders als § 32c Abs. 1 S. 1 WpHG a. F., welcher eine Preisverbesserung nur für professionelle Kunden vorsah, nimmt der Verordnungstext keine Differenzierung nach Kundenkategorien vor. Auch wenn dies in der Praxis wohl eher selten vorkommen wird, ist damit die Möglichkeit der Preisverbesserung im Falle eines Privatkundenauftrags eröffnet. Privatkunden werden nämlich in der Regel über ihre Banken als Intermediäre ihr Interesse bekunden, welche dann an den systematischen Internalisierer herantreten und folglich als dessen Kunden zu betrachten sind.

a) Begründete Fälle

Fraglich ist, wann ein begründeter Fall vorliegt, welcher eine Auftragsausführung zu besseren Konditionen erlaubt. Sofern Preisverbesserungen ohne jede

---

710 In Art. 15 Abs. 2 UAbs. 1 MiFIR heißt es: Systematische Internalisierer führen die Aufträge ihrer Kunden in Bezug auf Aktien, Aktienzertifikate, börsengehandelte Fonds, Zertifikate oder andere vergleichbare Finanzinstrumente, für die sie systematische Internalisierung betreiben, zu den zum Zeitpunkt des Auftragseingangs **gebotenen Kursen** [Herv. v. Verfasser] aus […].

Einschränkung durchgeführt werden dürften, wäre dies zwar aus Kundensicht vorteilhaft. Gleichzeitig wäre aber der Aussagegehalt der Kursofferten geschmälert. Auf der anderen Seite soll der systematische Internalisierer bei der Auftragsausführung nicht in ein „starres preisliches Korsett“[711] gezwängt werden.

Es hat also ein Interessenausgleich zwischen berechtigten Preisverbesserungen und der Sicherstellung des Preisbildungsmechanismus stattzufinden[712]. In diesem Zusammenhang fügte ESMA in ihren Q&A im Oktober 2017 ergänzend hinzu, dass nur bedeutende Preisverbesserungen zulässig sein. Andernfalls bestehe die Gefahr, dass der Preisbildungsmechanismus beeinträchtigt sei, ohne dass Investoren wirklich davon profitieren[713]. Aus den früheren Ausführungen ihres Technical Advice zeigt sich weiter, dass ESMA jedenfalls eine Preisverbesserung in Abhängigkeit der Kundencharakteristika als begründet betrachtet[714]. Daneben wäre es denkbar, im Nachgang Preisverbesserungen für solche Geschäfte zulassen, die ohnehin nicht zum Preisbildungsprozess beitragen, sodass die gesetzgeberische Zielsetzung nicht gefährdet wäre. Im Einklang mit Art. 18 Abs. 7 MiFIR bietet es sich an, mögliche Fälle für eine Preisverbesserung auf nicht-diskriminierende und transparente Weise vorab zu veröffentlichen und die jeweiligen Fälle der Preisverbesserung zu dokumentieren.

b) Marktnahe Bandbreite

Sofern Aufträge zu besseren Kursen ausgeführt werden, müssen diese nach Art. 18 Abs. 9 UAbs. 2 MiFIR innerhalb einer veröffentlichten marktnahen Bandbreite liegen. Mit dieser Vorgabe, die für Eigenkapitalinstrumente in der MiFIR-VO konkretisiert wurde, will der Gesetzgeber der Notwendigkeit Rechnung tragen,

---

711 *Beck/Röh*, in: KMRK, § 32c WpHG Rn. 3.

712 ESMA, Technical Advice vom 19. Dezember 2014, S. 248: „ESMA agrees that the possibility of trading away from the quotes prices is a challenge to the intent of seeking to ensure that systematic internalisers contribute to price formation.“

713 Q&A on market structure topics, Abschnitt 5, Frage 24. Demnach muss eine Preisverbesserung mindestens der für das jeweilige Eigenkapitalinstrument vorgesehenen Tick-Größe entsprechen. Für Nichteigenkapitalinstrumente sind unter MiFID II allerdings keine Tick-Größen vorgesehen.

714 ESMA, Technical Advice vom 19. Dezember 2014, S. 248: „However ESMA notes that the ability to improve upon the published quotes is granted by MiFIR subject to the ‚justified cases‘ requirement, for which there is no empowerment for implementing measures. With respect to the discriminatory treatment of clients ESMA notes that under Article 17(1) of MiFIR systematic internalisers are indeed allowed to decide the clients to whom they give access to their quotes but this flexibility can only be exercised according to clear, objective and non-discriminatory standards.“

dass die Auftragsausführung seitens systematischer Internalisierer zur Kursbildung beiträgt. Deren Möglichkeit, in begründeten Fällen Kursverbesserungen anzubieten, soll aber nicht verhindert werden (Erwägungsgrund 13 MiFIR-VO). Art. 14 Abs. 3 der MiFIR-VO legt hierfür fest, dass ein Kurs in einer marktnahen Bandbreite liegt, wenn sich dieser innerhalb des angebotenen Geld- und Briefkurses für das Finanzinstrument befindet und er die vorherrschenden Marktbedingungen widerspiegelt. Wenn ein systematischer Internalisierer also für eine Aktie einen Kaufpreis von EUR 100,1 und einen Verkaufspreis von EUR 100,4 anbietet, wäre es ihm erlaubt, einen Kaufauftrag eines Kunden bis zu einem Kurs von EUR 100,1 auszuführen, sofern dieser Kurs mit einem an einem Handelsplatz angebotenen Referenzpreis vergleichbar ist. In der Konsultation wurde an dieser Bestimmung kritisiert, dass sie mit der verbindlichen Quotierungsverpflichtung nicht vereinbar sei und systematischen Internalisierern einen zu weiten Ermessensspielraum ermögliche[715]. Um den Ermessensspielraum zu reduzieren, wurde vorgeschlagen, dass eine mögliche Preisverbesserung allenfalls zum Mittelwert der angebotenen Kauf- und Verkaufskurse durchgeführt werden sollte[716]. ESMA lehnte dies ab, da eine Preisverbesserung ohnehin nur in begründeten Fällen möglich sei[717]. Für eine entsprechende Anwendung der Regelung für die Nichteigenkapitalinstrumente ist zu berücksichtigen, dass aufgrund der geringeren Liquidität die Spannen der von dem systematischen Internalisierer angebotenen Kauf- und Verkaufspreise wohl breiter wären, sofern diese überhaupt vorliegen[718]. Der dann eröffnete Ermessensspielraum wäre daher nicht unbeträchtlich, aber hinsichtlich der mit der Abschlussverpflichtung nach Art. 18 Abs. 6 MiFIR verbundenen Risiken vertretbar. Jedenfalls sind keine Gründe ersichtlich, weshalb die marktnahe Bandbreite nach Art. 18 Abs. 9 UAbs. 2 MiFIR strenger ausgelegt werden sollte als für die Zwecke des Art. 15 Abs. 2 UAbs. 2 MiFIR, zumal Art. 14 Abs. 3 MiFIR-VO nur für die Eigenkapitalinstrumente unmittelbar gilt. Aus 18 Abs. 9 UAbs. 2 MiFIR geht weiter hervor, dass die Bandbreite veröffentlicht werden muss, was dann wohl auch für die Begründung gilt. Die

---

715 M. w. N. zu der Konsultation: ESMA, Technical Advice vom 19. Dezember 2014, S. 247 f.

716 ESMA, Technical Advice vom 19. Dezember 2014, S. 247 f. In dem oben genannten Beispiel hätte ein Kaufauftrag dann nur bis zu einem Kurs von EUR 100,25 ausgeführt werden dürfen.

717 ESMA, Technical Advice vom 19. Dezember 2014, S. 248.

718 Zur Bedeutung der Marktliquidität und den Auswirkungen auf Spreads: *Liersch*, WM 2003, 473, 474 f.; *Schlüter*, Internalisierungssysteme im Wertpapierhandel und Börsenrecht, S. 5.

Veröffentlichung der Bandbreite sollte auf demselben Veröffentlichungskanal erfolgen, auf dem die Kursofferte zuvor veröffentlicht wurde.

3. *Verpflichtung zur Best Execution*

Neben der Einhaltung des Widerspiegelungsgebots soll durch die Kursofferten nach Art. 18 Abs. 9 UAbs. 1 MiFIR sichergestellt werden, dass der systematische Internalisierer seinen Verpflichtungen nach Art. 27 MiFID II nachkommt. Art. 27 MiFID II verpflichtet die Mitgliedstaaten, den Wertpapierfirmen die Erreichung des bestmöglichen Kundenergebnisses vorzuschreiben (Best Execution). Diese Vorgabe, die der nationale Gesetzgeber in § 82 WpHG umgesetzt hat, ist Ausdruck der allgemeinen Interessenwahrungspflicht der Wertpapierfirmen[719]. Ihr Regelungsgehalt entspricht im Wesentlichen § 33a WpHG a. F., welcher die Pflicht zur bestmöglichen Ausführung auf Finanzinstrumente und damit bereits auf Instrumente erstreckte, die nunmehr als Nichteigenkapitalinstrumente eingestuft sind. Weiterhin gilt, dass im Falle einer Ausführung außerhalb von Handelsplätzen – etwa über einen systematischen Internalisierer – die Wertpapierfirma nach § 82 Abs. 5 Nr. 2 WpHG die Einwilligung des Kunden einzuholen hat, soweit die Ausführungsgrundsätze eine Ausführung außerhalb von Handelsplätzen erlauben. Art. 18 Abs. 9 1. Alt. MIFR stellt klar, dass die Quotierungsverpflichtung des systematischen Internalisierers keine Spezialregelung gegenüber der Verpflichtung zur bestmöglichen Auftragsausführung darstellt, sondern vielmehr, dass beide Vorschriften parallel anzuwenden sind[720]. Dies kann bedeuten, dass eine systematisch internalisierende Wertpapierfirma einen Kundenauftrag gegebenenfalls an einen anderen Ausführungsort weiterzuleiten hat, sofern sie die bestmögliche Ausführung nicht selbst sicherstellen kann[721]. Aus § 32c Abs. 1 S. 2 WpHG a. F., welcher für die Auftragsausführung für Privatkunden die Einhaltung der Best Execution forderte, leiteten Teile des Schrifttums ab, dass § 33a WpHG a. F. für professionelle Kunden nicht gelte[722]. Vor diesem Hintergrund ist zu begrüßen, dass der Verweis in Art. 18 Abs. 9 1. Alt. MiFIR auf Kursofferten allgemein Bezug nimmt und daher unabhängig davon gilt, ob es sich um eine Order für einen privaten oder einen professionellen Kunden

---

719 *Fuchs,* in: ders., WpHG, § 31 Rn. 41; *Bialluch,* WM 2015, 2030, 2035.

720 Vgl.: *Beck/Röh,* in: KMRK, § 32c WpHG Rn. 7; *Fuchs,* in: ders., WpHG, § 32c Rn. 3.

721 *Bialluch,* WM 2015, 2030, 2035 f.; siehe zur Zulässigkeit des dann vorliegenden Kommissionsgeschäfts durch Selbstbeitritt: *Schäfer,* in: Assmann/Schütze, § 12 Rn. 8.

722 Dies mit guten Gründen ablehnend und zum damaligen Meinungsstand: *Bialluch,* WM 2015, 2030, 2035 f.

handelt. Von § 82 WpHG ausgenommen ist weiterhin gemäß § 68 WpHG die Auftragsausführung im Verhältnis zu geeigneten Gegenparteien[723]. Daneben besteht für einen systematischen Internalisierer keine Pflicht für eine bestmögliche Ausführung, wenn eine ausdrückliche Kundenweisung im Sinne von § 82 Abs. 4 WpHG vorliegt. In der bloßen Annahme eines Quotes durch den Kunden eines systematischen Internalisierers wird indes noch keine ausdrückliche Kundenweisung zu sehen sein[724]. Die Einzelheiten der Änderungen des Best Execution Regimes sollen im Rahmen dieser Ausarbeitung nicht weiter ausgeführt werden[725]. Alle Wertpapierfirmen, die Kundenaufträge ausführen, unterliegen der Best Execution Verpflichtung, sodass es sich nicht um eine internalisierungsspezifische Verpflichtung handelt.

VI. Ausnahmeregelungen

Art. 18 MiFIR sieht mehrere Konstellationen vor, in denen die vorgenannten Pflichten des systematischen Internalisierers nicht oder nur eingeschränkt gelten. Da Wertpapierfirmen erstmals Vorhandelstransparenzpflichten für Nichteigenkapitalinstrumente ausgesetzt werden, wurden jene Ausnahmetatbestände entsprechend kontrovers im Gesetzgebungsverfahren diskutiert. Die genaue Ausgestaltung der Ausnahmeregelungen ist in der Regel delegierten Rechtsakten vorbehalten, die oftmals den Versuch unternehmen, außergewöhnliche Marktumstände quantitativ zu konkretisieren.

1. Ausgenommene Wertpapierfinanzierungsgeschäfte

Nach Art. 1 Abs. 5a MiFIR finden die Vor- und die Nachhandelstransparenzvorschriften für Handelsplätze und systematische Internalisierer per se keine Anwendung auf Wertpapierfinanzierungsgeschäfte im Sinne der SFTR[726]. Unter den Begriff des Wertpapierfinanzierungsgeschäfts fallen nach Art. 3 Abs. 11

723 Siehe zur alten Rechtslage: *Fuchs,* in: ders., WpHG, § 31b Rn. 7.

724 Vgl.: *Zimmermann,* in: Fuchs, WpHG, § 33a Rn. 33; *Zingel,* BKR 2007, 173, 177.

725 Siehe dazu: BaFin, Best Execution nach MiFID II.

726 Verordnung (EU) 2015/2365 des Europäischen Parlaments und des Rates vom 25. November 2015 über die Transparenz von Wertpapierfinanzierungsgeschäften und der Weiterverwendung sowie zur Änderung der Verordnung (EU) Nr. 648/2012 (Abl. Nr. L 337 S. 1).

SFTR unter anderem Pensionen, Wertpapierleihen, Rückkaufvereinbarungen (Repos) und Lombardgeschäfte[727]. Wertpapierfinanzierungsgeschäfte dienen dem Liquiditätsmanagement und der Sicherheitenverwaltung[728]. Insbesondere Repo-Geschäfte sind für das Hedging im Anleihenhandel von Bedeutung. Zeitlich befristete Rückkaufvereinbarungen können dazu genutzt werden, um Kaufinteressen bedienen zu können, indem das jeweilige Wertpapier durch den Händler am Repo-Markt erworben wird[729]. Nach der ursprünglichen Fassung der MiFIR war es lediglich möglich, diese Geschäfte von den Nachhandelstransparenzvorschriften auszunehmen[730]. Diese Einschränkung wurde in der Konsultation kritisiert[731] und nachträglich von dem europäischen Gesetzgeber durch die Änderungen in Art. 1 Abs. 5a MiFIR aufgegriffen. Erwägungsgrund 14 MiFIR-Änderungsverordnung führt dazu an, dass Wertpapierfinanzierungsgeschäfte nicht zur Kursfestsetzung beitragen und daher nicht der Handelstransparenz unterliegen sollten. Schließt ein systematischer Internalisierer einen Vertrag über den Kauf und späteren Rückkauf über eine Anleihe im Sinne der SFTR, findet Art. 18 MiFIR für diese Transaktion also keine Anwendung.

2. *Sonderbestimmungen für Auftragspakete*

Die MiFIR-Änderungsverordnung vom 23. Juni 2016 hat neben der Verschiebung des Anwendungsstichtags insbesondere die Begründung eines Vorhandelstransparenzregimes für sogenannte Auftragspakete zum Gegenstand. ESMA hatte zuvor die Voraussetzungen zu erarbeiten, zu denen Informationen über Auftragspakete im Nachhandel veröffentlicht werden müssen, und gleichzeitig der Kommission empfohlen, ein bis dato fehlendes Mandat

---

727 M. w. N. zu diesen Geschäften: *Zerey/Storck*, in: Zerey, Finanzderivate, § 9 Rn. 13 ff.; m. w. N. zu der SFTR: *Gurlit*, WM 2016, 2053, 2057 f.; *Kurpiers/Zeitz*, RdF 2016, 277.

728 Siehe Erwägungsgrund 10 der delegierten Verordnung (EU) 2017/576 der Kommission vom 8. Juni 2016 zur Ergänzung der Richtlinie 2014/65/EU des Europäischen Parlaments und des Rates durch technische Regulierungsstandards für die jährliche Veröffentlichung von Informationen durch Wertpapierfirmen zur Identität von Handelsplätzen und zur Qualität der Ausführung.

729 ICMA, MiFID II/R and Repo; m. w. N. zu Repos: *Teuber*, in: Schimansky/Bunte/Lwowski, § 105 Rn. 21; zu den neuen Voraussetzungen einer Weiterverwendung von als Sicherheiten erhaltenen Finanzinstrumenten unter der SFTR: *Kurpiers/Zeitz*, RdF 2016, 277, 281.

730 ESMA, Final Report vom 28. September 2015, S. 362 ff.

731 Siehe dazu: ESMA, Final Report vom 28. September 2015, S. 46.

auch für die Zwecke der Vorhandelstransparenz zu erteilen[732]. Durch die geänderte MiFIR wurde in Art. 18 MiFIR in der Folge ein neuer Absatz 11 eingefügt, welcher die systematische Internalisierung in Bezug auf Auftragspakete regelt.

a) *Erfasste Geschäfte*

Nach Art. 2 Abs. 1 Nr. 49 MiFIR wird unter einem Auftragspaket ein Auftrag verstanden, der preislich als eine einzelne Einheit ausgewiesen wird und entweder der Ausführung eines Exchange for Physical (EFP) oder eines Transaktionspakets mit zwei oder mehreren Nichteigenkapitalinstrumenten dient. Ein Exchange for Physical bezeichnet ein Geschäft mit einem Derivatekontrakt oder einem anderen Finanzinstrument bei zeitgleicher Ausführung eines zugrunde liegenden physischen Vermögenswerts in entsprechendem Umfang, Art. 2 Abs. 1 Nr. 48 MiFIR. Relevant sind EFPs unter anderem für den Stromgroßhandel, in welchem physische Forwards außerbörslich mit der Maßgabe geschlossen werden können, diese in einem börslichen Terminmarktsystem abzuwickeln. Hierfür werden dann Futures zu einem identischen Preis ausgetauscht[733]. Unter den Begriff eines Transaktionspakets im Sinne des Art. 2 Abs. 1 Nr. 50 MiFIR fallen einerseits EFPs sowie andererseits Geschäfte, die die Ausführung von zwei oder mehr Teilgeschäften mit Finanzinstrumenten umfassen, und die Kriterien des Art. 2 Abs. 1 Nr. 50 lit. b) (i)–(iii) MiFIR[734] erfüllen. Transaktionspakete werden in der Regel genutzt, um Risiken oder Transaktionskosten zu reduzieren[735]. Im Ergebnis kann eine Vielzahl verschiedener Kombinationen von derivativen Finanzinstrumenten und Klassen die in der MiFIR-Änderungsverordnung vorgenommene Klassifizierung von Auftragspaketen erfüllen (siehe Erwägungsgrund 1 der delegierten Verordnung zu Auftragspaketen vom 14. August 2017[736]). Diesbezüglich ist insbesondere an

732 ESMA, Final Report vom 28. September 2015, S. 155.

733 M. w. N. zu Exchange for Physical im Rahmen des Handels an der EEX: *Pilgrim,* in: Schwintowski/Scholz/Schuler, 2A Rn. 86.

734 Dazu muss das Geschäft zwischen zwei oder mehr Gegenparteien ausgeführt werden. Daneben muss jedes Teilgeschäft ein wirtschaftliches oder finanzielles Risiko bei allen anderen Teilgeschäften mit sich bringen. Drittens muss die Ausführung jedes Teilgeschäfts zeitgleich und unter der Bedingung der Ausführung aller übrigen Teilgeschäfte erfolgen.

735 ESMA, Final Report vom 28. September 2015, S. 155.

736 Delegierte Verordnung vom 14. August 2017 zur Ergänzung der MiFIR im Hinblick auf Auftragspakete.

Optionsstrategien zu denken, durch die gleichzeitig mehrere Kauf- und Verkaufsoptionen ausgeübt werden können und die an Terminbörsen angeboten werden[737].

b) *Folgen für den systematischen Internalisierer*

Soweit ein Kunde eine Anfrage für einen Quote im Hinblick auf ein Auftragspaket von Nichteigenkapitalinstrumenten stellt und die Wertpapierfirma für mindestens eines der zugrunde liegenden Instrumente die Eigenschaft des systematischen Internalisierers erfüllt, findet Art. 18 Abs. 11 MiFIR Anwendung. Die Folge ist, dass die Verpflichtungen des systematischen Internalisierers für das Auftragspaket als Ganzes und nicht nur für die jeweilige Teilkomponente[738] gelten. Dies bedeutet, dass eine Wertpapierfirma nur dann einen Quote für das Auftragspaket als Ganzes zur Verfügung stellen muss, sofern sie für alle dem Paket zugrunde liegenden Teilkomponenten systematischer Internalisierer ist[739]. Hinsichtlich der divergierenden Transparenzanforderungen für liquide und illiquide Nichteigenkapitalinstrumente führte ESMA aus, dass Art. 18 Abs. 2 MiFIR bereits für solche Pakete einschlägig sei, bei denen mindestens eine Teilkomponente keinen liquiden Markt besitzt[740]. Umgekehrt besteht eine Veröffentlichungs- und Abschlusspflicht nur für solche Auftragspakete, deren Komponenten ausnahmslos liquide seien. Auf die Frage, wann das Volumen eines Auftragspakets über der in den nächsten Abschnitten näher zu untersuchenden instrumentenspezifischen Größe des Art. 18 Abs. 10 MiFIR liegt, erklärte ESMA,

---

737 Darunter fallen z. B. Straddles, Strangles und Spreads, siehe m. w. N.: *Haisch,* in: Rechtshandbuch Finanzinstrumente, § 1 Rn. 16; siehe dazu auch: ESMA, Consultation Paper vom 10. November 2016, S. 23 f.

738 Die deutsche Sprachfassung der MiFIR-Änderungsverordnung spricht von Teilaufträgen, was insofern ungenau ist, da bereits aus der Definition hervorgeht, dass es sich um einen Auftrag handelt, der preislich durch eine Einheit ausgewiesen wird. Die englische Sprachfassung des Art. 18 Abs. 11 MiFIR ist daher vorzugswürdig.

739 ESMA, Q&A on transparency topics, Abschnitt 4, Frage 4; siehe auch: *Gebauer,* in: Assmann/Schneider/Mülbert, Art. 18 MiFIR Rn. 16.

740 ESMA, Q&A on transparency topics, Abschnitt 4, Frage 4. Die Bestimmung der Liquidität von Auftragspaketen bestimmt sich nach einem separaten Verfahren, das in der delegierten Verordnung (EU) Nr. 600/2014 des Europäischen Parlaments und des Rates über Märkte für Finanzinstrumente im Hinblick auf Auftragspakete vom 14. August 2017 geregelt ist.

dass alle Paketkomponenten über dieser Größe liegen müssten[741]. Im Ergebnis wurde durch die Neufassung von Art. 18 Abs. 11 MiFIR und die Lesart von ESMA eine neue Kategorie von Nichteigenkapitalinstrumenten aus der Taufe gehoben. Die Pflichten des systematischen Internalisierers knüpfen nämlich nicht an dem abschließenden Katalog der Nichteigenkapitalinstrumente an, sondern an deren Kombination in Form von Auftragspaketen, die sich wiederum in liquide und illiquide Auftragspakete unterteilen.

3. *Kursofferten bis zur instrumentenspezifischen Größe*

Art. 18 Abs. 10 MiFIR bestimmt, dass systematische Internalisierer ferner nicht den Bestimmungen des Art. 18 MiFIR unterliegen, wenn sie Geschäfte mit einem Volumen tätigen, das den für das Finanzinstrument typischen Geschäftsumfang (Size Specific to the Instrument, SSTI) übersteigt. Dies bedeutet, dass Wertpapierfirmen ab einem bestimmten Transaktionsvolumen von den Quotierungs-, Veröffentlichungs- und Kontrahierungspflichten befreit werden, ohne dass weitere Anforderungen erfüllt werden müssen[742]. Ein vergleichbares Konzept kannte bereits das Transparenzregime der Aktien mit der Standardmarktgröße in § 32 Satz 1 WpHG a. F., die den sachlichen Anwendungsbereich der Vorhandelstransparenzpflichten volumenmäßig zuschnitt[743]. Der Hintergrund ist, dass der systematische Internalisierer durch eine Transaktion, die über den instrumententypischen Umfang hinausgeht, einem unangemessenen Risiko ausgesetzt werden könnte[744]. Schon die Bezeichnung des für ein Finanzinstrument typischen Geschäftsumfangs legt nahe, dass der jeweilige Schwellenwert für jedes Nichteigenkapitalinstrument bzw. dessen Kategorien individuell festzulegen ist. ESMA hatte diese Schwellenwerte durch einen technischen Regulierungsstandard zu präzisieren, welche wie die Liquiditätskriterien nunmehr

---

741 ESMA, Q&A on transparency topics, Abschnitt 4, Frage 4.

742 *Schelling,* BKR 2015, 221, 225; *Seiffert,* in: MiFID II/MiFIR, Umsetzung in der Bankenpraxis; S. 280; siehe dazu auch: ESMA, Discussion Paper vom 22. Mai 2014, S. 182. Zur Bedeutung der size specific to the instrument für die Vorhandelstransparenz von Handelsplätzen: *Brusch/Seitz,* in: MiFID II/MiFIR, Umsetzung in der Bankenpraxis, S. 299.

743 *Schelling,* BKR 2015, 221, 224; m. w. N. zum rechtspolitischen Hintergrund der durch MiFID I eingeführten Standardmarktgröße: *Beck/Röh,* in: KMRK, § 32 WpHG Rn. 16 f.

744 Dies ergibt sich aus Art. 9 Abs. 1 lit. d) MiFIR, der für Handelssysteme eine Ausnahme zur Vorhandelstransparenz vorsieht, wenn Interessenbekundungen in bestimmten Systemen den typischen Umfang überschreiten.

in der NEK-Transparenz-VO geregelt sind. Der europäische Gesetzgeber gibt vor, dass bei der Kalibrierung die Risikoabsicherungsfähigkeit der Wertpapierfirma und die Liquidität des Finanzinstruments zu berücksichtigen sind, Art. 9 Abs. 5 lit. d) MiFIR. Sofern der von dem Finanzinstrument betroffene Markt zumindest teilweise von Kleinanlegern gebildet wird, müsse ferner dem Durchschnittswert der von ihnen getätigten Geschäften Rechnung getragen werden. Zur Bestimmung der SSTI legt Art. 13 NEK-Transparenz-VO methodisch fest, dass diese in Abhängigkeit des Finanzinstruments entweder statisch oder dynamisch definiert werden kann. Im Rahmen einer dynamischen Festlegung soll selbst bei einem Mangel an Handelsdaten ein Schwellenwert adäquat festgelegt werden können[745]. Der dynamische Ansatz ist auch als Reaktion auf in der Konsultation geäußerte Bedenken zu verstehen, dass feste Schwellenwerte Marktentwicklungen nicht ausreichend reflektieren[746]. Demgegenüber bieten statische Schwellenwerte den Vorteil, dass die Marktteilnehmer bereits im Vorfeld einschätzen können, ob ihre Geschäfte über diese hinausgehen[747]. Während Art. 13 Abs. 2 i. V. m. Anhang III NEK-Transparenz-VO für Geschäfte mit Anleihen den dynamischen Ansatz wählt, wurden für verbriefte Derivate konkrete Schwellenwerte festgesetzt. Dieser Differenzierung lag anscheinend die Überlegung ESMAs zugrunde, dass für verbriefte Derivate langjährige börsliche Daten zur Verfügung stehen und dass deren Handel von Marktentwicklungen weniger abhängig ist.

a) Dynamische Berechnung für Anleihen

Die für die jeweiligen Kategorien von Anleihen typischen Größen bestimmen sich im Vorhandel anhand von sogenannten Handelsperzentilen. Ein Handelsperzentil ist ein Lagemaß für eine statistische Verteilung verschiedener Geschäftsgrößen[748]. Zu Beginn der Anwendbarkeit von MiFID II/MiFIR liegt das relevante Handelsperzentil nach der unten aufgeführten Tabelle 2.3 des Anhangs III der NEK-Transparenz-VO bei dem 30. Handelsperzentil:

745 So zumindest: ESMA, Opinion vom 2. Mai 2016, S. 20.
746 ESMA, Opinion vom 2. Mai 2016, S. 20.
747 ESMA, Opinion vom 2. Mai 2016, S. 20.
748 Das in der Statistik am häufigsten berechnete Perzentil ist der Median, der genau in der Mitte der geordneten Werte liegt und den Datensatz an der Marke 50/50 teilt. Ebenso sind andere Perzentile möglich, die den Datensatz an anderen Marken teilen.

Anleihen (alle Anleihetypen mit Ausnahme von ETC und ETN) – Vorhandels- und Nachhandels-SSTI- und LIS-Schwellenwerte

Anlageklasse – Anleihen (alle Anleihetypen mit Ausnahme von ETC und ETN)										
Anleihetyp	Für die Berechnung der Schwellenwerte nach Typ von Anleihe zu berücksichtigende Geschäfte	Perzentile für die Berechnung von Vorhandels- und Nachhandels-SSTI und LIS-Schwellenwerte für jeden Typ von Anleihe								
		SSTI Vorhandel					LIS Vorhandel		SSTI Nachhandel	LIS Nachhandel
		Handel – Perzentil				Schwellenwert	Handel – Perzentil	Schwellenwert	Handel – Perzentil	Handel – Perzentil
		S1	S2	S3	S4					
Öffentliche Anleihe	Geschäfte, die in Bezug auf öffentliche Anleihen ausgeführt wurden, nach Ausschluss der Geschäfte gemäß Artikel 13 Absatz 10	30	40	50	60	300 000 EUR	70	300 000 EUR	80	90
Sonstige öffentliche Anleihe	Geschäfte, die in Bezug auf sonstige öffentlichen Anleihen ausgeführt wurden, nach Ausschluss der Geschäfte gemäß Artikel 13 Absatz 10	30	40	50	60	300 000 EUR	70	300 000 EUR	80	90
Wandelschuldverschreibung	Geschäfte, die in Bezug auf Wandelschuldverschreibungen ausgeführt wurden, nach Ausschluss der Geschäfte gemäß Artikel 13 Absatz 10	30	40	50	60	200 000 EUR	70	200 000 EUR	80	90
Pfandbrief	Geschäfte, die in Bezug auf Pfandbriefe ausgeführt wurden, nach Ausschluss der Geschäfte gemäß Artikel 13 Absatz 10	30	40	40	40	300 000 EUR	70	300 000 EUR	80	90
Unternehmensanleihe	Geschäfte, die in Bezug auf Unternehmensanleihen ausgeführt wurden, nach Ausschluss der Geschäfte gemäß Artikel 13 Absatz 10	30	40	50	60	200 000 EUR	70	200 000 EUR	80	90
Sonstige Anleihen	Geschäfte, die in Bezug auf sonstige Anleihen ausgeführt wurden, nach Ausschluss der Geschäfte gemäß Artikel 13 Absatz 10	30	40	50	60	200 000 EUR	70	200 000 EUR	80	90

Abb. 3: SSTI für Anleihen/Phase-In (Vorhandel). Die vorstehende Tabelle entspricht Tabelle 2.3 des Anhangs III NEK-Transparenz-VO.

Das bedeutet, dass die Handelsumfänge von 70% aller Geschäfte als Geschäfte mit einem Umfang oberhalb der instrumentenspezifischen Größe gelten. Für diese Geschäfte ist Art. 18 MiFIR folglich nicht anzuwenden. Die relevanten perzentilen Schwellenwerte werden allerdings im Rahmen eines vierjährigen Übergangszeitraums schrittweise bis auf das 60. Handelsperzentil erhöht. Die schrittweise Erhöhung der Handelsperzentile wird zur Folge haben, dass die Zahl derjenigen Geschäfte, die dem Pflichtenkatalog der systematischen Internalisierung unterfallen, sukzessive ansteigen wird. Um die Funktionstüchtigkeit des Immobilienmarkts und nachteilige Auswirkungen auf Immobilieneigentümer zu vermeiden, liegt das Handelsperzentil für Pfandbriefe auch langfristig bei der Größe, unter der sich 40% der Geschäfte befinden (siehe Erwägungsgrund 9 NEK-Transparenz-VO). Wie im Rahmen der Liquiditätsbestimmung tritt ein neues Handelsperzentil erst in Kraft, wenn ESMA einen berichtigten RTS nach Art. 17 Abs. 8 NEK-Transparenz-VO vorgelegt hat, dieser von der Kommission angenommen wird und Parlament bzw. Rat keine Einwände erheben[749]. Um jedoch auch zu Beginn ein ausreichendes Transparenzniveau sicherzustellen, hat ESMA die Handelsperzentile mit festen Untergrenzen in Höhe von EUR 300.000 bzw. EUR 200.000 kombiniert. Wenn aus dem 30. Handelsperzentil für eine Unternehmensanleihe beispielsweise ein Handelsumfang von EUR 150.000 resultieren würde, würde sich die für Unternehmensanleihen typische Größe gleichwohl bei EUR 200.000 befinden. Eine Ausnahme besteht erst dann, wenn die Anzahl der für die Berechnungen verfügbaren Geschäfte kleiner als 1000 sein sollte. Nach Art. 13 Abs. 11 lit. a) NEK-Transparenz-VO liegt die instrumentenspezifische Größe dann bereits bei EUR 100.000. Bei der Berechnung des perzentilen Schwellenwerts lassen die Behörden ferner Geschäfte von einer Größe von kleiner oder gleich EUR 100.000 aus, Art. 13 Abs. 10 NEK-Transparenz-VO. Damit soll sichergestellt werden, dass Aufträge von Kleinanlegern in jedem Fall in den Genuss der neuen Transparenzregelungen gelangen und jeder Schwellenwert, der eine Ausnahme oder einen Aufschub von den Transparenzvorschriften

749 Auch der Phase-In für die Bestimmung des für ein Finanzinstrument typischen Umfangs ist auf das Schreiben der Kommission vom 20. April 2016 zurückzuführen. ESMA hatte sich zu den Änderungswünschen der Kommission größtenteils kritisch geäußert. So fehle für das 30. Handelsperzentil die empirische Legitimität. Daneben hatte sich ESMA für einen automatischen Phase-In ausgesprochen, ESMA, Opinion vom 2. Mai 2016, S. 21 f.

vorsieht, darüber liegt (Erwägungsgrund 21 NEK-Transparenz-VO)[750]. Die maßgeblichen Schwellenwerte, die sich durch die Handelsperzentile ergeben, werden nach Art. 13 Abs. 17 NEK-Transparenz-VO jeweils zum 30. April eines jeden Jahres veröffentlicht. Bis zu der ersten Veröffentlichung sind die vorläufigen Berechnungen maßgeblich, die im Rahmen der Übergangsbestimmung nach Art. 18 NEK-Transparenz-VO erstellt werden[751]. Im Ergebnis liegen die Schwellenwerte damit deutlich über den bisherigen in börslichen Ausführungsbestimmungen vorgesehenen Mindestvolumina, für die Liquiditätsspender verbindliche Preisinformationen zur Verfügung zu stellen haben[752].

b) Statische Festlegung für verbriefte Derivate

Der für verbriefte Derivate typische Geschäftsumfang im Vorhandel liegt nach Tabelle 4.2 Anhang III der delegierten Verordnung NEK-Transparenz-VO bei EUR 50.000. Dieser Wert gilt für alle dort beispielhaft aufgeführten verbrieften Derivate gleichermaßen und liegt damit unter den Größen, die für andere Nichteigenkapitalinstrumente festgelegt wurden[753], was ESMA mit dem hohen Anteil an Kleinanlegern in diesem Segment begründete[754]. Aus den Kreisen von Emittenten verbriefter Derivate wurde angesichts der bestehenden Praxis des börslichen Market Making Kritik geübt. Mit Verweis auf Ausführungsbestimmungen zu Börsenordnungen, die Market Maker beispielsweise zu Mindestquotierungen von EUR 3.000 im Falle von Hebelprodukten und EUR 10.000 im Falle von Anlageprodukten verpflichteten, wurde ESMA geraten, sich an diesen Größen

750 ESMA hat sich diesbezüglich an der Wertung des Prospektrechts orientiert, wonach bei öffentlichen Angeboten von Wertpapieren mit einer Mindeststückelung von EUR 100.000 keine Prospektpflicht besteht, siehe dazu: ESMA, Cost Benefit Analysis vom 28. September 2015, S. 105. Diese Regelung bleibt auch nach der neuen Prospektverordnung bestehen, siehe dazu m. W. N.: *Schulz,* WM 2016, 1417, 1419.

751 Die Veröffentlichung der vorläufigen Werte erfolgte am 11. September 2017, wonach sich etwa für eine Unternehmensanleihe eine SSTI von EUR 300.000 ergibt, siehe dazu: ESMA, Transitional Transparency Calculations.

752 Vgl. § 33 der Ausführungsbestimmungen zur Börsenordnung der Baden-Württembergischen Wertpapierbörse in der Fassung vom 12. Januar 2015, die für Euro-Staatsanleihen, Länder-Jumboanleihen, Agencies, Jumbopfandbriefen, Unternehmensanleihen und sonstigen Anleihen ein Auftragsvolumen von maximal EUR 100.000 vorschreiben.

753 Zum Vergleich: Die von ESMA ursprünglich als verbriefte Derivate eingestuften Exchange Traded Commodities und Exchange Traded Notes haben jeweils eine SSTI von EUR 900.000 bzw. EUR 1.000.000.

754 ESMA, Final Report vom 28. September 2015, S. 103.

zu orientieren[755]. Diese Regelungen sprechen zumindest dafür, dass – wie zuvor aufgezeigt[756] – eine weitere Kategorisierung verbriefter Derivate überlegenswert gewesen wäre, um verschiedene Schwellenwerte für die Typen von verbrieften Derivaten zu definieren. Allerdings sei an dieser Stelle nochmals auf die verschiedenen Regelungszwecke der Rechtsfiguren des systematischen Internalisierers einerseits und des Market Makers andererseits hingewiesen. Die Funktion des Market Makers ist es, für die von ihm betrauten Werte laufend Geld- und Briefkurse zu stellen, sodass er insbesondere Liquidität für illiquide Titel bereitstellt[757]. Demgegenüber sind systematische Internalisierer keine Market Maker im klassischen Sinn[758]. Zwar soll ein Liquiditätsabfluss von Handelsplätzen unter nicht transparenten Bedingungen verhindert werden. Doch gerade bei illiquiden Nichteigenkapitalinstrumenten sieht Art. 18 MiFIR nur eingeschränkte Anforderungen vor. Diese funktionalen Unterschiede mögen als Erklärung dienen, weshalb ESMA die SSTI für verbriefte Derivate abweichend von den Größen, die sich in den letzten Jahren im deutschen Retailmarkt für Market Maker etabliert haben, festgesetzt hat.

4. Befreiung durch die Behörde für illiquide Instrumente

Neben dem allgemeinen Ausnahmetatbestand des Art. 18 Abs. 10 MiFIR sieht Art. 18 Abs. 2 S. 2 MiFIR nur für illiquide Nichteigenkapitalinstrumente vor, dass die Behörde die Wertpapierfirma von ihrer Verpflichtung, Kursofferten abzugeben, befreien kann[759]. Eine eigenständige Bedeutung kann eine Befreiung deshalb entfalten, da nach hier vertretener Auffassung ein systematischer

---

755 DDV, Stellungnahme zu dem Discussion Paper vom 22. Mai 2014, S. 18 ff. mit Verweis auf § 22 der Ausführungsbestimmungen zur Börsenordnung der Baden-Württembergischen Wertpapierbörse in der Fassung vom 12. Januar 2015. Siehe auch: *Seiffert,* in: MiFID II/MiFIR, Umsetzung in der Bankenpraxis; S. 280 f., der den Betrag mit Verweis auf das tatsächliche Marktgeschehen im Zertifikatehandel in Deutschland als übertrieben hoch betrachtet.

756 Siehe dazu: Dritter Abschnitt C. IV. 2. a).

757 *Zimmermann,* in: Fuchs, WpHG, § 23 Rn. 18; *Schwark,* in: KMRK, § 23 WpHG Rn. 17; *Mutschler,* in: Internalisierung der Auftragsausführung, S. 225.

758 *Mutschler,* in: Internalisierung der Auftragsausführung, S. 225.

759 *Hoops* geht dagegen davon aus, dass die Befreiung durch die Behörde bewirkt, dass die Veröffentlichungspflicht gegenüber den Kunden entfällt, siehe dazu: *Hoops,* WM 2017, 319, 323. Nach hier vertretener Auffassung besteht die Pflicht zur Veröffentlichung und zur Zugänglichmachung gegenüber den Kunden wegen des Verweises Art. 18 Abs. 5 S. 1 MiFIR aber nur für liquide Instrumente.

Internalisierer sein Einverständnis für die Abgabe einer Kursofferte nicht dauerhaft ohne Grund verweigern darf. Eine Befreiung soll nach Art. 18 Abs. 2 S. 2 MiFIR möglich sein, wenn die in Art. 9 Abs. 1 MiFIR genannten Bedingungen erfüllt sind. Art. 9 Abs. 1 MiFIR regelt die Fälle, in denen Marktbetreibern und Wertpapierfirmen, die einen Handelsplatz betreiben, eine Ausnahme von der Vorhandelstransparenzpflicht gewährt werden kann. Das Inkrafttreten einer Ausnahme setzt das in Art. 9 Abs. 2 MiFIR näher beschriebene Verfahren voraus, das unter anderem einen Antrag der Wertpapierfirma und eine Stellungnahme von ESMA erfordert[760]. Zur Vermeidung von Engpässen startete dieses Verfahren bereits 2017 in verschiedenen Sequenzen je nach Art des Finanzinstruments, für das eine Ausnahme gewährt werden sollte. Der Verweis in Art. 18 Abs. 2 S. 2 MiFIR wird als Ausdruck des vom europäischen Gesetzgeber verfolgten „Level Playing Field" zwischen den verschiedenen Ausführungsorten verstanden[761]. Im Folgenden werden die verschiedenen Voraussetzungen des Art. 9 Abs. 1 MiFIR analysiert, um den Verweis in Art. 18 Abs. 2 S. 2 MiFIR auf seine Stichhaltigkeit zu überprüfen.

a) Ausnahme für großvolumige Geschäfte

Nach Art. 9 Abs. 1 lit. a) 1. Alt. MiFIR können Behörden eine Ausnahme für im Vergleich zum marktüblichen Geschäftsumfang große Aufträge erteilen (large in scale, LIS). Wann Aufträge bzw. im Falle eines systematischen Internalisierers eine Kursofferte über das Marktübliche hinausgeht, ergibt sich wiederum durch den Anhang III NEK-Transparenz-VO, welcher in Abhängigkeit der Kategorie des Finanzinstruments individuelle Schwellenwerte ansetzt. Die Berechnungsmethode stimmt im Grundsatz mit der für die Festlegung der instrumentenspezifischen Größe überein[762]. Durch den Verweis in Art. 18 Abs. 2 S. 2 MiFIR hat der europäische Gesetzgeber damit (scheinbar) eine weitere volumenabhängige Ausnahmevorschrift für den systematischen Internalisierer vorgesehen, deren Anwendungsbereich sich jedoch nicht erschließt. Die Schwellenwerte für Aufträge mit einer über den üblichen Geschäftsumfang hinausgehenden Größe entsprechen nämlich mindestens den Schwellenwerten, die die für ein

---

760 Siehe zum Verfahren und den Fristen für die einzureichenden Anträge und die Stellungnahmen der Aufsichtsbehörden: ESMA, Q&A on transparency topics, Abschnitt 4, Frage 3.

761 *Schelling*, BKR 2015, 221, 224; siehe auch Erwägungsgrund 1 NEK-Transparenz-VO.

762 Siehe dazu: Fünfter Abschnitt B. VI. 1.

Finanzinstrument typische Größe nach Art. 18 Abs. 10 MiFIR festsetzen (LIS ≥ SSTI)[763]. Wenn ein systematischer Internalisierer unter den Voraussetzungen des Art. 18 Abs. 10 MiFIR von der Vorhandelstransparenz freigestellt wird, erscheint es fraglich, in welchen Fällen die Aufsichtsbehörde bei Kursofferten in darüber hinausgehenden Größenordnungen eine Ausnahme erteilen sollte[764]. Für systematische Internalisierer würde die für Handelsplätze essenzielle Ausnahmevorschrift damit regelmäßig ins Leere gehen.

b) Ausnahme für Auftragsverwaltungssysteme

Im Falle von Offerten, die mittels Auftragsverwaltungssystemen durchgeführt werden und noch nicht veröffentlicht sind, sollen systematische Internalisierer nach Art. 18 Abs. 2 S. 2 MiFIR i. V. m. Art. 9 Abs. 1 lit. a) 2. Alt. MiFIR ebenfalls in den Genuss einer Ausnahmegewährung kommen können. Art. 4 NEK-Transparenz-VO spezifiziert die Art und die Mindestgröße der Aufträge, die mittels eines Auftragsverwaltungssystems getätigt werden. Danach können vor allem Eisberg- bzw. Reserveorders von der Vorhandelstransparenz ausgenommen werden, sodass nur ein Teil der Order – die Spitze des Eisbergs – im Orderbuch sichtbar ist[765]. Für systematische Internalisierer würde dieser Ausnahmevorschrift also nur dann eine eigenständige Bedeutung zukommen, sofern sie wie Handelsplätze ein System zur Auftragsverwaltung betreiben. ESMA geht anscheinend davon aus, dass dies gerade nicht der Fall ist[766].

---

763 Vgl. z. B. Tabelle 4.2 des Anhang III NEK-Transparenz-VO für verbriefte Derivate. Während die SSTI im Vorhandel bei EUR 50.000 liegt, beträgt die entsprechende LIS EUR 60.000. Im Rahmen der vorläufigen Berechnungen ergab sich für Unternehmensanleihen sogar eine Differenz von EUR 700.000. Zu der Bedeutung der LIS für Handelssysteme: *Brusch/Seitz,* in: MiFID II/MiFIR, Umsetzung in der Bankenpraxis, S. 298 f.

764 Ebenfalls kritisch: *Schelling,* BKR 2015, 221, 224.

765 Ein Eisberg- oder Reserveauftrag muss mindestens EUR 10.000 umfassen, damit von der Veröffentlichung von Vorhandelsinformationen abgesehen werden kann, Art. 4 Abs. 2 lit. a) NEK-Transparenz-VO; siehe auch: *Beck/Röh,* in: KMRK, § 30 BörsG Rn. 35; *Kumpan,* in: Regulierung außerbörslicher Handelssysteme, S. 350.

766 ESMA, Final Report vom 28. September 2015, S. 139; siehe auch: *Schelling,* BKR 2015, 221, 225, der betont, dass systematische Internalisierer nichts nutzen, was mit einem Auftragsverwaltungssystem vergleichbar wäre.

c) *Quotierungen oberhalb der instrumentenspezifischen Größe*

Gemäß Artikel 9 Abs. 1 lit. b) MiFIR können Behörden eine Ausnahme im Falle von verbindlichen Interessenbekundungen in Preisanfragesystemen[767] und sprachbasierten Handelssystemen[768] gewähren, die über den für ein Finanzinstrument typischen Umfang hinausgehen. Danach besteht für Handelsplätze neben Art. 9 Abs. 1 lit. a) 1. Alt. MiFIR eine weitere volumenabhängige Ausnahmevorschrift, die jedoch speziell auf Preisanfragesysteme und sprachbasierte Handelssysteme zugeschnitten ist. Es wird vermutet, dass diese Vorschrift mit den kleineren Volumina zusammenhängt, die über diese Systeme typischerweise gehandelt werden[769]. Daher kann Handelsplätzen, die die vorgenannten Systeme nutzen, bereits dann eine Ausnahme von ihrer Vorhandelstransparenzpflicht gewährt werden, wenn die für das jeweilige Finanzinstrument typische Größe überschritten ist, und nicht erst dann, wenn die zugrunde liegende Order marktunüblich groß ist[770]. Durch den Verweis in Art. 18 Abs. 2 S. 2 MiFIR sollen auch systematische Internalisierer in illiquiden Nichteigenkapitalinstrumenten eine entsprechende Ausnahme für sich beanspruchen können. Da schon Art. 18 Abs. 10 MiFIR eine nach hier vertretener Auffassung bedingungslose Ausnahmeregelung für eben denselben Fall vorsieht, stellt sich die Frage, in welchem Verhältnis Art. 18 Abs. 10 MiFIR und Art. 18 Abs. 2 S. 2 i. V. m. Art. 9 Abs. 1 lit. b) MiFIR zueinander stehen. Mit Verweis auf die Parallelvorschriften über die systematische Internalisierung in Eigenkapitalinstrumenten geht *Schelling* überzeugend von einem Vorrang des Art. 18 Abs. 10 MiFIR aus[771]. Die historische Entwicklung des Art. 18 MiFIR im Gesetzgebungsverfahren unterstreicht diese Ansicht. So legte schon Art. 17 Abs. 3 in dem von der Kommission vorgelegten

767 Ein Preisanfragesystem ist ein Handelssystem, bei dem eine Kursofferte oder Kursofferten als Antwort auf eine diesbezügliche Anfrage eines oder mehrerer Mitglieder oder Teilnehmer abgegeben werden und bei dem die Kursofferte ausschließlich von dem anfragenden Mitglied oder Teilnehmer ausführbar ist, Anhang I NEK-Transparenz-VO.

768 Ein sprachbasiertes Handelssystem ist ein Handelssystem, bei dem Geschäfte zwischen Mitgliedern durch eine sprachbasierte Verhandlung vereinbart werden, Anhang I NEK-Transparenz-VO.

769 *Schelling*, BKR 2015, 221, 224, der dies aber mit Blick auf den Telefonhandel, über den typischerweise großvolumige Geschäfte abgeschlossen werden, bezweifelt.

770 M. w. N. zum Verhältnis der LIS und der SSTI im Bereich der Vorhandelstransparenz bei Handelsplätzen: ESMA, Opinion vom 2. Mai 2016, S. 21.

771 *Schelling*, BKR 2015, 221, 224 f.; Art. 14 Abs. 2 S. 2 MiFIR regelt in diesem Zusammenhang, dass systematische Internalisierer den Bestimmungen der Art. 14 ff. MiFIR nicht unterliegen, wenn sie Aufträge über der Standardmarktgröße ausführen.

Entwurf der MiFIR fest, dass sich systematische Internalisierer zum Abschluss von Geschäften nur dann verpflichten, wenn das notierte Geschäftsvolumen dem für ein Instrument typischen Umfang entspricht. Der Rat erweiterte dies durch eine Klarstellung in Art. 17 Abs. 7 MiFIR-E, dessen Inhalt mit dem heutigen Absatz 10 korrespondiert, auf die gesamte Vorschrift aus[772]. Der Verweis in Art. 18 Abs. 2 S. 2 MiFIR ist dagegen auf die vom Parlament am 4. Oktober 2012 unterbreiteten Änderungsvorschläge zurückzuführen. In Art. 17 Abs. 1a MiFIR des Parlamentsentwurfs war davon die Rede, dass die Quotierungsverpflichtungen abbedungen werden können, soweit die in Art. 8 Abs. 4 lit. c) MiFIR-E festgelegten Voraussetzungen erfüllt seien[773]. Art. 8 Abs. 4 lit. c) MiFIR-E behandelte aber keine Sondervorschriften für Preisanfrage- oder sprachbasierte Systeme, sondern regelte allgemein, dass die Behörden je nach Liquidität, Art und Größe Ausnahmen erteilen können[774]. Im Zuge der dann vom Rat vorgelegten Fassung wurden die Ausnahmetatbestände für Handelsplätze systemabhängig konkretisiert, ohne dass im folgenden Trilogverfahren der Verweis in Art. 18 Abs. 2 S. 2 MiFIR entsprechend angepasst wurde. Für die hier zu untersuchende Frage heißt dies jedenfalls, dass bei einem Handeln oberhalb des instrumentenspezifischen Umfangs Art. 18 MiFIR nicht anwendbar ist, ohne dass es einer ermessensabhängigen Entscheidung durch die Behörde überhaupt bedarf.

d) Derivate ohne Handelspflicht und illiquide Instrumente

Die nächste in Art. 9 Abs. 1 MiFIR beschriebene Ausnahmekonstellation betrifft Derivate, die nicht der in Artikel 28 MiFIR festgelegten Pflicht zum

---

772 Siehe Art. 17 Abs. 7 MiFIR im Entwurf des Rats zur MiFIR vom 10. Juni 2013: „Systematic internalisers shall not be subject to the provisions of this Article when they deal in sizes above the size specific to the instrument determined in accordance with Article 8(5)(c)."

773 Siehe Art. 17 Abs. 1a MiFIR im Entwurf des Parlaments zur MiFIR vom 4. Oktober 2012: „The obligation in paragraph 1 shall be calibrated in accordance with Article 7(1) and Article 8(4)(b) and may be waived where the conditions specified in Article 8(4)(c) are met."

774 Siehe Art. 8(4)(c) MiFIR im Entwurf des Parlaments zur MiFIR vom 4. Oktober 2012: „The conditions under which pre-trade disclosure may be waived for each class of financial instrument concerned in accordance with paragraphs 1 and 2, based on the following: (iii) the liquidity profile, including the number and type of market participants in a given market and any other relevant criteria for assessing liquidity for a particular financial instrument; (iv) the size or type of orders, in particular to allow for appropriate differentiation between retail and other markets, and the size and type of an issue of a financial instrument."

Handel unterliegen, sowie andere Finanzinstrumente, für die kein liquider Markt besteht. Soweit eine Behörde eine Ausnahme gewährt, soll diese sich nicht nur auf das illiquide Finanzinstrument, sondern auf die gesamte Anlageklasse im Sinne der NEK-Transparenz-VO (z. B. alle Anleihen) beziehen[775]. Die Handelsverpflichtung für Derivate gilt nach Art. 28 MiFIR für finanzielle Gegenparteien nach Art. 2 Abs. 8 EMIR und nichtfinanzielle Gegenparteien, die die in Art. 10 Abs. 1 lit. b) EMIR genannten Bedingungen erfüllen (sog. Clearingschwelle[776]). Hiervon ausgenommen sind gruppeninterne Geschäfte nach Art. 3 EMIR sowie Geschäfte, die unter die Übergangsbestimmungen nach Art. 89 EMIR fallen. Um der Handelsverpflichtung überhaupt zu unterliegen, muss die betroffene Derivatekategorie nach Art. 32 Abs. 1 lit. a) MiFIR unter EMIR clearingpflichtig sein, zum Handel an einem Handelsplatz zugelassen sein bzw. dort gehandelt werden und ausreichend liquide sein, Art. 32 Abs. 2 MiFIR[777]. Wenn einem Handelsplatz also nach Art. 9 Abs. 1 lit. c) 1. Alt. MiFIR eine Ausnahme für Aufträge in Derivaten gewährt werden kann, handelt es sich hierbei vor allem um Derivate, die den Liquiditätsanforderungen nach Art. 32 Abs. 2 lit. b) MiFIR nicht genügen[778]. Da Art. 18 Abs. 2 MiFIR nur auf illiquide Nichteigenkapitalinstrumente anwendbar ist, müsste das betroffene Derivat also darüber hinaus als nicht ausreichend liquide im Sinne des Art. 32 Abs. 2 lit. b) MiFIR bewertet werden, damit dem systematischen Internalisierer eine Ausnahme gewährt werden kann. Zwar ist ein liquider Markt aus Sicht der Transparenz nach Art. 2 Abs. 17 lit. a) MiFIR nicht automatisch mit einer ausreichenden Liquidität für die Handelspflicht gleichzusetzen (Erwägungsgrund 3 der delegierten Verordnung vom 26. Mai 2016 zur Auferlegung von Handelspflichten[779]). Es erscheint jedoch unwahrscheinlich,

---

775 ESMA, Q&A on transparency topics, Abschnitt 4, Frage 8.

776 Nach Art. 10 Abs. 1 lit. b) EMIR wird eine nichtfinanzielle Gegenpartei clearingpflichtig, wenn die gleitende Durchschnittsposition der zu berücksichtigenden Kontrakte eine der Clearingschwellen über einen Zeitraum von mindestens 30 Tagen übersteigt; m. w. N.: *Dittrich/Fried*, in: Zerey, Finanzderivate, § 33 Rn. 21; *Geier/Mirtschink*, CFB 2013, 102, 104; *Pankoke/Wallus*, WM 2014, 4, 8.

777 *Vester*, RdF 2015, 92, 96. Die Festlegung der von der Handelspflicht erfassten Derivateklassen obliegt der Kommission mittels technischer Regulierungsstandards auf Vorschlag der ESMA, Art. 32 Abs. 1 lit. a) MiFIR.

778 *Schelling*, BKR 2015, 221, 225.

779 Delegierte Verordnung (EU) 2016/2020 der Kommission vom 26. Mai 2016 zur Ergänzung der Verordnung (EU) Nr. 600/2014 des Europäischen Parlaments und des Rates über Märkte für Finanzinstrumente im Hinblick auf technische Regulierungsstandards für Kriterien zur Entscheidung über die Auferlegung der Handelspflicht für der Clearingpflicht unterliegende Derivate. Siehe zum Liquiditätstest im Rahmen der

dass der Gesetzgeber mögliche Abweichungen zwischen beiden Verfahren im Blick hatte, zumal diese bei Erlass von Art. 18 Abs. 2 MiFIR noch gar nicht feststanden[780]. Unklar ist auch der Verweis in Art. 18 Abs. 2 S. 2 MiFIR auf Art. 9 Abs. 1 lit. c) 2. Alt. MiFIR, der allgemein auf Finanzinstrumente ohne einen liquiden Markt abstellt und somit die in Art. 18 Abs. 2 MiFIR genannte Voraussetzung schlichtweg wiederholt[781].

e) Ausnahmen für Auftragspakete

Infolge der MiFIR-Änderungsverordnung wurden auch für Handelsplatzbetreiber Tatbestände geschaffen, unter denen nach Art. 9 Abs. 1 lit. d) und lit. e) MiFIR Ausnahmen zur Vorhandelstransparenz für Auftragspakete gewährt werden können[782]. Wie im Falle der vorgenannten Ausnahmen ist die Relevanz für die systematische Internalisierung allerdings fraglich. So setzt beispielsweise Art. 9 Abs. 1 lit. e) (i) MiFIR die Illiquidität zumindest einer Komponente des Auftragspakets voraus, sofern nicht das Auftragspaket als Ganzes einen liquiden Markt besitzt. Aus Art. 18 Abs. 11 MiFIR geht allerdings schon hervor, dass Art. 18 Abs. 2 MiFIR (und damit der Verweis auf Art. 9 Abs. 1 MiFIR) nur dann anwendbar ist, sofern das Auftragspaket als Ganzes gerade keinen liquiden Markt besitzt[783]. Auch der nachträglich eingefügte Art. 9 Abs. 1 lit. e) MiFIR repliziert damit nur, was sich aus Art. 18 Abs. 2 MiFIR ohnehin schon ergibt. Eine eigenständige Bedeutung könnte insofern nur Art. 9 Abs. 1 lit. d) MiFIR erlangen, der eine Ausnahme für Aufträge in Exchange for Physicals normiert. Hiervon könnten systematische Internalisierer über den Verweis in Art. 18 Abs. 2 MiFIR gegebenenfalls profitieren.

Handelspflicht: *Ostermann/Sickermann*, RdF 2017, 100; *Teuber*, in: MiFID II/MiFIR, Umsetzung in der Bankenpraxis, S. 327.

780 *Schelling*, BKR 2015, 221, 225. Der Liquiditätstest im Rahmen der Handelspflicht ist wie das Verfahren für die Bestimmung des liquiden Marktes in einem delegierten Rechtsakt geregelt, für den ein technischer Regulierungsstandard (RTS 4) die Grundlage bildete. Die Art. 1–5 der delegierten Verordnung vom 26. Mai 2016 zur Auferlegung von Handelspflichten regeln, wann für eine clearingpflichtige Derivatekategorie von einer ausreichenden Liquidität ausgegangen werden kann.

781 *Schelling*, BKR 2015, 221, 225; siehe zu weiteren Auslegungshinweisen zu Art. 9 Abs. 1 lit. c) MiFIR: ESMA, Q&A on transparency topics, Abschnitt 4, Frage 2, in denen ESMA nur auf den liquiden Markt im Sinne der Handelstransparenz abstellt.

782 Fünfter Abschnitt B. VI. 2.

783 ESMA, Q&A on transparency topics, Abschnitt 4, Frage 4.

f) Zwischenergebnis

Die vorstehenden Untersuchungen haben gezeigt, dass die in Art. 9 Abs. 1 MiFIR genannten Voraussetzungen durch Art. 18 Abs. 2 MiFIR oft schon vorliegen oder in einigen Fällen für den systematischen Internalisierer irrelevant sind. Daher hätte der europäische Gesetzgeber nicht nur auf den Verweis in Art. 18 Abs. 2 S. 2 MiFIR auf Art. 9 Abs. 1 MiFIR gänzlich verzichten können[784]. Vielmehr legt eine historische Auslegung die Vermutung nahe, dass es sich bei dem Verweis um ein Residuum aus einem vorherigen Entwurf der MiFIR und damit um ein Redaktionsversehen des europäischen Gesetzgebers handeln könnte. Eine Aufsichtsbehörde sollte daher nach hier vertretener Auffassung schon dann die Möglichkeit haben, nach ihrem Ermessen eine systematisch internalisierende Wertpapierfirma von Art. 18 MiFIR zu befreien, wenn diese mit illiquiden Nichteigenkapitalinstrumenten handelt. Es bleibt abzuwarten, ob und unter welchen Voraussetzungen die zuständigen Aufsichtsbehörden in der EU von der ihr eingeräumten Befreiungsmöglichkeit Gebrauch machen. In Form einer Allgemeinverfügung gab die BaFin jedenfalls am 2. Januar 2018 bekannt, systematische Internalisierer von den Pflichten nach Art. 18 Abs. 2 S. 1 MiFIR zu befreien, wenn die Voraussetzungen nach Art. 9 Abs. 1 MiFIR erfüllt sind[785]. Nach Ansicht der BaFin verweise Art. 18 Abs. 2 S. 2 ausschließlich auf die inhaltlichen [Hervorhebung v. Verf.] Voraussetzungen nach Art. 9 Abs. 1 lit. a)–lit. e) MiFIR. Die weiteren verfahrensbezogenen Vorgaben zur Durchführung eines Waiver-Verfahrens seien dagegen nicht entsprechend anzuwenden, da sie nach dem Wortlaut der Vorschriften nur in Bezug auf Marktbetreiber und Wertpapierfirmen, die einen Handelsplatz betreiben, gelten. Zur eigentlichen Frage, wie die Voraussetzungen des Art. 9 Abs. 1 MiFIR auf systematische Internalisierer anzuwenden sind, hat die BaFin keine Stellung bezogen. Damit hat es die BaFin versäumt, ausreichend Rechtssicherheit zu schaffen, wobei sie Gelegenheit gehabt hätte, zu bestätigen, dass auch die inhaltlichen Voraussetzungen des Art. 9 Abs. 1 MiFIR nach Sinn und Zweck nur für Markt- und Handelsplatzbetreiber gelten können.

---

784 So auch: *Schelling*, BKR 2015, 221, 225; siehe auch: ESMA, Cost Benefit Analysis vom 28. September 2015, S. 118 f., in der die systematischen Internalisierer nicht bei den betroffenen Adressaten der Ausnahmebestimmungen auflisten werden.

785 BaFin, Allgemeinverfügung – Befreiung systematischer Internalisierer von den Pflichten nach Art. 18 Abs. 2 S. 1 MiFIR.

5. *Kurzfristiger Liquiditätsrückgang*

Über die vorgenannten Ausnahmetatbestände hinaus soll Art. 18 Abs. 6 UAbs. 2 MiFIR systematische Internalisierer von ihrer Verpflichtung, verbindliche Kursofferten im Sinne von Art. 18 Abs. 1 MiFIR abzugeben, befreien, wenn die jeweiligen Finanzinstrumente unter den nach Artikel 9 Abs. 4 MiFIR ermittelten Liquiditätsschellenwert fallen. Art. 9 Abs. 4 MiFIR regelt, dass die Aufsichtsbehörden im Falle eines Liquiditätsrückganges die Vorhandelstransparenzpflichten der Handelsplätze vorübergehend aussetzen können. Der Liquiditätsrückgang im Sinne des Art. 18 Abs. 6 UAbs. 2 MiFIR ist von dem eigentlichen Liquiditätsstatus des Nichteigenkapitalinstruments nach Art. 2 Abs. 17 lit. a) MiFIR zu unterscheiden. Erwägungsgrund 25 NEK-Transparenz-VO führt dazu aus, dass die vorübergehende Aussetzung der Liquiditätspflichten nur unter außergewöhnlichen Umständen möglich sein sollte, die einem erheblichen Rückgang der Liquidität in einer Klasse von Finanzinstrumenten entsprechen. Im Rahmen der Prüfung, ob ein erheblicher Liquiditätsrückgang vorliegt, soll dem Liquiditätsstatus allerdings Rechnung getragen werden, da ein Liquiditätsrückgang für illiquide Instrumente wahrscheinlicher ist (Erwägungsgrund 25 NEK-Transparenz-VO). Art. 16 NEK-Transparenz-VO sieht ein Verfahren vor, wonach die Behörden einen erheblichen Liquiditätsrückgang in Abhängigkeit des Verhältnisses des monatlichen Gesamthandelsvolumens einer Kategorie von Nichteigenkapitalinstrumenten im Verhältnis zum durchschnittlichen Gesamthandelsvolumen der vergangenen zwölf Kalendermonate berechnen können[786]. Soweit eine Behörde zu dem Ergebnis gelangt, dass das Gesamthandelsvolumen im Vergleich zum durchschnittlichen Gesamthandelsvolumen deutlich zurückgegangen ist, kann sie eine Aussetzung erteilen, die nach Art. 9 Abs. 4 UAbs. 2 MiFIR zunächst für maximal drei Monate gilt. Da die Behörden für ihre Berechnung auf sämtliche

---

786 Für Nichteigenkapitalinstrumente mit einem liquiden Markt liegt demnach ein erheblicher Liquiditätsrückgang vor, wenn für eine bestimmte Kategorie das für die letzten 30 Kalendertage berechnete Gesamthandelsvolumen weniger als 40 % des durchschnittlichen monatlichen Volumens der zwölf vollen Kalendermonate vor diesen 30 Kalendertagen beträgt, Art. 16 Abs. 1 NEK-Transparenz-VO. Im Falle von illiquiden Instrumenten reicht nach Abs. 2 bereits ein Rückgang von 20 % aus. Die Berechnungen sollen jeweils nach Abs. 3 auf der Ebene der Kategorien von Finanzinstrumenten durchgeführt werden, die auch im Rahmen der Feststellung, ob ein liquider Markt vorliegt, maßgeblich sind. Siehe dazu auch: ESMA, Q&A on transparency topics, Abschnitt 4, Frage 8.

Geschäfte zurückgreifen müssen, die auf allen Handelsplätzen in der Union durchgeführt wurden, handelt es sich um einen Befreiungstatbestand, dessen Voraussetzungen nur selten vorliegen werden[787].

Nicht eindeutig ist, wovon systematische Internalisierer in einem solchen Fall eigentlich befreit werden. Ausgehend vom Wortlaut des Art. 18 Abs. 6 UAbs. 2 MiFIR, soll sich die Befreiung auf die Abgabe verbindlicher Kursofferten für liquide Nichteigenkapitalinstrumente im Sinne von Art. 18 Abs. 1 MiFIR beziehen. *Schelling* geht indes infolge der Systematik des Art. 18 Abs. 6 MiFIR davon aus, dass in Situationen eines erheblichen Liquiditätsrückgangs die Pflicht, zu veröffentlichten Kursofferten nach Art. 18 Abs. 6 UAbs. 1 MiFIR zu kontrahieren, entfällt[788]. Ein Blick auf die Entstehungsgeschichte der Vorschrift macht deutlich, dass zumindest der ursprüngliche Wille des Gesetzgebers noch einen Schritt weiter ging. Sowohl im anfänglichen Kommissionsentwurf als auch in der knapp ein Jahr darauf vorgelegten Fassung des Parlaments war kein Verweis auf einen Liquiditätsschwellenwert zu finden. Dies hat erst im Wege der von dem Rat unterbreiteten Vorschläge Einzug in den damaligen Art. 17 MiFIR-E gefunden. Art. 17 Abs. 3 MiFIR-E in der Ratsfassung sah bei einem Unterschreiten des Liquiditätsschwellenwerts weiterhin eine verbindliche Quotierungsverpflichtung vor[789]. Allerdings sollte in einem solchen Fall die Pflicht entfallen, den Quote gegenüber anderen Kunden nach Art. 17 Abs. 2 MiFIR-E zugänglich zu machen. Art. 17 Abs. 2 MiFIR-E entsprach im Wesentlichen dem heutigen Art. 18 Abs. 5 MiFIR. In der Konsequenz wäre dann auch die Kontrahierungsverpflichtung gem. Art. 18 Abs. 6 UAbs. 1 MiFIR entfallen. Diese Auslegung macht auch deutlich, warum die Befreiung richtigerweise auf liquide Instrumente beschränkt ist, da eine Pflicht zur Zugänglichmachung und zum Abschluss für illiquide Instrumente gar nicht besteht. Der bloße Wortlaut des Art. 18 Abs. 6 UAbs. 2 MiFIR dagegen wirft die Frage auf, warum die Befreiung von der Quotierungspflicht

---

787 *Schelling*, BKR 2015, 221, 225.

788 *Schelling*, BKR 2015, 221, 225.

789 Siehe Art. 17 Abs. 3 MiFIR in dem Entwurf des Rats zur MiFIR vom 10. Juni 2013: „Systematic Internaliserers shall undertake to enter into transactions with any other client to whom the quote is made available under the published conditions when the quotes size is at or below the size specific to the instrument determined in accordance with Article 8(5)(c). Systematic internalisers shall not be subject **to the obligation to publish a firm quote** [Hervorhebung v. Verf.] pursuant to paragraph 2 for financial instruments that fall below the threshold of liquidity determined in accordance with Article 8(5)(e).“

nur für Instrumente mit einem liquiden Markt, nicht aber auch für Instrumente mit einem illiquiden Markt gelten sollte[790].

VII. Rechtliche Würdigung und Auswirkungen auf die Praxis

Die in Nichteigenkapitalmärkten bilateral geprägte Struktur, unter der Händler unverbindliche Kurse nur gegenüber dem anfragenden Kunden offenlegten, erfährt durch Art. 18 MiFIR Änderungen. Dadurch werden Marktteilnehmer in die Lage versetzt, die zwischen Händlern variierenden Kurse besser vergleichen zu können, soweit diese als systematische Internalisierer eingestuft werden. Aus Sicht der betroffenen Wertpapierfirmen ist es zu begrüßen, dass der europäische Gesetzgeber, abweichend vom ursprünglichen Kommissionsentwurf, klare Zugeständnisse für Handelsaktivitäten in illiquiden Nichteigenkapitalinstrumenten gemacht hat, die im Ergebnis einem abgeschwächten Transparenzregime unterliegen und verhältnismäßig sind. Dies schiebt insbesondere den im Vorfeld geäußerten Bedenken bezüglich eines „Free Riding" durch andere Marktteilnehmer einen Riegel vor, da die jeweiligen Kursofferten nur dem anfragenden Kunden, nicht aber dem gesamten Kundenkreis der Wertpapierfirma zur Verfügung stehen. Insbesondere sonstige Zins- und Aktienderivate, die nach den Tabellen 5.1 und 6.1 Anhang III der NEK-Transparenz-VO immer illiquide sind, kommen in den Genuss dieser erleichterten Anforderungen. Auch für Wertpapierfirmen, die in liquiden Werten systematisch internalisieren, sieht Art. 18 MiFIR Flexibilität vor. Diese äußert sich unter anderem durch das einer Kursofferte vorgelagerte Einverständnis durch die Wertpapierfirmen, die zudem freie Hand haben, was die Größe ihrer Kursofferte betrifft. Bei der Umstellung ihrer Prozesse auf die neuen Vorgaben ist es für die Wertpapierfirmen umso wichtiger, die nach Art. 18 MiFIR und der MiFIR-VO zulässigen Beschränkungen für sich auszunutzen und in ihren Regelwerken festzulegen. Es scheint diesbezüglich empfehlenswert, eine interne Dokumentation vorzunehmen, soweit systematische Internalisierer von dem ihnen zustehenden Handlungsspielraum Gebrauch machen (etwa wenn sie eine Kursofferte zurückziehen). Auch wenn dies Art. 18 MiFIR und den Bestimmungen der MiFIR-VO nicht unmittelbar zu entnehmen ist, könnte sich ein Dokumentationserfordernis aus der allgemeinen Aufzeichnungspflicht von Wertpapierdienstleistungen gem. § 83 WpHG ergeben. Das „Record Keeping" wurde durch MiFID II/MiFIR nämlich ebenfalls ausgeweitet und erfasst insbesondere Telefongespräche und elektronische Kommunikation im Zusammenhang mit Wertpapierdienstleistungen, ohne dass es

790 *Schelling*, BKR 2015, 221, 225.

notwendigerweise zu einem Geschäftsabschluss gekommen sein muss[791]. Gleichzeitig sind die Vorschriften, die den Wertpapierfirmen Flexibilität einräumen sollen, Ausdruck von Kompromissen, um die sich Rat und Parlament bemüht haben und die die Rechtsanwendung unnötig erschweren[792]. Insbesondere mit den Ausnahmeregelungen, die von der Vorhandelstransparenzpflicht befreien sollen, hat der Gesetzgeber den Adressaten teilweise einen Bärendienst erwiesen. Festzuhalten bleibt, dass dem Liquiditätsstatus und der vorherigen Einordnung des Finanzinstruments für die Reichweite der Vorhandelstransparenz eine entscheidende Bedeutung zukommt. Dies setzt voraus, dass der Liquiditätsstatus nach dem in der NEK-Transparenz-VO entwickelten Verfahren korrekt bestimmt wird.

1. Handel mit verbrieften Derivaten

Praktische Auswirkungen drohen insbesondere für den Handel mit verbrieften Derivaten, die per se als liquide gelten. Auch wenn die neuen Anforderungen für systematische Internalisierer in verbrieften Derivaten erst ab dem 1. März 2019 zur Anwendung kommen, ist bereits im Vorfeld zu beobachten, dass Emittenten von dem Opt-In Gebrauch machen und sich freiwillig dem Regime der systematischen Internalisierung unterziehen. Sie werden daher prüfen müssen, ob die bisherige Praxis des OTC-Market Making denjenigen Kriterien gerecht wird, die Artikel 18 MiFIR an Kursofferten für liquide Instrumente stellt[793]. Insbesondere wurden nach dem bisherigen Modell lediglich indikative Geld- und Briefkurse offengelegt[794]. Die Stellung unverbindlicher Kursofferten ist allerdings nach Art. 18 Abs. 2 MiFIR nur für illiquide Instrumente möglich, worunter verbriefte Derivate nicht fallen können. Insoweit muss unter MiFID II/MiFIR für die Kursofferten für verbriefte Derivate stets gewährleistet sein, dass diese für den Kunden unmittelbar ausführbar, das heißt zivilrechtlich bindend sind. Ein wie in der Vergangenheit auf der jeweiligen Website angezeigter Quote Stream ist für die Erfüllung der Quotierungsverpflichtung sowohl rechtlich als auch technisch weiterhin möglich. Trotzdem können viele der in Art. 18 MiFIR für illiquide Instrumente vorgesehenen Erleichterungen für Emittenten derivativer Wertpapiere

---

791 M. w. N. zum Record Keeping: BaFin, Informationsveranstaltung zu den Level 2-Maßnahmen vom 7. und 25. April 2016 betreffend MiFID II sowie: *Roth/Blessing*, CCZ 2017, 8.

792 *Schelling*, BKR 2015, 221, 228.

793 *Hoops*, WM 2017, 319, 323.

794 Vgl.: DDV, Stellungnahme zu dem Consultation Paper 19. Dezember 2014, S. 18.

nur in den wenigen Ausnahmefällen genutzt werden, in denen sich die Wertpapiere als Anleihen einstufen lassen und diese als illiquide eingestuft werden[795]. Im Falle einer Einordnung als verbriefte Derivate besteht jedenfalls nach Art. 18 MiFIR die grundsätzliche Pflicht, zu den veröffentlichten Bedingungen mit anderen Kunden Geschäfte abzuschließen, soweit diese Aufträge nicht die instrumententypische Höhe von EUR 50.000 übersteigen. *Hoops* geht diesbezüglich davon aus, dass hiervon nahezu jedes Geschäft mit verbrieften Derivaten erfasst sein wird[796]. Allerdings darf der systematische Internalisierer die Gesamtanzahl an auszuführenden Geschäften je gestellter Kursofferte auf ein einziges Geschäft limitieren. In qualitativer Sicht muss gewährleistet sein, dass die Kursofferten die vorherrschenden Marktbedingungen reflektieren. Folglich werden Emittenten überprüfen müssen, ob dies durch ihre internen Preismodelle gegeben ist. Bislang war es Marktusance, in die Wertpapierprospekte einen Hinweis aufzunehmen, dass die vom Emittenten gestellten An- und Verkaufspreise zwar auf der Grundlage branchenüblicher Preismodelle berechnet werden, aber dem so berechneten Wert nicht notwendigerweise entsprechen müssen[797]. Angesichts dieser weitreichenden Pflichten wird nochmals deutlich, dass eine wortlautgetreue Auslegung des Art. 15 MiFID II-VO nicht geboten sein kann. Andernfalls würden sich die Pflichten nämlich nicht nur auf eigens emittierte Produkte, sondern auch auf Produkte anderer Emittenten und Wettbewerber erstrecken. Dies würde die Gefahr bergen, dass Emittenten keine außerbörsliche Preisstellung mehr anbieten, was im schlimmsten Fall den deutschen Handel mit Zertifikaten und Optionsscheinen insgesamt gefährden könnte. Sollte die BaFin gleichwohl die wörtliche Auslegung des Art. 15 MiFID II-VO auch für verbriefte Derivate bestätigen, könnte es dem Emittenten nach Abs. 18 Abs. 1 MiFIR im Falle einer Kundenanfrage in Bezug auf ein von einem anderen Emittenten ausgegebenes Produkt möglich sein, sein Einverständnis vorab zu verweigern.

2. *Handel mit Anleihen*

Im Gegensatz zu verbrieften Derivaten ist der Liquiditätsstatus einer Anleihe dynamisch. Wenn die Anleihen, für die systematische Internalisierung betrieben wird, als liquide eingestuft werden, sind Wertpapierfirmen von den neuen Vorhandelstransparenzanforderungen stärker betroffen. Die Auswirkungen könnten wiederum Anleiheemittenten treffen. Der erhöhte Aufwand für die

795 Siehe dazu: Dritter Abschnitt C. IV. 2. b).

796 *Hoops*, WM 2017, 319, 323.

797 Siehe z. B.: Vontobel GmbH, Basisprospekt vom 13. Juli 2015, S. 31.

Bereitstellung von Daten im Vorhandel könnte einen negativen Einfluss auf die Transaktionskosten haben, sodass der zugrunde liegende Liquiditätsstatus bereits in der Bepreisung der Anleihe im Primärmarkt entsprechend reflektiert wird[798]. Dies könnte die Refinanzierung der Emittenten erschweren und sich auch für die Endinvestoren negativ auswirken. Es ist zu beachten, dass die Liquidität für Neuemissionen anfänglich in einem separaten Verfahren bestimmt wird[799], sodass der Liquiditätsstatus insbesondere zu Beginn der Laufzeit variieren kann. Veränderungen im Liquiditätsstatus könnten laut der von ESMA vorgelegten Kosten- und Nutzenanalyse insbesondere Emittenten und Händler von Mittelstandsanleihen treffen, die hierfür anfälliger als großvolumige Anleihen sein sollen[800]. Für systematische Internalisierer sollte diese Problematik indes weniger akut sein. Die Übergangsbestimmung des Art. 17 UAbs. 2 MiFID II-VO verlangt nämlich, dass für Neuemissionen Handelsdaten von sechs Wochen vorliegen müssen. Eine Konsequenz ist, dass Wertpapierfirmen während des anfänglichen Zeitraums, in welchem die Anleiheliquidität gemäß Art. 13 Abs. 19 und 20 NEK-Transparenz-VO nach dem COFIA-Verfahren festgelegt wird, noch nicht als systematische Internalisierer in Bezug auf diese Anleihe gelten können[801]. Wenn eine Wertpapierfirma infolge von Handelsaktivitäten mit einer neu emittierten Anleihe erstmalig als systematischer Internalisierer einzustufen ist, wurde der Liquiditätsstatus dieser Anleihe folglich bereits nach dem Regelverfahren des Art. 13 Abs. 1 lit. b) NEK-Transparenz-VO bestimmt. Eine systematische Internalisierung in neu emittierten Anleihen wäre allenfalls denkbar, sofern der nach hier vertretener Auffassung abzulehnende Trigger-Mechanismus im Sinne des Art. 13 MiFID II-VO Anwendung findet und die Wertpapierfirma bereits systematischer Internalisierer einer solchen Anleihe ist, die derselben Kategorie

---

798 ESMA, Cost Benefit Analysis vom 28. September 2015, S. 70.

799 Siehe dazu: Dritter Abschnitt E. I. 2.

800 ESMA, Cost Benefit Analysis vom 28. September 2015, S. 87.

801 Dies sei an einem Beispiel veranschaulicht: Eine Anleihe wird zum 1. September emittiert. Die Veröffentlichung der für die systematische Internalisierung relevanten Daten erfolgt durch ESMA bis zum 1. November, wobei nach Art. 17 UAbs. 1 MIFID II-VO der 1. Oktober der relevante Beurteilungsstichtag ist. Art. 17 UAbs. 2 MiFID II-VO verlangt, dass Daten für einen Zeitraum von sechs Wochen zur Verfügung stehen müssen. Dies wäre für eine am 1. September emittierte Anleihe nicht gegeben. Die Folge ist, dass diese Anleihe erst im Rahmen der folgenden Veröffentlichung im Februar berücksichtigt wird. Erst dann kann eine Wertpapierfirma erkennen, ob sie für diese Anleihe die Eigenschaft des systematischen Internalisierers erfüllt. Das COFIA-Verfahren würde für diese Anleihe nach Art. 13 Abs. 19 NEK-Transparenz-VO nur bis zu der Veröffentlichung der Liquiditätskriterien im November Anwendung finden.

wie die Neuemission angehört, und die innerhalb der gleichen Gruppe emittiert wurde.

Gleichwohl könnten die Pflichten des Art. 18 MiFIR – wie von der Kommission befürchtet – Market Maker davon abhalten, außerbörslich für Anleihen Preise zu stellen[802]. Dies könnte dazu führen, dass Emittenten vermehrt Rückkaufpreise für die von ihnen begebenen Anleihen zu stellen haben. Dies wiederum erhöht für sie die Gefahr, selbst systematischer Internalisierer für die von ihnen begebenen Wertpapiere zu werden.

C. Nachhandelstransparenzvorschriften

Mit Art. 21 MiFIR reglementiert der europäische Gesetzgeber die Veröffentlichungspflichten abgeschlossener Geschäfte mit Nichteigenkapitalinstrumenten in der Nachhandelsphase. Erstmals sollen sich Anleger dadurch ein Gesamtbild über am Markt abgeschlossene Geschäfte mit Nichteigenkapitalinstrumenten machen können[803]. Art. 21 MiFIR gilt für alle Wertpapierfirmen, die für eigene Rechnung oder im Namen von Kunden Geschäfte außerhalb eines Handelsplatzes abschließen. Dass das Geschäft OTC ausgeführt werden muss, ergibt sich nicht unmittelbar aus der Vorschrift, jedoch aus der Titelüberschrift des Titels III MiFIR. Wenn eine Wertpapierfirma ein Geschäft an einem Handelsplatz ausführen würde, müsste der Handelsplatz den Anforderungen selbst nachkommen. Art. 21 MiFIR erfasst dabei nicht nur den Eigenhandel als Dienstleistung für andere, sondern erfordert lediglich eine transaktionsbezogene Dienstleistung, die im Wege der § 2 Abs. 8 Nr. 1–4 WpHG abgeschlossen wird[804]. Damit ist die Vorschrift nicht auf systematische Internalisierer beschränkt, jedoch für diese von besonderer Bedeutung. Sachlich sind wie in der Vorhandelsphase nur solche Instrumente betroffen, die an einem Handelsplatz gehandelt werden. Die Vorschriften zur Nachhandelstransparenz in der MiFIR wurden im Gesetzgebungsverfahren zwischen Kommission, Parlament und Rat weniger umstritten

---

802 Kommission, Schreiben an ESMA vom 20. April 2016, S. 3; ESMA dagegen will einen solchen Trend nicht erkennen, siehe dazu: *Ross,* 2016 Global Capital Markets Conference, S. 2 ff., in ihrer Funktion als Executive Director von ESMA.

803 ESMA, Cost Benefit Analysis vom 28. September 2015, S. 121; siehe zu den Zielsetzungen der Vorgängervorschrift: *Fuchs,* in: ders., § 31h Rn. 2.

804 *Gebauer,* in: Assmann/Schneider/Mülbert, Art. 21 MiFIR Rn. 8; vgl. für den Anwendungsbereich der Vorgängervorschrift des § 31h WpHG a. F.: *Assmann,* in: Assmann/Schneider, 6. Aufl., § 31 Rn. 3; *Fuchs,* in: ders., WpHG, § 31h Rn. 1; *Schwark,* in: Schwark/Zimmer, § 31h Rn. 4; *Rößner,* in: MiFID-Kompendium, S. 269.

diskutiert als die der Vorhandelstransparenz. Für Diskussionen sorgten dagegen die auf der Ebene des technischen Regulierungsstandards erarbeiteten Details der zu publizierenden Informationen sowie die Bedingungen, unter denen Informationen über Geschäfte zurückgehalten werden können bzw. ganz ausbleiben dürfen.

I. Einzelheiten und Umfang der zu veröffentlichenden Informationen

Art. 21 Abs. 1 MiFIR schreibt den Wertpapierfirmen die Veröffentlichung des Volumens, des Kurses der Geschäfte sowie den Zeitpunkt ihres Abschlusses vor. Diese Nachhandelsinformationen müssen dabei den in der NEK-Transparenz-VO vorgesehenen Anforderungen genügen. Art. 7 NEK-Transparenz-VO verweist bezüglich der zu veröffentlichenden Informationen auf den Anhang II, der in einer Liste die relevanten Einzelheiten nennt[805]. Nach den in Tabelle 2 Anhang II NEK-Transparenz-VO vorgesehenen Meldefeldern ist danach anzuzeigen, wenn ein Finanzinstrument durch einen systematischen Internalisierer ausgeführt wurde[806]. Anders als noch im Diskussionspapier vorgeschlagen, müssen systematische Internalisierer ihre Identität jedoch nicht offenlegen. Infolge der Reaktionen im Konsultationsverfahren erkannte ESMA an, dass die von dem systematischen Internalisierer zu übernehmenden Risiken andernfalls unangemessen verschärft würden[807]. Um die Nachhandelsinformationen mit technischen Aspekten der zugrunde liegenden Transaktion oder des Finanzinstruments zu verknüpfen, müssen darüber hinaus die in Tabelle 3 festgelegten Kennzeichnen (Flags) veröffentlicht werden[808]. Dazu zählen etwa Angaben, ob das jeweilige Geschäft oberhalb der instrumententypischen Größe getätigt wurde oder, ob das Finanzinstrument einen liquiden Markt besitzt.

---

805 Unter Berücksichtigung des zugrunde liegenden Finanzinstruments und der Ausführungsart sind die folgenden Einzelheiten anzugeben: das Handelsdatum und die Handelszeit, die Kennziffer des Instruments, die Kennung des Instruments, der Preis, der Ausführungsplatz, die Preisangabe, die Währung für die Preisfestsetzung, die Menge in Maßeinheit, die Menge, der Nennbetrag, die Nennwährung, die Art, das Datum und die Uhrzeit der Veröffentlichung, der Veröffentlichungsplatz, die Kennung der Transaktion und die Angabe, ob es sich um ein zu clearendes Geschäft handelt.

806 In einem solchen Fall ist das Kürzel „SINT“ zu verwenden, siehe: Tabelle 2 Anhang II NEK-Transparenz-VO.

807 ESMA, Consultation Paper vom 19. Dezember 2014, S. 217.

808 ESMA, Cost Benefit Analysis vom 28. September 2015, S. 121.

II. Grundsatz der Echtzeitveröffentlichung

Aus dem Verweis in Art. 21 Abs. 3 MiFIR auf Art. 10 Abs. 1 MiFIR ergibt sich, dass systematische Internalisierer wie Handelsplätze die zuvor beschriebenen Einzelheiten so nah in Echtzeit wie technisch möglich zu veröffentlichen haben. ESMA hatte die Frist festzusetzen, bis zu der noch von einer Echtzeitveröffentlichung ausgegangen werden kann. Für die ersten drei Anwendungsjahre legt Art. 7 Abs. 4 NEK-Transparenz-VO hierfür fest, dass eine Nachhandelsinformation als auf Echtzeitbasis zur Verfügung gestellt gilt, wenn das Geschäft innerhalb von 15 Minuten nach Ausführung veröffentlicht wird. Ab dem Jahr 2021 reduziert sich diese Frist allerdings auf fünf Minuten. Wertpapierfirmen, die Kundenaufträge auf eigene Rechnung durchführen, werden damit fünf Minuten bleiben, um ihre Positionen abzusichern, sofern sie nachteilige Effekte vermeiden möchten und keine Ausnahme greift. Damit gewährt der Verordnungsgeber für Geschäfte mit Nichteigenkapitalinstrumenten eine längere Frist als für Geschäfte mit Aktien, Aktienzertifikaten, börsengehandelten Fonds, Zertifikaten und vergleichbaren Instrumenten, deren Nachhandelsinformationen in der Regel binnen einer Minute zu veröffentlichen sind[809].

III. Art und Weise der Veröffentlichung

Nach Art. 21 Abs. 2 MiFIR ist jedes Geschäft einmal im Rahmen eines einzelnen genehmigten Veröffentlichungssystems (APA) zu veröffentlichen. APAs sind gemäß § 2 Abs. 37 WpHG Unternehmen, die im Namen von Wertpapierfirmen Handelsveröffentlichungen im Nachhandel übernehmen. Die Errichtung von APAs ist mit der Zielsetzung verbunden, die Qualität der im außerbörslichen Bereich veröffentlichten Handelstransparenzdaten zu verbessern. Daten sollen auf eine Weise veröffentlicht werden, die ihre Konsolidierung mit von Handelsplätzen veröffentlichten Daten erleichtert (Erwägungsgrund 112 MiFID II). Um Doppelveröffentlichungen zu vermeiden, liegt im Falle eines Geschäfts zwischen zwei Wertpapierfirmen die Verantwortung immer bei dem Verkäufer, welcher dann die Veröffentlichung durch ein APA vorzunehmen hat, Art. 7 Abs. 5 NEK-Transparenz-VO. Diese Zuteilung ist zwingend und soll der Minderung von Aufsichtsarbitrage dienen, die entstehen könnte, wenn die Parteien frei darüber entscheiden dürften, welche Wertpapierfirma die Veröffentlichung einleitet. ESMA befürchtete, dass die Wahl

---

809 Vgl. Art. 14 Abs. 2 lit. a) EK-Transparenz-VO.

im Falle von grenzüberschreitenden Geschäften immer auf die Wertpapierfirma fallen könnte, deren zuständige Aufsichtsbehörde mit zeitlichen Verzögerungen am großzügigsten verfährt[810]. Da die zivilrechtliche Ausgestaltung von Finanzinstrumenten, insbesondere im Falle von derivativen Geschäften, nicht notwendigerweise in Form eines Kaufvertrags erfolgen muss, kann die Identifizierung des Verkäufers im Einzelfall Probleme bereiten[811]. Eine Ausnahme vom Grundsatz der Verkäuferverantwortung gilt, wenn eine der Parteien systematischer Internalisierer ist. Diesen soll die Veröffentlichungspflicht auch als Käufer treffen, Art. 7 Abs. 6 NEK-Transparenz-VO. Dahinter steht der Gedanke, dass mit der Eigenschaft als systematischer Internalisierer eine entsprechende Erwartungshaltung der Kunden verbunden ist[812]. Derjenigen Wertpapierfirma, die letztlich das OTC-Geschäft veröffentlichen muss, soll es unbenommen sein, diese Pflicht auf einen Dritten auszulagern. Die aufsichtsrechtliche Verantwortung trägt sie jedoch weiterhin[813] und mangels weiterer spezialgesetzlicher Bestimmungen ist davon auszugehen, dass die Wertpapierfirma die allgemeinen Auslagerungsanforderungen nach § 80 Abs. 6 WpHG i. V. m. § 25b KWG wird einhalten müssen.

IV. Spätere Veröffentlichung von Geschäften

Auch Art. 21 Abs. 4 MiFIR sieht für Wertpapierfirmen eine Reihe von Ausnahmen von dem Grundsatz der Echtzeitveröffentlichung vor, die die zuständigen Behörden gestatten können. Dazu gehören nach Art. 21 Abs. 4 S. 1 MiFIR eine spätere Veröffentlichung, die Veröffentlichung von Einzelheiten oder die Veröffentlichung in aggregierter Form, ein verlängerter Aufschubzeitraum und eine vorübergehende Aussetzung der Nachhandelspflichten.

1. Bedeutung der Voraussetzungen des Art. 11 MiFIR für Art. 21 MiFIR

Als Parallelvorschrift zu Art. 21 Abs. 4 MiFIR regelt Art. 11 MiFIR die Genehmigung einer späteren Veröffentlichung für Geschäfte, die an einem Handelsplatz abgeschlossen wurden. Art. 11 Abs. 1 UAbs. 2 MiFIR enthält eine nicht abschließende Liste von Situationen, in denen eine zuständige Behörde eine

---

810 ESMA, Final Report vom 28. September 2015, S. 147.

811 Für bestimmte Fälle hat ESMA die Partei des Verkäufers identifiziert, siehe dazu: ESMA, Q&A on transparency topics, Abschnitt 2, Frage 3.

812 ESMA, Final Report vom 28. September 2015, S. 147.

813 ESMA, Q&A on transparency topics, Abschnitt 2, Frage 3.

spätere Veröffentlichung gestatten kann. Betreiber von Handelsplätzen müssen nach Art. 11 Abs. 1 UAbs. 3 MiFIR vorab die Genehmigung der Behörde für die spätere Veröffentlichung einholen und müssen die Öffentlichkeit deutlich darauf hinweisen. Die genauen Voraussetzungen für die in Art. 11 Abs. 1 MiFIR beschriebenen Situationen hatte ESMA auf der Grundlage einer in Art. 9 Abs. 4 lit. c) MiFIR enthaltenen Ermächtigung in dem technischen Regulierungsstandard 2 zu erarbeiten.

Nach Art. 21 Abs. 4 UAbs. 1 MiFIR können die zuständigen Behörden eine spätere Veröffentlichung oder weitere Abweichungen von der Pflicht zur sofortigen vollständigen Veröffentlichung gestatten. Unter den in Art. 11 MiFIR festgelegten Voraussetzungen soll es daneben nach Art. 21 Abs. 4 UAbs. 1 MiFIR (letzter Satzabschnitt) möglich sein, die Nachhandelstransparenzverpflichtungen vorübergehend ganz auszusetzen[814]. Demgegenüber legt Art. 21 Abs. 4 UAbs. 2 MiFIR nahe, dass alle in Art. 11 MiFIR aufgeführten Maßnahmen auch auf solche Geschäfte durchschlagen können, die außerhalb von Handelsplätzen abgeschlossen wurden. Die Systematik des Art. 21 Abs. 4 birgt somit einen Widerspruch und wirft für den Rechtsanwender die Frage auf, ob die Voraussetzungen des Art. 11 MiFIR, wie vom Wortlaut nahegelegt, nur für die Aussetzung gelten sollen oder allgemein für alle in Art. 21 MiFIR genannten Erleichterungen von der Nachhandelstransparenzpflicht[815]. *Schelling* plädiert vor allem in Anbetracht der übergeordneten Zielsetzung des „Level Playing Field“ zwischen systematischen Internalisierern und Handelsplätzen für die zweite Lesart[816]. Dies lässt den wohl zutreffenden Rückschluss auf die eigentliche gesetzgeberische Absicht zu, die entsprechende Anwendung des Art. 11 MiFIR auf für außerhalb von Handelsplätzen abgeschlossene Geschäfte regeln zu wollen[817]. Hierfür spricht im Übrigen auch der Verweis in Art. 8 NEK-Transparenz-VO, welcher der

814 Dies stimmt auch mit anderen Sprachfassungen überein, vgl. die englische Sprachversion von Art. 21 Abs. 4 MiFIR: „… and may **temporarily suspend** [Herv. vom Verfasser] the obligations referred to in paragraph 1 on the same conditions as laid down in Art. 11.“; oder auch die französische Sprachfassung: „… et suspendre temporairement les obligations visées au paragraphe 1 aux mêmes conditions que celles énoncées à l'article 11.“

815 Dies merkt *Schelling* zu Recht an: *Schelling*, BKR 2015, 221, 227.

816 Art. 8 NEK-Transparenz-VO verweist auf Art. 11 MiFIR und Art. 21 MiFIR und nimmt jeweils auf Handelsplatzbetreiber und Wertpapierfirmen Bezug.

817 *Gebauer*, in: Assmann/Schneider/Mülbert, Art. 21 MiFIR Rn. 15; *Schelling*, BKR 2015, 221, 227.

Konkretisierung der in Art. 11 Abs. 1 MiFIR enthaltenen Situationen dient[818]. Nach den Voraussetzungen der Art. 11 Abs. 1 MiFIR und Art. 8 NEK-Transparenz-VO, die also für Handelsplatzbetreiber und systematischer Internalisierer gleichermaßen gelten sollen, spielen die Begriffe LIS, SSTI und liquider Markt – wie schon bei der Vorhandelstransparenz – eine entscheidende Rolle. Im Rahmen der Nachhandelstransparenz finden nach Art. 13 Abs. 3 i. V. m. Anhang III NEK-Transparenz-VO für die Feststellung dieser Schwellenwerte methodisch vergleichbare Verfahren Anwendung. Die in der Nachhandelsphase anwendbaren Schwellen sind jedoch regelmäßig höher, was indiziert, dass die Sensitivität von Vorhandelsinformationen bzw. die Relevanz von Nachhandelsinformationen durch den Gesetzgeber als höher eingestuft werden[819]. Im Folgenden sollen die im Nachhandel maßgeblichen Ausnahmevorschriften auf ihre Stichhaltigkeit für systematische Internalisierer untersucht werden.

2. *Großvolumige Geschäfte*

Der erste Ausnahmetatbestand des Art. 11 Abs. 1 UAbs. 2 lit. a) MiFIR sieht eine Befreiungsmöglichkeit für großvolumige Geschäfte vor, welche dem Ausnahmetatbestand des Art. 9 Abs. 1 lit. a) MiFIR ähnelt. Anders als die Vorhandelsvorschrift nimmt der Wortlaut des Art. 11 Abs. 1 UAbs. 2 lit. a) MiFIR allerdings eine Differenzierung vor, ob entweder die jeweilige Schuldverschreibung, das strukturierte Finanzprodukt, das Derivat oder das Emissionszertifikat (1. Alternative) oder aber die jeweilige Kategorie des Nichteigenkapitalinstruments (2. Alternative) großvolumig ist. Nach dem durch die NEK-Transparenz-VO eingeführten Verfahren wird ein bestimmter Schwellenwert zwar für eine Kategorie von Finanzinstrumenten (z. B. Unternehmensanleihen) einheitlich festgelegt[820].

---

818 Art. 8 NEK-Transparenz-VO verweist auf Art. 11 MiFIR und Art. 21 MiFIR und nimmt jeweils auf Handelsplatzbetreiber und Wertpapierfirmen Bezug. Im Ergebnis hätte der in Art. 21 Abs. 4 UAbs. 1 MiFIR enthaltene Verweis daher richtigerweise auf Art. 11 Abs. 2 MiFIR referenzieren müssen, welcher die Aussetzung von Nachhandelstransparenzpflichten für Handelsplätze zum Gegenstand hat.

819 Vgl. z. B. Tabelle 2.3 des Anhangs III NEK-Transparenz-VO für die Anleihen. Die LIS für den Vorhandel liegt bei dem 70. Handelsperzentil, während die LIS für den Nachhandel bei dem 90. Handelsperzentil liegt. Damit besteht für die Zwecke der Nachhandelstransparenz nur für 10 % der Anleihen die Möglichkeit, eine Ausnahme nach Art. 11 Abs. 1 lit. a) MiFIR zu erlangen.

820 Im Rahmen ihrer vorläufigen Berechnung legte ESMA den für Unternehmensanleihen anwendbaren LIS für den Nachhandel beispielsweise bei EUR 2.500.000 fest, siehe dazu: ESMA, Transitional Transparency Calculations.

Die Prüfung, ob ein solcher Schwellenwert überschritten ist, erfolgt jedoch immer auf der Einzelebene des Instruments[821]. Dieses Verständnis wird durch Art. 8 Abs. 1 lit. a) NEK-Transparenz-VO unterstrichen, welcher die Regelung der MiFIR flankiert. Dieser setzt einzig Geschäfte mit einem im Vergleich zur Marktüblichkeit großen Volumen voraus. Insofern kann einer Befreiung nach der 2. Alternative des Art. 11 Abs. 1 UAbs. 2 lit. a) MiFIR weder für Handelsplätze noch für systematische Internalisierer eine eigenständige Bedeutung zukommen[822].

3. Geschäfte über der instrumentenspezifischen Größe

Darüber hinaus soll eine Behörde nach ihrem Ermessen eine Ausnahme von der Nachhandelstransparenzpflicht erteilen können, sofern das Geschäft über die für das Nichteigenkapitalinstrument typische Größe hinausgeht, Art. 11 Abs. 1 UAbs. 2 lit. c) MiFIR. Auch in diesem Artikel wird eine (wohl ebenso überflüssige) Abgrenzung zwischen Instrumenten und Kategorien unternommen[823]. Abermals abweichend von der entsprechenden Regelung für die Vorhandelstransparenz ist der Anwendungsbereich nicht auf Preisanfrage- bzw. sprachbasierte Systeme beschränkt. Die Vorschrift verlangt jedoch, dass ein Liquiditätsgeber unangemessenen Risiken ausgesetzt sein muss und der Anlegerkategorie Rechnung zu tragen ist. In dem delegierten Rechtsakt wird in Art. 8 Abs. 1 lit. c) NEK-Transparenz-VO fortgeführt, dass nur Wertpapierfirmen, die für eigene Rechnung außer bei Zusammenführung sich deckender Kundenaufträge handeln, in den Genuss dieser Ausnahmeregelung gelangen können. Sie sind danach einem unangemessenen Risiko ausgesetzt, wenn sie Geschäfte oberhalb der SSTI tätigen und die hierfür relevanten Grenzwerte des Anhangs III der Transparenz-VO überschreiten. Für Anleihen sind die Werte der Tabelle 2.3 Anhang III NEK-Transparenz-VO in Abb. 4 exemplarisch hervorgehoben.

821 Die Bezugnahme auf die Kategorien lässt sich allenfalls damit erklären, dass bei Erlass des Art. 11 MiFIR die delegierten Rechtsakte zur Konkretisierung der Transparenzanforderungen noch nicht entworfen waren und der Gesetzgeber davon ausging, dass eine ganze Kategorie oberhalb der LIS liegen kann.

822 So im Ergebnis auch: *Schelling*, BKR 2015, 221, 227, der von einer unsystematischen Rechtssetzung ausgeht.

823 *Schelling*, BKR 2015, 221, 227.

Anleihen (alle Anleihetypen mit Ausnahme von ETC und ETN) – Vorhandels- und Nachhandels-SSTI- und LIS-Schwellenwerte

Anlageklasse – Anleihen (alle Anleihetypen mit Ausnahme von ETC und ETN)										
Anleihetyp	Für die Berechnung der Schwellenwerte nach Typ von Anleihe zu berücksichtigende Geschäfte	Perzentile für die Berechnung von Vorhandels- und Nachhandels-SSTI und LIS-Schwellenwerte für jeden Typ von Anleihe								
		SSTI Vorhandel					LIS Vorhandel		SSTI Nachhandel	LIS Nachhandel
		Handel – Perzentil				Schwellenwert	Handel – Perzentil	Schwellenwert	Handel – Perzentil	Handel – Perzentil
Öffentliche Anleihe	Geschäfte, die in Bezug auf öffentliche Anleihen ausgeführt wurden, nach Ausschluss der Geschäfte gemäß Artikel 13 Absatz 10	S1	S2	S3	S4	300 000 EUR	70	300 000 EUR	80	90
		30	40	50	60					
Sonstige öffentliche Anleihe	Geschäfte, die in Bezug auf sonstige öffentlichen Anleihen ausgeführt wurden, nach Ausschluss der Geschäfte gemäß Artikel 13 Absatz 10	S1	S2	S3	S4	300 000 EUR	70	300 000 EUR	80	90
		30	40	50	60					
Wandelschuldverschreibung	Geschäfte, die in Bezug auf Wandelschuldverschreibungen ausgeführt wurden, nach Ausschluss der Geschäfte gemäß Artikel 13 Absatz 10	S1	S2	S3	S4	200 000 EUR	70	200 000 EUR	80	90
		30	40	50	60					
Pfandbrief	Geschäfte, die in Bezug auf Pfandbriefe ausgeführt wurden, nach Ausschluss der Geschäfte gemäß Artikel 13 Absatz 10	S1	S2	S3	S4	300 000 EUR	70	300 000 EUR	80	90
		30	40	40	40					
Unternehmensanleihe	Geschäfte, die in Bezug auf Unternehmensanleihen ausgeführt wurden, nach Ausschluss der Geschäfte gemäß Artikel 13 Absatz 10	S1	S2	S3	S4	200 000 EUR	70	200 000 EUR	80	90
		30	40	50	60					
Sonstige Anleihen	Geschäfte, die in Bezug auf sonstige Anleihen ausgeführt wurden, nach Ausschluss der Geschäfte gemäß Artikel 13 Absatz 10	S1	S2	S3	S4	200 000 EUR	70	200 000 EUR	80	90
		30	40	50	60					

Abb. 4: SSTI für Anleihen (Nachhandel). Die vorstehende Tabelle entspricht Tabelle 2.3 des Anhangs III NEK-Transparenz-VO.

Damit wird Wertpapierfirmen, die bei der Auftragsausführung ihr Eigenkapital aufwenden, ein Schutz geboten, der durch die Ausnahme für lediglich großvolumige Geschäfte nicht gegeben wäre. Für Wertpapierfirmen, die Aufträge im Namen von Kunden ausführen und für Handelsplatzbetreiber ist diese Bestimmung im Umkehrschluss nicht nutzbar. Dies zeigt, in welchem Verhältnis die beiden volumenabhängigen Ausnahmeregelungen zueinanderstehen. Die Ausnahme für Aufträge über der instrumentenspezifischen Größe stellt lex specialis für auf eigene Rechnung handelnde Wertpapierfirmen dar[824]. Aus der MiFIR geht dieses Rangverhältnis nicht unmittelbar hervor. Dieser Befund ist aber deshalb wichtig, da der Ausnahme für Geschäfte über der instrumentenspezifischen Größe für systematische Internalisierer (anders als Art. 9 Abs. 1 lit. a) MiFIR für den Vorhandel) eine eigenständige Bedeutung zukommt. In Art. 21 MiFIR gibt es nämlich keine dem Art. 18 Abs. 10 MiFIR entsprechende Vorschrift, wonach der systematische Internalisierer oder Wertpapierfirmen bei Geschäften oberhalb dieser Größe generell keinen Nachhandelspflichten unterliegen würden. Einmal mehr wird jedoch deutlich, dass ein eigener Ausnahmekatalog für die Vor- und Nachhandelstransparenz für systematische Internalisierer angebracht gewesen wäre.

4. *Instrumente ohne liquiden Markt*

Ein weiterer Ausnahmetatbestand betrifft gemäß Art. 11 Abs. 1 UAbs. 2 lit. b) MiFIR Nichteigenkapitalinstrumente bzw. Kategorien hiervon, für die kein liquider Markt besteht. In der NEK-Transparenz-VO findet sich diese Regelung in Art. 8 Abs. 1 lit. b) wieder. Anders als in den zuvor geschilderten Ausnahmekonstellationen ist die Bezugnahme auf Kategorien an dieser Stelle nachvollziehbar (wenn auch im Ergebnis unerheblich), da die allgemeine Liquiditätsfeststellung nach Art. 2 Abs. 17 lit. a) MiFIR für das einzelne Instrument oder für die Kategorie determiniert werden kann. Die Rechtssetzung wird gleichwohl als inkonsistent bewertet, da in den Parallelvorschriften zur Vorhandelstransparenz[825] von Kategorien nicht die Rede ist und es auch nicht ersichtlich ist, weshalb dies auf

---

824 Siehe dazu: *Ross*, MiFID II – Switching on the light without turning-off the tab, S. 10: „The LIS waiver intends to protect large orders or transactions from adverse market impact. The SSTI was introduced specifically for non-equities and aims to capture the situation where liquidity providers expose their own capital when trading these instruments and may therefore need additional protection **not covered by the LIS** [Herv. v. Verf.]."

825 Siehe: Art. 9 Abs. 1 lit. c) MiFIR bzw. Art. 18 Abs. 2 MiFIR.

der Ebene des Nachhandels erforderlich sein sollte[826]. Unklar ist auch, warum für Derivate nach Art. 9 Abs. 1 lit. c) MiFIR die besonderen Liquiditätskriterien der Handelspflicht und nach Art. 11 Abs. 1 lit. b) MiFIR die allgemeinen Liquiditätskriterien gelten[827].

5. *Transaktionspakete*

Auf Anraten der Marktteilnehmer und über die Beispiele des Art. 11 Abs. 1 UAbs. 2 MiFIR hinaus hat ESMA in Art. 8 Abs. 1 lit. d) NEK-Transparenz-VO eine weitere Ausnahme für sogenannte Transaktionspakete geschaffen[828]. Da Art. 11 MiFIR davon spricht, dass Behörden „insbesondere" in den genannten Beispielen Ausnahmen gewähren können, wird der Text des Rahmenrechtsaktes nicht geändert, sodass keine Änderungen durch die MiFIR-Änderungsverordnung auf Level I erforderlich waren[829]. Informationen über eine Pakettransaktion sind gem. Art. 7 Abs. 8 NEK-Transparenz-VO für jedes Teilgeschäft separat zur Verfügung zu stellen. Der Preis eines Teilgeschäfts beruht meist nicht auf seinem individuellen Marktpreis, sondern ist abhängig vom Gesamtrisikoprofil des Pakets (Erwägungsgrund 13 NEK-Transparenz-VO). Vor diesem Hintergrund können nach Art. 8 Abs. 1 lit. d) NEK-Transparenz-VO Verzögerungen für das gesamte Paket bereits dann gewährt werden, wenn nur ein Teilgeschäft die vorgenannten Voraussetzungen des Art. 8 Abs. 1 lit. a)–lit. c) NEK-Transparenz-VO erfüllt (z. B. wenn die Größe eines Teilgeschäfts größer als die SSTI ist).

6. *Verzögerungszeitraum*

Soweit eine Behörde eine Genehmigung zur verzögerten Veröffentlichung gewährt, schreibt Art. 8 Abs. 1 NEK-Transparenz-VO vor, dass jedes Geschäft bis spätestens um 19 Uhr Ortszeit des zweiten Arbeitstags nach Datum des Geschäfts (T+2) zu veröffentlichen ist. Nach Ablauf dieser Frist sind nach Art. 8 Abs. 2 NEK-Transparenz-VO alle Einzelheiten des Geschäfts zu veröffentlichen, sofern kein verlängerter oder unbefristeter Aufschub in Übereinstimmung mit Artikel 11 der NEK-Transparenz-VO gewährt wird.

---

826 *Schelling*, BKR 2015, 221, 227.

827 *Schelling*, BKR 2015, 221, 227.

828 Siehe zur Entstehung: ESMA, Final Report vom 28. September 2015, S. 155.

829 Siehe zu den Änderungen in Art. 18 MiFIR durch die MiFIR-Änderungsverordnung: Fünfter Abschnitt B. VI. 2.

7. Discretionary deferral regime

Wenn für ein Instrument oder ein Geschäft mehrere der in Art. 8 Abs. 1 NEK-Transparenz-VO vorgesehenen Ausnahmen vorliegen, steht es der Behörde frei, nach welcher Vorschrift sie eine Ausnahme erteilt. Wenn eine Behörde beispielsweise aufgrund des Liquiditätsstatus eines Instruments keine Ausnahme zu gewähren bereit ist, könnte sie gleichwohl aufgrund der Transaktionsgröße eine Ausnahme von der Nachhandelspublizität zulassen[830]. Soweit sie eine verzögerte Veröffentlichung genehmigt, kann sie in ihrem Ermessen während der Verzögerungsfrist zusätzlich die in Art. 11 Abs. 3 MiFIR vorgesehenen Maßnahmen ergreifen. Während einige dieser Maßnahmen auf eine Transparenzverbesserung innerhalb der Verzögerungsfrist abzielen (zum Beispiel durch die Veröffentlichung von Einzelheiten), schieben andere die Verzögerung noch weiter auf oder sehen eine Veröffentlichung in nur aggregierter Form vor. Art. 11 NEK-Transparenz-VO legt für jede Maßnahme, die nach Art. 11 Abs. 3 MiFIR innerhalb des „Discretionary Deferral Regime“[831] gewählt werden kann, die genauen Durchführungsvoraussetzungen fest. Wenn eine Behörde etwa während der Verzögerungsfrist die Veröffentlichung von Einzelheiten nach Art. 11 Abs. 3 lit. a) MiFIR verlangt, hat die Wertpapierfirma nach der Systematik des Art. 11 Abs. 1 lit. a) NEK-Transparenz-VO alle Einzelheiten mit Ausnahme des getätigten Volumens zu publizieren. Soweit ein verlängerter Aufschub nach Art. 11 Abs. 3 lit. b) MiFIR gestattet werden soll, hat dieser nach Art. 11 Abs. 1 lit. b) NEK-Transparenz-VO vier Wochen zu betragen. Sonderbestimmungen bestehen nach Art. 11 Abs. 1 lit. d) NEK-Transparenz-VO für Transaktionen mit öffentlichen Schuldtiteln, für die ein zeitlich unbefristeter Aufschub gewährt werden kann[832]. Im Ergebnis hat eine Behörde im Falle einer Verzögerungsgenehmigung zwar die Wahl, ob und welche der Ergänzungen sie nach Art. 11 Abs. 3 MiFIR vornehmen möchte. Im Rahmen der Ausführung ist sie allerdings an die Vorgaben des Art. 11 NEK-Transparenz-VO gebunden, die ihr Ermessen auf null reduzieren. ESMA überwacht die Anwendung dieser Vereinbarungen für eine spätere Veröffentlichung und legt der Kommission jährlich einen Bericht über ihre Verwendung in der Praxis vor, Art. 11 Abs. 1 UAbs. 3 MiFIR.

---

830 ESMA, Consultation Paper vom 19. Dezember 2014, S. 226.

831 Zu der Begründung des Begriffes: ESMA, Final Report vom 28. September 2015, S. 149.

832 MiFID II/MiFIR enthalten an mehreren Stellen Erleichterungen für den Handel mit öffentlichen Schuldtiteln. Dies geht auf die Änderungen des Rats vom 10. Juni 2013 zurück, wonach der Handel mit Staatsanleihen gefördert werden soll.

8. *Erlass von Allgemeinverfügungen durch die BaFin*

Am 2. Januar 2018 veröffentlichte die BaFin mehrere Allgemeinverfügungen im Sinne des § 35 S. 2 des Verwaltungsverfahrensgesetzes bezüglich der späteren Veröffentlichung von Geschäften und verkündete gleichzeitig den Widerruf der bislang geltenden Allgemeinverfügung für Geschäfte, die gemäß § 31h WpHG a. F. veröffentlicht wurden[833]. In ihrer auf Art. 21 Abs. 4 MiFIR stützenden Allgemeinverfügung zu Nichteigenkapitalinstrumenten verzichtet die BaFin insbesondere darauf, in Verbindung mit einer verzögerten Veröffentlichung auch die Veröffentlichung weniger Einzelheiten zu einem Geschäft oder die Veröffentlichung der Einzelheiten zu mehreren Geschäften in aggregierter Form oder eine Kombination von beidem während des Zeitraums des gewährten Aufschubs zu fordern. Daneben sieht die BaFin den verlängerten Aufschubzeitraum von vier Wochen bzw. im Falle von öffentlichen Schuldtiteln einen unbefristeten Zeitraum nach den Vorgaben der Art. 11 Abs. 1 lit. b) bis d) NEK-Transparenz-VO vor. Im Ergebnis schöpft die BaFin den ihr zustehenden Ermessensspielraum in jeder Hinsicht für die Wertpapierfirmen begünstigend aus. Die Behörde begründete diese Entscheidung insbesondere mit den Interessen an einer marktschonenden Abwicklung von Geschäften[834]. Andernfalls können nach der Ansicht der Behörde Fehlsignale und nachteilige Auswirkungen auf die Liquidität entstehen[835].

V. Vorübergehende Aussetzung

Über eine Verzögerung der Veröffentlichungsfrist hinaus kann eine Behörde auch die Nachhandelstransparenzpflichten unter denselben engen Voraussetzungen aussetzen, die auch im Falle der Vorhandelspflichten maßgeblich sind, Art. 11 Abs. 2 MiFIR i. V. m. Art. 16 NEK-Transparenz-VO. Daher ist auf die obigen Ausführungen zu verweisen[836].

---

833 BaFin, Allgemeinverfügung „Nachhandelstransparenz OTC-Geschäfte/Nachhandelstransparenz"; siehe zu § 31h WpHG a. F.: *Fuchs,* in: ders., WpHG, § 31h Rn. 7.

834 BaFin, Anhörung zur Allgemeinverfügung „Nachhandelstransparenz OTC-Geschäfte/Nachhandelstransparenz".

835 BaFin, Anhörung zur Allgemeinverfügung „Nachhandelstransparenz OTC-Geschäfte/Nachhandelstransparenz".

836 Siehe dazu: Fünfter Abschnitt B. VI. 5.

VI. Ausgenommene Geschäfte

ESMA hatte nach Art. 21 Abs. 5 lit. b) MiFIR ebenfalls in RTS 2 festzulegen, inwieweit die Nachhandelspflichten auf solche Geschäfte anzuwenden sind, die zu Besicherungs- (Collateral), Beleihungs- (Lending) oder für Zwecke abgeschlossen werden, bei denen der Umtausch von Finanzinstrumenten nicht durch die Marktbewertung bestimmt wird. Es handelt sich um Geschäfte, die zum Prozess der Kursfestsetzung nicht beitragen und die dadurch das Bild der Investoren verwischen können (Erwägungsgrund 12 NEK-Transparenz-VO). Art. 12 NEK-Transparenz-VO bestimmt abschließend, für welche Geschäfte, die Pflicht zur Offenlegung des Volumens, des Preises und des Zeitpunkts nicht gilt. Dies bedeutet, dass im Unterschied zu den zuvor geschilderten Konstellationen des Art. 8 NEK-Transparenz-VO in den nachstehenden Fällen eine vorherige Intervention durch die Behörde nicht erforderlich ist.

1. Nicht meldepflichtige Geschäfte

Nach Art. 12 lit. a) NEK-Transparenz-VO betrifft der erste und wohl praktisch relevanteste Ausnahmefall Transaktionen, die wiederum nach der Verordnung für Meldungen von Geschäften[837] (Geschäftsmeldungen-VO) nicht unter den Begriff eines Geschäfts fallen. Soweit eine Transaktion danach kein Geschäft darstellt, muss sie der zuständigen Behörde nicht nach Art. 26 MiFIR für Marktüberwachungszwecke gemeldet werden. Art. 12 lit. a) NEK-Transparenz-VO bewirkt damit einen Gleichlauf zwischen den Nachhandelstransparenzpflichten und den Geschäftsmeldungen. Dies ist nur konsequent, da die Behörden die Einhaltung der Nachhandelstransparenzanforderungen nicht wirksam überwachen könnten, wenn die Geschäfte nicht der Meldepflicht unterlägen. Art. 2 Abs. 5 Geschäftsmeldungen-VO enthält abschließend eine ganze Reihe von Handlungen und Ereignissen, die keine meldepflichtigen Geschäfte sind. Mit Blick auf den Anleihehandel ist vor allem Art. 2 Abs. 5 lit. h) Geschäftsmeldungen-VO bedeutsam, wonach Ausübungen von in Finanzinstrumenten verbrieften Rechten nicht gemeldet werden müssen. Entgegen ihrer anfänglichen Auffassung erstreckte ESMA diesen Ausnahmetatbestand auch auf das aus der Ausübung resultierende Folgegeschäft, sodass beispielsweise im Falle einer Wandelschuldverschreibung oder Aktienanleihe mit physischer Lieferung auch der Umtausch

837 Delegierte Verordnung (EU) 2017/590 der Kommission vom 28. Juli 2016 zur Ergänzung der Verordnung (EU) Nr. 600/2014 des Europäischen Parlaments und des Rates durch technische Regulierungsstandards für die Meldung von Geschäften an die zuständigen Behörden.

in Aktien gedeckt ist[838]. Auch für die Ausgabe, den Ablauf oder die Rücknahme von Finanzinstrumenten als Ergebnis vorab festgelegter Vertragsbedingungen ist eine Ausnahme geregelt, Art. 2 Abs. 5 lit. i) Geschäftsmeldungen-VO. Daraus ergibt sich insbesondere, dass Emissionen von Anleihen, die auf dem Primärmarkt stattfinden, keine Geschäfte im Sinne der Geschäftsmeldungen-VO darstellen[839]. Da sich aus der wertprospektrechtlichen Primärmarktpublizität ohnehin die angebotsrelevanten Daten wie beispielsweise das Angebotsvolumen oder der Ausgabepreis ergeben, erscheint es auch folgerichtig, dass Emissionsgeschäfte nach der Logik des Art. 12 lit. a) NEK-Transparenz-VO nicht der Nachhandelstransparenz unterliegen. Dieses Ergebnis folgt bereits aus der für das Transparenzregime bestätigten Primärmarktausnahme[840]. Etwas anderes gilt jedoch für die anschließende Weiterveräußerung der jeweiligen Anleihen, soweit ein Antrag auf Zulassung der Wertpapiere zum Handel gestellt wurde[841]. Der Absatz an die Endinvestoren, der in der Regel durch Finanzintermediäre vorgenommen wird, ist ein meldepflichtiges Geschäft und unterliegt damit auch der Nachhandelspublizität.

2. Geschäfte zur Übertragung von Finanzinstrumenten

Eine weitere bedeutsame Ausnahme bezieht sich nach Art. 12 lit. d) NEK-Transparenz-VO auf Geschäfte zur Übertragung von Finanzinstrumenten. Aus den wohl nicht als abschließend zu verstehenden Regelbeispielen des Art. 12 lit. d) NEK-Transparenz-VO folgt, dass die Übertragung der Finanzinstrumente zu Besicherungszwecken erfolgen muss. Der Hintergrund ist, dass Sicherheiten bei Abschluss des Geschäfts regelmäßig nicht zum aktuellen Marktwert bewertet werden, sondern Risikozuschläge enthalten (haircuts)[842]. Wenn der Kurs der Wertpapiere fällt, besteht dann noch ein Puffer, bis der Gläubiger zusätzliche Sicherheiten verlangen muss. Die Ausnahme betrifft explizit auch den Margining Prozess mit zentralen Gegenparteien. Diese dürfen nach Art. 46 EMIR

---

838 ESMA, Final Report vom 28. September 2015, S. 363.

839 Zu diesem Ergebnis kommen *Harter/Voß* im Rahmen einer eingehenden Untersuchung der neuen Vorschriften zu Transaktionsmeldungen nach Art. 26 MiFIR, siehe dazu: *Harter/Voß*, BB 2017, 1667, 1668 ff.

840 Siehe dazu: ESMA, Q&A on transparency topics, Abschnitt 2, Frage 4.

841 Eingehend: *Harter/Voß*, BB 2017, 1667, 1669 ff., die dies vor allem anhand einer teleologischen Reduzierung der in Art. 2 Abs. 5 UAbs. 3 Geschäftsmeldungen-VO enthaltenen Rückausnahme folgern.

842 *Jahn/Reiner*, in: Schimansky/Bunte/Lwowski, Anhang § 114, Europäischer Rahmenvertrag, Sicherheiten; *Schelling*, BKR 2015, 221, 226.

hochliquide Sicherheiten annehmen, sodass die Ersteinschusszahlung (Initial Margin) durch die Übertragung von Wertpapiersicherheiten erfolgen kann[843].

3. Weitere Ausnahmen

Ein weiterer Ausnahmetatbestand nach Art. 12 lit. b) NEK-Transparenz-VO betrifft Geschäfte, die von Verwaltungsgesellschaften oder Verwaltern alternativer Investmentfonds getätigt werden, bei denen das wirtschaftliche Eigentum an Finanzinstrumenten lediglich von einem Organismus für gemeinsame Anlagen auf einen anderen übertragen wird. Nach der Auffassung ESMAs werden solche Geschäfte mit der Absicht getätigt, technische Anpassungen vorzunehmen, und werden nicht durch die aktuelle Marktbewertung getrieben[844]. Ferner müssen nach Art. 12 lit. c) NEK-Transparenz-VO Informationen über Give-ups/Give-ins nicht veröffentlicht werden, bei denen eine Wertpapierfirma ein Kundengeschäft zum Zwecke der Nachhandelsbearbeitung an eine andere Wertpapierfirma überträgt bzw. von einer anderen Wertpapierfirma erhält, Art. 12 lit. c) NEK-Transparenz-VO. Ein üblicher Nachbereitungszweck ist die Durchführung des Clearings durch ein drittes Börsenmitglied, das zuvor nicht an der Ausführung beteiligt war[845].

VII. Rechtliche Würdigung und Folgen für die Praxis

Während OTC-Geschäfte mit Nichteigenkapitalinstrumenten früher keiner Transparenz unterlagen, wurden nunmehr durch MiFIR und die delegierte NEK-Transparenz-VO drei Regime geschaffen, die sich in ihrer Intensität unterscheiden[846]. Demnach besteht der Grundsatz der Echtzeitveröffentlichung, welcher sowohl verzögert als auch durch weitere Maßnahmen ergänzt werden kann. Im Ergebnis hat es der europäische Gesetzgeber auch mit den neuen Vorschriften zur Nachhandelstransparenz in der MiFIR verfehlt, den Wertpapierfirmen, einschließlich systematischen Internalisierern, einen in sich stimmigen Rechtsrahmen zur Verfügung zu stellen[847]. Insbesondere geht aus der Gesetzessystematik

---

843 *Decker,* BKR 2014, 397, 399 ff.; *Dietrich,* in: Zerey, Finanzderivate, § 33 Rn. 6.

844 Siehe dazu: ESMA, Discussion Paper vom 22. Mai 2014, S. 102. Aus der Zusammenschau mit den Transparenzvorschriften für Eigenkapitalinstrumente zeigt sich auch, dass ESMA von diesen Geschäften annimmt, dass sie ausgehandelt sind und somit nicht zum Preisbildungsprozess beitragen; vgl.: Art. 6 lit. d) EK-Transparenz-VO.

845 *Ekkenga,* in: MükoHGB, 3. Aufl., Effektengeschäft, Rn. 561.

846 ESMA, Final Report vom 28. September 2015, S. 150.

847 *Schelling,* BKR 2015, 221, 228.

des Rahmenrechtsaktes nicht immer hervor, unter welchen Voraussetzungen Aufsichtsbehörden Ausnahmen erteilen können, wobei ihnen der europäische Gesetzgeber zudem einen beträchtlichen Ermessensspielraum eingeräumt hat. Trotz der Detailregelungen der delegierten Verordnung sind Behörden letztlich nicht daran gehindert, in ihren Jurisdiktionen ein Transparenzregime herzustellen, das unter Umständen von anderen Märkten abweicht. Auf diese Weise sollen sie den Besonderheiten der in ihrer Jurisdiktion vorherrschenden Marktstrukturen Rechnung tragen können[848]. Demgegenüber besteht die Gefahr, dass die Liquidität und die Refinanzierungsmöglichkeiten davon abhängig sind, wie Behörden den ihnen zustehenden Spielraum ausnutzen. So begründet die BaFin ihre Allgemeinverfügung damit, der Verlagerung von Transaktionen in andere Jurisdiktionen entgegenwirken zu wollen[849]. Letztlich steht dies im Widerspruch zu dem ursprünglich formulierten Ziel, kohärente Transparenzregeln auf allen Märkten der Union herzustellen (Erwägungsgrund 5 MiFIR) und Aufsichtsarbitrage zu vermeiden (Erwägungsgrund 3 MiFIR). Von der behördlichen Anwendung der in Art. 11 Abs. 3 MiFIR vorgesehenen Maßnahmen wird es daher entscheidend abhängen, wie sich die Nachhandelstransparenzvorschriften auf den Handel in der EU auswirken. Dass die BaFin von ihrem nach Art. 21 MiFIR eingeräumten Ermessen im vollen Umfang Gebrauch macht, ist für die deutsche Finanzindustrie positiv, kann aber mitnichten zu einem Aufatmen führen. Denn die tief greifenden Änderungen, die vor allem für die Anleihemärkte drohen, ließen sich bereits anhand der von ESMA im September 2017 vorgelegten Veröffentlichungszahlen erahnen. Danach besteht für die systematische Internalisierung bei Unternehmensanleihen erst ab einem Geschäftsvolumen von EUR 1.500.000 die Möglichkeit, dass die Behörde eine spätere Veröffentlichung überhaupt genehmigt[850]. Dem gezielten Handeln „räuberischer" Händler wird zumindest dadurch entgegengewirkt, dass die Identität des systematischen Internalisierers keine veröffentlichungspflichtige Nachhandelsinformation darstellt. Gleichwohl besteht die Gefahr, dass andere Marktteilnehmer anhand der zuvor veröffentlichen Kursofferten im Vorhandel die Identität des systematischen Internalisierers für die jeweiligen Nachhandelsinformationen ableiten können. Unabhängig von dem Umfang und dem Zeitpunkt, zu dem ein Geschäft zu veröffentlichen ist, müssen technische Vorkehrungen mit APAs aufgestellt werden,

848 ESMA, Cost Benefit Analysis vom 28. September 2015, S. 127.

849 BaFin, Anhörung zur Allgemeinverfügung „Nachhandelstransparenz OTC-Geschäfte/Nichteigenkapitalinstrumente".

850 ESMA, Transparency Calculations.

und es muss gewährleistet sein, dass alle relevanten Informationen an diese weitergegeben werden. Systematische Internalisierer, die durch die prominente Größe ihrer Positionen gekennzeichnet sind, können wohl eine konforme Infrastruktur bereitstellen. Demgegenüber könnten die Ressourcen kleinerer Wertpapierhändler, die sich erstmals Nachhandelspflichten ausgesetzt sehen, dafür nicht ausreichen. Für diese Häuser bietet jedoch die von ESMA vorgenommene Zuordnung für die Veröffentlichungspflicht eine strategische Erwägung. Soweit das OTC-Handelsgeschäft ohne eine Anbindung an ein APA weitergeführt werden soll, ist es zulässig, Geschäfte entweder als Käufer oder immer mit einem systematischen Internalisierer als Gegenpartei abzuschließen. Letzteren treffen nämlich nach Art. 7 Abs. 6 NEK-Transparenz-VO immer die Veröffentlichungspflichten. Vor diesem Hintergrund wirkt sich die Verschiebung des Anwendungsstichtags für die Käuferseite nachteilig aus, da erst zum September 2018 bzw. März 2019 hierfür auf systematische Internalisierer zurückgegriffen werden kann.

Sechster Abschnitt
Sonstige Pflichten von systematischen Internalisierern

A. Überblick

Neben der Herstellung von Handelstransparenz haben Wertpapierfirmen, die als systematische Internalisierer eingestuft werden, weitere Folgepflichten zu beachten, die während der Geltung der MiFID I noch nicht existierten. Dazu gehören die Erstellung von Berichten über die Ausführungsqualität der internalisierten Aufträge, die Bereitstellung sogenannter Referenzdaten sowie Aussetzungs- und Ausschlusspflichten. Die Folgepflichten für eine Wertpapierfirma, die sich als systematischer Internalisierer qualifiziert, können sich allerdings nicht nur aus der MiFID II/MiFIR selbst, sondern auch aus anderen Rechtsakten wie beispielsweise der Referenzwerte-VO ergeben.

B. Berichte über die Ausführungsqualität

Unter MiFID II/MiFIR sollen die Bedingungen verschärft werden, unter denen Wertpapierfirmen ihre Verpflichtung erfüllen, Aufträge zu den für ihre Kunden besten Konditionen auszuführen (Erwägungsgrund 96 MiFID II). Damit Wertpapierfirmen hierfür das beste Verfahren festlegen und dies von der Öffentlichkeit bewertet werden kann, müssen Ausführungsplätze nach Art. 27 Abs. 3 MiFID II bzw. § 82 Abs. 10 und 11 WpHG Daten zu der von ihnen erreichten Ausführungsqualität zur Verfügung stellen. Die Berichte über die Ausführungsqualität flankieren die in § 82 Abs. 9 WpHG neu enthaltene Verpflichtung der Wertpapierfirmen, ihren Kunden auf jährlicher Basis für jede Gattung von Finanzinstrumenten die wichtigsten fünf Ausführungsplätze zu nennen.

I. Systematischer Internalisierer als Ausführungsplatz

Als Ausführungsplätze gelten nach Art. 1 der delegierten Verordnung vom 8. Juni 2016 (Ausführungsplätze-VO[851]) Handelsplätze, Market Maker,

---

851 Delegierte Verordnung (EU) 2017/57 der Kommission vom 8. Juni 2016 zur Ergänzung der Richtlinie 2014/65/EU des Europäischen Parlaments und des Rates über Märkte für Finanzinstrumente durch technische Regulierungsstandards bezüglich der Daten, die Ausführungsplätze zur Qualität der Ausführung von Geschäften veröffentlichen müssen.

systematische Internalisierer und andere Liquiditätsgeber. Auch wenn dies § 82 Abs. 10 und 11 WpHG nicht ausdrücklich zu entnehmen ist, liegt es nahe, dass sich die Berichtspflichten des systematischen Internalisierers auf diejenigen Geschäfte beschränken, für die er auch in dieser Eigenschaft gehandelt hat. Ein systematischer Internalisierer muss somit nicht für alle ausgeführten Aufträge über die Ausführungsqualität berichten. Soweit sich eine Wertpapierfirma nicht als systematischer Internalisierer für bestimmte Instrumente qualifiziert hat, ist es dennoch möglich, dass sie unter die Kategorie des sonstigen Liquiditätsgebers fällt und damit ebenfalls als Ausführungsplatz berichten muss. Dies soll bereits dann der Fall sein, wenn die Wertpapierfirma sich im Rahmen ihrer Geschäftstätigkeit gewillt zeigt, Geschäfte auf eigene Rechnung zu betreiben, indem sie für Liquidität sorgt und dabei außerhalb von Handelsplätzen handelt (Erwägungsgründe 6 und 7 Ausführungsplätze-VO). Angesichts dieses weiten Begriffs scheint es jedoch geboten, dass die Behörden für den sonstigen Liquiditätsgeber bestimmte Kriterien definieren, um lediglich sporadischen Eigenhandel hiervon auszuschließen.

II. Sachlicher Anwendungsbereich

§ 82 Abs. 10 und 11 WpHG beziehen sich auf Finanzinstrumente allgemein. Vor- und Nachhandelsinformationen müssen dagegen für Eigen- bzw. Nichteigenkapitalinstrumente veröffentlicht werden, die nicht alle Finanzinstrumente abbilden. Der Anwendungsbereich der § 82 Abs. 10 und 11 WpHG ist somit weiter als derjenige, der für die zuvor behandelten Vor- und Nachhandelsinformationen gilt. Betroffen von den Veröffentlichungspflichten nach § 82 Abs. 11 WpHG sind damit beispielsweise Geschäfte mit Geldmarktinstrumenten, für die die Transparenzpflichten dagegen nicht gelten[852]. Im Hinblick auf die betroffenen Finanzinstrumente verfolgen § 82 Abs. 10 und Abs. 11 WpHG einen differenzierenden Ansatz. Für Aktien und Derivate, die jeweils der Handelspflicht nach Art. 23 MiFIR[853] bzw. Art. 28 MiFIR unterliegen, müssen Handelsplätze und systematische Internalisierer über die Ausführungsqualität informieren. Dies beruht auf der klarstellenden Überlegung, dass handelspflichtige Derivate

---

852 Für den systematischen Internalisierer in Nichteigenkapitalinstrumenten ist dies im Ergebnis dennoch unerheblich, da er sich nur für Nichteigenkapitalinstrumente als systematischer Internalisierer qualifizieren kann.

853 M. w. N. zu der im Rahmen dieser Arbeit nicht näher diskutierten Handelspflicht für Aktien: *Gomber/Nassauer*, ZBB 2014, 251, 255 f.; *Happel/Süss*, in: MiFID II/MiFIR, Umsetzung in der Bankenpraxis, S. 237 f.

nur über Handelsplätze und handelspflichtige Aktien nur über Handelsplätze (mit Ausnahme des OTF) oder systematische Internalisierer ausgeführt werden dürfen. Die übrigen Finanzinstrumente – darunter beispielsweise Anleihen und verbriefte Derivate – stellen andere Finanzinstrumente im Sinne von § 82 Abs. 11 WpHG dar, für die grundsätzlich alle Ausführungsplätze verpflichtet werden, über die Ausführungsqualität zu berichten. Wertpapierfirmen unterliegen den Grundsätzen des § 82 WpHG im Verhältnis zu geeigneten Gegenparteien zwar nicht. Gleichwohl hat ESMA bestätigt, dass auch Transaktionen mit geeigneten Gegenparteien im Rahmen der Bewertung der Ausführungsqualität zu berücksichtigen sind, da Art. 27 Abs. 3 MiFID II nicht an die Eigenschaft als Wertpapierfirma anknüpfe, sondern an die Eigenschaft als Ausführungsplatz[854]. Für diese Lesart spricht auch die in dieser Abhandlung getroffene Annahme, dass Geschäfte mit geeigneten Gegenparteien als Kundenaufträge ausgelegt werden können[855] und dass die Berichte über die Ausführungsqualität an die Öffentlichkeit zu adressieren sind.

III. Inhalt, Format und Periodizität

Der Inhalt und der Umfang der Berichtspflichten folgen aus den Art. 3 ff. Ausführungsplätze-VO und wurden von ESMA durch RTS 27 vorbereitet. Neben allgemeinen zu veröffentlichenden Informationen (Art. 3 Ausführungsplätze-VO) erfordert die Verordnung granulare Angaben zu ausgeführten Preisen, veranschlagten Kosten und der Ausführungswahrscheinlichkeit. Zusatzinformationen sind je nach Art des Handelssystems vorgesehen, das von einem Ausführungsplatz verwendet wird. Ein systematischer Internalisierer könnte somit zusätzlichen Pflichtangaben unterliegen, sofern er für die Abgabe und die Veröffentlichung seiner Quotierungen ein System nutzt, das die Anforderungen an ein Preisanfragesystem (Request for Quote) im Sinne von Anhang I zur NEK-Transparenz-VO erfüllt. Dies könnte unter anderem der Fall sein, wenn Wertpapierfirmen für die Ausgabe ihrer Finanzinstrumente außerbörsliche Plattformen wie beispielsweise cats-cos der Börse Stuttgart Cats GmbH verwenden[856]. Ein systematischer Internalisierer hätte dann nach Art. 8 Abs. 1 UAbs. 3 Ausführungsplätze-VO die verstrichene Zeit zwischen Annahme eines Angebots und dessen Ausführung sowie zwischen Angebotsanfrage und der Bereitstellung der

854 ESMA, Q&A on investor protection topics, Abschnitt 1, Frage 12.

855 Siehe dazu: Vierter Abschnitt C. V. 2.

856 Siehe zu cats-cos und anderen außerbörslichen Plattformen: *Rößner*, in: MiFID-Kompendium, S. 269.

Quotierung anzugeben. Das Format des anzufertigenden Berichts ist durch die verschiedenen Tabellen des Anhangs der delegierten Verordnung genau vorgegeben. Nach Art. 10 Ausführungsplätze-VO muss der Bericht der Öffentlichkeit zum kostenlosen Herunterladen zur Verfügung stehen und nach Art. 11 Ausführungsplätze-VO quartalsweise, spätestens drei Monate nach Quartalsende, veröffentlicht werden[857]. Eine Aufbewahrungsdauer von mindestens zwei Jahren wird für angemessen gehalten[858].

IV. Verhältnis zur Nachhandelstransparenz

Die Berichtspflichten über die Ausführungsqualität verfolgen wie die Nachhandelsinformationen das Ziel, die nachgelagerte Kontrolle zu erlauben, dass ein Geschäft bestmöglich ausgeführt wurde[859]. Art. 11 Ausführungsplätze-VO sieht die Möglichkeit vor, die Bereitstellung des Berichts bis zu drei Monate nach Quartalsende hinauszuzögern. Damit will der Verordnungsgeber gewährleisten, dass Ausführungsplätze nicht zur Bereitstellung von Ausführungsdaten von solchen Geschäften verpflichtet werden, die gleichzeitig noch einen zeitlichen Aufschub von der Nachhandelstransparenz genießen (Erwägungsgrund 10 Ausführungsplätze-VO)[860]. Dies ist auch sachgerecht, da der systematische Internalisierer anders als im Nachhandel nach Art. 3 Abs. 1 UAbs. 3 i) Ausführungsplätze-VO seine Identität offenzulegen hat. Der Gleichlauf zwischen den Nachhandelsinformationen und den Berichten über die Ausführungsqualität drückt sich auch darin aus, dass für Geschäfte über der instrumentenspezifischen Größe keine untertägigen Preisinformationen im Sinne des Art. 4 Ausführungsplätze-VO berichtet werden müssen. Zum Schutz für kommerziell sensitive Daten sollen stattdessen Tagesdurchschnittswerte ausreichend sein (Erwägungsgrund 10 Ausführungsplätze-VO).

---

857 M. w. N. zu den technischen Anforderungen: ESMA, Q&A on investor protection topics, Abschnitt 1, Frage 8.

858 ESMA, Q&A on investor protection topics, Abschnitt 1, Frage 4.

859 *Clausen/Sørensen,* ECFR 2012, 275, 292; *Ferrarini,* Perspectives in Company Law and Financial Regulation, S. 480; *Kumpan,* WM 2006, 797, 801.

860 In dem Konsultationspapier lag die Frist noch bei einem Monat, siehe dazu: ESMA, Final Report vom 28. September 2015, S. 399, die den Bedenken der Marktteilnehmer jedoch Gehör schenkte.

C. Referenzdatenmeldung

Art. 27 MiFIR verpflichtet Handelsplätze und systematische Internalisierer, den zuständigen Behörden Referenzdaten für Finanzinstrumente zu übermitteln. Die Pflicht zur Referenzdatenmeldung flankiert die in Art. 26 MiFIR (ehemals § 9 WpHG a. F.) enthaltene Pflicht von Wertpapierfirmen, Geschäfte zu melden[861]. Die Referenzdatenübermittlung dient den zuständigen Behörden der Identifizierung der meldepflichtigen Finanzinstrumente. Die Behörden werden somit in die Lage versetzt, eine wirksame Marktüberwachung im Hinblick auf die unter Art. 26 MiFIR gemeldeten Geschäfte zu gewährleisten (Erwägungsgrund 3 der delegierten Verordnung vom 14. Juli 2016[862], Referenzdaten-VO)[863]. Gleichzeitig entsteht durch Art. 27 MiFIR eine Verzahnung mit der MAR, welche in Art. 4 MAR parallel eine Meldepflicht vorsieht[864].

I. Inhalt und Zeitpunkt der Meldungen

Nach Art. 27 Abs. 3 MiFIR hatte ESMA die Datenstandards und die Formate für die Referenzdaten sowie Form und Inhalt der Meldungen in einem technischen

---

861 Eingehend zu den neuen Transaktionsmeldungen nach Art. 26 MiFIR: *Harter/Voß*, BB 2017, 1667.

862 Delegierte Verordnung (EU) 2017/585 der Kommission vom 14. Juli 2016 zur Ergänzung der Verordnung (EU) Nr. 600/2014 des Europäischen Parlaments und des Rates im Hinblick auf technische Regulierungsstandards für die Datenstandards und -formate für die Referenzdaten für Finanzinstrumente und die technischen Maßnahmen in Bezug auf die von der ESMA und den zuständigen Behörden zu treffenden Vorkehrungen.

863 Begründung zum Regierungsentwurf für ein 2. FiMaNoG vom 21. Dezember 2016, S. 247; vgl. auch zu der Zielsetzung der Vorgängervorschrift: *Schlette/Bouchon*, in: Fuchs, WpHG, § 9 Rn. 1.

864 Während MiFIR die fortlaufende Übermittlung von Referenzdaten für die zum Handel zugelassenen Finanzinstrumente vorsieht, übermitteln Handelsplätze gemäß Artikel 4 MAR ihren zuständigen Behörden jeweils nur eine Meldung mit ausführlichen Angaben zu den Finanzinstrumenten, die Gegenstand eines Antrags auf Zulassung zum Handel sind, zum Handel zugelassen werden oder gehandelt werden, sowie eine nachfolgende Meldung, wenn ein Finanzinstrument nicht mehr gehandelt wird oder seine Zulassung zum Handel erlischt. Die Meldepflichten der MAR werden aus Konsistenzgründen durch einen delegierten Rechtsakt an die Meldepflichten der MiFIR angepasst, siehe Erwägungsgrund 1 der delegierten Verordnung 2016/909 vom 1. März 2016 zur Ergänzung der MAR für den Inhalt der Meldungen, die den Behörden zu übermitteln sind, sowie für die Zusammenstellung, Veröffentlichung und Pflege der Liste der Meldungen.

Regulierungsstandard zu erarbeiten (RTS 23). Aus Art. 1 der auf dem RTS 23 basierenden Referenzdaten-VO in Verbindung mit Tabelle 3 des Anhangs ergeben sich die für das jeweilige Finanzinstrument erforderlichen Referenzdaten. Tabelle 3 sieht Meldefelder vor, die für alle Kategorien von Finanzinstrumenten einzutragen sind, sowie Meldefelder, die nur für bestimmte Finanzinstrumente gelten. Die Referenzdaten sollten grundsätzlich mit den Informationen übereinstimmen, die nach Art. 13 Abs. 16 NEK-Transparenz-VO für Transparenzzwecke zur Verfügung gestellt werden[865]. Die Übermittlung hat in elektronischer Form nach einheitlicher XML-Vorlage gemäß der Methodik von ISO 20022[866] zu erfolgen, Art. 1 Referenzdaten-VO. Referenzdaten sind der Behörde nach Art. 27 Abs. 1 UAbs. 3 MiFIR zusammenzustellen, bevor der Handel mit dem Finanzinstrument beginnt, und müssen aktualisiert werden, wenn Änderungen an dem Finanzinstrument auftreten (z. B. im Falle einer Barriereüberschreitung eines verbrieften Derivats). Die Meldung muss vor 21 Uhr abgegeben werden. Für Finanzinstrumente, für die ein systematischer Internalisierer erst nach 18 Uhr eine Kursofferte stellt, ist gemäß Art. 2 Abs. 2 Referenzwerte-VO eine Meldung bis 21 Uhr am darauffolgenden Geschäftstag ausreichend.

II. Sachlicher Anwendungsbereich

Betroffen von der Referenzdatenübermittlung sind zunächst Finanzinstrumente, die an Handelsplätzen gehandelt werden bzw. zum Handel zugelassen sind, Art. 27 Abs. 1 UAbs. 1 MiFIR. Für diese Instrumente stellen die Handelsplätze den zuständigen Behörden die notwendigen Daten zur Verfügung. Für andere Finanzinstrumente, die unter Art. 26 Abs. 2 MiFIR fallen, legt Art. 27 Abs. 1 UAbs. 2 MiFIR fest, dass jeder systematische Internalisierer Referenzdaten übermitteln muss. Art. 26 Abs. 2 MiFIR bestimmt den Anwendungsbereich derjenigen Finanzinstrumente, die der Meldepflicht unterliegen. Danach sind grundsätzlich Finanzinstrumente meldepflichtig, die an einem Handelsplatz gehandelt werden bzw. zum Handel zugelassen sind bzw. für die ein Zulassungsantrag gestellt wurde. Darüber hinaus erstreckt sich der Anwendungsbereich aber auch auf solche Instrumente, die zwar nicht selbst, aber deren Basiswert (Art. 26 Abs. 2 lit. b) MiFIR) oder deren aus einem Index/Korb zusammengesetzte Basiswert (Art. 26 Abs. 2 lit. c) MiFIR) an einem Handelsplatz gehandelt wird. Aus der Zusammenschau mit Art. 27 Abs. 1 MiFIR ergibt sich wiederum, dass hiermit „andere“ Finanzinstrumente gemeint sind, für die

865 ESMA, Discussion Paper vom 22. Mai 2014, S. 113; siehe dazu: Dritter Abschnitt F.
866 M. w. N.: ESMA, Final Report vom 28. September 2015, S. 41 ff.

ein systematischer Internalisierer Referenzdaten zu übermitteln hat. Ein Anwendungsfall sind insbesondere OTC gehandelte verbriefte Derivate, deren Auszahlung von der Wertentwicklung eines an der Börse gelisteten Unternehmens abhängig ist. Aus der Formulierung des Art. 27 Abs. 1 UAbs. 2 MiFIR geht weiter hervor, dass der systematische Internalisierer nur für diejenigen Instrumente Referenzdaten übermitteln muss, die „über sein System“ gehandelt werden. Der Gesetzgeber hat den Systembegriff für die Zwecke der systematischen Internalisierung nicht weiter präzisiert. Aus Erwägungsgrund 7 MiFIR folgt für die Handelsplätze lediglich, dass hiermit Regelwerke in Bezug auf die Mitgliedschaft, die Zulassung von Finanzinstrumenten und den Handel zwischen den Mitgliedern gemeint ist[867]. Systematische Internalisierer regeln die Rechtsbeziehung mit ihren Kunden dagegen in privatrechtlichen Handelsbedingungen, ohne dass für die Quotierungen ein bestimmtes technisches System vorgegeben ist[868]. Der Verweis auf das System in Art. 27 Abs. 1 UAbs. 2 MiFIR legt jedoch nahe, dass der systematische Internalisierer Referenzdaten nur für solche Instrumente zur Verfügung stellen muss, für die er auch in dieser Eigenschaft gehandelt hat. Eine als systematischer Internalisierer eingestufte Wertpapierfirma muss also nicht für alle Finanzinstrumente, mit denen sie handelt, Referenzdaten übermitteln. Ebenfalls ausgeschlossen ist auch der große Teil derjenigen Finanzinstrumente, für die eine Wertpapierfirma zwar systematische Internalisierung betreibt, die aber parallel an Handelsplätzen gehandelt werden. Für die Übermittlung der Referenzdaten sind dann die Handelsplätze zuständig.

III. Konsequenzen für den Handelsplatzbezug

Vor dem Hintergrund, dass die internalisierungsspezifischen Pflichten nach alter Rechtslage ausschließlich an die Vorhandelstransparenz anknüpften, ließ sich vertreten, dass eine Wertpapierfirma nur für solche Instrumente systematischer Internalisierer werden kann, die auch an einem Handelsplatz handelbar sind. Mit Art. 27 Abs. 1 UAbs. 2 MiFIR scheint der Gesetzgeber nun zu verstehen zu geben, dass das Finanzinstrument, für welches systematische Internalisierung betrieben wird, nicht notwendigerweise an einem Handelsplatz handelbar sein muss. Gleichwohl haben die Ergebnisse dieser Abhandlung gezeigt, dass ein solches Verständnis zu einem überregulierten Regime der systematischen Internalisierung führen würde[869]. Besonders deutlich wird dies durch den in

---

867 *Kumpan/Müller-Lankow*, WM 2017, 1777, 1783.

868 ESMA, Q&A on transparency topics, Abschnitt 7, Frage 5.

869 Siehe dazu: Vierter Abschnitt C. IV.

der delegierten MiFID II-VO vorgesehenen, wenn auch abzulehnenden Trigger-Mechanismus. Wenn sich eine Wertpapierfirma für ein OTC-Finanzinstrument als systematischer Internalisierer qualifizieren könnte, würde sie nach einer wortlautgetreuen Auslegung der Art. 13 ff. MiFID II-VO diesen Status auch für weitere Instrumente erhalten, die der Kategorie des Finanzinstruments angehören. Nach der Systematik der Referenzdatenmeldung muss der erforderliche Handelsplatzbezug aber extensiv ausgelegt werden. Danach ist es bereits ausreichend, wenn nicht das Finanzinstrument selbst, wohl aber dessen Basiswert an einem Handelsplatz gehandelt wird bzw. zum Handel zugelassen ist. Für solche Instrumente kann sich eine Wertpapierfirma demnach als systematischer Internalisierer qualifizieren. Im Ergebnis kann dies einen großen Teil der OTC gehandelten verbrieften Derivate betreffen, die häufig auf handelbare Finanzinstrumente referenzieren.

D. Aussetzung und Ausschluss vom Handel

Art. 32 Abs. 1 MiFID II bzw. Art. 52 Abs. 1 MiFID II sehen vor, dass Wertpapierfirmen oder Betreiber von Handelsplätzen Finanzinstrumente vorübergehend aussetzen oder ganz vom Handel ausschließen können. Der Handel mit Derivaten im Sinne von Anhang I Abschnitt C Nummer 4 bis 10 MiFID II, die auf das jeweilige Finanzinstrument referenzieren, soll dann gleichermaßen ausgesetzt bzw. ausgeschlossen werden. Andere Handelsplätze und systematische Internalisierer, die mit demselben Finanzinstrument oder entsprechenden Derivaten handeln, müssen dann unter bestimmten Voraussetzungen ebenfalls eine Aussetzung bzw. einen Ausschluss vornehmen (Art. 32 Abs. 2 UAbs. 2 MiFID II bzw. Art. 52 Abs. 2 UAbs. 2 MiFID II). Dies soll dann der Fall sein, wenn die Aussetzung oder der Ausschluss durch den Verdacht eines Marktmissbrauchs, ein Übernahmeangebot oder die Nichtveröffentlichung von Insiderinformationen über den Emittenten oder über das Finanzinstrument unter Verstoß gegen die Art. 7 und 17 MAR bedingt ist. Die nationale Umsetzung erfolgte durch § 73 WpHG bzw. § 25 Abs. 1a BörsG für organisierte Märkte. Anders als die europäischen Vorgaben stellt der nationale Gesetzgeber jedoch allgemein auf Derivate ab. Der Derivatebegriff im WpHG umfasst nach § 2 Abs. 35 WpHG sowohl derivative Geschäfte nach Anhang I Abschnitt C Nummer 4 bis 10 MiFID II als auch Wertpapiere nach § 2 Abs. 1 Nr. 3 lit. b) WpHG[870]. Somit erfasst der Wortlaut der Aussetzungs- und Ausschlussregeln auch verbriefte Derivate. In Anbetracht

870 Siehe dazu: Dritter Abschnitt C. IV.

der europäischen Vorgaben sowie der anderslautenden Umsetzung im BörsG[871] spricht jedoch eine richtlinienkonforme Auslegung dafür, dass es sich um ein Redaktionsversehen des deutschen Gesetzgebers handelt. Wiederum abweichend von MiFID II sehen die nationalen Vorgaben in § 73 Abs. 2 WpHG nur für Betreiber von MTFs und OTFs – nicht aber für den systematischen Internalisierer – vor, dass diese den Handel mit dem betroffenen Finanzinstrument oder einem Derivat aussetzen bzw. ausschließen. Somit wurden die Artikel 32 und 52 MiFID II nicht vollständig in deutsches Recht umgesetzt, soweit systematische Internalisierer betroffen sind. Eine Begründung für die unvollständige Umsetzung lieferte der deutsche Gesetzgeber allerdings nicht. Ob ein systematischer Internalisierer im Falle einer Handelsaussetzung einer Aktie weiter mit Derivaten handeln dürfte, die auf diese Aktie als Basiswert referenzieren, erscheint dennoch fraglich. Auch an dieser Stelle würden ausgehend von einer unionskonformen Auslegung die besseren Argumente dafür sprechen, dass der systematische Internalisierer den Handel mit dem Derivat ebenfalls aussetzen müsste[872]. Im Übrigen würden in einer derartigen Situation außergewöhnliche Marktbedingungen im Sinne von Art. 18 Abs. 3 S. 2 MiFIR vorliegen, die den systematischen Internalisierer zu einem Zurückziehen der gestellten Kursofferten berechtigen würden.

E. Administratorenpflichten für Benchmarks (Exkurs)

Nach der Referenzwerte-VO müssen Personen, die die Kontrolle über einen Index ausüben (Benchmark-Administratoren), durch eine Behörde registriert oder gegebenenfalls zugelassen werden. Sie müssen bestimmten Anforderungen an die Unternehmensführung (Art. 4 ff. Referenzwerte-VO) sowie an die Referenzwerte-Methodik (Art. 11 ff. Referenzwerte-VO) genügen. Emittenten von verbrieften Derivaten oder Anleihen, deren Rückzahlungsbetrag von der Entwicklung eines Referenzwertes abhängig ist (z. B. dem Euribor), „verwenden" nach der Terminologie des Art. 3 Abs. 1 Nr. 7 Referenzwerte-VO einen Referenzwert, soweit sie ein beaufsichtigtes Unternehmen sind. Grundsätzlich dürfen gemäß Art. 29 Abs. 1 Referenzwerte-VO nur solche Referenzwerte verwendet werden, die von einem registrierten bzw. zugelassenen Administrator

---

871 § 25 Abs. 1a BörsG verweist auf die Derivate im Sinne des Anhangs I Abschnitt C MiFID II.

872 Die BaFin vertritt die Auffassung, dass systematische Internalisierer die Vorschriften vor diesem Hintergrund freiwillig anwenden sollten, siehe dazu: BaFin, Systematische Internalisierung.

bereitgestellt werden. In der Emissionspraxis von verbrieften Derivaten ist es darüber hinaus üblich, dass Emittenten Indizes selbst erstellen (sog. proprietäre Indizes), etwa weil genau dieser Index von einem Investor angefragt wurde[873]. In einer solchen Konstellation könnte ein Emittent bzw. dessen proprietärer Index dem Pflichtenprogramm für Administratoren unterliegen, soweit dieser Index einen Referenzwert im Sinne der Verordnung darstellt. Referenzwerte sind in Art. 3 Abs. 1 Nr. 3 Referenzwerte-VO unter anderem definiert als Index, der den Wert eines Finanzinstruments oder dessen zahlbaren Betrag bestimmt. Nach Art. 3 Abs. 1 Nr. 1 Referenzwerte-VO wird ein Index als eine öffentlich zugängliche Zahl verstanden, die regelmäßig aus Preisen, Quotierungen, Erhebungen oder auf ähnliche Weise berechnet wird[874]. ESMA hatte im Rahmen eines Technical Advice zu bestimmen, wann von einer öffentlichen Zugänglichmachung eines Index ausgegangen werden kann. In einer weiten Interpretation führte sie dazu aus, dass dies bereits dann der Fall sei, wenn der Index einer unbestimmten Anzahl von Personen zur Verfügung gestellt werde[875]. Der Begriff des Finanzinstruments knüpft in Art. 3 Abs. 1 Nr. 16 Referenzwerte-VO an den Handel an einem Handelsplatz und – anders als der ursprüngliche Kommissionsvorschlag[876] – über einen systematischen Internalisierer an. Nach dem Kommissionsvorschlag wäre es also möglich gewesen, den Anwendungsbereich der Referenzwerte-VO zu vermeiden, indem ein Finanzinstrument nur OTC gehandelt worden wäre. Wenn sich ein Emittent jedoch für seine verbrieften Derivate als systematischer Internalisierer qualifiziert, kann nicht ausgeschlossen werden, dass er gleichzeitig als Administrator für seine proprietären Indizes eingestuft wird. Er müsste dann die für Administratoren vorgesehenen Pflichten erfüllen. Das Ausmaß der dann geltenden Pflichten hängt von der jeweiligen Kategorie ab, in die ein Referenzwert fällt. Die Referenzwerte-VO unterscheidet diesbezüglich zwischen kritischen, signifikanten und nicht signifikanten Referenzwerten. Die Zuordnung eines Referenzwerts in eine dieser Kategorien wird anhand des Gesamtvolumens eines Referenzwerts bestimmt, auf welches

873 *Rothmund/Seitz*, RdF 2013, 27, 33.

874 *Feldkamp*, RdF 2016, 180, 181.

875 ESMA führte insbesondere aus, dass auch ein Index, der nur einer begrenzten Zahl von Investoren zur Verfügung gestellt wird, als öffentlich zur Verfügung gestellt gelten könne, da Investoren das zugrunde liegende Finanzinstrument üblicherweise handeln und der Inhaber damit wechseln könne, siehe dazu: ESMA, Final Report vom 10. November 2016, S. 8 f.

876 Art. 3 Abs. 1 Nr. 13 Referenzwerte-VO-E nach dem Vorschlag der Kommission 18. September 2013.

das Finanzinstrument referenziert[877]. Daher werden für verbriefte Derivate verwendete proprietäre Indizes in der Vielzahl als nicht signifikante Referenzwerte eingestuft werden können. Der systematisch internalisierende Administrator würde dann nach dem Verhältnismäßigkeitsprinzip erleichterten Anforderungen unterliegen[878]. Gleichwohl hat die beschriebene Wechselwirkung zwischen der systematischen Internalisierung und den Vorgaben für Referenzwerte Konsequenzen auf die Verwendung von proprietären Indizes als Basiswert, die neben den prospektrechtlichen Besonderheiten zu beachten sind[879].

877 Ein Referenzwert gilt als kritischer Referenzwert, wenn er als Bezugsgrundlage für Finanzinstrumente/Kontrakte im Gesamtwert von EUR 500 Mrd. dient, Art. 20 Abs. 1 lit. a) Referenzwert-VO. Mit der Durchführungsverordnung (EU) 2016/1368 vom 11. August 2016 zur Erstellung einer Liste der an den Finanzmärkten verwendeten kritischen Referenzwerte gemäß der Verordnung (EU) 2016/1011 des Europäischen Parlaments und des Rates wurde der Euribor als kritische Benchmark eingestuft. Die relevante Größe für nicht signifikante Referenzwerte liegt nach Art. 24 Abs. 1 lit. a) Referenzwerte-VO bei EUR 50 Mrd. Alle anderen Referenzwerte gelten als nicht signifikante Referenzwerte.

878 M. w. N. zu den dann geltenden Anforderungen: *Feldkamp,* RdF 2016, 180, 181 ff.

879 M. w. N. zu proprietären Indizes aus prospektrechtlicher Sicht: *Rothmund/Seitz,* RdF 2013, 27, 33.

Siebenter Abschnitt
Folge von Verstößen

A. Überblick

Nachdem in den vorstehenden Kapiteln die internalisierungsspezifischen Pflichten untersucht und bewertet wurden, stellt sich abschließend die Frage, welche Rechtsfolgen Wertpapierfirmen treffen können, soweit sie gegen jene Pflichten verstoßen. Neben aufsichtsrechtlichen Sanktionen ist auch an zivilrechtliche Rechtsfolgen zu denken, die unter dem Gesichtspunkt des individuellen Anlegerschutzes[880] zu prüfen sind.

B. Aufsichtsrechtliche Sanktionen

Art. 70 MiFID II verpflichtet die Mitgliedstaaten, Vorschriften für verwaltungsrechtliche Sanktionen und Maßnahmen festzulegen, die bei Verstößen anwendbar sind. Diese Vorgabe hat der deutsche Gesetzgeber in § 120 WpHG umgesetzt, wonach gemäß § 120 Abs. 9 Nr. 9–13 WpHG bestimmte Verstöße gegen die in Art. 18 MiFIR enthaltenen Pflichten als Ordnungswidrigkeit geahndet werden. Hierzu zählen die Pflichten der Veröffentlichung und der Zugänglichmachung von Kursofferten sowie die Abschluss- und Ausführungspflichten unter Einhaltung des Widerspiegelungsgebots und der Best Execution. Das Gleiche gilt für die nicht ordnungsgemäße Veröffentlichung von Nachhandelsinformationen (§ 120 Abs. 9 Nr. 14 lit. b) WpHG), von Referenzdaten (§ 120 Abs. 9 Nr. 22 WpHG) und von Berichten zur Ausführungsqualität (§ 120 Abs. 8 Nr. 121–122 WpHG). § 120 Abs. 20 WpHG legt in diesem Zusammenhang fest, dass diese Ordnungswidrigkeiten mit einer Geldbuße bis zu fünf Millionen Euro geahndet werden. Für juristische Personen kann darüber hinaus eine Geldbuße in Höhe von bis zu 10% des Gesamtumsatzes verhängt werden. Im Vergleich zu § 39 Abs. 6 WpHG a. F., welcher lediglich bei einem Verstoß gegen die diskriminierungsfreie Zugangsgewährung ein Bußgeld in Höhe von EUR 50.000 vorsah[881], bedeutet der neue Bußgeldkatalog sowohl in der Höhe als auch in der Breite eine deutliche Verschärfung.

880 Siehe dazu: Fünfter Abschnitt A. I. 1.

881 *Zimmer/Cloppenburg*, in: KMRK, § 39 WpHG Rn. 45.

C. Zivilrechtliche Ansprüche gegen den systematischen Internalisierer?

Fraglich ist, ob die neuen Regelungen zur systematischen Internalisierung nicht nur die Aufsichtsbehörden verpflichten, sondern auch unmittelbare Ansprüche des Kunden begründen, die sich entweder aus dem Vertragsverhältnis zu dem systematischen Internalisierer oder aus dem Deliktsrecht ableiten lassen könnten. Würde man dies etwa im Hinblick auf die Vorschriften bejahen, die die Verpflichtung der systematischen Internalisierer zur Veröffentlichung von Kursofferten nach Art. 18 MiFIR regeln, hätte dies weitreichende Konsequenzen. Kunden könnten beispielsweise aus Art. 18 Abs. 5 MiFIR einen Anspruch auf einen diskriminierungsfreien Zugang auf das Internalisierungssystem herleiten. Nach der Zugänglichmachung der Kursofferten könnten Kunden dann wegen Art. 18 Abs. 6 MiFIR einen Anspruch auf Abschluss eines Kaufvertrags mit dem systematischen Internalisierer zu den veröffentlichten Konditionen geltend machen, die ihrerseits nach Art. 18 Abs. 9 MiFIR vorherrschenden Marktbedingungen zu reflektieren hätten. Im Fall der Verletzung gegen die vorgenannten Pflichten, etwa weil die einem Geschäft zugrunde liegenden Kursofferten nicht die vorherrschenden Marktbedingungen reflektiert haben, würde sich dann gegebenenfalls ein vertraglicher oder deliktischer Schadensersatzanspruch des Geschädigten wegen Art. 18 Abs. 9 MiFIR ergeben. Die zivilrechtliche Haftung von Wertpapierfirmen ist allerdings im Unterschied zu anderen kapitalmarktrechtlichen Verordnungen[882] in der MiFIR nicht verankert. Entsprechende Ansprüche des Kunden gegenüber dem systematischen Internalisierer müssten sich daher auf der Grundlage nationaler zivilrechtlicher Vorschriften und Grundsätze ergeben. Ob aus den internalisierungsspezifischen Regelungen unmittelbare Rechte und Ansprüche der Kunden resultieren können, hängt daher vor allem davon ab, ob sich die europarechtlich determinierten Pflichten des systematischen Internalisierers dem nationalen Privatrecht zuordnen lassen[883]. Bei einer rein öffentlich-rechtlichen Qualität wäre einzig die Aufsichtsbehörde berechtigt, einen Verstoß zu sanktionieren. Die Rechtsnatur

---

882 Siehe z. B. die in Art. 11 Abs. 1 PRIIPS-VO geregelte Haftung des PRIIPS-Herstellers, die die Vorgabe enthält, dass Schadensersatzansprüche in Betracht kommen, wenn inhaltliche Anforderungen an die Erstellung des Basisinformationsblatts nicht eingehalten werden bzw. dieses irreführend, unrichtig bzw. nicht mit der verbindlichen Produktdokumentation übereinstimmend ist, siehe dazu: *Jordans*, BKR 2017, 273, 277.

883 Siehe speziell zur systematischen Internalisierung: *Bialluch*, WM 2015, 2030, 2036.

der in den §§ 31 ff. WpHG a. F. (jetzt §§ 63 ff. WpHG des Abschnitts 11) geregelten Verhaltens-, Organisations- und Transparenzpflichten wird von jeher in der kapitalmarktrechtlichen Literatur höchst umstritten diskutiert. In diesem Zusammenhang ist zum einen streitig, ob es sich bei den Bestimmungen um rein öffentlich-rechtliche oder (auch) um privatrechtlich wirkende Normen handelt. Aufgrund der geschilderten drohenden zivilrechtlichen Konsequenzen ist die Beantwortung dieser aufgeworfenen Fragen nicht lediglich akademischer Natur, sondern darüber hinaus entscheidend für den maßgeblichen Rechtsweg oder für die Abdingbarkeit der betreffenden Pflichten[884]. Wenn die Vorschriften zur systematischen Internalisierung auch Zivilrecht darstellen, wären Zivilgerichte hieran bei der Bestimmung von Vertragspflichten gebunden[885]. Zum zweiten wird ebenso kontrovers darüber gestritten, inwieweit die §§ 31 ff. WpHG a. F. als Schutzgesetze im Sinne von § 823 Abs. 2 BGB begriffen werden können. Angesichts der facettenreich geführten Kontroverse erscheint eine Darstellung des gesamten Diskussionsstandes an dieser Stelle jedoch weder möglich noch erforderlich[886]. Es soll vielmehr untersucht werden, welche Schlüsse mit Blick auf die systematische Internalisierung zu ziehen sind. Der Fokus soll hierbei auf den Mechanismen der Vorhandelstransparenz liegen, da diese einen unmittelbaren Kunden- bzw. Anlegerbezug aufweisen. Anders ist dies bei den Nachhandelstransparenzbestimmungen sowie den übrigen in dieser Abhandlung untersuchten Pflichten, die sich an die Allgemeinheit richten oder die Wertpapierfirma nur gegenüber der zuständigen Behörde verpflichten.

I. Verhältnis von Aufsichtsrecht und Zivilrecht

Kapitalmarktrechtliche Vorschriften lassen sich nicht per se entweder dem Zivilrecht oder dem öffentlichen Recht bzw. dem Strafrecht zuordnen. Somit finden sich beispielsweise in dem WpHG zahlreiche Normen, die öffentlich-rechtlichen/aufsichtsrechtlichen Charakter haben, andere sind strafrechtlicher oder aber zivilrechtlicher Natur[887]. Die ganz überwiegende Auffassung in der Literatur klassifiziert die §§ 31 ff. WpHG a. F. aufsichtsrechtlich und damit

---

884 *Einsele,* ZHR 180 (2016), 233, 237; *Forschner,* Wechselwirkungen von Aufsichtsrecht und Zivilrecht, S. 63 f.

885 So: *Forschner,* Wechselwirkungen von Aufsichtsrecht und Zivilrecht, S. 64 für die Wohlverhaltensregelungen.

886 Eine umfassende Meinungsübersicht findet sich bei: *Einsele,* ZHR 180 (2016), 233.

887 *Buck-Heeb,* Kapitalmarktrecht, § 1 Rn. 41.

öffentlich-rechtlich[888]. Sie stützt dies auf die zugrunde liegenden Rechtsgrundlagen der europäischen Rahmenrechtsakte, die behördliche Überwachung durch die BaFin, entsprechende Hinweise in den Gesetzesmaterialien sowie auf die im WpHG aufsichtsrechtlich sanktionierten Pflichten[889]. Viele derjenigen Autoren, die eine aufsichtsrechtliche Natur reklamieren, erkennen gleichwohl ein Konfliktfeld beider Rechtsgebiete und sprechen den aufsichtsrechtlichen Vorschriften im gleichen Atemzug eine gewisse Beeinflussung zu. Diese reichen von einer Ausstrahlungswirkung[890] bis hin zu einer aufsichts- und privatrechtlichen Doppelnatur[891]. Der BGH hatte nicht zuletzt im Jahr 2013 in seiner Lehman-Rechtsprechung jedenfalls die Auffassung bestätigt, dass es sich bei den §§ 31 ff. WpHG a. F. ausschließlich um öffentlich-rechtliche Vorschriften handele[892]. Gleichzeitig erteilte der BGH auch der in der Literatur vertretenen Ausstrahlungstheorie eine deutliche Absage, auch wenn der Senat anerkannte, dass die öffentlich-rechtlichen Wohlverhaltenspflichten für Inhalt und Reichweite (vor-)

---

888 *Koller,* in: Assmann/Schneider/Mülbert, § 63 WpHG Rn. 8; *Fuchs,* in: ders., WpHG, Vor. § 31 Rn. 77; *Spindler,* in: LBS, Kap. 33 Rn. 26; *Schwark,* in: KMRK, Vor. § 31 WpHG Rn. 15; *Assmann,* in FS Schneider (2011), 37, 41 ff.; *Forschner,* Wechselwirkungen von Aufsichtsrecht und Zivilrecht, S. 47; *Veil,* ZBB 2008, 34, 36; mit Blick auf die systematische Internalisierung: *Beck/Röh,* in: KMRK, § 32c WpHG Rn. 26.

889 *Fuchs,* in: ders., WpHG, Vor. § 31 Rn. 76 ff.; *Schwark,* in: KMRK, Vor. § 31 WpHG Rn. 15; *Assmann,* in FS Schneider (2011), 37, 41 ff.; *Forschner,* Wechselwirkungen von Aufsichtsrecht und Zivilrecht, S. 47.

890 Eine sogenannte Ausstrahlungswirkung auf das Zivilrecht wird unter anderem von den folgenden Autoren vertreten: *Koller,* in: Assmann/Schneider, § 63 Rn. 9; *Fuchs,* in: ders., WpHG, Vor. § 31 Rn. 56; zurückhaltender mit der Betonung auf ein in den aufsichtsrechtlichen Normen enthaltendes funktionelles Zivilrecht und auf ein Primat des Zivilrechts: *Assmann,* in: FS Schneider (2011), 37; sowie: *Forschner,* Wechselwirkungen zwischen Zivil- und Aufsichtsrecht, der für eine Auslegungslösung plädiert, S. 147.

891 Unter anderem: *Möllers,* in: KölnKommWpHG, § 31 Rn. 24; *Spindler,* in: LBS, Kap. 33 Rn. 26; *Lange,* in: Schwintowski, Kap. 20 Rn. 109; *Veil,* ZBB 2008, 34, 40; *ders.,* WM 2007, 1821, 1825 f.

892 BGH BKR 2014, 32, 34 f. In dieser Entscheidung befasste sich der BGH auch mit der Rechtsprechung des EuGH. Im Hinblick auf die zivilrechtliche Wirkung der MiFID stellte der EuGH klar, dass es den Mitgliedstaaten obliege, zu entscheiden, ob und wie sie auf Verstöße mit zivilrechtlichen Maßnahmen reagieren, solange das Äquivalenz- und das Effektivitätsprinzip eingehalten werden. Der BGH kam zu dem Ergebnis, dass die aufsichtsrechtlichen Sanktionsmechanismen des WpHG ausreichend seien; siehe auch: BGH NZG 2016, 910, worin es der Senat erneut unterließ, die zivilrechtlichen Pflichten einer Direktbank mit den aufsichtsrechtlichen Vorgaben zu konkretisieren.

vertraglicher Pflichten von Bedeutung sein können, soweit ihnen eine Anleger schützende Funktion zukomme[893]. Gleichwohl konstatierte der BGH, dass von den Wohlverhaltenspflichten keine eigenständige schadensersatzrechtliche Bedeutung ausgehen könne, welche über die zivilrechtlichen Grundsätze hinausgehe[894]. Entgegen der überwiegenden Auffassung und der eindeutigen Positionierung des BGH kommen andere Autoren mit Verweis auf den vom europäischen Gesetzgeber intendierten Anlegerschutz und auf der Grundlage herrschender Abgrenzungstheorien zwischen öffentlichem und privatem Recht zu dem Ergebnis, dass die kundenbezogenen Verhaltenspflichten der §§ 31 ff. WpHG a. F. Privatrecht darstellen[895].

1. *Abgrenzungstheorien im europäischen Kapitalmarktrecht*

Unter Berücksichtigung der herrschenden modifizierten Subjektstheorie wurde etwa auch für die in den §§ 32 ff. WpHG a. F. vorgesehenen Vorhandelstransparenzpflichten eine überwiegende privatrechtliche Einordnung angenommen[896]. Die Subjektstheorie bestimmt die Zuordnung danach, welche Rechtssubjekte an einem Rechtsverhältnis beteiligt sind. Da Träger hoheitlicher Gewalt auch an zivilrechtlichen Rechtsverhältnissen beteiligt sein können, wird die Subjektstheorie dergestalt modifiziert, dass nur solche Konstellationen dem öffentlichen Recht zuzuzählen sind, bei denen auf einer Seite zwingend ein Träger öffentlicher Gewalt als Berechtigter oder Verpflichteter beteiligt sein muss[897]. Im Unterschied zu der im WpHG a. F. geregelten Vorgängervorschrift ergibt sich der Pflichtenkanon für die systematische Internalisierung nunmehr aus der MiFIR und damit aus einer unmittelbar anwendbaren Verordnung des Europarechts. Für ihre Zuordnung sind demnach die Methoden des europäischen Wirtschaftsverwaltungsrechts einschlägig. Die im Rahmen der modifizierten Subjektstheorie getroffenen Abgrenzungskriterien sollen laut übereinstimmender Auffassung im europarechtlichen Schrifttum auch dann zur Anwendung kommen, wenn es

---

893 BGH BKR 2014, 32, 34.

894 BGH BKR 2014, 32, 34.

895 *Einsele,* ZHR 180 (2016), 233, 241 ff., 251 ff. auf der Grundlage der modifizierten Subjekttheorie mit der Voraussetzung einer privatrechtlichen Sonderverbindung; siehe auch: *Grundmann,* WM 2012, 1745, 1752 f., der die Anlegerschutzmotive als Privatschutzmotive kennzeichnet und die §§ 31 ff. WpHG privatrechtlich einordnet.

896 So jedenfalls: *Bialluch,* WM 2015, 2030, 2036 f.

897 Siehe dazu statt vieler: *Zimmermann,* in: MükoZPO, GVG, § 13 Rn. 8.

sich um eine Norm des Unionsrechts handelt[898]. Diesbezüglich gebe das Europarecht keine Besonderheiten vor[899]. Die Grenzen und Voraussetzungen der Theorien, mit deren Hilfe kapitalmarktrechtliche Normen dem Zivilrecht oder dem öffentlichen Recht zugeordnet werden können, wurden im Schrifttum ebenfalls intensiv diskutiert[900]. Auch die Rechtsprechung hat sich bislang keiner der zahlreichen Abgrenzungstheorien angeschlossen[901]. Bei dem Versuch, die Wohlverhaltenspflichten im Wege der modifizierten Subjektstheorie zuzuordnen, stellt sich insbesondere das Problem, dass ihre Normadressaten immer Wertpapierfirmen sind, die kundenbezogene Pflichten gegenüber Privatpersonen zu erfüllen haben[902]. Die Beteiligung der BaFin als Träger hoheitlicher Gewalt ergibt sich nicht unmittelbar, sondern erst durch den systematischen Zusammenhang mit der separaten Überwachungsvorschrift des § 88 WpHG. Daher wird zu Recht in Zweifel gezogen, inwieweit eine isolierte Anwendung der modifizierten Subjektstheorie auf der jeweiligen Einzelnormebene der Wohlverhaltenspflichten in der Lage sein kann, zuverlässige Abgrenzungsergebnisse zu liefern[903]. Dieser Erkenntnis wiederum ist es zu verdanken, dass im Schrifttum weitere materielle Kriterien entwickelt wurden, um die modifizierte Subjektstheorie anzureichern. Hervorgebracht wurde etwa, dass ihre Anwendung nicht gänzlich losgelöst von dem zugrunde liegenden Normkontext oder insbesondere der Existenz einer privatrechtlichen Sonderverbindung betrachtet werden könne[904]. Dem Attribut der privatrechtlichen Sonderbindung liegt im Sinne einer Interessentheorie die

898 *Gellermann,* in: Rengeling/Middeke/Gellermann, § 37 Rn. 4.; *Karpenstein,* in: Praxis des EU-Rechts, § 2 Rn. 315; *Moench/Sander,* in: Rengeling EUDUR, § 46 Rn. 56; *Sodan,* in: Sodan/Ziekow, VwGO, § 40 Rn. 125.

899 *Karpenstein,* in: Praxis des EU-Rechts, § 2 Rn. 315.

900 *Schwark,* in: KMRK, Vor. § 31 WpHG Rn. 15; *Einsele,* ZHR 180 (2016), 233, 249 ff.; *Forschner,* Wechselwirkungen zwischen Zivil- und Aufsichtsrecht, S. 72 ff.

901 *Buck-Heeb,* Kapitalmarktrecht, § 1 Rn. 41.

902 *Forschner,* Wechselwirkungen zwischen Zivil- und Aufsichtsrecht, S. 78. Siehe zum Beispiel § 63 Abs. 2 S. 1 WpHG: „Ein Wertpapierdienstleistungsunternehmen hat einem Kunden, bevor es Geschäfte für ihn durchführt, die allgemeine Art und Herkunft von Interessenkonflikten und die zur Begrenzung der Risiken der Beeinträchtigung der Kundeninteressen unternommenen Schritte eindeutig darzulegen soweit die organisatorischen Vorkehrungen nach § 80 Absatz 1 Satz 2 Nummer 2 nicht ausreichen, um nach vernünftigem Ermessen zu gewährleisten, dass das Risiko der Beeinträchtigung von Kundeninteressen vermieden wird."

903 Statt vieler: *Forschner,* Wechselwirkungen zwischen Zivil- und Aufsichtsrecht, S. 72 ff.

904 Eingehend zu der privatrechtlichen Sonderverbindung: *Einsele,* ZHR 180 (2016), 233, 249 ff.

Überlegung zugrunde, dass es sich bereits dann um Privatrecht handeln soll, wenn die Nutznießer einer aufgrund der jeweiligen Vorschrift geschuldeten Leistung konkretisierte Personen sind[905]. Sofern dies der Fall ist, könne vermutet werden, dass die Norm gerade nicht im öffentlichen Interesse liegt, sondern dass mit der Erfüllung der vorgesehenen Leistung Individualinteressen geschützt werden sollen[906]. Diese Vermutung werde allerdings widerlegt, wenn sich aus dem Sinn und Zweck einer Regelung und aus deren systematischen Zusammenhang eindeutig ergebe, dass diese nicht den Kunden, sondern andere Interessen schützen will[907]. Wie nachstehend aufgezeigt, ist ein Schutz von Individualinteressen im Sinne einer privatrechtlichen Sonderverbindung im Falle der systematischen Internalisierung gerade nicht beabsichtigt.

2. Einordnung des Art. 18 MiFIR

Hinsichtlich der in diesem Abschnitt zu untersuchenden Vorhandelstransparenzregelungen ist freilich zutreffend, dass die Quotierungs-, Veröffentlichungs- und Abschlusspflichten des systematischen Internalisierers das Verhältnis zwischen in der Regel als juristische Personen auftretenden Wertpapierfirmen und ihren Kunden betreffen. Der Kunde des systematischen Internalisierers wird in den seltensten Fällen ein Privatkunde sein. Ein Privatkunde wird vielmehr über seinen Broker mit dem systematischen Internalisierer handeln, welches dann als Kunde anzusehen ist[908]. Die BaFin als Hoheitsträger wird dagegen nicht unmittelbar berechtigt oder verpflichtet. Zu den veröffentlichten Kursofferten kann im Sinne einer privatrechtlichen Sonderverbindung nur ein abgrenzbarer Personenkreis handeln, da die Wertpapierfirma innerhalb ihres Kundenkreises eine Einteilung in Internalisierungskunden vornehmen kann. Es kann auch nicht verkannt werden, dass der Regelungskatalog des Art. 18 MiFIR sehr detaillierte Vorgaben für das Transaktionsverhältnis zwischen dem systematischen Internalisierer und seinem Kunden macht[909]. Schon die abzugebende Kursofferte kann zivilrechtlich als ein Antrag im Sinne von § 145 BGB zu werten sein. Daneben gibt Art. 18 MiFIR der Wertpapierfirma weitere Mittel an die Hand, die ihr zivilrechtlich etwa die Möglichkeit geben, eine Kursofferte zu widerrufen oder diese

905 *Einsele,* ZHR 180 (2016), 233, 252.

906 *Einsele,* ZHR 180 (2016), 233, 252.

907 *Einsele,* ZHR 180 (2016), 233, 266.

908 Siehe dazu: Fünfter Abschnitt B. V. 2.

909 *Gebauer,* in: Assmann/Schneider/Mülbert, Art. 18 MiFIR Rn. 6; ähnlich bereits für die Wohlverhaltensregeln: *Veil,* ZBB 2008, 34, 40.

an eine aufschiebende Bedingung zu knüpfen[910]. Wenn Art. 18 Abs. 3 MiFIR etwa den systematischen Internalisierer im Falle von außergewöhnlichen Marktbedingungen zu einem Rückzug seiner Kursofferte berechtigt, liegt es nahe, dass der systematische Internalisierer zivilrechtlich beabsichtigen wird, eine gleichlaufende Regelung zu vereinbaren. Insofern kann das Regelungskonstrukt des Art. 18 MiFIR die vorvertraglichen und vertraglichen Rechte und Pflichten der Wertpapierfirma gegenüber ihren Kunden beeinflussen. Dies unterstreichen nicht zuletzt die Vorgaben der MiFIR-VO, wonach die Risikotragfähigkeit der Wertpapierfirma festzuhalten und den Kunden in schriftlicher Form zur Verfügung zu stellen ist. Es liegt nahe, dies in den Handelsbedingungen des systematischen Internalisierers zu regeln, sodass die aufsichtsrechtlichen Vorgaben insoweit Bestandteil der vertraglichen Regelungen werden[911]. Dies zeigt, dass eine gewisse Ausstrahlungswirkung auf die private Rechtsanwendung nicht zu leugnen ist. Während Art. 18 MiFIR systematische Internalisierer unmittelbar verpflichtet bzw. berechtigt, begründet das Aufsichtsrecht allerdings aus Sicht der Kunden keinen Automatismus, sondern bedarf erst der Umsetzung, bevor sich der Kunde darauf berufen darf. Wenn beispielsweise Art. 18 Abs. 5 S. 1 MiFIR den systematischen Internalisierer aufsichtsrechtlich verpflichtet, veröffentlichte Kursofferten anderen Kunden zugänglich zu machen, entsteht ein Anspruch eines anderen Kunden hierauf erst, wenn die zugrunde liegende vertragliche Vereinbarung Art. 18 Abs. 5 S. 1 MiFIR auch repliziert. Verstößt eine Wertpapierfirma gegen aufsichtsrechtliche Pflichten, ohne dass diese gleichzeitig in die vertragliche Vereinbarung mit ihren Kunden aufgenommen wurden, werden dadurch keinerlei vertragliche Schadensersatzansprüche ausgelöst. Der gegenüber Kunden bestehende Kontrahierungszwang ist nämlich weniger als gemeinwohlorientiertes Steuerungsinstrument hinsichtlich essenzieller Leistungen zu verstehen, sondern als Mittel zur Herstellung von Vorhandelstransparenz[912]. Die Möglichkeit der Rücknahme von Kursofferten oder die Beschränkungen von Geschäften statuieren in diesem Zusammenhang kein Zivilrecht, sondern stellen, wie bereits in dieser Abhandlung aufgezeigt[913], aufsichtsrechtliche Korrektive dar, die den Kontrahierungszwang abschwächen[914]. Die Erfüllung der Vorhandelstransparenzpflichten soll nicht unmittelbar den Kunden des systematischen

910 Siehe dazu: Fünfter Abschnitt B. V. 1. d).

911 So auch: *Gebauer,* in: Assmann/Schneider/Mülbert, Art. 18 MiFIR Rn. 6.

912 Zu typischen Anwendungsfällen von Kontrahierungszwängen: *Eckert,* in: Beck'scher OK BGB § 145 Rn. 14.

913 Siehe dazu: Fünfter Abschnitt B. V. 1.

914 Siehe dazu: Fünfter Abschnitt B. V. 1.

Internalisierers zukommen, sondern den Preisbildungsmechanismus und den Wettbewerb zwischen Handelsplätzen fördern[915]. Wenn Kunden aufgrund eines verbesserten Transparenzniveaus und einer breiteren Auswahl an Ausführungsorten von dem Regime der systematischen Internalisierung profitieren, hat dies bloß eine Reflexwirkung. Dies qualifiziert die jeweiligen Bestimmungen des Art. 18 MiFIR aber nicht zu privatrechtlichen Normen[916]. Für eine Klassifikation als rein aufsichtsrechtliche Norm spricht letztlich auch, dass BaFin und ESMA gemäß § 88 Abs. 1 Nr. 5 lit. b) WpHG bzw. Art. 19 MiFIR die Einhaltung dieser Pflichten überwachen. Überdies findet sich in der Gesetzesbegründung zum Regierungsentwurf zum 2. FiMaNoG im Zusammenhang mit der in § 84 WpHG geregelten (ehemals § 34a WpHG a. F.) Vermögensverwahrung ebenfalls ein Hinweis für dessen aufsichtsrechtliche Natur. Es heißt, dass ein inländisches Wertpapierdienstleistungsunternehmen Wertpapiere entsprechend der zivilrechtlichen Vorgaben des Depotgesetzes verwahre. Ergänzend dazu sollen die aufsichtsrechtlichen Vorgaben nach § 84 WpHG und der WpDVerOV[917] gelten. Von § 34a Abs. 1 Satz 1 WpHG a. F. wurde eine individuell Anleger schützende Wirkung angenommen[918]. Dass der Gesetzesgeber diese Vorschrift dem Aufsichtsrecht zuordnet, legt nahe, dass dies erst recht für den Art. 18 MiFIR gelten sollte, der den individuellen Anlegerschutz gerade nicht im Blick hat. Dagegen spricht auch nicht, dass ESMA in ihrem Technical Advice vom 19. Dezember 2014 offenbar annahm, dass Kunden im Falle einer Datenbereitstellung zu nicht kaufmännischen Bedingungen vor Zivilgerichten Klage erheben können[919]. Es kann nicht davon ausgegangen werden, dass die europäische Wertpapieraufsichtsbehörde mit dieser Aussage Art. 18 Abs. 8 MiFIR privatrechtlich interpretieren wollte, zumal die Abgrenzung von öffentlichem Recht und Privatrecht in

915 Siehe dazu m. W. N.: Siebenter Abschnitt C. II. 2.

916 Vgl.: *Lohmann/Gebauer*, BKR 2018, 244, 246, die den neuen Zielmarktbestimmungen der MiFID II eine Ausstrahlung auf das Zivilrecht absprechen.

917 Begründung zum Referentenentwurf für ein 2. FiMaNoG vom 30. September 2016, S. 324 f. und Begründung zum Regierungsentwurf für ein 2. FiMaNoG vom 21. Dezember 2016, S. 299.

918 *Fuchs*, in: ders., § 34a Rn. 1; siehe dazu auch: BGH WM 2010, 1393, 1396 f.

919 Siehe dazu: ESMA, Technical Advice vom 19. Dezember 2014, S. 274: „In the event that a venue is selling data on a non-reasonable basis, ESMA expects that the measures proposed here will make it easier for a customer or a group of customers to take effective action whether by engaging directly with the venue, complaining to the venue's competent authority, or by **challenging the pricing in a court of law**" [Herv. v. Verfasser].

den jeweiligen Mitgliedstaaten nicht einheitlich getroffen wird und auch nicht immer bekannt ist[920].

3. *Ergebnis*

Im Ergebnis bleibt festzuhalten, dass Art. 18 MiFIR Aufsichtsrecht darstellt, von dem eine Ausstrahlungswirkung ausgeht, ohne dass es eine Doppelnatur rechtfertigen könnte. Zur Vermeidung von Kollisionen werden Wertpapierfirmen, die den Status des systematischen Internalisierers erreichen, wohl in der Praxis einen Gleichlauf des vertraglichen Regelwerks mit den aufsichtsrechtlichen Vorgaben umsetzen. Vor dem Hintergrund der Bußgeldbewehrung gebietet sich dies nicht nur aus Transparenzgründen gegenüber den Kunden, sondern auch im Hinblick auf die turnusmäßigen WpHG-Prüfungen. Vor allem infolge des Kontrahierungszwangs und des damit verbundenen Gleichbehandlungsgrundsatzes i. S. d. Art. 18 Abs. 6 MiFIR ist der aufsichtsrechtliche Standard strenger als die Pflichten, die eine Wertpapierfirma zivilrechtlich im Rahmen von Festpreisgeschäften zu befolgen hätte. Das Aufsichtsrecht sollte aber keinesfalls als ein für das Zivilrecht geltender Mindeststandard verstanden werden. Dem systematischen Internalisierer ist es unbenommen, im Vergleich zu Art. 18 MiFIR strengere Pflichten mit seinen Kunden zu vereinbaren (z.B. eine feste Quotierungspflicht auch für illiquide Instrumente). Dies unterliegt der Parteidisposition. Soweit ein systematischer Internalisierer gegen seine aufsichtsrechtlichen Pflichten verstößt, ist angesichts der BGH-Rechtsprechung ohne ausdrückliche Einbeziehungen der aufsichtsrechtlichen Vorgaben ein vertraglicher Anspruch des Kunden ausgeschlossen. Im Falle eines Verstoßes gegen vertragliche Pflichten (z. B. bei einer schuldhaften Preisverschlechterung) sind ungeachtet dessen vertragliche Schadensersatzansprüche auf der Basis des Kaufvertrags und den zugrunde liegenden Handelsbedingungen möglich[921]. Im Rahmen von Festpreisgeschäften haftet die Wertpapierfirma grundsätzlich gemäß §§ 280 ff. BGB für die Nichterfüllung ihrer Liefer- bzw. Zahlungspflichten aufgrund des zugrunde liegenden Kaufvertrags[922].

---

920 M. w. N.: *Einsele,* ZHR 180 (2016), 233, 239; eine Übersicht über die Rechtslage in einigen Mitgliedstaaten findet sich bei: *Veil,* in: ders., Europäisches Kapitalmarktrecht, § 12 Rn. 9.

921 Vgl.: *Beck/Röh,* in: KMRK, § 32c WpHG Rn. 26, *Bialluch,* WM 2015, 2030, 2037, die von einer privatrechtlichen Qualifikation des § 32c WpHG a. F. ausgeht.

922 *Ekkenga,* in: MükoHGB, 3. Aufl., Effektengeschäft, Rn. 566.

II. Schutzgesetzeigenschaft des Art. 18 MiFIR?

Soweit vorvertragliche oder vertragliche Ansprüche bei einem Verstoß gegen Art. 18 MiFIR ausscheiden, ist daneben an deliktische Schadensersatzansprüche gegen den systematischen Internalisierer zu denken. Neben Fällen der vorsätzlichen sittenwidrigen Schädigung müsste den aufsichtsrechtlichen Bestimmungen des Art. 18 MiFIR eine Schutzgesetzeigenschaft zukommen, damit ein Kunde einen Anspruch in Verbindung mit § 823 Abs. 2 BGB geltend machen könnte.

1. Meinungsstand

Der Meinungsstand ist diesbezüglich sowohl im Hinblick auf die §§ 31 ff. WpHG a. F. bzw. §§ 63 ff. WpHG [923] als auch hinsichtlich der §§ 32 ff. WpHG a. F.[924] nicht ganz eindeutig. Für die Prüfung der Schutzgesetzeigenschaft maßgebend ist, ob die verletzte Vorschrift dem Schutz von Individualinteressen zu dienen bestimmt ist. Der Individualschutz soll nicht lediglich Reflex der verletzten Norm sein, sondern muss bestimmungsgemäß eintreten, mithin im Aufgabenbereich der Norm liegen[925]. Nicht erforderlich ist, dass der Individualschutz der ausschließliche Zweck der Norm ist. Ausreichend ist lediglich, dass zumindest auch der Schutz individueller Interessen verfolgt wird[926]. Für die Feststellung der Individualschutzrichtung sind die üblichen Auslegungsmethoden heranzuziehen, wobei die teleologische Auslegung nicht in Betracht kommt, da es gerade um die Ermittlung des Zwecks der Vorschrift geht[927]. In seiner ständigen Rechtsprechung hat der BGH der Schutzgesetzeigenschaft der §§ 31 ff. WpHG

---

923 Gegen eine Schutzgesetzeigenschaft: *Möllers,* in: KölnKommWpHG, Vor. § 31 Rn. 447; *Voß,* in: JVRB, Vor. § 31 Rn. 42; *Schwark,* in: KMRK, Vor. § 31 WpHG Rn. 15; *Assmann,* in: FS Schneider (2011), 37, 49 f.; *Forschner,* Wechselwirkungen von Aufsichtsrecht und Zivilrecht, S. 148 ff.; gegen eine Schutzgesetzeigenschaft der neuen Zielmarktbestimmungen de lege lata: *Lohmann/Gebauer*, BKR 2018, 244, 246; **a. A.** und jeweils mit einer einzelfallabhängigen Prüfung: *Fuchs,* in: ders., WpHG, Vor. § 31 Rn. 101 ff.; *Wagner,* in: MükoBGB, § 823 Rn. 511; *Klein,* WM 2016, 862; *Veil,* WM 2007, 1821, 1826; *Zingel,* BKR 2007, 173, 178.

924 Gegen eine Schutzgesetzeigenschaft: *Beck/Röh,* in: KMRK, § 32c WpHG Rn. 23; *Fuchs,* in: ders., Vor. § 31 Rn. 110; **a. A.**: *Bialluch,* WM 2030, 2037 f.

925 *Wagner,* in: MükoBGB, § 823 Rn. 498 mit Verweis auf BGH ZIP 2008, 1222, BGH NJW 2005, 2923; siehe auch: *Klein,* WM 2016, 862, 864.

926 *Fuchs,* in: ders., WpHG, Vor. § 31 Rn. 101; *Wagner,* in: MükoBGB, § 823 Rn. 498.

927 *Wagner,* in: MükoBGB, § 823 Rn. 500.

a. F. jedenfalls eine Absage erteilt[928]. Für eine individuell Anleger schützende Funktion kommt es nach Auffassung des BGH nicht auf die Wirkung, sondern auf den Inhalt, Zweck und die Entstehungsgeschichte eines Gesetzes an, also darauf, ob der Gesetzgeber bei Erlass des Gesetzes gerade einen Rechtsschutz zugunsten von Einzelpersonen bzw. bestimmten Personenkreisen gewollt oder mit gewollt hat[929]. Neben dem Individualschutz setzt der BGH für die Annahme eines Schutzgesetzes voraus, dass die Schaffung eines individuellen Schadensersatzanspruchs sinnvoll und im Lichte des haftungsrechtlichen Gesamtsystems tragbar erscheint. Hierfür müsse unter Berücksichtigung des Regelzusammenhanges der jeweiligen Norm geprüft werden, ob es in der Tendenz des Gesetzgebers liegen könnte, an die Verletzung des geschützten Interesses die deliktische Einstandspflicht des dagegen Verstoßenden zu knüpfen[930]. Diese Voraussetzung sei nur dann erfüllt, wenn der durch eine Norm intendierte Anlegerschutz effektiv nur durch eine deliktische Haftung verwirklicht werden könne[931]. Zwar räumte der BGH die Anleger schützende Drittwirkung der Wohlverhaltenspflichten der §§ 31 ff. WpHG a. F. durchaus ein[932]. Haftungsrechtlich bleibt dies dennoch folgenlos, da der BGH der Schutzeigenschaft die Kompatibilität im haftungsrechtlichen Gesamtgefüge absprach[933].

2. *Ergebnis*

Gleichermaßen ist bei der Beurteilung, ob es sich bei den Bestimmungen des Art. 18 MiFIR, die reine Marktordnungsvorschriften darstellen, um Schutzgesetze handeln könnte, Zurückhaltung angezeigt[934]. Verordnungen des Europarechts können zwar ohne Weiteres zu Schutzgesetzen im Sinne von § 823 Abs. 2 BGB im Wege einer dann gebotenen unionsrechtskonformen Auslegung erklärt werden[935]. Auch darf nicht verkannt werden, dass die vom BGH postulierte Tragbarkeit innerhalb des haftungsrechtlichen Gesamtsystems auf zunehmende Kritik stößt. So wird ins Feld geführt, dass außerhalb des WpHG die Anerkennung einer Norm als Schutzgesetz nie davon abhänge, ob sich der Individualschutz

---

928 Z. B.: BGH BKR 2014, 32, 34 bezüglich § 31d WpHG a. F.; BGH NJW 2010, 3651, 3652 f. bezüglich § 34a WpHG a. F.

929 BGH NJW 2010, 3651, 3652.

930 BGH BKR 2014, 32, 34; BGH NJW 2010, 3651, 3652.

931 BGH NJW 2010, 3651, 3652.

932 BGH BKR 2014, 32, 34.

933 BGH BKR 2014, 32, 34; BGH NJW 2010, 3651, 3652 f.

934 *Gebauer*, in: Assmann/Schneider/Mülbert, Art. 18 MiFIR Rn. 6.

935 *Wagner*, in: MükoBGB, § 823 Rn. 481; *Hellgardt*, AG 2012, 154, 164.

ohne § 823 Abs. 2 BGB nicht effektiv gewährleisten lasse[936]. Diesem Einwand ist zwar entgegen zu halten, dass hinter der Lösung des BGH keine richterliche Willkür steckt, sondern die zentrale Wertung des Deliktrechts, keine Haftung für allgemeine Vermögensschaden zuzulassen[937]. Diese soll nicht durch die Ausuferung der Haftung aufgrund von Schutzgesetzen unterlaufen werden. Trotzdem ist nicht auszuschließen, dass der BGH seine restriktive Tendenz hinsichtlich der Anerkennung von Schutzgesetzen ablegt und sich der anderslautenden und spürbar zunehmenden Literaturmeinung anschließt, zumal die MiFID II noch deutlicher als die MiFID I das Ziel des Anlegerschutzes herausstellt[938]. Der künftige Umgang mit dem Kriterium der Tragbarkeit im haftungsrechtlichen Gesamtsystem sollte zumindest für die hier zugrunde liegende Frage jedoch folgenlos bleiben. Denn die Einordnung von Art. 18 MiFIR als Schutzgesetz scheitert bereits daran, dass der europäische Gesetzgeber mit dem Erlass der gegenständlichen Vorschriften innerhalb des Regelungszusammenhangs der Vorhandelstransparenz den Preisbildungsmechanismus schützen wollte[939]. Auch die Ausführungen dieser Abhandlung haben gezeigt, dass sich ein Rechtsschutz zugunsten der Kunden des systematischen Internalisierers weder historisch[940], noch dogmatisch[941] begründen lässt. Der europäische Gesetzgeber unterwarf systematische Internalisierer mit der MiFID I erstmalig einem Regulierungsrahmen, um vielmehr ein „Level Playing Field" zu Handelsplätzen zu etablieren. Mit ihren Quotes sollten sie den Markt für den durch die Internalisierung entstandenen Liquiditätsentzug entschädigen. Aufgrund der in der Finanzmarktkrise zutage getretenen Transparenzdefizite in den Nichteigenkapitalmärkten wurde das bis dato nur für Aktien geltende Regime der systematischen Internalisierung auf den Handel mit Nichteigenkapitalinstrumenten übertragen. Folglich findet sich an keiner Stelle in der MiFID II/MiFIR und in den delegierten Rechtsakten ein Hinweis darauf, dass mit der Novellierung gleichzeitig der Rechtsschutz der individuellen Kunden des systematischen Internalisierers gewollt oder auch nur

---

936 Statt vieler: *Wagner*, in: MükoBGB, § 823 Rn. 512; kritisch auch: *Klein*, WM 2016, 862, 866, der das Kriterium der Tragbarkeit im Lichte des Haftungssystems praktisch ungeeignet, unangebracht und unnötig empfindet.

937 *Wagner*, in: MükoBGB, § 823 Rn. 504.

938 *Einsele*, ZHR 180 (2016), 233, 244.

939 Siehe dazu bereits: Siebenter Abschnitt C. I. 2, so auch: *Gebauer*, in: Assmann/Schneider/Mülbert, Art. 18 MiFIR Rn. 6.

940 Siehe dazu: Zweiter Abschnitt A. IV.

941 Siehe dazu: Fünfter Abschnitt A. II und Siebenter Abschnitt C. I. 2.

„mit gewollt" war[942]. Zwar werden naturgemäß Interessenkollisionen zwischen dem systematischen Internalisierer und seinen Kunden aufgrund des Handels auf eigene Rechnung provoziert, was nicht zuletzt wegen der eingeschränkten Rechenschaftspflicht bereits 1995 zur Abschaffung des selbsteintretenden Kommissionärs in den SBW deutscher Banken führte. Die Vorhandelstransparenzpflichten sind aber nicht dem Ausgleich etwaiger Unausgewogenheiten oder Benachteiligung individueller Kunden zu dienen bestimmt. Vielmehr wurden hierfür spezielle Wohlverhaltens- und Organisationsvorschriften, wie etwa die Aufzeichnungspflicht oder die Pflicht zur bestmöglichen Ausführung, erlassen, um den Vorrang des Kundeninteresses zu sichern[943]. Anders als dies bei solchen Vorschriften der Fall ist, sieht die Formulierung des Art. 18 MiFIR folgerichtig auch nicht vor, dass die verschiedenen Quotierungs-, Veröffentlichungs- oder Abschlusspflichten „im Interesse seiner Kunden" zu erbringen wären. Soweit die Kunden von den Bestimmungen des Art. 18 MiFIR in ihrer Gesamtheit profitieren, ist dies abermals nicht mehr als ein Reflex der eigentlichen gesetzgeberischen Zielsetzung, die Marktfunktion mithilfe von adäquater Handelstransparenz zu schützen. Ebenso wenig kann eine Schutzgesetzeigenschaft aus dem Grundsatz des effet utile hergeleitet werden[944]. Um einen Verstoß gegen Art. 18 MiFIR mit Sanktionen zu versehen, die wirksam, verhältnismäßig und abschreckend sind, ist es nicht erforderlich, dass Kunden einen deliktischen Schadensersatzanspruch haben[945]. Ein solcher Schadensersatzanspruch wäre nur dann erforderlich, wenn ein Verstoß gegen eine Norm des EU-Rechts andernfalls „regelmäßig sanktionslos bliebe"[946]. Verstöße gegen die in Art. 18 MiFIR enthaltenen Pflichten sind aber bußgeldbewehrt. Im Ergebnis sprechen daher zahlreiche Gründe dagegen, die Pflichten des systematischen Internalisierers als Schutzgesetze im Sinne des § 823 Abs. 2 BGB zu sehen. Damit ist freilich keine

942 In dem ersten Kommissionsentwurf der MiFIR war noch davon die Rede, dass die Transparenzpflichten des systematischen Internalisierers auch die Kleinanleger schützen sollen, siehe: Kommission, Vorschlag für eine MiFIR vom 20. Oktober 2011, 3.4.6. Richtigerweise findet sich dies in den Erwägungsgründen der verabschiedeten Rechtsakte nicht wieder.

943 Siehe im Zusammenhang mit dem Selbsteintrittsrecht des Kommissionärs: *Häuser*, in: MükoBGB, § 400 Rn. 3a.

944 Siehe im Zusammenhang mit der Haftung für fehlerhafte Ad-hoc-Mitteilungen und Angebotsunterlagen: *Hellgardt*, AG 2012, 154, 164.

945 Vgl.: *Wagner*, in: MükoBGB, § 823 Rn. 481.

946 BGH EuZW 2011, 440, 442; *Buck-Heeb*, Kapitalmarktrecht, § 7 Rn. 617; *Wagner*, in: MükoBGB, § 823 Rn. 481.

Aussage zu der Schutzgesetzqualität der Wohlverhaltenspflichten der §§ 63 ff. WpHG im Allgemeinen getroffen. Inwieweit die Anwendbarkeit der MiFID II/ MiFIR diesen Streit und die von der Rechtsprechung und den Kommentatoren bislang bezogenen Positionen beeinflussen wird, bleibt abzuwarten.

Achter Abschnitt
Zusammenfassung in Thesen

Die Ergebnisse dieser Abhandlung lassen sich in den folgenden Thesen zusammenfassen:

1. Mit MiFID II/MiFIR werden die Kategorien der Handelssysteme überarbeitet und die Begriffsbestimmung des systematischen Internalisierers neu definiert, über den mehr Handelsbewegungen stattfinden sollen und werden. Daneben hat der europäische Gesetzgeber für den Handel mit Nichteigenkapitalinstrumenten organisierte Handelssysteme eingeführt, die sich – wie die Swap Execution Facilities unter dem Dodd-Frank Act – vor allem durch ihre Multilateralität und das Eigenhandelsverbot des Systembetreibers von den systematischen Internalisierern unterscheiden. Dem europäischen Gesetzgeber war augenscheinlich an einer strikteren Abgrenzung zwischen bilateraler und multilateraler Ausführung gelegen, was in der Umsetzung nicht immer gelingt und unter anderem in § 75 Abs. 4 WpHG zum Ausdruck kommt. Die zitierte Vorschrift schließt den Betrieb eines organisierten Handelssystems bei gleichzeitiger systematischer Internalisierung aus. Auch wenn die Verwaltungspraxis diese Vorschrift streng als allgemeine Verbotsvorschrift qualifiziert, hätten nach hier vertretener Auffassung die besseren Gründe dafür gesprochen, dass sich dieses Verbot nur auf die jeweiligen Instrumente und deren Derivate bezieht, für die eine Wertpapierfirma systematische Internalisierung betreibt. Eine solche instrumentenbezogene Auslegung ist auch bei anderen Pflichten, wie etwa der Referenzdatenmeldung, geboten. Die neue Systematik der Handelssysteme ist mit den neuen Vorschriften zur Handelspflicht verknüpft. Die Transparenz für handelspflichtige Derivate wird dadurch erreicht, dass diese nur noch über Handelsplätze ausgeführt werden dürfen. Während Swap Execution Facilities hierfür bei vorliegender Gleichwertigkeit infrage kommen können, schadet der systematische Internalisierer für die Ausführung handelspflichtiger Derivate aus.
2. Sowohl der Anwendungsbereich als auch die Reichweite der internalisierungsspezifischen Pflichten hängen entscheidend von dem zugrunde liegenden Nichteigenkapitalinstrument ab, mit dem Handel betrieben wird. Daher kommt der Zuordnung eines Finanzinstruments in eine der Kategorien von Nichteigenkapitalinstrumenten unter MiFID II/MiFIR eine nicht zu unterschätzende Bedeutung zu. Bestehende wertpapierprospektrechtliche

Informationen des Primärmarkts sollten dabei nicht unberücksichtigt bleiben. Abgrenzungsprobleme können sich unter anderem ergeben, wenn ein Finanzinstrument Charakteristika von Eigen- und Nichteigenkapitalinstrumenten aufweist. Unklar ist der Anwendungsbereich der vom europäischen Gesetzgeber neu geschaffenen Kategorie der Zertifikate im Sinne von Art. 2 Abs. 1 Nr. 27 MiFIR. Die Ausführungen haben gezeigt, dass jedenfalls einfach nachrangige Schuldverschreibungen und wohl auch Tier-1 Anleihen zumindest für Transparenzzwecke nicht unter Art. 2 Abs. 1 Nr. 27 MiFIR fallen. Auch bei derivativen Wertpapieren wird die Zuordnung nicht immer eindeutig sein, wenn auch deren größter Teil als verbriefte Derivate zu klassifizieren ist. Die Folge ist, dass verbriefte Derivate nach der Wertung des europäischen Verordnungsgebers per se als liquide Instrumente gelten. Wenn bei einem prozentnotierten Produkt der Charakter als Inhaberschuldverschreibung überwiegt, könnte eine Einordnung als Anleihe möglich ein. Im Hinblick auf die Liquiditätsmerkmale und die höheren Schwellenwerte wäre dies vorteilhaft.

3. Für die systematische Internalisierung sind nur solche Geschäfte relevant, die außerhalb von Handelsplätzen und für die Ausführung von Kundenaufträgen auf eigene Rechnung abgeschlossen werden. Hierbei ist es der Wertpapierfirma verwehrt, selbst ein multilaterales System zu betreiben. Diese Vorgaben sind zwar nicht neu. Aufgrund der Ausweitung der Vorschriften auf Nichteigenkapitalinstrumente werden Wertpapierfirmen, die entsprechende Geschäfte tätigen, aber erstmals von den Vorschriften zur systematischen Internalisierung betroffen sein. Für die Beantwortung der Frage, ob ein Handel auf eigene Rechnung vorliegt, ist entscheidend, ob die Wertpapierfirma im Rahmen eines zivilrechtlichen Festpreisgeschäfts einen Preis stellt, der sich anhand objektiver Kriterien bestimmen lässt. Von den Umständen des jeweiligen Einzelfalls wird abhängen, ob das auf eigene Rechnung ausgeführte Geschäft auch einen für die systematische Internalisierung relevanten Eigenhandel darstellt. Exemplarisch wurde aufgezeigt, dass jedenfalls Hedgegeschäfte und Anleihenrückkaufprogramme in der Regel nicht auf einen Kundenauftrag zurückgehen. Für die Abgrenzung zwischen multilateralen und bilateralen Handelssystemen kommt es auf die Rolle des Betreibers an. Innerhalb bilateraler Handelssysteme haben die Kunden des Systembetreibers nicht die Möglichkeit, untereinander zu handeln. Sofern der Systembetreiber systematischer Internalisierer ist, darf er Kundenaufträge zumindest gelegentlich zusammenführen. Um bereits identifizierte Schlupflöcher zu schließen, hat ESMA der dadurch stattfindenden mittelbaren Interaktion von Kundeninteressen jedoch zu Recht dezidierte Grenzen gesetzt.

4. Inwieweit ein Internalisierer auch systematisch handelt, bemisst sich anhand konkreter quantitativer Schwellenwerte. Dies schafft Rechtssicherheit, und es ist bereits abzusehen, dass zahlreiche Handelsaktivitäten mit verbrieften Derivaten und Anleihen als systematische Internalisierung einzuordnen sind. Davon ist insbesondere das Market Making betroffen, wenn es außerhalb von Handelsplätzen stattfindet. Primärmarktaktivitäten sind dagegen ausgenommen. Ziel der neuen Begriffsbestimmung ist es auch, geringe Handelsaktivitäten, für die die Einhaltung der Rechtspflichten des systematischen Internalisierers unverhältnismäßig wäre, auszuschließen. Diese Balance gelingt nicht immer, und die Systematik der neuen Schwellenwertberechnung wirft an einigen Stellen Fragen auf. Nach den Art. 13 ff. delegierten MiFID II-VO ist es unklar, für welche Instrumente sich eine Wertpapierfirma im Falle einer Schwellenwertüberschreitung als systematischer Internalisierer klassifiziert. Nicht zuletzt die Anwendung des effet utile hat gezeigt, dass eine wie von ESMA bestätigte wörtliche Interpretation dieser Bestimmungen zu einem dem Sinn und Zweck widersprechenden Ergebnis und letztlich zu einer Überregulierung führen würde. Durch den auf diese Weise hervorgerufenen Trigger-Mechanismus würde sich der Anwendungsbereich der internalisierungsspezifischen Pflichten nämlich unter Umständen auf alle Instrumente beziehen, die einer Kategorie von Nichteigenkapitalinstrumenten angehören. Dies birgt die Gefahr, dass Wertpapierfirmen die Einstufung als systematischer Internalisierer bewusst vermeiden. Praktisch kann dies dadurch vollzogen werden, dass sie ihre Geschäfte nur noch an Handelsplätzen oder außerbörslich über Kommissionsgeschäfte abschließen. Dies ist rechtlich nicht zu beanstanden und wird künftig wohl ein Schwerpunkt der Beratungspraxis sein.
5. Daher werden die in Art. 18 MiFIR vorgesehenen Pflichten zumindest in der Theorie die Transparenz über Handelsmöglichkeiten im OTC-Bereich verbessern. Eine besondere Vorsicht sah der Verordnungsgeber in den Anleihemärkten geboten, in denen das Transparenzniveau aufgrund eines Phase-In sukzessive ansteigen soll. Aus Sicht der Wertpapierfirmen ist es vorteilhaft, wenn die Produkte, für die sie systematische Internalisierung anbieten, als illiquide eingestuft werden. Sie unterliegen dann einer deutlich abgeschwächten Vorhandelstransparenz, da die jeweiligen Kursofferten insbesondere nicht der Veröffentlichungspflicht und den Abschlusspflichten unterliegen. Für andere Produkte gilt, dass eine Stellung von rein indikativen Kursofferten wegen Art. 18 Abs. 1 MiFIR nicht mehr möglich ist. Doch auch für liquide Nichteigenkapitalinstrumente hat der europäische Gesetzgeber versucht, dem systematischen Internalisierer diverse Korrektive zum Kontrahierungszwang

zur Verfügung zu stellen. Sowohl für illiquide als auch für liquide Nichteigenkapitalinstrumente ist vor allem die instrumentenspezifische Größe (SSTI) von Relevanz. Tätigen Wertpapierfirmen Aufträge, die über dieser Größe liegen, findet Art. 18 MiFIR keine Anwendung. Die SSTI wurde insbesondere für Nichteigenkapitalinstrumente und Situationen eingeführt, in denen sich Wertpapierfirmen mit ihrem eigenen Kapital exponieren. Sie verdrängt als lex specialis die jeweiligen Ausnahmevorschriften für großvolumige Geschäfte, die demzufolge keinerlei Bedeutung für den systematischen Internalisierer entfalten können. Es bleibt abzuwarten, wie sich die von ESMA für die instrumentenspezifische Größe kalibrierten Schwellenwerte in der Praxis auswirken. Aus Sicht des Rechtsanwenders wäre jedenfalls ein in sich schlüssiger Rechtsrahmen erforderlich gewesen. Wie aufgezeigt, ist dem Gesetzgeber dies mit dem Herzstück des Art. 18 MiFIR nicht in dem erforderlichen Umfang gelungen, was sich zu allem Überfluss auch noch negativ auf die Übersetzungen in die Amtssprachen auswirkt. Oftmals kann ein Blick in die Gesetzgebungshistorie Erkenntnisse liefern, was der europäische Gesetzgeber eigentlich regeln wollte. Als rechtssystematisch besonders fraglich hat sich der in Art. 18 Abs. 2 MiFIR enthaltene Verweis auf die Ausnahmeregelungen für Handelsplatzbetreiber erwiesen, welcher in den seltensten Fällen eine eigenständige Bedeutung für den systematischen Internalisierer erlangen kann. Darüber hinaus bestehen auch erhebliche Unklarheiten, wie und ob überhaupt die Vorschriften – etwa im Hinblick auf die Besonderheiten des Telefonhandels – anzuwenden sind.

6. Diese geäußerte rechtssystematische Kritik gilt gleichermaßen hinsichtlich der neuen Anforderungen zur Nachhandelstransparenz, bei denen es dem europäischen Gesetzgeber offensichtlich auch an einer behutsamen Regulierung gelegen war. Die neuen Regelungen bedeuten im Ergebnis, dass Wertpapierfirmen, die Kundenaufträge auf eigene Rechnung durchführen, ab 2021 nur fünf Minuten bleiben werden, um ihre abgeschlossenen Geschäfte bis zu ihrer Veröffentlichung am Markt abzusichern. Die Echtzeitveröffentlichung steht allerdings unter dem Vorbehalt eines ausdifferenzierten Systems an Ausnahmeregelungen, die im Wesentlichen im Ermessen der nationalen Aufsichtsbehörden stehen. Im Rahmen des außerbörslichen Handels zwischen Wertpapierfirmen kommt dem systematischen Internalisierer im Nachhandel eine prominente Rolle zu. Er ist nämlich stets für die Veröffentlichung verantwortlich, auch wenn er seine Identität dabei nicht offenlegen muss. Ungeachtet des von ESMA und der Kommission entwickelten weiten Ausnahmekatalogs nicht veröffentlichungspflichtiger Geschäfte, lassen sich die zu Beginn des Gesetzgebungsverfahrens geäußerten Gefahren übermäßiger

Nachhandelsinformationen nicht gänzlich aus dem Weg räumen. Dies ist insbesondere den hohen Schwellenwerten geschuldet, die ESMA im Wege ihrer Berechnungen veröffentlichte.

7. Während die Vorgängerrichtlinie die systematische Internalisierung exklusiv über die Handelstransparenz regelte, sehen MiFID II/MiFIR darüber hinausgehende Pflichten vor. Wie die neue Verpflichtung der Referenzdatenmeldungen demonstriert, können diese unabhängig davon greifen, ob das jeweilige Nichteigenkapitalinstrument an einem Handelsplatz gehandelt wird. Ausreichend kann nämlich bereits sein, wenn der systematische Internalisierer mit Derivaten handelt, denen als Basiswerte Finanzinstrumente zugrunde liegen, die ihrerseits zum Handel zugelassen sind. Dies weitet den Anwendungsbereich nicht unerheblich aus, denn nach alter Rechtslage war es nur möglich, systematischer Internalisierer für an Handelsplätzen handelbare Finanzinstrumente zu werden. Auch durch die ebenfalls neu eingeführte Berichtspflicht über die Ausführungsqualität wird deutlich, dass der systematische Internalisierer in Anbetracht des beabsichtigten Level Playing Field funktionell näher an die Handelsplätze heranrückt, auch wenn er per definitionem nicht mehr als solcher gilt. Dies steigert den administrativen Aufwand und wirft für die betroffenen Wertpapierfirmen einmal mehr die Frage auf, ob sie systematischer Internalisierer werden wollen.
8. Die Beantwortung dieser Frage wäre für systematische Internalisierer noch brisanter, sofern ihr aufsichtsrechtlicher Pflichtenkatalog dem nationalen Privatrecht zugeordnet werden könnte und zu einer Konkretisierung der vertraglichen Verpflichtungen führen würde. Nach hier vertretener Auffassung ist dies zu verneinen. Die Bestimmungen des Art. 18 MiFIR können auch nicht als Schutzgesetze qualifiziert werden. Sie sind vielmehr in dem Kontext von Preiseffizienz und einheitlichen Wettbewerbsbedingungen zu sehen und haben den individuellen Anlegerschutz nicht im Blick. Gleichwohl ist es möglich und auch wahrscheinlich, dass viele der aufsichtsrechtlich und europarechtlich determinierten Vorschriften Vertragsbestandteil zwischen dem systematischen Internalisierer und dessen Kunden werden. In der Kautelarpraxis lassen sich die durch Art. 18 MiFIR gewährten aufsichtsrechtlichen Korrektive zivilrechtlich etwa als Widerrufsrechte oder als aufschiebende Bedingungen aufgreifen, die die schwere Bürde der Vorhandelstransparenz damit aus Sicht des systematischen Internalisierers zufriedenstellend bewältigen können.
9. MiFID II/MiFIR sind Teil einer Regulierungswelle des europäischen Gesetzgebers, die durch einen Trend zur Vollharmonisierung und eine Verordnungsgesetzgebung geprägt ist. Die Komplexität und die Regelungsdichte

kapitalmarktrechtlicher Vorschriften wachsen dadurch kontinuierlich, was durch das Lamfalussy II-Verfahren zusätzlich begünstigt wird. Obwohl ESMA in diesem Rahmen bereits zahlreiche Level III-Maßnahmen herausgegeben hat und einen präskriptiven Ansatz verfolgt, haben diese Ausführungen gezeigt, dass gleichwohl ein hoher Bedarf an bewährter juristischer Exegese besteht. Eine weitere Konsequenz der gegenwärtigen Gesetzgebung im europäischen Kapitalmarktrecht ist die Verzahnung der erlassenen Rechtsakte untereinander. Für systematische Internalisierer kann dies bedeuten, dass die Tatbestandserfüllung unter der MiFID II-VO gegebenenfalls auch Folgepflichten in anderen EU-Rechtsakten auslösen kann, die vielfach an den Begriff des Finanzinstruments anknüpfen. Dies wurde am Beispiel der Referenzwerte-VO geschildert, was den im kapitalmarktrechtlichen Schrifttum diagnostizierten Befund der zunehmenden Konsolidierung der Rechtsakte unterstreicht. Bereits zum 3. Januar 2020 muss ESMA der Kommission einen Bericht über die Anwendung des Art. 18 MiFIR vorlegen. Zudem hat ESMA im Rahmen des in der NEK-Transparenz-VO implementierten Phase-In jährlich zu der Entwicklung der Handelsvolumina und den Auswirkungen auf Liquiditätsanbieter Bericht zu erstatten und gegebenenfalls neue RTS vorzulegen. Die geltenden Schwellenwerte drohen insbesondere an empirischer Legitimität zu verlieren, wenn infolge des Brexit der Londoner Handelsplatz als wichtigster Bestandteil der anwendbaren Berechnungen wegfällt. Auch wenn zu hoffen bleibt, dass die Regulierungswelle nicht alsbald in eine MiFID III/MiFIR II mündet, bleibt eines jedoch gewiss: Gebrochen ist die Welle noch lange nicht.

Abbildungsverzeichnis

Literaturverzeichnis

Assmann, Heinz-Dieter: Das Verhältnis von Aufsichtsrecht und Zivilrecht im Kapitalmarktrecht, in: Burgard, Ulrich/Hadding, Walther/Mülbert, Peter O./Nietsch, Michael/Welter, Reinhard (Hrsg.), Festschrift für Uwe H. Schneider zum 70. Geburtstag, Köln 2011, S. 37–55 [zitiert: *Assmann*, in: FS Schneider (2011)].

Assmann, Heinz-Dieter/Schneider, Uwe: Wertpapierhandelsrecht – Kommentar, 7. Auflage, Köln 2018 [zitiert: *Bearbeiter*, in: Assmann/Schneider/Mülbert].

Assmann, Heinz-Dieter/Schneider, Uwe: Wertpapierhandelsgesetz – Kommentar, 6. Auflage, Köln 2012 [zitiert: *Bearbeiter*, in: Assmann/Schneider, 6. Aufl.].

Assmann, Heinz-Dieter/Schütze, Rolf: Handbuch des Kapitalanlagerechts, 4. Auflage, München 2015 [zitiert: *Bearbeiter*, in: Assmann/Schütze].

Auerbach, Dirk: Banken- und Wertpapieraufsicht, Handbuch, München 2015 [zitiert: *Bearbeiter*, in: Auerbach, Banken- und Wertpapieraufsicht].

Baer, Noah/North, Deborah/Plotnik, Dustin: The Regulation of OTC Derivatives in the United States of America, in: Wilhemli, Rüdiger/Achtelik, Olaf/Kunschke, Dennis/Sigmundt, Christian (jeweils Hrsg.), Handbuch EMIR, Europäische Regulierung der OTC-Derivate, Berlin 2016, S. 618-648 [zitiert: *North/Baer/Plotnick*, in: Handbuch EMIR].

Baisch, Rainer/Baumann, Simone/Weber, Rolf H.: Shades of grey in Dark Pools, GesKR 2014, 183–188.

Balzer, Peter: Umsetzung von MiFID II: Auswirkungen auf die Anlageberatung und Vermögensverwaltung, ZBB 2016, 226–237.

Balzer, Peter: Einführung in das Reformvorhaben MiFID II/MiFIR, in: Teuber, Hanno/Schröer, Ullrich (jeweils Hrsg.), MiFID II/MiFID, Umsetzung in der Bankenpraxis, Heidelberg 2015, S. 5–27 [zitiert: *Balzer*, in: MiFID II/MiFIR, Umsetzung in der Bankenpraxis].

Bamberger, Georg/Roth, Herbert: Beck'scher Online-Kommentar zum BGB, 46. Edition, München 2018 [zitiert: *Bearbeiter*, in: Beck'scher OK BGB].

Begner, Jörg/Neusüß, Martin: Überblick über die MiFID II, RdF 2012, 76–86.

Bialluch, Stephanie Madeleine: Systematische Internalisierung de lege lata, WM 2015, 2033–2038.

Boos, Karl-Heinz/Fischer, Reinfried/Schulte-Mattler, Hermann: Kreditwesengesetz/CRR-VO, Kommentar zu KWG und VO (EU) Nr. 575/2013 (CRR) und Ausführungsvorschriften, 5. Auflage, München 2016, Band 1 [zitiert: *Bearbeiter*, in: BFS, KWG].

Boskovic, Tanja/Cerruti, Caroline/Noel, Michel: Comparing European and U.S. Securities Regulations. MiFID versus Corresponding U.S. Regulations, World Bank Working Paper No. 184, Washington, D.C., 2009 [zitiert: *Boskovic/ Cerruti/Noel,* Comparing European and U.S. Securities Regulations].

Bredow, Günther/Sickinger, Mirko/Weinand-Härer/Liebscher, Finn-Michael: Rückkauf von Mittelstandsanleihen, BB 2012, 2134–2141.

Brusch, Markus/Seitz, Jochen: Organisiertes Handelssystem OTF, in: Teuber, Hanno/Schröer, Ullrich (jeweils Hrsg.), MiFID II/MiFID, Umsetzung in der Bankenpraxis, Heidelberg 2015, S. 229–263 [zitiert: *Brusch/Seitz,* in: MiFID II/MiFIR, Umsetzung in der Bankenpraxis].

Buck-Heeb, Petra: Kapitalmarktrecht, 9. Auflage, Heidelberg 2017 [zitiert: *Buck-Heeb*, in: Kapitalmarktrecht].

Bunte, Hermann-Josef: AGB-Banken, AGB-Sparkassen, Sonderbedingungen, 4. Auflage, München 2015 [zitiert: *Bearbeiter,* in: Bunte, AGB-Banken].

Clausen Nis Jul/Sørensen Engsig, Karsten: Reforming the Regulation of Trading Venues in the EU under the Proposed MiFID II – Levelling the Playing Field and Overcoming Market Fragmentation?, ECFR 2012, 275–306.

Danielski, Ralph: Menschen veredeln den Börsenhandel, Börsen-Zeitung vom 29. Oktober 2016, Sonderbeilage, B4.

Danner, Wolfgang/Theobald, Christian: Energierecht, Loseblattsammlung, 97. Lieferung, Stand: April 2018 [zitiert: *Bearbeiter,* in: Danner/Theobald].

Dauses, Manfred: Handbuch des EU-Wirtschaftsrechts, Band 1, Loseblattsammlung, 44. Lieferung, Stand: Februar 2018 [zitiert: *Bearbeiter,* in: Dauses, EU-Wirtschaftsrecht].

Decker, Oliver: Segregation und Ausfallrisiko nach EMIR und KAGB, BKR 2014, 397–404.

Deipenbrock, Gudula: Kritische Anmerkungen zur Umsetzung des Regulierungs- und Aufsichtsrahmens für den europäischen Ratingsektor seit seiner Einführung Ende 2009, WM 2016, 2277–2285.

Dierkes, Thomas: Best Execution in der deutschen Börsenlandschaft, ZBB 2008, 11–18.

Dreyer, Dominik/Delgado-Rodriguez, Pantaleon: On Venue Trading und die Zukunft des OTC-Handels nach MiFID II, in: Temporale, Ralf (Hrsg.), Europäische Finanzmarktregulierung, Stuttgart 2015, S. 39–54 [zitiert: *Dreyer/ Delgado-Rodriguez,* in: Europäische Finanzmarktregulierung].

Droll, Thomas/Ockler, Martin: Die Transparenz globaler Derivatemärkte – Licht, Halbdunkel und Schatten, ZfgK 2013, 173–178.

Duve, Christian/Keller, Moritz: MiFID: Die neue Welt des Wertpapiergeschäfts, Transparenz und Marktintegrität für einen europäischen Kapitalmarkt, BB 2006, 2537–2542.

Duve, Christian/Keller, Moritz: MiFID: Die neue Welt des Wertpapiergeschäfts – oder: Glauben Sie nicht, Sie könnten ohne Weiteres Wertpapiere kaufen, BB 2006, 2477–2484.

Eckhold, Thomas: Freiwillige öffentliche Kaufangebote im elektronischen Bundesanzeiger: Eigenhandel als Dienstleistung für andere i.S.d. (geltenden und zukünftigen KWG)?, WM 2016, 2063–2067.

Einsele, Dorothee: Verhaltenspflichten im Bank- und Kapitalmarktrecht – öffentliches Recht oder Privatrecht?, ZHR 180 (2016), 233–269.

Ehmann, Eugen/Selmayr, Martin: Datenschutz-Grundverordnung: DS-GVO, Kommentar, 2. Auflage, München 2018 [zitiert: *Bearbeiter,* in: Ehmann/Selmayr, EU-DSGVO].

Ehricke, Ulrich: Übertragung von Emissionshandelszertifikaten im Blick auf die zweite Handelsperiode, WM 2008, 1333–1341.

Ekkenga, Jens/Maas, Heyo: Das Recht der Wertpapieremissionen, Berlin 2006 [zitiert: *Bearbeiter,* in: Ekkenga/Maas, Das Recht der Wertpapieremissionen].

Ekkenga, Jens/Schröer, Henning: Handbuch der AG-Finanzierung, Köln 2014 [zitiert: *Bearbeiter,* in: Ekkenga/Schröer, Handbuch der AG-Finanzierung].

Feldkamp, Jakobus: Alle ein bisschen LIBOR? Die neue Refernzwertverordnung und ihre Folgen, RdF 2016, 180–187.

Ferrarini, Guido: Market transparency and best execution: Bond trading under MiFID, in: Tison, Michel/Van der Elst, Christoph (jeweils Hrsg.), Perspectives in Company Law and Financial Regulation, S. 477–482, Cambrige 2009 [zitiert: *Ferrarini,* in: Perspectives in Company Law and Financial Regulation].

Ferrarini, Guido: Best execution and competition between trading venues – MiFID's likely impact, Capital Markets Law Journal, 2007, S. 404–413.

Ferrarini, Guido/Moloney, Niamh: Reshaping Order Execution in the EU and the Role of Interest Groups: From MiFID I to MiFID II, EBOR 2012, 557–597.

Ferrarini, Guido/Recine, Fabio: The MiFID and Internalisation, in: ders./Wymeersch, Eddy (jeweils Hrsg.), Investor Protection in Europe: Corporate Law Making, the MiFID and Beyond, S. 235–270, Oxford 2006 [zitiert: *Ferrarini/Recine,* in: Investor Protection in Europe].

Fleckner, Andreas/Vollmuth, Christian: Geschäfte zu nicht marktgerechten Preisen (Mistrades) im außerbörslichen Handel – Zu den Grenzen außerbörslicher Mistrade-Regeln, zur Interessenwahrung im außerbörslichen Handel sowie zur Drittschadensliquidation im Rahmen des § 122 BGB – zugleich Anmerkung zu BGH WM 2002, 1687, WM 2004, 1263–1278.

Fleischer, Holger: Die Richtlinie über Märkte für Finanzinstrumente und das Finanzmarkt-Richtlinie-Umsetzungsgesetz – Entstehung, Grundkonzeption, Regelungsschwerpunkte, BKR 2006, 389–396.

Fleischer, Holger/Schmolke, Klaus Ulrich: Die Reform der Transparenzrichtlinie: Mindest- oder Vollharmonisierung der kapitalmarktrechtlichen Beteiligungspublizität? NZG 2010, 1241–1248.

Forschner, Julius: Wechselwirkungen von Aufsichtsrecht und Zivilrecht, eine Untersuchung zum Verhältnis der §§ 31 ff. WpHG und zivilrechtlichem Beratungsvertrag, Tübingen 2013 [zitiert: *Forschner*, Wechselwirkungen von Aufsichtsrecht und Zivilrecht].

Fuchs, Andreas: Wertpapierhandelsgesetz (WpHG) Kommentar, 2. Auflage, München 2016 [zitiert: *Bearbeiter*, in: Fuchs, WpHG].

Funke, Susanne: Reaktion auf die Finanzmarktkrise Teil 2: MiFID und MiFIR machen das Frühwarnsystem perfekt!, CCZ 2012, 54–58.

Funke, Susanne/Neubauer, Maik: Reaktion auf die Finanzmarktkrise: REMIT und EMIR als neue Frühwarnsysteme für den Europäischen Energiemarkt, CCZ 2012, 6–11.

Gadinis, Stavros: Market Structure for Institutional Investors: Comparing the U.S. and the E.U. Regimes, VBLR 2008, 311–356.

Geier, Bernd/Mirtschnink, Daniel: OTC-Derivate-Regulierung aus Sicht der Buy- und Sell-Side (EMIR und MiFID II/MiFIR), CFB 2013, 102–116.

Geier, Bernd/Schmitt, Christian: MiFID-Reform: Der neue Anwendungsbereich der MiFID II und MiFIR, WM 2013, 915–920.

Gobbo, Giulia: MiFID's Systematic Internalisation: the Efficiency Debate and the Future of the European Financial Markets, EBLR 2009, 63–99.

Gomber, Peter: Elektronische Handelssysteme, Innovative Konzepte und Technologien im Wertpapierhandel, Heidelberg 2000 [zitiert: *Gomber*, Elektronische Handelssysteme].

Gomber, Peter/Hirschberg, Holger: Ende oder Stärkung der konventionellen Börsen? Die Umsetzung der MiFID in Deutschland, AG 2006, 777–784.

Gomber, Peter/Jäger, Benedikt: MiFID: Eine systematische Analyse der Zielerreichung, ZBB 2014, 40–51.

Gomber, Peter/Nassauer, Frank: Neuordnung der Finanzmärkte in Europa durch MiFID II/MiFIR, ZBB 2014, 251–259.

Gomber, Peter/Seitz, Jochen: Neue Transparenzregeln für den Wertpapierhandel in Europa, Vierteljahreshefte zur Wirtschaftsforschung 74 (2005), 153–166.

Goodarzi, Ramin: Ausschreibungspflichtigkeit des Erwerbs von Emissionszertifikaten durch Stadtwerke und andere öffentliche Anlagenbetreiber, NVwZ 2004, 949–952.

Görner, André/Dreher, Meinhardt: Die Kapitalanlage in Finanzinstrumente durch Kommanditgesellschaften, zugleich Besprechung von VG Frankfurt/M., Beschl. v. 25.7.2005, ZIP 2005, 2139–2144.

Grabitz,Eberhard/Hilf, Meinhard/Nettesheim, Martin: Das Recht der Europäischen Union, EUV/AEUV, Band III, Loseblattsammlung, 64. Lieferung, Stand: Mai 2018 [zitiert: *Bearbeiter*, in: Grabitz/Hilf/Nettesheim].

Graßl, Bernd: Die neue Marktmissbrauchsverordnung der EU, DB 2015, 2066–2072.

Groß, Georg: Globaler Handel erfordert globales Reporting, Börsen-Zeitung vom 30. Januar 2016, Sonderbeilage Regulierung, B3.

Groß, Wolfgang: Kapitalmarktrecht, Kommentar zum Börsengesetz, zur Börsenzulassungs-Verordnung und zum Wertpapierprospektgesetz, 6. Auflage, München 2016 [zitiert: *Groß*, in: ders., Kapitalmarktrecht].

Güllner, Mariam: MiFID II: Die neue Handelsplatzarchitektur in der EU, WM 2017, 938–945.

Gurlit, Elke: Die Entwicklung des Banken- und Kapitalmarktaufsichtsrechts in den Jahren 2015/2016, WM 2016, 2053–2063.

Haeg, Hendrik/Peters, Jan: Aktienrechtsnovelle 2011–2015, WM 2015, 2303–2308.

Haisch, Martin/Helios, Marcus: Rechtshandbuch Finanzinstrumente, München 2011 [zitiert: *Bearbeiter*, in: Rechtshandbuch Finanzinstrumente].

Hammen, Horst: „Best" – Was ist Börsenhandel?, WM 2002, 2129– 2137.

Harter, Sebastian/Voß, Thorsten: Transaktionsmeldungen nach Art. 26 MiFIR – Was gilt für emittierende Wertpapierfirmen ab 2018?, BB 2017, 1667–1672.

Happel, Julia/Süss, Lars-Fredrik: MiFID II – eine neue Handelslandschaft entsteht, in: Teuber, Hanno/Schröer, Ullrich (jeweils Hrsg.), MiFID II/MiFID, Umsetzung in der Bankenpraxis, Heidelberg 2015, S. 229–263 [zitiert: *Happel/Süss*, MiFID II/MiFIR, Umsetzung in der Bankenpraxis].

Heidel, Thomas/Schall, Alexander: Handelsgesetzbuch, Handkommentar, 2. Auflage, Baden-Baden 2015 [zitiert: *Bearbeiter*, in: Heidel/Schall].

Hellgardt, Alexander: Europarechtliche Vorgaben für die Kapitalmarktinfirmationshaftung de lege lata und nach Inkrafttreten der Marktmissbrauchsverordnung, AG 2012, 154–168.

Hemeling, Peter: Europäische Finanz- und Kapitalmarktregulierung auf dem Prüfstand, ZHR 181 (2017), 595–602.

Heppe, Hansjörg/Tielmann, Jörg: Die Neuerungen des Dodd-Frank Wall Street Reform and Consumer Protection Act – Eine Auswahl –, WM 2011, 1883–1893.

Hertig, Gerard: MiFID and the Return of Concentration Rules, in: Grundmann, Stefan/Haar, Brigitte/Merkt, Hanno, et. al. (jeweils Hrsg.), Festschrift für Klaus J. Hopt zum 70. Geburtstag, Berlin 2010, S. 1989–2000 [zitiert: *Hertig*, in: FS Hopt (2010)].

Hitzer, Martin/Hauser, Patrick: ESMA – Ein Statusbericht, BKR 2015, 52–59.

Hoops, Christian: Bedeutung des organisierten Handelssystems in der gegenwärtigen Marktinfrastruktur, RdF 2017, 14–21.

Hoops, Christian: Das neue Regime für die systematische Internalisierung nach MiFID II: Auswirkungen auf den deutschen Zertifikatehandel, WM 2017, 319–323.

Hüffer, Uwe/Koch, Jens: Aktiengesetz, 13. Auflage, München 2018 [zitiert: *Bearbeiter*, in: Hüffer/Koch].

Jordans, Roman: Zum aktuellen Stand der Finanzmarktnovellierung in Deutschland, BKR 2017, 273–279.

Just, Clemens/Voß, Thorsten/Ritz, Corinna/Ralf, Becker: Wertpapierhandelsgesetz (WpHG), 2. Auflage, München 2015 [zitiert: *Bearbeiter*, in: JVRB].

Kalbhenn, Christopher: BaFin erwartet mehr systematische Internalisierer, Börsen-Zeitung vom 30. September 2016, S. 5.

Kalbhenn, Christopher: Strombörse EEX führt OTF ein, Börsen-Zeitung vom 10. Februar 2016, S. 2.

Karpenstein, Ulrich: Praxis des EU-Rechts, 2. Auflage, München 2013 [zitiert: *Karpenstein*, in: Praxis des EU-Rechts].

Kasiske, Peter: Compliance-Risiken beim Wertpapierhandel in Dark Pools, BKR 2015, 454–459.

Kasiske, Peter: Marktmissbräuchliche Strategien im Hochfrequenzhandel, WM 2014, 1933–1940.

Kasten, Roman A.: Das neue Kundenbild des § 31a WpHG – Umsetzungsprobleme nach MiFID und FRUG, BKR 2007, 261–267.

Kiesewetter, Matthias/Parmentier, Miriam: Verschärfung des Marktmissbrauchrechts – ein Überblick über die neue EU-Verordnung über Insidergeschäfte und Marktmanipulation, BB 2013, 2371–2379.

Klein, Nico C.: Dogmatische Stolpersteine bei der Bestimmung von Schutzgesetzen – aufgezeigt anhand des Musterbeispiels der wertpapierhandelsrechtlichen Wohlverhaltensregeln, WM 2016, 862–866.

Kocher, Dirk: Ad-hoc-Publizität und Insiderhandel bei börsennotierten Anleihen, WM 2013, 1305–1310.

Köndgen, Johannes: Internalisierter Wertpapierhandel unter MiFID: Zwischen Anlegerschutz und Markteffizienz, in: Bessler, Wolfgang (Hrsg.), Festschrift für Hartmut Schmidt zum 65. Geburtstag, Berlin 2006, S. 281–311 [zitiert: *Köndgen*, in: FS Schmidt (2006)].

Köndgen, Johannes/Theissen, Erik: „Internalisierter" Wertpapierhandel zu Börsenpreisen?, WM 2003, 1497–1509.

Kölner Kommentar zum WpHG: Hirte, Heribert/Möllers, Thomas (jeweils Hrsg.), 2. Auflage, Köln 2014 [zitiert: *Bearbeiter*, in: KölnKommWpHG].

Kumpan, Christoph: Ad-hoc-Publizität nach der Marktmissbrauchsordnung, DB 2016, 2039–2045.

Kumpan, Christoph: Carrot and Stick – The EU's Response to New Securitles Trading Systems, EFCR 2006, 383–407.

Kumpan, Christoph: Die Regulierung außerbörslicher Wertpapierhandelssysteme im deutschen, europäischen und US-amerikanischen Recht, Berlin 2006 [zitiert: *Kumpan*, Regulierung außerbörslicher Wertpapierhandelssysteme].

Kumpan, Christoph: Transparenz als Mittel der Kapitalmarktregulierung – Die neuen Transparenzvorschriften der Richtlinie über Märkte für Finanzinstrumente, WM 2006, 797–806.

Kumpan, Christoph/Hendrik, Müller-Lankow: Ein-Market-Maker-Systeme in der neuen Kapitalmarktregulierung – Abgrenzung zwischen multilateralen und bilateralen Systemen, WM 2017, 1777–1786.

Kümpel, Siegfried/Wittig, Arne: Bank- und Kapitalmarktrecht, 4. Auflage, Köln 2011 [zitiert: *Bearbeiter*, in: Kümpel/Wittig, Bank- und Kapitalmarktrecht].

Kurpiers, Olaf/Zeitz, Dominik: Wertpapierfinanzierungsgeschäfte unter der SFT-Verordnung – ein regulatorischer Überblick, RdF 2016, 277–284.

Langenbucher, Katja: Europäisches Privat- und Wirtschaftsrecht, 4. Auflage, Baden-Baden 2017 [zitiert: *Bearbeiter*, in: Langenbucher, Europäisches Privat- und Wirtschaftsrecht].

Langenbucher, Katja/Bliesener, Dirk/Spindler, Gerald: Bankrechts-Kommentar, 2. Auflage, München 2016 [zitiert: *Bearbeiter*, in: LBS].

Lehmann, Matthias: Reform der Derivatemärkte – transatlantischer Kampf um Wettbewerbsfähigkeit, RdF 2011, 300–309.

Liersch, Jan: Nachteile für den Finanzplatz durch außerbörsliche Wertpapiergeschäfte, WM 2003, 473–479.

Lohmann, Jakob/Gebauer, Stefan: Der Zielmarkt nach MiFID II: Wer muss Was für Wen? BKR 2018, 244–254.

Lucantoni, Paolo: Trading Equity Instruments under MiFID II/MiFIR, JIBLR 2016, 203–210.

Lutter, Marcus/Bayer, Walter/Schmidt, Jessica: Europäisches Unternehmens- und Kapitalmarktrecht, 6. Auflage, Berlin 2018 [zitiert: *Lutter/Bayer/J. Schmidt*, in: EuropUR].

Maerker, Sebastian/Ashrafnia Said: Keine Sperrwirkung von § 10 V KWG a. F. bei Schadensersatzansprüchen von Genussscheininhabern, DB 2014, 2210–2212.

Märker, Klaus: Zur Funktionsweise von Lehman-Zertifikaten – zugleich eine Besprechung von OLG Düsseldorf, Urt. v. 16.12.2010 – I 6 U 200/09, BKR 2011, 147–150.

Michalski, Lutz: Kommentar zum Gesetz betreffend die Gesellschaften mit beschränkter Haftung (GmbH-Gesetz), 3. Auflage, München 2017, Band 1, Systematische Darstellungen, §§ 1–34 GmbHG [zitiert: *Bearbeiter*, in: Michalski, GmbHG, Die Finanzierung der GmbH].

Mock, Sebastian: Genussrechtsinhaber in der Insolvenz des Emittenten, NZI 2014, 102–106.

Mülbert, Peter O.: Anlegerschutz und Finanzmarktregulierung – Grundlagen –, ZHR 177 (2013), 160–211.

Mülbert, Peter O.: Regulierungstsunami im europäischen Kapitalmarktrecht, ZHR 176 (2012), 369–379.

Mülbert, Peter O.: Anlegerschutz bei Zertifikaten – Beratungspflichten, Offenlegungspflichten bei Interessenkonflikten und die Änderungen durch das Finanzmarkt-Richtlinie-Umsetzungsgesetz (FRUG), WM 2007, 1149–1163.

Müller-Eising, Karsten: Die Aktienrechtsnovelle 2014 – ein neuer Anlauf zur Novellierung des Aktienrechts, GWR 2014, 229–231.

Münchener Kommentar zum Aktiengesetz: Goette, Wulf/Habersack, Mathias/Kalss, Susanne (jeweils Hrsg.), 4. Auflage, München 2016, Band 4, §§ 179 –277 [zitiert: *Bearbeiter*, in: MükoAktG].

Münchener Kommentar zum Bürgerlichen Gesetzbuch: Säcker, Franz Jürgen/Rixecker, Roland/Oetker, Hartmut/Limperg, Bettina (jeweils Hrsg.), 8. Auflage, München 2018, Band 1, Allgemeiner Teil, §§ 1–240, AllgPersönlR, ProstG, AGG [zitiert: *Bearbeiter*, in: MükoBGB].

Münchener Kommentar zum Bürgerlichen Gesetzbuch: Säcker, Franz Jürgen/Rixecker, Roland/Oetker, Hartmut/Limperg, Bettina (jeweils Hrsg.), 7. Auflage, München 2016, Band 2, Schuldrecht – Allgemeiner Teil, §§ 1–240, AllgPersönlR, ProstG, AGG [zitiert: *Bearbeiter*, in: MükoBGB].

Münchener Kommentar zum Bürgerlichen Gesetzbuch: Säcker, Franz Jürgen/Rixecker, Roland/Oetker, Hartmut/Limperg, Bettina (jeweils Hrsg.), 7. Auflage, München 2017, Band 5, Schuldrecht, Besonderer Teil III, §§ 705–853 Partnerschaftsgesellschaftsgesetz, Produkthaftungsgesetz [zitiert: *Bearbeiter*, in: MükoBGB].

Münchener Kommentar zum Bürgerlichen Gesetzbuch: Säcker, Franz Jürgen/Rixecker, Roland/Oetker, Hartmut/Limperg, Bettina (jeweils Hrsg.), 4. Auflage, München 2016, Band 11, Internationales Privatrecht II, Internationales Wirtschaftsrecht, Einführungsgesetz zum Bürgerlichen Gesetzbuche (Art. 25–248) [zitiert: *Bearbeiter*, in: MükoBGB].

Münchener Kommentar zum Handelsgesetzbuch: Schmidt, Karsten (Hrsg.), 4. Auflage, München 2018, Band 5, Viertes Buch, Handelsgeschäfte, Erster Abschnitt, Allgemeine Vorschriften, Zweiter Abschnitt, Handelskauf, Dritter Abschnitt, Kommissionsgeschäft §§ 343–406, Wiener UN-Übereinkommen über Verträge über den internationalen Warenkauf – CISG [zitiert: *Bearbeiter*, in: MükoHGB].

Münchener Kommentar zum Handelsgesetzbuch: Schmidt, Karsten (Hrsg.), 3. Auflage, München 2014, Band 5, Viertes Buch, Handelsgeschäfte, Erster Abschnitt, Allgemeine Vorschriften, Zweiter Abschnitt, Handelskauf, Dritter Abschnitt, Kommissionsgeschäft §§ 343–406, Wiener UN-Übereinkommen über Verträge über den internationalen Warenkauf – CISG [zitiert: *Bearbeiter*, in: MükoHGB, 3. Aufl.].

Münchener Kommentar zur Zivilprozessordnung mit Gerichtsverfassungsgesetz und Nebengesetzen: Krüger, Wolfgang/Rauscher, Thomas (jeweils Hrsg.), 5. Auflage, München 2017, Band 3, §§ 1025–1109, EGZPO, GVG, EGGVG, UklaG, internationales und europäisches Zivilprozessrecht [zitiert: *Bearbeiter*, in: MükoZPO].

Mutschler, Sibylle: Internalisierung der Auftragsausführung im Wertpapierhandel. Eine rechtliche und ökonomische Betrachtung unter besonderer Berücksichtigung der Richtlinie 2004/39/EG des Europäischen Parlaments und des Rates vom 21. April 2004 über Märkte für Finanzinstrumente, Baden-Baden 2009 [zitiert: *Mutschler*, Internalisierung der Auftragsausführung].

Nikolova, Galina: Rechtsnatur der Zertifikate – Die rechtliche Einordnung der Zertifikate im System des allgemeinen Zivilrechts und des Kapitalmarktrechts, Baden-Baden 2013 [zitiert: *Nikolova*, Rechtsnatur der Zertifikate].

Noduushani, Manuel: Contingent Convertible Bonds – Eine Bestandsaufnahme –, WM 2016, 589–598.

Noduushani, Manuel: CoCo-Bonds in Deutschland – Die neue Wandelschuldverschreibung, ZBB 2011, 143–150.

Oetker, Hartmut: Handelsgesetzbuch: HGB, 5. Auflage, München 2017 [zitiert: *Bearbeiter,* in: Oetker].

Ostermann, Carsten/Sickermann, Charlotte: Handelspflicht für Derivate auf multilateralen Handelsplattformen gemäß MiFID – aktuelle Arbeiten der ESMA, RdF 2017, 100–107.

Orator, Andreas: Die unionsrechtliche Zulässigkeit von Eingriffsbefugnissen der ESMA im Bereich von Leerverkäufen, EuZW 2013, 852–855.

Palandt, Otto: Bürgerliches Gesetzbuch, 77. Auflage, München 2018 [zitiert: *Bearbeiter,* in: Palandt].

Pankoke, Stefan/Wallus, Thamar: Europäische Derivateregulierung und M&A, WM 2014, 4–14.

Parmentier, Miriam: Die Entwicklung des europäischen Kapitalmarktrechts 2014–2015, EuZW 2016, 45–51.

Parmentier, Miriam: Die Entwicklung des europäischen Kapitalmarktrechts 2012–2013, EuZW 2014, 50–57.

Parmentier, Miriam: Die Verhandlung eines Rechtsetzungsvorschlages, BKR 2013, 133–141.

Rengeling, Hans-Werner: Handbuch zum europäischen und deutschen Umweltrecht, Band 1, 2. Auflage, München 2003 [zitiert: *Bearbeiter,* in: Rengeling EUDUR].

Rengeling, Hans-Werner/Middeke, Andreas/Gellermann, Martin: Handbuch des Rechtsschutzes in der Europäischen Union, 3. Auflage, München 2014 [zitiert: *Bearbeiter,* in: Rengeling/Middeke/Gellermann].

Riesenhuber, Karl: Europäische Methodenlehre, 3. Auflage, Berlin 2015 [zitiert: *Bearbeiter,* in: Riesenhuber].

Röh, Lars: Call for Evidence der EU-Kommission zur Markttransparenz nach der MiFID für andere Finanzinstrumente als Aktien, BKR 2006, 348.

Rößner, Carsten: Außerbörslicher Handel – Gut für den Kunden, in: Von Böhlen, Andreas/Kan, Jens (jeweils Hrsg.), MiFID-Kompendium, Berlin 2008, S. 265–277 [zitiert: *Rößner*, in: MiFID-Kompendium].

Roth, Barbara/Blessing,Denise: Die neuen Vorgaben nach MiFID II – Teil 2 – Die Aufzeichnungspflichten betreffend Telefongespräche und elektronische Kommunikation, CCZ 2017, 8–16.

Roth, Barbara/Blessing,Denise: Die neuen Vorgaben nach MiFID II – Teil 1 – Änderungen im Rahmen der Anlageberatung und Geeignetheitsprüfung, CCZ 2016, 258–266.

Rothmund, Johannes/Seitz, Jochen: Prospektrechtsform und kein Ende in Sicht: VO (EU) Nr. 862/2012 und jüngste ESMA-Papiere, RdF 2013, 27–36.

Rötting, Michael/Lang, Christina: Das Lamfalussy-Verfahren im Umfeld der Neuordnung der europäischen Finanzaufsichtsstrukturen, EuZW 2012, 8–14.

Ruppelt, Thomas: Stiefkind des elektronischen Handels, Börsen-Zeitung vom 7. Januar 2016, S. 4.

Salewski, Sabrina: MAD II, MiFID II, EMIR und Co. – Die Ausweitung des europäischen Marktmissbrauchsregimes durch die neue Finanzmarktinfrastruktur, GWR 2012, 265–267.

Salewski, Sabrina: Zertifikate – Reguläre Finanzinstrumente oder unerlaubtes Glücksspiel? BKR 2012, 100–106.

Schelling, Holger: Die systematische Internalisierung in Nichteigenkapitalinstrumenten nach MiFID II und MiFIR, BKR 2015, 221–228.

Schimansky, Herbert/Bunte, Hermann-Josef/Lwowski, Hans-Jürgen: Bankrechts-Handbuch, 5. Auflage, München 2017 [zitiert: *Bearbeiter,* in: Schimansky/Bunte/Lwowski].

Schimansky, Herbert/Bunte, Hermann-Josef/Lwowski, Hans-Jürgen: Bankrechts-Handbuch, 4. Auflage, München 2011 [zitiert: *Bearbeiter,* in: Schimansky/Bunte/Lwowski, 4. Aufl.].

Schlüter, Uwe: Internalisierungssysteme im Wertpapierhandel und Börsenrecht, Schriftenreihe des Bundesverbandes der Börsenmakler und Wertpapierhäuser, Heft 2, München 2004 [zitiert: *Schlüter,* Internalisierungssysteme im Wertpapierhandel und Börsenrecht].

Schneider, Sven: Nichtanwendbarkeit des KWG bzw. WpHG trotz Erbringung regulierter Tätigkeiten – Ein Beitrag unter besonderer Berücksichtigung der Konzernausnahme, WM 2008, 285–291.

Schulz, Stephan: Die Reform des Europäischen Prospektrechts – Eine Analyse der geplanten Prospektverordnung und ihrer Praxisauswirkungen, WM 2016, 1417–1425.

Schüppen, Matthias/Schaub, Bernhard: Münchener Anwaltshandbuch Aktienrecht, 3. Auflage, München 2018 [zitiert: *Bearbeiter,* in: Schüppen/Schaub].

Schwark, Eberhard/Zimmer, Daniel: Kapitalmarktrechts-Kommentar, Börsengesetz mit Börsenzulassungsverordnung, Wertpapierprospektgesetz, Verkaufsprospektgesetz mit Vermögensanlagen-Verkaufsprospektverordnung, Wertpapierhandelsgesetz, Wertpapiererwerbs- und Übernahmegesetz, 4. Auflage, München 2010 [zitiert: *Bearbeiter,* in: KMRK].

Schwintowski, Hans-Peter: Bankrecht, 5. Auflage, Köln 2018 [zitiert: *Bearbeiter,* in: Schwintowski].

Schwintowski, Hans-Peter/Scholz, Frank/Schuler, Andreas: Handbuch Energiehandel, 4. Auflage, Berlin 2018 [zitiert: *Bearbeiter*, in: Schwintowski/Scholz/Schuler].

Seiffert, Julius: Systematische Internalisierung, in: Teuber, Hanno/Schröer, Ullrich (jeweils Hrsg.), MiFID II/MiFID, Umsetzung in der Bankenpraxis, Heidelberg 2015, S. 229–263 [zitiert: *Seiffert,* in: MiFID II/MiFIR, Umsetzung in der Bankenpraxis].

Seitz, Jochen: Die Regulierung von Wertpapierhandelssystemen in der EU, AG 2004, 497–506.

Seyfried, Thorsten: Die Richtlinie über Finanzdienstleistungen (MiFID) – Neuordnung der Wohlverhaltensregeln, WM 2006, 1375–1383.

Sodan, Helge/Ziekow, Jan: Verwaltungsgerichtsordnung: VwGO – Großkommentar, 4. Auflage, Baden-Baden 2014 [zitiert: *Bearbeiter,* in: Sodan/Ziekow].

Stefanski, Andreas: Eigenhandel für andere, Market-Making und Internalisierung im deutschen, europäischen und US-amerikanischen Recht, Baden-Baden 2009 [zitiert: *Stefanski,* Eigenhandel für andere].

Spindler, Gerald: Der Vorschlag einer EU-Verordnung zu Indizes bei Finanzinstrumenten (Benchmark-VO), ZBB 2015, 165–175.

Spindler, Gerald: Elektronische Finanzmärkte und Internet-Börsen – Teil I: Grundlegende Risiken und Reform des nationalen Kapitalmarktrechts, WM 2002, 1325–1340.

Spindler, Gerald/Kasten, Roman A.: Der neue Rechtsrahmen für den Finanzdienstleistungssektion – die MiFID und ihre Umsetzung, WM 2006, 1749–1756.

Spindler, Gerald/Stilz, Eberhard: Kommentar zum Aktiengesetz, 3. Auflage, München 2015, Band 2, §§ 150–410 AktG, IntGesR, SpruchG, SE-VO [zitiert: *Bearbeiter,* in: Spindler/Stilz].

Teuber, Hanno: Clearing- und Handelsplatzpflicht für OTC-Derivate nach EMIR und MiFIR, in: ders./Schröer, Ullrich (jeweils Hrsg.), MiFID II/MiFID, Umsetzung in der Bankenpraxis, Heidelberg 2015, S. 229–263 [zitiert: *Teuber,* in: MiFID II/MiFIR, Umsetzung in der Bankenpraxis].

Tusch, Sebastian/Herz, Benjamin: Die Entwicklung des europäischen Bankaufsichtsrechtes in den Jahren 2015/2016, EuZW 2016, 887–894.

Veil, Rüdiger: Aufsichtskonvergenz durch „Questions and Answers" der ESMA, ZBB 2018, 151–166.

Veil, Rüdiger: Europäisches Kapitalmarktrecht, 2. Auflage, Tübingen 2014 [zitiert: *Bearbeiter,* in: Veil, Europäisches Kapitalmarktrecht].

Veil, Rüdiger: Europäische Kapitalmarktunion, Verordnungsgesetzgebung, Instrumente der europäischen Marktaufsicht und die Idee eines „Single Rulebook", ZGR 2014, 544–607.

Veil, Rüdiger: Vermögensverwaltung und Anlageberatung im neuen Wertpapierhandelsrecht – eine behutsame Reform der Wohlverhaltensregeln?, ZBB 2008, 34–42.

Veil, Rüdiger: Anlageberatung im Zeitalter der MiFID – Inhalt und Konzeption der Pflichten und Grundlagen einer zivilrechtlichen Haftung, WM 2007, 1821–1827.

Veil, Rüdiger/Koch, Phillip: Auf dem Weg zu einem Europäischen Kapitalmarktrecht: Die Vorschläge der Kommission zur Neuregelung des Marktmissbrauchs, WM 2011, 2297–2306.

Veil, Rüdiger/Lerch, Marcus P.: Auf dem Weg zu einem Europäischen Finanzmarktrecht: Die Vorschläge der Kommission zur Neuregelung der Märkte für Finanzinstrumente, WM 2012, 1557–1604.

Vester, Jochen: MiFID II/MiFIR: Überblick über die Auswirkungen auf den Derivatehandel, RdF 2015, 92–99.

Wagner, Stephan: Beschaffung von Emissionszertifikaten durch Öffentliche Auftraggeber, NZBau 2007, 623–626.

Wehrhahn, Torsten: Unternehmensfinanzierung durch Schuldscheindarlehen, BKR 2012, 362–368.

Wieland, Andreas/Weiß, Simon: EMIR – Die Regulierung des europäischen OTC-Derivatemarkts, CFL 2013, 73–91.

Zeising, Michael: Asset Backed Securities (ABS) – Grundlagen und neuere Entwicklungen, BKR 2007, 311–317.

Zerey, Jean-Claude: Finanzderivate, Rechtshandbuch, 4. Auflage, Baden-Baden 2016 [zitiert: *Bearbeiter*, in: Zerey, Finanzderivate].

Zingel, Frank: Die Verpflichtung zur bestmöglichen Ausführung von Kundenaufträgen nach dem Finanzmarkt-Richtlinie-Umsetzungsgesetz, BKR 2007, 173–178.

Materialienverzeichnis

Baur, Georg: Das Wertpapierhandelsrecht wird neu geordnet – MiFID, MiFIR und das neue WpHG, in: Meder, Stephan/Beesch, Anna-Maria, jurisPR-BKR 6/2017 Anmerkung 1 (letzter Abruf: 31. Oktober 2018) [zitiert: *Baur*, jurisPR-BKR 6/2017, Anm. 1].

Benos, Evangelos/Payne, Richard/Vasios, Michalis: Centralized trading, transparency and interest rate swap market liquidity: evidence from the implementation of the Dodd-Frank Act, July 2016, abrufbar unter: https://www.bankofengland.co.uk/-/media/boe/files/working-paper/2018/centralized-trading-transparency-and-interest-rate-swap-market-liquidity-update (letzter Abruf: 31. Oktober 2018) [zitiert: *Benos/Payne/Vasios*, Evidence from the implementation of the Dodd-Frank Act].

BME Spanish Exchanges: Comments on CESR's Consultation Paper on the CESR Technical Advice to the European Commission in the context of the MiFID Review – Non Equity Markets Transparency Madrid, 4. Juni 2010, abrufbar unter: https://www.esma.europa.eu/file/9217/download?token=-1Tcc0BH (letzter Abruf: 31. Oktober 2018) [zitiert: BME, Stellungnahme zum CESR Technical Advice zur MiFID Revision].

Börsensachverständigenkommission beim Bundesministerium der Finanzen: Empfehlungen zur Regulierung alternativer Handelssysteme, Diskussionspapier, Mai 2001, abrufbar unter: https://deutsche-boerse.com/dbg/dispatch/de/binary/gdb_content_pool/imported_files/public_files/10_downloads/11_about_us/BSK_Empfehlung.pdf (letzter Abruf: 31. Oktober 2018) [zitiert: BSK, Empfehlungen zur Regulierung alternativer Handelssysteme].

Bundesverband deutscher Banken e. V.: Stellungnahme zu dem Consultation Paper vom 22. Mai 2014, Berlin 2015, abrufbar unter: https://bankenverband.de/media/files/EBF-StN_Konsultationspapier_ESMA-2014-549_JD8942u.pdf (letzter Abruf: 31. Oktober 2018) [zitiert: Bundesverband deutscher Banken, Stellungnahme zu dem Consultation Paper vom 22. Mai 2014].

Bundesanstalt für Finanzdienstleistungsaufsicht (BaFin): Allgemeinverfügung – Befreiung systematischer Internalisierer von den Pflichten nach Art. 18 Abs. 2 S. 1 MiFIR, 2. Januar 2018, abrufbar unter: https://www.bafin.de/SharedDocs/Veroeffentlichungen/DE/Aufsichtsrecht/Verfuegung/vf_180102_allgvfg_systematische_internalisierer.html (letzter Abruf: 31. Oktober 2018) [zitiert: BaFin, Allgemeinverfügung – Befreiung systematischer Internalisierer von den Pflichten nach Art. 18 Abs. 2 S. 1 MiFIR, 2. Januar 2018].

Bundesanstalt für Finanzdienstleistungsaufsicht (BaFin): Nachhandelstransparenz: BaFin gestattet spätere Veröffentlichung von Geschäften, 2. Januar 2018, abrufbar unter: https://www.bafin.de/SharedDocs/Veroeffentlichungen/DE/Meldung/2018/meldung_180102_Nachhandelstransparenz.html (letzter Abruf: 31. Oktober 2018) [zitiert: BaFin, Allgemeinverfügung „Nachhandelstransparenz OTC-Geschäfte/Nichteigenkapitalinstrumente“].

Bundesanstalt für Finanzdienstleistungsaufsicht (BaFin): Anhörung zur Allgemeinverfügung „Nachhandelstransparenz OTC Geschäfte/Nichteigenkapitalinstrumente“, 17. Oktober 2017, abrufbar unter: https://www.bafin.de/SharedDocs/Veroeffentlichungen/DE/Aufsichtsrecht/Verfuegung/vf_171017_OTCGeschaefte_Nichteigenkapitalinstrumente.html (letzter Abruf: 31. Oktober 2018) [zitiert: BaFin, Anhörung zur Allgemeinverfügung „Nachhandelstransparenz OTC-Geschäfte/Nichteigenkapitalinstrumente“].

Bundesanstalt für Finanzdienstleistungsaufsicht (BaFin): Systematische Internalisierung, 6. Oktober 2017, abrufbar unter: https://www.bafin.de/SharedDocs/Veroeffentlichungen/DE/Meldung/2017/meldung_171006_systematische_internalisierung.html (letzter Abruf: 31. Oktober 2018) [zitiert: BaFin, Systematische Internalisierung].

Bundesanstalt für Finanzdienstleistungsaufsicht (BaFin): Organised Trading Facilities (OTF), Organisierte Handelssysteme, Workshop Marktinfrastruktur und Transparenz, 16. Februar 2017, abrufbar unter: https://www.bafin.de/SharedDocs/Downloads/DE/Veranstaltung/dl_170216_Workshop_MiFIDII_MiFIR_OTF.pdf;jsessionid=6C078BEB0B7E26389B8022B5BC285F7B.1_cid290?__blob=publicationFile&v=4 (letzter Abruf: 31. Oktober 2018) [zitiert: BaFin, Organised Trading Facilites].

Bundesanstalt für Finanzdienstleistungsaufsicht (BaFin): Clearingpflicht bei Derivaten, 28. Juli 2016, abrufbar unter: https://www.bafin.de/DE/Aufsicht/BoersenMaerkte/Derivate/EMIR/Clearing/ZentralesClearing/pflichten_zum_zentralen_clearing_node.html (letzter Abruf: 31. Oktober 2018) [zitiert: BaFin, Clearingpflicht bei Derivaten].

Bundesanstalt für Finanzdienstleistungsaufsicht (BaFin): MiFID II – Best Execution, 25. Juli 2016, abrufbar unter: https://www.bafin.de/SharedDocs/Downloads/DE/Veranstaltung/dl_170216_Workshop_MiFIDII_MiFIR_BestExecution.html (letzter Abruf: 31. Oktober 2018) [zitiert: BaFin, Best Execution nach MiFID II].

Bundesanstalt für Finanzdienstleistungsaufsicht (BaFin): Informationsveranstaltung zu den Level 2-Maßnahmen vom 7. und 25. April 2016 betreffend die Richtlinie 2014/65/EU vom 17. Juni 2016, abrufbar unter: https://www.bafin.de/SharedDocs/Veranstaltungen/DE/WA_160617_MiFID_II.html (letzter Abruf: 31. Oktober 2018) [zitiert: BaFin, Informationsveranstaltung zu den Level 2-Maßnahmen vom 7. und 25. April 2016 betreffend MiFID II].

Bundesanstalt für Finanzdienstleistungsaufsicht (BaFin): Merkblatt – Hinweise zu den Tatbeständen des Eigenhandels und des Eigengeschäfts, 24. Oktober 2014, abrufbar unter: https://www.bafin.de/SharedDocs/Veroeffentlichungen/DE/Merkblatt/mb_110322_eigenhandel_eigengeschaeft_neu.html (letzter Abruf: 31. Oktober 2018) [zitiert: BaFin, Hinweise zu den Tatbeständen des Eigenhandels und des Eigengeschäfts].

Bundesregierung: Regierungsentwurf für ein Zweites Gesetz zur Novellierung von Finanzmarktvorschriften aufgrund europäischer Rechtsakte (Finanzmarktnovellierungsgesetz – FiMaNoG) vom 21. Dezember 2016, abrufbar unter: http://dipbt.bundestag.de/doc/btd/18/109/1810936.pdf (letzter Abruf: 31. Oktober 2018) [zitiert: Regierungsentwurf zum 2. FiMaNoG vom 21. Dezember 2016].

Bundesregierung: Referentenentwurf für ein Zweites Gesetz zur Novellierung von Finanzmarktvorschriften aufgrund europäischer Rechtsakte (Finanzmarktnovellierungsgesetz – FiMaNoG) vom 30. September 2016, abrufbar unter: http://www.bundesgerichtshof.de/SharedDocs/Downloads/DE/Biblithek/Gesetzesmaterialien/18_wp/FinanzmarktnovG/refe.pdf?__blob=publicationFile (letzter Abruf: 31. Oktober 2018) [zitiert: Referentenentwurf zum 2. FiMaNoG vom 30. September 2016].

Bundesregierung: Referentenentwurf für ein Gesetz zur Novellierung von Finanzmarktvorschriften aufgrund europäischer Rechtsakte (Finanzmarktnovellierungsgesetz – FiMaNoG) vom 16. Oktober 2015, abrufbar unter: http://www.bundesgerichtshof.de/SharedDocs/Downloads/DE/Biblithek/Gesetzesmaterialien/18_wp/FinanzmarktnovG/refe.pdf?__blob=publicationFile (letzter Abruf: 31. Oktober 2018) [zitiert: Referentenentwurf zum 1. FiMaNoG vom 16. Oktober 2015].

Bundesregierung: Londoner Gipfeltreffen – Erklärung der Staats- und Regierungschefs 2. April 2009, abrufbar unter: https://www.bundesregierung.de/Content/DE/StatischeSeiten/Breg/G7G20/Anlagen/G20-erklaerung-london-2009-de.pdf?__blob=publicationFile&v=3 (letzter Abruf: 31. Oktober 2018) [zitiert: Londoner Gipfeltreffen – Erklärung der Staats- und Regierungschefs vom 2. April 2009].

Commodity Futures Trading Commission (CFTC): Core Principles and Other Requirements for Swap Execution Facilities, Final Rule, 16. Mai 2013, abrufbar unter: https://www.cftc.gov/sites/default/files/idc/groups/public/@lrfederalregister/documents/file/2013-12242a.pdf (letzter Abruf: 31. Oktober 2018) [zitiert: CFTC, Final Rule, Core Principles and Other Requirements for Swap Execution Facilities].

Committee on the Global Financial System, CGFS Papers No. 52, Market-making and proprietary trading: Industry trends, drivers and policy implications,

November 2014, abrufbar unter: http://www.bis.org/publ/cgfs52.pdf (letzter Abruf: 31. Oktober 2018) [zitiert: CGFS Papers, Market making and proprietary trading].

Deutscher Derivate Verband (DDV): Derivate-Liga: Produktklassifizierung des DDV, abrufbar unter: http://www.derivateverband.de/MediaLibrary/Document/Derivate-Liga.pdf (letzter Abruf: 31. Oktober 2018) [zitiert: Derivate Liga des DDV].

Deutscher Derivate Verband (DDV): Stellungnahme zum Referentenentwurf für ein Erstes Gesetz zur Novellierung von Finanzmarktvorschriften aufgrund europäischer Rechtsakte (1. Finanzmarktnovellierungsgesetz) vom 16. Oktober 2015, 13. November 2015, abrufbar unter: http://www.derivateverband.de/DE/MediaLibrary/Document/Politik/15%2011%2013%20DDV-Stellungnahme%20Finanzmarktnovellierungsgesetz.pdf (letzter Abruf: 31. Oktober 2018) [zitiert: DDV, Stellungnahme zu dem Referentenentwurf für ein 1. FiMaNoG vom 16. Oktober 2015].

Deutscher Derivate Verband (DDV): Stellungnahme zum MiFID II/MiFIR Consultation Paper vom 19. Dezember 2014, Berlin, abrufbar unter: https://www.esma.europa.eu/file/12681/download?token=blsM_S_c (letzter Abruf: 31. Oktober 2018) [zitiert: DDV, Stellungnahme zu dem Consultation Paper vom 19. Dezember 2014].

Deutsche Kreditwirtschaft: Stellungnahme zum Referentenentwurf für ein Zweites Gesetz zur Novellierung von Finanzmarktvorschriften aufgrund europäischer Rechtsakte (2. Finanzmarktnovellierungsgesetz) vom 30. September 2016, 28. Oktober 2016, abrufbar unter: https://bankenverband.de/media/files/Stellungnahme_DK_FiMaNoG_RefE.pdf (letzter Abruf: 31. Oktober 2018) [zitiert: Deutsche Kreditwirtschaft, Stellungnahme zu dem Referentenentwurf für ein 2. FiMaNoG)].

Deutsche Kreditwirtschaft: Stellungnahme zum Referentenentwurf für ein Erstes Gesetz zur Novellierung von Finanzmarktvorschriften aufgrund europäischer Rechtsakte (1. Finanzmarktnovellierungsgesetz) vom 28. Oktober 2016, 13. November 2015, abrufbar unter: https://bankenverband.de/media/files/Stellungnahme_DK_FimanoG_RefE.pdf (letzter Abruf: 31. Oktober 2018) [zitiert: Deutsche Kreditwirtschaft, Stellungnahme zu dem Referentenentwurf für ein 1. FiMaNoG)].

Deutsche Kreditwirtschaft: Stellungnahme zu den Legislativvorschlägen der Europäischen Kommission zu MiFID II/MiFIR vom 20. Oktober 2011, 30. November 2011, abrufbar unter: https://die-dk.de/media/files/2011-11-30-DK-Stn-MiFIDII.pdf (letzter Abruf: 31. Oktober 2018) [zitiert: Deutsche Kreditwirtschaft, Stellungnahme zu den Vorschlägen der Kommission zu MiFID II/MiFIR].

Europäische Kommission: Überblick über die Rahmen der MiFID II/MiFIR erlassenen RTS und ITS und aktueller Stand der Arbeiten, Dezember 2016, abrufbar unter: http://ec.europa.eu/finance/securities/docs/isd/mifid/its-rts-overview-table_de.pdf (letzter Abruf: 31. Oktober 2018) [zitiert: Kommission, Überblick über RTS und ITS und aktueller Stand der Arbeiten].

Europäische Kommission: Letter to ESMA regarding the draft regulatory technical standard (RTS 2) on transparency requirements in respect of bonds, structured finance products, emission allowances and derivatives pursuant to Article 9 and 11 of Regulation (EU) No 600/2014 (MiFIR), abrufbar unter: http://assets.isda.org/media/a3700c42/ccb096c2-pdf/ (letzter Abruf: 31. Oktober 2018) [zitiert: Kommission, Schreiben an ESMA vom 20. April 2016].

Europäische Kommission: Pressemitteilung: Kommission verlängert Anwendungsfrist für MiFID II um ein Jahr, 10. Februar 2016 abrufbar unter: http://europa.eu/rapid/press-release_IP-16-265_de.htm?locale=de (letzter Abruf: 31. Oktober 2018) [zitiert: Kommission, Pressemitteilung vom 10. Februar 2016].

Europäische Kommission: Fragen und Antworten zum Aktionsplan zum Aufbau einer Kapitalmarktunion, 30. September 2015, abrufbar unter: http://europa.eu/rapid/press-release_MEMO-15-5732_de.htm (letzter Abruf: 31. Oktober 2018) [zitiert: Kommission, Fragen und Antworten zum Aufbau einer Kapitalmarktunion].

Europäische Kommission: Request to ESMA for Technical Advice on possible delegated acts and implementing acts vom 23. April 2014, abrufbar unter: http://ec.europa.eu/finance/securities/docs/isd/mifid/140423-esma-request_en.pdf. (letzter Abruf: 31. Oktober 2018) [zitiert: Kommission, Request to ESMA for Technical Advice vom 23. April 2014].

Europäische Kommission: Pressemitteilung: Markets in Financial Instruments (MiFID): Commissioner Michel Barnier welcomes agreement in trilogue on revised European rules, 14. Januar 2014, abrufbar unter: http://europa.eu/rapid/press-release_MEMO-14-15_de.htm?locale=en (letzter Abruf: 31. Oktober 2018) [zitiert: Kommission, Pressemitteilung vom 14. Januar 2014].

Europäische Kommission: Vorschlag für eine VERORDNUNG DES EUROPÄISCHEN PARLAMENTS UND DES RATES über Indizes, die bei Finanzinstrumenten und Finanzkontrakten als Benchmark verwendet werden vom 18. September 2013, abrufbar unter: https://eur-lex.europa.eu/legal-content/DE/TXT/PDF/?uri=CELEX:52013PC0641&from=DE (letzter Abruf: 31. Oktober 2018) [zitiert: Kommission, Vorschlag für Referenzwerte-VO vom 18. September 2013].

Europäische Kommission: Vorschlag für eine RICHTLINIE DES EUROPÄISCHEN PARLAMENTS UND DES RATES über Märkte für Finanzinstrumente zur Aufhebung der Richtlinie 2004/39/EG des Europäischen Parlaments und des Rates (Neufassung) vom 20. Oktober 2011, abrufbar unter: http://eur-lex.europa.eu/legal-content/DE/TXT/PDF/?uri=CELEX:52011PC0656&from=DE (letzter Abruf: 31. Oktober 2018) [zitiert: Kommission, Vorschlag für eine MiFID II vom 20. Oktober 2011].

Europäische Kommission: Vorschlag für eine Verordnung des Europäischen Parlaments und des Rates über Insider-Geschäfte und Marktmanipulation vom 20. Oktober 2011, abrufbar unter: https://eur-lex.europa.eu/legal-content/DE/TXT/PDF/?uri=CELEX:52011PC0651&from=EN (letzter Abruf: 31. Oktober 2018) [zitiert: Kommission, Vorschlag für eine MiFIR vom 20. Oktober 2011].

Europäische Kommission: Pressemitteilung: Bessere europäische Vorschriften zur Schaffung eines robusteren Rahmens für sämtliche Finanzakteure und Finanzinstrumente, 8. Dezember 2010, abrufbar unter: http://europa.eu/rapid/press-release_IP-10-1677_de.htm (letzter Abruf: 31. Oktober 2018) [zitiert: Kommission, Pressemitteilung vom 8. Dezember 2010].

Europäische Kommission: Vorschlag der Kommission für eine Richtlinie des Europäischen Parlaments und des Rates über Finanzmärkte für Finanzinstrumente vom 19. November 2002, abrufbar unter: https://eur-lex.europa.eu/legal-content/DE/TXT/PDF/?uri=CELEX:52002PC0625&from=EN (letzter Abruf: 31. Oktober 2018) [zitiert: Kommission, Vorschlag für eine MiFID I vom 19. November 2002].

European Securities and Markets Authority (ESMA): Registers Systematic Internalisers, List of all systematic internalisers in respect of shares admitted to trading on a regulated market, November 2017, abrufbar unter: http://registers.esma.europa.eu/publication/searchRegister?core=esma_registers_mifid_sys (letzter Abruf: 31. Oktober 2018) [zitiert: ESMA, Liste der registrierten systematischen Internalisierer].

European Securities and Markets Authority (ESMA): Questions and Answers on MiFID II and MiFIR investor protection topics (ESMA35-43-349), November 2017, abrufbar unter: https://www.esma.europa.eu/press-news/esma-news/esma-updates-mifid-ii-qa-investor-protection (letzter Abruf: 31. Oktober 2018) [zitiert: ESMA, Q&A on investor protection topics].

European Securities and Markets Authority (ESMA): Questions and Answers on MiFID II and MiFIR transparency topics (ESMA70-872942901-35), November 2017, abrufbar unter: https://www.esma.europa.eu/document/qa-mifid-ii-and-mifir-transparency-topics (letzter Abruf: 31. Oktober 2018) [zitiert: ESMA, Q&A on transparency topics].

European Securities and Markets Authority (ESMA): Questions and Answers on MiFID II and MiFIR market structure topics (ESMA/70-872942901-38), November 2017, abrufbar unter: https://www.esma.europa.eu/sites/default/files/library/esma70-872942901-38_qas_markets_structures_issues.pdf (letzter Abruf: 31. Oktober 2018) [zitiert: ESMA, Q&A on market structure topics].

European Securities and Markets Authority (ESMA): MiFID II – Sis operating broker crossing networks (ESMA70-872942901-19), Februar 2017, abrufbar unter: https://www.esma.europa.eu/sites/default/files/library/esma70-872942901-19_letter_chair_guersent_si_0.pdf (letzter Abruf: 31. Oktober 2018) [zitiert: *Maijoor*, Schreiben an die Kommission vom 1. Februar 2017].

European Securities and Markets Authority (ESMA): Final Report, Draft RTS on package orders for which there is a liquid market (ESMA70-872942901-21), Februar 2017, abrufbar unter: https://www.esma.europa.eu/file/21550/download?token=jNesRcEZ (letzter Abruf: 31. Oktober 2018) [zitiert: ESMA, Final Report vom 28. Februar 2017].

European Securities and Markets Authority (ESMA): Final Report, Technical Advice under Benchmark Regulation (ESMA/2016/1560), 10. November 2016, abrufbar unter: https://www.esma.europa.eu/sites/default/files/library/2016-1560_final_report_on_technical_advice_on_benchmarks_regulation.pdf (letzter Abruf: 31. Oktober 2018) [zitiert: ESMA, Final Report vom 10. November 2016].

European Securities and Markets Authority (ESMA): Consultation Paper, Draft RTS on package order for which there is a liquid market (ESMA/2016/1562), 10. November 2016, abrufbar unter: https://www.esma.europa.eu/sites/default/files/library/2016-1562_cp_package_orders_mifir.pdf, (letzter Abruf: 31. Oktober 2018) [zitiert: ESMA, Consultation Paper vom 10. November 2016].

European Securities and Markets Authority (ESMA): Opinion, Draft Regulatory Technical Standards on transparency requirements in respect of bonds, structured finance products, emission allowances and derivatives under MiFIR (ESMA/2016/666), 2. Mai 2016, abrufbar unter: https://www.esma.europa.eu/sites/default/files/library/2016-666_opinion_on_draft_rts_2.pdf (letzter Abruf: 31. Oktober 2018) [zitiert: ESMA, Opinion vom 2. Mai 2016].

European Securities and Markets Authority (ESMA): Leitlinien zu komplexen Schuldtiteln und strukturierten Einlagen (ESMA/2015/1787 DE), 4. Februar 2016, abrufbar unter: https://www.esma.europa.eu/sites/default/files/library/2015-1787_de.pdf (letzter Abruf: 31. Oktober 2018) [zitiert: ESMA,

Leitlinien zu komplexen Schuldtiteln und strukturierten Einlagen vom 4. Februar 2016].

European Securities and Markets Authority (ESMA): Final Report, ESMA's draft implementing standards under MiFID II, 11. Dezember 2015 (ESMA/2015/1858), abrufbar unter: https://www.esma.europa.eu/sites/default/files/library/2015-1858_-_final_report_-_draft_implementing_technical_standards_under_mifid_ii.pdf (letzter Abruf: 31. Oktober 2018) [zitiert: ESMA, Regulatory technical and implementing standards vom 11. Dezember 2015].

European Securities and Markets Authority (ESMA): Cost Benefit Analysis – Annex II, Draft Regulatory and Implementing Technical Standards MiFID II/MiFIR, 28. September 2015 (ESMA/2015/1464), abrufbar unter: https://www.esma.europa.eu/sites/default/files/library/2015/11/2015-esma-1464_annex_ii_-_cba_-_draft_rts_and_its_on_mifid_ii_and_mifir.pdf (letzter Abruf: 31. Oktober 2018) [zitiert: ESMA, Cost Benefit Analysis vom 28. September 2015].

European Securities and Markets Authority (ESMA): Final Report, ESMA's regulatory technical and implementing standards, MiFID II/MIFIR (ESMA/2015/1464), 28. September 2015, abrufbar unter: https://www.esma.europa.eu/sites/default/files/library/2015/11/2015-esma-1464_-_final_report_-_draft_rts_and_its_on_mifid_ii_and_mifir.pdf (letzter Abruf: 31. Oktober 2018) [zitiert: ESMA, Final Report vom 28. September 2015].

European Securities and Markets Authority (ESMA): MiFID II Briefing on Investment Firms Topics (ESMA/2015/1469), 28. September 2015, abrufbar unter: https://www.esma.europa.eu/sites/default/files/library/2015/11/2015-1469_investment_firms_briefing.pdf (letzter Abruf: 31. Oktober 2018) [zitiert: ESMA, Briefing on Investment Firms Topics vom 28. September2015].

European Securities and Markets Authority (ESMA): Consultation Paper – Annex B Regulatory technical standards on MiFID II/MiFIR (ESMA/2014/1570), 19. Dezember 2014, abrufbar unter: https://www.esma.europa.eu/sites/default/files/library/2015/11/2014-1570_cp_mifid_ii_part_2.pdf., (letzter Abruf: 31. Oktober 2018) [zitiert: ESMA, Consultation Paper vom 19. Dezember 2014].

European Securities and Markets Authority (ESMA): Final Report, ESMA's Technical Advice to the Commission on MiFID II and MiFIR (ESMA/2014/1569), 19. Dezember 2014, abrufbar unter: https://www.esma.europa.eu/sites/default/files/library/2015/11/2014-1569_final_report_-_esmas_technical_advice_to_the_commission_on_mifid_ii_and_mifir.pdf (letzter Abruf: 31. Oktober 2018) [zitiert: ESMA, Technical Advice vom 19. Dezember 2014].

European Securities and Markets Authority (ESMA): Consultation Paper MiFID II/MiFIR (ESMA/2014/549), 22. Mai 2014, abrufbar unter: https://www.esma.europa.eu/sites/default/files/library/2015/11/2014-549_-_consultation_paper_mifid_ii_-_mifir.pdf (letzter Abruf: 31. Oktober 2018) [zitiert: ESMA, Consultation Paper vom 22. Mai 2014].

European Securities and Markets Authority (ESMA): Discussion Paper MiFID II/MiFIR (ESMA/2014/548), 22. Mai 2014, abrufbar unter: https://www.esma.europa.eu/sites/default/files/library/2015/11/2014-548_discussion_paper_mifid-mifir.pdf (letzter Abruf: 31. Oktober 2018) [zitiert: ESMA, Discussion Paper vom 22. Mai 2014].

European Securities and Markets Authority (ESMA): Regulatory Work Programme 2014, abrufbar unter: https://www.esma.europa.eu/sites/default/files/library/2015/11/2014-172_rev1_-_esma_regulatory_work_programme_2014.pdf (letzter Abruf: 31. Oktober 2018) [zitiert: ESMA, Regulatory Work Programme 2014].

European Securities and Markets Authority (ESMA): Transparency Calculations, abrufbar unter: https://www.esma.europa.eu/policy-activities/mifid-ii-and-mifir/transparency-calculations (letzter Abruf: 31. Oktober 2018) [zitiert: ESMA, Transparency Calculations].

Europäisches Parlament: Committee on Economic and Monetary Affairs, Draft report on the proposal for a regulation of the European Parliament and of the Council on markets in financial instruments, 4. Oktober 2012, abrufbar unter: http://www.europarl.europa.eu/sides/getDoc.do?type=REPORT&reference=A7-2012-0303&language=EN (letzter Abruf: 31. Oktober 2018) [zitiert: Europäisches Parlament, Entwurf zur MiFIR vom 4. Oktober 2012].

Europäisches Parlament: Committee on Economic and Monetary Affairs, Draft report on the proposal for a regulation of the European Parliament and of the Council on markets in financial instruments, 27. März 2012, abrufbar unter: http://www.europarl.europa.eu/meetdocs/2009_2014/documents/econ/pr/895/895737/895737en.pdf (letzter Abruf: 31. Oktober 2018) [zitiert: Europäisches Parlament, Entwurf zur MiFIR vom 27. März 2012].

Europäisches Parlament: Legislative Entschließung des Europäischen Parlaments zu dem Vorschlag für eine Richtlinie des Europäischen Parlaments und des Rates über Wertpapierdienstleistungen und geregelte Märkte und zur Änderung der Richtlinien 85/611/EWG und 93/6/EWG des Rates und der Richtlinie 2000/12/EG des Europäischen Parlaments und des Rates (KOM(2002) 625 – C5-0586/2002 – 2002/0269(COD)), abrufbar unter: http://

www.europarl.europa.eu/sides/getDoc.do?pubRef=-//EP//TEXT+TA+P5-TA-2003-0410+0+DOC+XML+V0//DE (letzter Abruf: 31. Oktober 2018) [zitiert: Europäische Parlament, Entwurf zur MiFID I vom 25. September 2003].

Ferrarini, Guido/Saguato, Paolo: Regulating Financial Market Infrastructures, ECGI Working Paper No. 259, Juni 2014, abrufbar unter: http://eprints.lse.ac.uk/59683/1/Ferrarini_Saguato_Regulating-financial-market-infrastructures_2014.pdf (letzter Abruf: 31. Oktober 2018) [zitiert: Ferrarini/Saguato, Regulating Financial Market Infrastructures,].

Giancarlo, Christopher: Pro-Reform Reconsideration of the CFTC Swaps Trading Rules: Return to Dodd-Frank, Januar 2015, abrufbar unter: http://www.cftc.gov/idc/groups/public/@newsroom/documents/file/sefwhitepaper012915.pdf (letzter Abruf: 31. Oktober 2018) [zitiert: *Giancarlo,* CFTC Swaps Trading Rules].

G 20 Leadership Statement, Pittsburgh 2009, 24.–25. September 2009, abrufbar unter: http://www.g20.utoronto.ca/2009/2009communique0925.html (letzter Abruf: 31. Oktober 2018) [zitiert: Erklärung G20-Gipfel in Pittsburgh vom 25. September 2009].

Gomber, Peter/Zimmermann, Kai: Off-Exchange Intermediation, Price Aggressiveness of Systematic Internalisers, Goethe Universität Frankfurt, Economics and Business Administration, Juli 2014, abrufbar unter: http://papers.ssrn.com/sol3/papers.cfm?abstract_id=2462479 (letzter Abruf: 31. Oktober 2018) [zitiert: *Gomber/Zimmermann*, Off-Exchange Intermediation, Price Aggressiveness of Systematic Internalisers].

International Capital Market Association (ICMA): MiFID II/MiFIR – Transparency & Best Execution requirements in respect of bonds Q1 2016, März 2016, abrufbar unter: http://www.icmagroup.org/assets/documents/Events/test/MiFID-II-and-Transparency-&-Best-X-requirements.pdf (letzter Abruf: 31. Oktober 2018) [zitiert: ICMA, MiFID II/MiFIR – Transparency & Best Execution].

International Capital Market Association (ICMA): MiFID II/R and Repo Q&A September 2016, abrufbar unter: http://www.icmagroup.org/assets/documents/Regulatory/MiFID-Review/ICMA_MiFID2_and_repo_QA_updated_September_-2016_230916.pdf (letzter Abruf: 31. Oktober 2018) [zitiert: MiFID II/R and Repo Q&A].

International Capital Market Association (ICMA): MiFID II/R, Systematic Internalisers, Q&A for bond markets, Juli 2015, abrufbar unter: http://www.icmagroup.org/assets/documents/Regulatory/MiFID-Review/ICMA_MiFID2_systematic-internalisers_QA_14-July-2015.pdf (letzter

Abruf: 31. Oktober 2018) [zitiert: ICMA, MiFID II/MiFIR – Q&A for bond markets].

International Swaps and Derivatives Association (ISDA): Principles for US/EU Trading Platform Recognition, Februar 2016, abrufbar unter: http://www2.isda.org/news/isda-publishes-principles-for-useu-trading-platform-recognition (letzter Abruf: 31. Oktober 2018) [zitiert: ISDA, Principles for US/EU Trading Platform Recognition, Februar 2016].

International Swaps and Derivatives Association (ISDA): MiFID II/MiFIR: The OTF and SI regime for OTC Derivatives, April 2012, abrufbar unter: https://www2.isda.org/attachment/NDM2Mg==/MIFID%20-%20SI%20and%20OTF%20comments%20-%20final%20-%20Apr%202012.pdf (letzter Abruf: 31. Oktober 2018) [zitiert: ISDA, MiFID II/MiFIR, OTF and SI regime for OTC Derivatives].

Johanning, Lutz/Becker, Marc/Seeber, Mark: Unterschiede und Gemeinsamkeiten börsennotierter, passiver Investmentprodukte, Oktober 2011, abrufbar unter: http://www.derivateverband.de/DE/MediaLibrary/Document/Unterschiede%20und%20Gemeinsamkeiten%20b%C3%B6rsennotierter%20passiver%20Investmentprodukte.pdf (letzter Abruf: 31. Oktober 2018) [zitiert: *Johanning/Becker/Seeber,* Unterschiede und Gemeinsamkeiten börsennotierter, passiver Investmentprodukte].

Kirby, Anthony: To be or not to be a systematic internaliser? Compliance Monitor, Vol. 27 No. 7., abrufbar unter: http://www.compliancemonitor.com/international/european-union/directives/to-be-or-not-to-be-a-systematic-internaliser-107858.htm (letzter Abruf: 31. Oktober 2018) [zitiert: *Kirby,* Compliance Monitor].

Meljnik, Konstantin: Systematische Internalisierung, Eckpunkte des neuen Aufsichtsregimes nach MiFID II/MiFIR, BaFin Journal, April 2017, 35–39, abrufbar unter: https://www.bafin.de/DE/PublikationenDaten/BaFinJournal/bafinjournal_node.html (letzter Abruf: 31. Oktober 2018) [zitiert: *Meljnik,* BaFin Journal].

Mülbert, Peter: Die neuen Transparenzregeln im Vorschlag einer Richtlinie über Wertpapierdienstleistungen und geregelte Märkte – insbesondere die Pre-Trade-Transparenzpflicht von systematischen Internalisierern, Institut für deutsches und internationales Recht des Spar-, Giro- und Kreditwesens an der Johannes-Gutenberg-Universität, Arbeitspapiere 2003, Juli 2003, abrufbar unter: http://www.jura.uni-mainz.de/muelbert/104.php (letzter Abruf: 31. Oktober 2018), [zitiert: *Mülbert,* Die neuen Transparenzregeln].

Rat der Europäischen Union: Proposal for a DIRECTIVE OF THE EUROPEAN PARLIAMENT AND OF THE COUNCIL on markets in financial instruments vom 10. Juni 2013, Presidency Compromise, abrufbar unter: http://register.

consilium.europa.eu/doc/srv?l=EN&f=ST%209711%202013%20REV%202 (letzter Abruf: 31. Oktober 2018) [zitiert: Rat, Entwurf zur MiFID II vom 10. Juni 2013].

Rat der Europäischen Union: Proposal for a REGULATION OF THE EUROPEAN PARLIAMENT AND OF THE COUNCIL on markets in financial instruments vom 10. Juni 2013, Presidency Compromise, abrufbar unter: http://register.consilium.europa.eu/doc/srv?l=EN&f=ST%209710%202013%20REV%202 (letzter Abruf: 31. Oktober 2018) [zitiert: Rat, Entwurf zur MiFIR vom 10. Juni 2013].

Rat der Europäischen Union: Vorschlag für eine Richtlinie des Europäischen Parlaments und des Rates über Insider-Geschäfte und Marktmanipulation (Marktmissbrauchsrichtline) vom 3. Dezember 2012, abrufbar unter: http://db.eurocrim.org/db/de/doc/1985.pdf (letzter Abruf: 31. Oktober 2018) [zitiert: Rat, Entwurf zur MAD vom 3. Dezember 2012].

U.S. Securities and Exchange Commission (SEC): Rulemaking Index, Oktober 2017, abrufbar unter: https://www.sec.gov/rules/rulemaking-index.shtml (letzter Abruf: 31. Oktober 2018) [zitiert: SEC, Rulemaking Index].

U.S. Securities and Exchange Commission (SEC): Responses to Frequently Asked Questions Concerning Large Trader Reporting, Februar 2016, abrufbar unter: https://www.google.de/url?sa=t&rct=j&q=&esrc=s&source=web&cd=3&cad=rja&uact=8&ved=0ahUKEwiIxPGmouLOAhWFQpoKHTfPDr8QFggsMAI&url=https%3A%2F%2Fwww.sec.gov%2Fdivisions%2Fmarketreg%2Flarge-trader-faqs.htm&usg=AFQjCNEVNXu2NXzEmIBUPMRxz56dhgjYQw (letzter Abruf: 31. Oktober 2018) [zitiert: SEC, Responses to frequently asked questions].

U.S. Securities and Exchange Commission (SEC): No Action Letter, Limited Exemption from Rule 602 of Regulation NMS, 28. Juli 2006, abrufbar unter: https://www.sec.gov/divisions/marketreg/mr-noaction/nasd072806.htm (letzter Abruf: 31. Oktober 2018) [zitiert: No Action Letter vom 28. Juli 2006, Limited Exemption from Rule 602].

Piwowar, Michael S: Remarks at Finra's Fixed Income Conference, 7. September 2016, abrufbar unter: https://www.sec.gov/news/speech/piwowar-remarks-finra-2016-fixed-income-conference.html (letzter Abruf: 31. Oktober 2018) [zitiert: *Piwowar*, Remarks at Finra's Fixed Income Conference].

Ross, Verena: 2016 Global Capital Markets Conference – Perspectives from the Buyside, 1 December 2016, abrufbar unter: https://www.esma.europa.eu/sites/default/files/library/2016-1640.pdf (letzter Abruf: 31. Oktober 2018) [zitiert: *Ross*, 2016 Global Capital Markets Conference].

Ross, Verena: MiFID II – Switching on the light without turning-off the tap, 26. Februar 2015, abrufbar unter: https://www.esma.europa.eu/sites/default/files/library/2015/11/2015-496_mifid_ii_-_switching_on_the_light_without_turning-off_the_tap_-_verena_ross_executive_director_esma.pdf (letzter Abruf: 31. Oktober 2018) [zitiert: *Ross,* MiFID II – Switching on the light without turning-off the tap].

Theissen, Erik: Internalisierung und Marktqualität: Was bringt Xetra Best?, CFS Working Paper No. 2002/06, Juni 2002, Center for Financial Studies an der Johann Wolfgang-Goethe Universität, Frankfurt, abrufbar unter: https://www.ifk-cfs.de/fileadmin/downloads/publications/wp/02_06.pdf (letzter Abruf: 31. Oktober 2018) [zitiert: *Theissen*, Internalisierung und Marktqualität, S.].

Valiante, Diego: Setting the Institutional and Regulatory Framework for Trading Plattforms: Does the MiFID definition of OTF make sense?, ECMI Research Report No. 8, April 2012, abrufbar unter: https://www.ceps.eu/publications/setting-institutional-and-regulatory-framework-trading-platforms-does-mifid-definition (letzter Abruf: 31. Oktober 2018) [zitiert: *Valiante,* ECMI Research Report No. 8/2012].

Vontobel Financial Products GmbH: Vontobel Financial Products GmbH, Basisprospekt zur Fortsetzung des öffentlichen Angebots von Open End Partizipationszertifikaten vom 13. Juli 2015, abrufbar unter: https://zertifikate.vontobel.com/DE/Download/AssetStore/7acf532c-295e-4f75-8c19-21d6f0390223/20150713_BP_OE_Repapering_2015_final.pdf (letzter Abruf: 31. Oktober 2018) [zitiert: Vontobel GmbH, Basisprospekt vom 13. Juli 2015].

www.ingramcontent.com/pod-product-compliance
Ingram Content Group UK Ltd.
Pitfield, Milton Keynes, MK11 3LW, UK
UKHW021931290926
8980IPUK00016B/1570

9 783631 785201